CASTELLA MARIS BALTICI 1

Archaeologia Medii Aevi Finlandiae I
Suomen keskiajan arkeologian seura — Sällskapet för medeltidsarkeologi i Finland

CASTELLA MARIS BALTICI 1

Almqvist & Wiksell International
Stockholm — Sweden

Editor Knut Drake

Layout Salme and Ilmo Kotivuori

On the cover East-façade of Turku Castle. Photo Seilo Ristimäki.

ISBN 91-22-01566-3

ISSN 1236-5882

Almqvist & Wiksell International

Stockholm – Sweden

Ekenäs Tryckeri Ab

Ekenäs 1993

CONTENTS

Finnische Burgen

Vorwort

Das Regionalmuseum Turku hat im Laufe der 1980er Jahren mehrere Kolloquien über Mittelalterarchäologie veranstaltet, insbesondere 1987 ein nordisches Symposium für Kirchenarchäologie. Daraus ist die Idee von einem Burgensymposium entstanden. Da das Museum nicht die Verantwortung für eine internationale Zusammenkunft dieser Grösse allein übernehmen wollte, hat man 1990 die Gesellschaft für Mittelalterarchäologie in Finnland gegründet. Der Verein und das Museum haben danach Burgenforscher aus allen Ländern um die Ostsee zu einer Tagung eingeladen.

Die Einladung wurde von 56 Forschern in Russland, Estland, Lettland, Lithauen, Polen, Deutschland, Dänemark, Schweden, der Tschechoslowakei und Finnland angenommen. Das Symposium fand im Ferienhaus Tammivalkama in Turku 3.-8. September 1991 statt, unter dem Thema *Die Burg als Machtfaktor und Innovationszentrum im Ostseegebiet im 11.-15. Jahrhundert*. Im Laufe der Tagung hat man sich entschlossen, alle zwei Jahre ähnliche Symposien mit dem Namen *Castella Maris Baltici* zu halten. Die zweite Tagung findet im September 1993 in Nyköping in Schweden statt. In diesem Band werden die Vorträge des Symposiums 1991 veröffentlicht.

Weder das Buch noch das Symposium wäre ohne die finanzielle Unterstützung des finnischen Unterrichtsministeriums je realisierbar gewesen. Dafür den besten Dank. Unser Dank geht auch an die Städte Turku, Ekenäs und Hämeenlinna sowie die Landesverwaltung der Ålandinseln, die alle zu den Kosten der Tagung beigetragen haben. Weiterhin danken wir dem Arbeitsamt in Turku, das Arbeitskräfte bei der Vorbereitung der Drucklegung dieses Buches zur Verfügung stellte.

In diesem Zusammenhang will ich auch allen Mitarbeitern die zum Gelingen diese Werkes beigetragen haben danken. Es sind Salme und Ilmo Kotivuori, die für die grafische Gestaltung verantwortlich sind, Åsa und Håkan Ringbom, die die englische Texte korrigiert haben und Hans Peter Schulz, der sich um die deutschen Texte gekümmert hat. Weiterhin danke ich Bianca Gräsbacka und Maija Niemelä, die die Texte ins reine geschrieben haben und Pauli Lahdenperä, der in vielem geholfen und auch einige Pläne neu gezeichnet hat. Mein Dank geht auch an Markus Hiekkanen und Aki Pihlman vom Redaktionsausschuss.

Turku in Mai 1993

Knut Drake

Kaur Alttoa

DAS KONVENTSHAUS IN ESTLAND

The convent-house in Estonia

The convent-house is the most wide-spread type of castle of the Teutonic Order in Prussia which is also represented in Old-Livonia (the present Latvia and Estonia). Some new information about the building history of that group of buildings has been added during the recent decades, but not enough to give a survey of their genesis. Pärnu and Viljandi have been suggested as the earliest convent-houses in Estonia, but in both cases information for the dating of these castles is insufficient. In Viljandi the dating is based on the sculptured details found in the territory of the castle. However, it seems that they derive from a much earlier building, not from the convent-house. The convent-house type of castles in Estonia have been influenced also by another region besides Prussia. The castle in Kuressaare was erected in the 1330s—60s by a building yard from Bohemia. Excavations in Rakvere and Narva prove that convent-houses were built in Old-Livonia even in the end of the 15th and the beginning of the 16th centuries — much later than earlier had been suggested.

Kaur Alttoa
Tartu University
Ülikooli 18
EE-2400 Tartu

Unter dem architektonischen Erbe des Deutschen Ritterordens ist das Konventshaus, domus conventuales, bestimmt das bemerkenswerteste und eigenartigste Bauwerk. In seiner klassischen Form bestand es aus vier streng rechteckig zueinander gestellten Flügeln, wodurch ein quadratischer Innenhof entstand. Um den Hof verlief eine die Räumlichkeiten verbindene Galerie, der Kreuzgang. Entsprechend der Ordensregeln gab es ein festes Raumprogramm: Vorhanden sein mussten eine Kapelle und ein Kapitelsaal (meist nebeneinander im Nord- oder Südflügel), ein Refektorium und ein Dormitorium. Darin sind die Ordensburgen Klöstern ähnlich, und es ist nicht zu bezweifeln, dass die geistlichen Orden dem Deutschen Ritterorden sowohl in der Organisation als auch in der Architektur ein wesentliches Vorbild gewesen waren.

Über die Entstehungsgeschichte des Konventshauses gehen die Ansichten bis heute auseinander (Frycz 1978 27—33), und vorliegend halten wir uns bei diesem Thema nicht auf. Wir stellen lediglich fest, dass derartige Burgen im Herrschaftsgebiet des Deutschen Ritterordens in Preussen und in Alt-Livland, d.h. im heutigen Estland und Lettland, wo der Livländische Orden als Zweig des Deutschen Ordens ansässig war, errichtet wurden.

Was die Erforschung der mittelalterlichen Architektur Estlands, darunter auch der Burgen, betrifft, so ist in erster Linie Professor Armin Tuulse zu nennen, der zusammen mit seinem Lehrer Sten Karling jene Traditionen des Aufarbeitens der Kunstgeschichte Estlands begründete, die wir bis heute befolgen. Seine 1942 erschienene Doktorarbeit Die Burgen in Estland und Lettland (Tuulse 1942) ist auch gegenwärtig das wichtigste Handbuch aller unserer Burgenforscher. Bei der Entwicklung und Datierung des Konventshauses ging Tuulse vor allem von der Typologie K. H. Clasens aus (Clasen 1927). Dabei soll berücksichtigt werden, dass in der Republik Estland zwischen den zwei Weltkriegen höchst beschränkte Möglichkeiten für archäologische Forschungen der Burgen bestanden. Daher verwertete man damals in erster Linie historische Zeichnungen und die offen vor Augen liegende Bausubstanz.

In den letzten Jahrzehnten hat sich dagegen der Schwerpunkt bei der Untersuchung der älteren Architektur Estlands auf die Archäologie verlegt, und zwar meist in Verbindung mit Restaurierungsvorhaben. Neue Angaben wurden gewonnen, die die bisherigen Vorstellungen ergänzen und stellenweise berichtigen. Vorliegend wird der Versuch unternommen, eine Übersicht über neu gewonnene Daten in Verbindung mit dem Konventshaus zu geben. Es besteht aber nicht die Absicht, die Genese des Bauwerks in Estland zu behandeln, denn die dazu benötigten Angaben sind zu lückenhaft. Daher ist die Zeit auch nicht reif dafür, die hiesigen Erkenntnisse in Beziehungen zu den in den letzten Jahrzehnten in der Burgenforschung Preussens gewonnenen Ansichten (Arszynski 1961, Frycz 1968, Frycz 1978, Guerquin 1974, Holst 1981 u. a.) zu setzen.

Für das älteste Konventshaus auf estnischem Gebiet hält man entweder die Burg in Pärnu (Tuulse 1942 133—134) oder in Viljandi (Raam 1975 25). Vor dem letzten Weltkrieg waren von der Burg in Pärnu noch einige paar Meter hohe Aussenmauern erhalten, als die Sowjetmacht kam, wurden sie völlig eingeebnet. Tuulse ging bei seinen Feststellungen über die Burg Pärnu von Plänen des 18.Jh.s aus. Diese überlegend, erkannte er zwei bestimmende Merkmale: erstens war die Breite der Gebäudeflügel im Vergleich mit derjenigen des Innenhofs bemerkenswert, und zweitens — die Burg bilden zwei durchgehende Flügel und zwei dazwischen liegende Gebäude (Tuulse 1942 136—137). Laut Clasen ist solches kennzeichnend für den sog. strengen Frühstil, und davon kann die Datierung des Konventshauses in Pärnu erwa in das ausgehende 13. Jh. verlegt werden.

Die genannten Pläne stammen aus einer Zeit, als die mittelalterliche Burg stark umgebaut worden war. Bekannterweise wurde sie am Ende des

0   10M

1. Erdgeschoss der Hauptburg in Pärnu. Nach einem Plan von 1668.

2. Burg Viljandi. Ansicht aus Osten. Foto Ü. Lillik.

17. Jh.s verändert, um die Universität Academia Gustavo-Carolina aufzunehmen (Karling 1934 34). Daher sind die Unterlagen aus dem 17. Jh. merklich glaubwürdiger, d.h. aus der Zeit vor der Rekonstruktion. Am wichtigsten ist ein Plan des Schwedischen Kriegsarchivs von 1668, wo das Untergeschoss der Hauptburg recht detailliert dargestellt ist. Es zeigt sich, dass es zwei lange Parallelflügel überhaupt nicht gegeben hat. Und eine weitere Einzelheit ist zu nennen: Das Tor befindet sich symmetrisch auf der Mittelachse. Diese Eigenheit kommt — wie Tuulse bereits vermerkte (Tuulse 1942 137) — nicht den frühen, sondern den Burgen der nachfolgenden Periode zu. Also gibt es nicht die geringste Grundlage, das Konventshaus in Pärnu in das 13. Jh. zu datieren. Im Gegenteil: Einige Merkmale schliessen das aus. Wir haben keine Grundlagen, das Errichtungsdatum des Hauses zu präzisieren, und daher müssen wir es etwa in das 14. Jh. verlegen.

Das Hauptgebäude der Burg Viljandi war gleichfalls ein Konventshaus. Mit seiner Seitenlänge von 54 Metern war es neben der Anlage in Riga die grösste in Alt-Livland. Die Burg erlitt starke Zerstörungen, doch die Ausgrabungen 1877—1878 wie auch die Revisionsbeschreibungen von 1599 (Polska 1915 162—170) erlauben, den Plan recht genau zu rekonstruieren (Abb. 3 und Lange & Alttoa Abb. 4).

Im Schrifttum wird die Gründungszeit des Konventhauses in Viljandi etwa um 1300 (Tuulse 1942 139) oder ans Ende des 13. Jhs., den Beginn des 14. Jh.s (Raam 1975 25) verlegt. Diese Datierung beruht weniger auf der Analyse der architektonischen Anlage als vor allem auf der Untersuchung der dortigen Hausteinplastiken (Tuulse 1938). Bei Grabungen im 19. Jh. wurde dort nämlich überreichlich skulpturaler Schmuck gefunden (vor allem Kapitelle). Vieles davon zeigt recht archaischen Charakter. Diese Hausteindetails mit der typologischen Chronologie Clasens verbindend, gelangt man zur angeführten Datierung des Konvents als der einzig möglichen.

Die genannten Hausteinplastiken sind Werke mehrerer Meister. Es finden sich auch Details, deren Formen wohl eher zur ausgehenden Romantik gehören, und es ist kaum möglich, sie später als mit der Mitte des 13. Jhs., spätestens in die 60er Jahre zu datieren. Hierbei möchte ich dankbar Herrn Prof. Helmuth Buschhausen zitieren, nach dessen Ansicht wenigstens eines der Kapitell etwa 1240 entstanden sei, also somit in eine Zeit, als in Preussen der entsprechende Burgentyp überhaupt noch nicht entstanden war. Falls wir uns nicht zur Behauptung versteigen, das Konventshaus sei eine Erfindung Estlands (als Kuriosum sei genannt, dass in einem Fall Viljandi als Vorbild Marienburgs genannt worden ist — Westrén-Doll 1929 72), so kann nur eines gefolgert werden: In der Burg Viljandi habe irgend eine monumentale Gründung früher bestanden, als

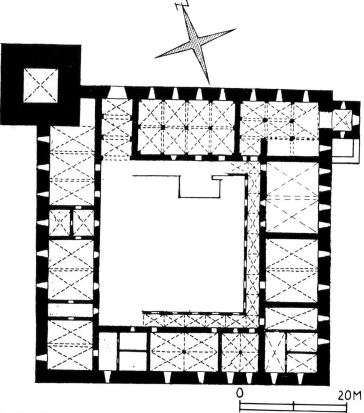

3. *Viljandi. Hauptgeschoss. Nach E. Raadik.*

die Idee des Konventshauses überhaupt geboren worden war.

Es sei gesagt, dass die Entstehungsgeschichte der Burg Viljandi noch viele Unklarheiten aufweist. Laut schriftlichen Quellen wurde mit der Errichtung einer steinernen Burg bereits 1224 begonnen. Natürlich wissen wir nicht, was diese Urgründung darstellte, man hat eine Turmburg (s. dazu den Beitrag von Alttoa-Lange im vorliegenden Sammelband) eine sog. naturgebundene Anlage wie auch ein regelmässiges Kastell vermutet. Eine feste Antwort kann nur die Archäologie erbringen. Jedoch bei der Untersuchung der vorhandenen Reste des Konventshauses sticht eines hervor: Der Nordflügel mit Kapitelsaal und Kapelle unterscheidet sich in mehrfacher Hinsicht von den anderen Flügeln. Letztere Besitzen Sockel aus Feldsteinen, und erst das Hauptgeschoss ist aus Backsteinen gemauert.

Im Nordflügel beginnt die Backsteinmauer merklich niedriger. Auch stimmt die Fussbodenhöhe des Nordflügels mit denjenigen der anderen Flügel nicht überein. Eine besondere Ausnahme bildet jenes: Die Kapelle ist kein Raum mit einfachem rechteckigem Grundriss, sondern sie besitzt auch einen kleineren Chor, der aus dem Konventsgebäude hervortritt. Diese Aufstellung ist überaus gegen jegliche Tradition (ein Sonderfall ist natürlich die grosszügige Burgkapelle in Marienburg). Auf dieser Grundlage wagen wir es, folgende Hypothese aufzustellen: Möglicherweise wurde der Nordflügel des Konventshauses in Viljandi in seiner ursprünglichen Gestalt als selbständiges Bauwerk errichtet zu einer Zeit, als das Konventshaus als architektonische Erscheinung noch unbekannt war. Übrigens stammen die meisten Hausteindetails aus derselben Region. Wir wiederholen, dass es sich um eine Hypothese handelt, deren archäologische Untermauerung — die Beziehungen der einzelnen Flügel wie auch diejenigen des Chors zur Kapelle — noch bevorsteht.

Somit ist die Errichtungszeit des Konventshauses in Viljandi noch völlig unbestimmt. Als einziges sekundäres Merkmal fügen wir hinzu, dass das Bauwerk ursprünglich niedriger war, in seiner gesamten Höhe entstand es nach und nach, das Obergeschoss ist eine spätere Hinzufügung. Darauf verwies als erster E. Raadik (1962 12—13). Die Datierung der Tragbalkenenden ergab etwa 1450 als Zeit des Umbaus. Damit stimmen auch die Schießscharten des Obergeschosses gut überein, denn sie waren für die frühen Feuerwaffen gedacht.

4. *Viljandi. Kapitelle. Foto T. Parri.*

5. *Burg Kuressaare. Foto P. Kraas.*

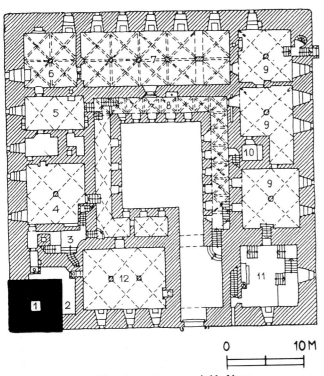

7. Kuressaare. Refektorium. Foto P. Kraas.

6. Kuressaare. Hauptgeschoss nach K. Aluve.

Neben den Ordensburgen wollen wir uns auch mit einer Bischofsburg befassen, und zwar mit Kuressaare (Arensburg) auf der Insel Saaremaa (Ösel). Wörtlich handelt es sich nicht um ein Konventshaus (domus conventuales), denn der Konvent befand sich nicht dort. Jedoch in seiner Architektur entspricht das Bauwerk völlig dem genannten Burgentyp. Es handelt sich um einen aus vier Flügeln rund um einen quadratischen Innenhof bestehenden Bautenkomplex. An den Ecken der Hauptfassade erheben sich zwei Türme, einer davon traditionsgemäss Langer Hermann, der an der Nordecke Sturvolt genannt. Eine umfangreichere Monographie über die Burg hat K. Aluve veröffentlicht (Aluve 1982). Seiner Aussage nach wurde um das Jahr 1260 hier eine geräumige reguläre Ringmauerburg errichtet, die bereits den Langen Hermann, einen zuerst freistehenden Wachtturm, besass. Es ist nicht klar, welches Bauwerk zuerst entstand — der Verfasser behauptet sowohl das eine als auch das andere (Aluve 1980 10 u. 18). Auf den primären Charakter des Turms verweisen vor allem zwei Umstände — erstens trennt ein Schacht den Turm von anderen Bauten, er war nur über eine Holzbrücke zu betreten, und zweitens besitzt der Turm ein eigenes Fundament sowie weist am Stoss zu den Aussenmauern des konvents Trennfugen auf. Der Verfasser behauptet weiter, man habe Ende der 30er Jahre des 14. Jh.s mit der Errichtung des Konvents mit einem zweiten Turm (dem Sturvolt) begonnen, dem im 3. Viertel des Jahrhunderts unmittelbar der Ausbau der Hauptburg folgte (Aluve 1980 52—53).

Dieses Entwicklungsschema wird zwar nicht von allen Forschern akzeptiert (so Raam 1985 18). Ohne

sich bei den Details aufzuhalten (wir hoffen, darüber einen eigenen Beitrag zu verfassen), stellen wir lediglich fest, dass mehr Argumente für die gleichzeitige Errichtung des Langen Hermann und des Konvents sprechen (die gesonderten Fundamente und Trennfugen können auch daher stammen, dass man die Entstehung von durch die Unterschiedlichen Massen hervorgerufenen Senkungsrissen vermeiden wollte). Somit ist das Entwicklungsschema von A. Tuulse zu befürworten, laut welchem die Burggründug in den 30er Jahren mit der Errichtung des Sturvolt begann; die Arbeiten wurden durch den Aufstand der St.-Georgsnacht 1343 unterbrochen, und erst später entstanden die Flügel und der Lange Hermann (Tuulse 1942 212 ff.). Ein wesentlicher Zusatz zur Klärung der Genese der Burg Kuressaare stammt von V. Raam. Eine seltene Ausnahme im hiesigen Architekturbild sind verschiedene Details des Hauptgeschosses: Anstelle von Gurtbogen verlaufen Transversalrippen, deren Profil demjenigen der Diagonalrippen entspricht; konkave Formen sind im Übergewicht. Kennzeichnend ist auch das Herauswachsen der Rippen des Kreuzgangs aus der Wandfläche. Sehr nahe-

8. Narva. Ansicht aus Südosten. Foto P. Säre.

stehende Formen, auch analoge rein gesetzte Quadermauerung sieht man auch noch auf Saaremaa am polygonalen Chorabschluss der Kirche von Valjala. Dieses Bauwerk hat seine urkundlich belegte Gründungszeit in den 50er-60er Jahren des 14. Jh.s Die genannten Architekturelemente verweisen auf mitteleuropäische (in erster Linie böhmische) Vorbilder, und so kann angenommen werden, dass sowohl in Kuressaare als auch in Viljala ein und dieselbe, wohl aus Böhmen stammende Bauhütte tätig war (Raam 1978). Und nochmals auf Tuulse verweisend (Tuulse 1942 221), sei bemerkt, dass die Errichtung der Hauptburg wahrscheinlich bis etwa 1400 währte.

Nun weiter nach Nordestland, welches bis 1346 zu Dänemark gehörte, dann aber an den Livländischen Orden verkauft wurde. Das ganze Mittelalter hindurch bestanden dort drei wichtige Stützpunkte; Tallinn, Rakvere und Narva. Erneut soll betont werden, dass man sich bei der Klärung von baugenetischen Fragen bis zum letzten Jahrzehnt meist nur auf neuzeitliche Planskizzen und zufällige Bemerkungen in Chroniken stützen konnte, die Burgen selbst waren wiederholt umgebaut (Tallinn und Narva) oder in wesentlichen Teilen von einer Kulturschicht bedeckt worden (Rakvere). In allen diesen Anlagen ist das einstige Vorhandensein eines Konventshauses bzw. eines Kerns ähnlichen Charakters als Hauptburg erkennbar. In der Chronik

von Wartberge wird berichtet, dass bald nach dem Übergehen des Gebiets an den Livländischen Orden Meister Goswin von Herike (1345—1359) grosse Ausgaben vornahm, um diese Burgen zu verstärken und Türme hinzuzubauen ("magnas expensas faciens in ecrum meliocratione turrimque constructione", Vahtre 1960 110). So hat man für die gesamte Gruppe der genannten Burgen ein Entwicklungsschema festgelegt: Während der Dänenzeit handelte es sich um reguläre Ringmauerkastelle, die dann hauptsächlich in der 2. Hälfte des 14. Jh. mit konventhausartigen Hauptburgen unter stärkerer oder geringerer Einbeziehung der vorhandenen Mauern erweitert wurden (Tuulse 1942 163 ff.).

Bei der Tallinner Burg halten wir uns nicht auf, ihr ist in der vorliegenden Ausgabe ein Beitrag von B. Dubovik gewidmet. In Narva steht unmittelbar am Fluss eine Hauptburg mit vier Flügeln und mächtigem Turm an der NW-Ecke. Nördlich der Burg liegt eine kleinere Vorburg, westlich ein geräumiger Vorhof. S. Karling nahm als erster an, dort habe sich während der Dänenherrschaft ein Kastell mit Eckturm befunden, dessen Aussenmasse denjenigen des späteren Konventhauses entsprachen. In die gleiche Zeit verlegt er den Nordflügel der Hauptburg — somit dürfte die Narvaer erste Steinburg an einige Kastelle in Dänemark erinnert haben, wie in Kalö (Karling 1936 45 ff.). In Anbetracht der Konsolen-

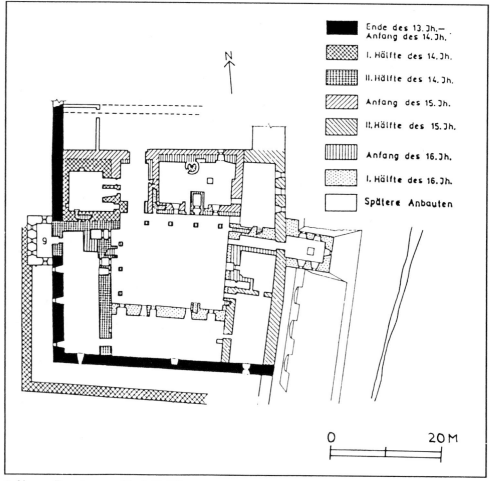

Ende des 13. Jh.— Anfang des 14. Jh.

I. Hälfte des 14. Jh.

II. Hälfte des 14. Jh.

Anfang des 15. Jh.

II. Hälfte des 15. Jh.

Anfang des 16. Jh.

I. Hälfte des 16. Jh.

Spätere Anbauten

0   20 M

9. Narva. Bauetappen. Nach K. Alttoa u.a.

formen im Westflügel und der Fenster, die gewisse Ähnlichkeit mit Schießscharten für Hakenbüchsen aufweisen, ist angenommen worden, dass die Errichtung des Konvents bis in die 1. Hälfte des 15. Jh.s währte (Tuulse 1942 178).

Die Burg Narva wurde 1944 stark zerstört, in den Jahren nach dem Krieg fanden umfangreiche Wiederaufbauarbeiten statt. Leider stützte man sich dabei anfangs nur auf geringste Forschungen am Objekt. Erst 1984 entstanden Möglichkeiten, wenn auch in vielen Abschnitten hoffnungslos verspätet, so doch immerhin zielstrebige bauarchäologische Forschungen durchzuführen. Durch sie konnten die wichtigsten entstehungsgeschichtlichen Etappen der Hauptburg festgestellt worden (Alttoa et al. 1988; Alttoa et al. 1989). Es ergab sich, dass erstlich, also während der Dänenzeit, lediglich eine reguläre Ringmauer errichtet worden war, an die kein einziger Steinbau stiess (es kann sein, dass diese Mauer an der durch die natürlichen Gegebenheiten äusserst sicher geschützten Flußseite sogar fehlte). Danach wurde der Eckturm in seiner ursprünglichen Gestalt

aufgeführt — möglicherweise wird in der Chronik von Wartberge darauf verwiesen. Im gegenwärtigen Zusammenhang ist aber die weitere Entwicklungsgeschichte wesentlich. Einer nach dem anderen entstanden die einzelnen Flügel, doch lange Zeit beabsichtige man keinerlei Aufführung eines konventartigen Hauses. Das älteste Bauwerk, aus der 2. Hälfte des 14. Jh.s stammend, umfasst den gesamten Westflügel. Die dortigen Konsolen sind erst bei späteren Umbauten angebracht worden, als das Haupteschoss überwölbt wurde. Auch die Fenster erhielten ihre endgültige Gestaltung später (die Rahmen entstanden erst während der Renaissance), daher sind diese Details keine Hilfe bei der Datierung. Weiterhin entstand ein kleineres einzeln stehendes Haus an der Nordseite, dann etwa in der 2. Hälfte des 15. Jh.s ein weiteres frei stehendes Bauwerk an der Ostseite. Wir betonen, dass alle die drei Bauten isoliert waren und keine Einheit bildeten. Erst mit der Schliessung der Nordostecke und der Errichtung des Südflügels erhielt die Burg Narva ihre konventhausartige Gestalt in der 1. Hälfte des 16. Jhs.

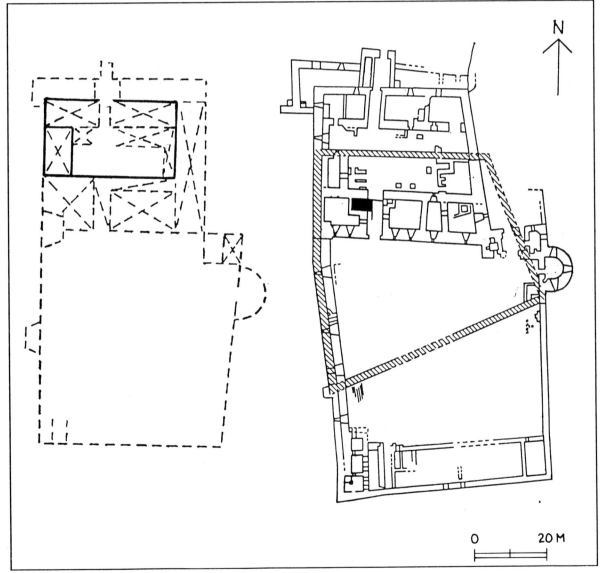

0   20 M

10. Rakvere.
a — Rekonstruktionsversuch von A. Tuulse
b — nach T. Aus.

Einigermassen analog zeigt sich die einstige Lage in Rakvere. Auf Grund eines Plans vom Ende des 17. Jh.s konnte angenommen weden, dass es sich bei der Urgründung um ein Kastell mit rechteckigem Grundriss und mächtigem Turm an der Südwestecke handelt konnte (Tuulse 1942 67). Bei der Errichtung des Konventshauses bezog man die vorhandenen Mauern des Kastells ein, im Norden und Westen gaben sie die Aussenmauern des Konvents, im Süden und Osten die hofseitigen Wände der entsprechenden Flügel ab. In den 1980er Jahren führte dort die meisten Grabungen T. Aus durch. Völlig unerwarteterweise stellte es sich heraus, dass die älteste Steinburg, diejenige der Dänen, ein Kastell mit unregelmässiger viereckiger Form gewesen war. Lediglich dessen Westmauer wurde bei folgenden Umbauarbeiten benutzt. Die anderen Mauern sind restlos abgetragen, und wir kennen sie nur Dank der archäologischen Forschungen. Nachfolgend entstand im Nordteil der Burg ein Hauptgebäude mit einem Flügel und dazu ein kleiner Vorhof — eine indirekte Analogie für die Etappe vor dem Konventshaus auf dem Tallinner Toompea (Tuulse 1942 64—65). Was aber das Konventshaus betrifft (es wäre wohl richtiger, von einer konventshausartigen Hauptburg zu sprechen), so entstand es in Verbindung mit der Errichtung des Südflügels. Letzterer wurde gleichzeitig mit einem mächtigen halbrunden Kanonenturm an der Ostflanke der Vorburg gebaut. Dieses Rondell kann frühestens in das letzte Viertel des 15. Jh.s datiert werden — derartige Türme waren wohl mehr kennzeichnend für die ersten Jahrzehnte des 16. Jh. (Alttoa et al. 1988 391—392). Also ist erneut

festzustellen, dass die Idee eines Konvents in Rakvere merklich später entstand, und zwar am Ende des 15. Jh.s oder noch später.

Unsere Darstellung ist vor allem destruktiv, denn die bisher akzeptierten Argumentationen widerlegend, konnte in vielen Fällen nichts Greifbares an deren Stelle geboten werden. So bleibt die Frage, wann das Konventshaus nach Estland gelangte, völlig offen. Die Datierungen der Konventshäuser in Pärnu und Viljandi (als die ältesten in Estland angesehen) sind zur Zeit nicht begründet. Das wesentlichste, das wir vielleicht beitragen konnten, war die Beantwortung der Frage, wie lange dieser Burgentyp bei uns aktuell war. Wie gesagt, sah man bisher das Grenzdatum etwa um 1400. Die Forschungen in Narva und Rakvere zeigen jedoch, dass die Idee auch noch in der 1. Hälfte des 16. Jh.s auf der Tagesordnung stand.

Ein Problem für sich ist die Beziehung der Burgen in Estland zu denjenigen in Preussen. Bei den meisten Konventsbauten können nur auf Analogien in der allgemeinen Anlage verwiesen werden. Detailliertere Verallgemeinerungen setzten gründlicher Forschungen voraus, die aber noch zu leisten sind. Beim heutigen Wissensstand kennt man dank den Arbeiten von Tuulse (Tuulse 1939 und 1942 151 ff.) lediglich die engen Beziehungen der Burg in Riga (errichtet nach 1330) zu preussischen Vorbildern. Wie aber bei der Burg in Kuressaare ersichtlich, hat an bei den hiesigen Konventshäusern auch mit anderen möglichen Einflüssen zu rechnen.

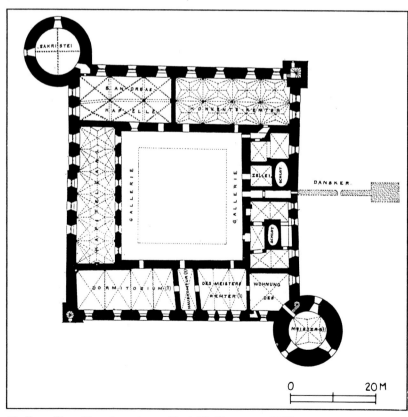

11. Burg Riga. Hauptgeschoss. Nach W. Neumann 1892

Andris Caune

EINIGE WÄHREND DER AUSGRABUNGEN 1976—1990 ERWORBENE ERKENNTNISSE ÜBER DIE ORDENSBURG BAUSKE IN LETTLAND

The Main Results of Archaeological Investigation in the Order's Castle Bauska

Bauska is one of the last brick wall castles in the former state of the Order of Livonia. It was built in 1443, ruined in 1706. Archaeological excavations and restoration in this castle have been taking place for 15 seasons. These results show 5 periods of building in the castle. During 250 years the castle was transformed from a fortification of the frontier, built in the late Middle Ages, into the residence of the duke of Kurzeme, rebuilt in mannerism style and safe from attacks with earth fortifications. In the archaeological excavations an area of 3000 m² was investigated both inside and outside the walls in the place of earth fortifications. In medieval archaeology good typology and dating of such artefacts as ceramics, jewerly and weapons have been worked out. But there are only few publications about finds in large quantities as building parts of stone and ceramics. In this paper are shown changes in the materials of roofing — tiles — and in heating system during the 15—18 centuries. These lines were worked out after the materials of archaeological excavations in the castle Bauska. These examples could stimulate working out of evolution lines of similar building parts in other archaeological researched castles around the Baltic sea.

Andris Caune
Academy of Sciences of Latvia
Turgenewa 19
LV-1018 Riga

In diesem Bericht werden einige Ergebnisse der 15 Jahre langen Forschungen in der Ordensburg Bauske (Letl. Bauska) dargelegt. Zuerst wird kurz die Baugeschichte der Burg den Ausgrabungsmaterialien nach charakterisiert. Zweitens werden einige Probleme der archäologischen Forschungsmethodik der Steinburgen auf Grund der Beispiele aus den Grabungen in Bauske behandelt. Um die Bedeutung der Burg Bauske zu erklären, werden in der Einleitung allgemeine Daten über die Steinburgen Lettlands und ihre Forschungsgeschichte angeführt.

Nach dem 13. Jh. pflegten die Deutschen im Baltikum ihre Eroberungen durch Festungswerke abzusichern. Das Territorium Alt-Livlands (gegenwärtige Republiken Lettland und Estland) wurde in der Zeitspanne vom Ende des 12. bis zur ersten Hälfte des 16. Jh. mit einem Burgennetz überzogen, das zu den dichtesten in Nordosteuropa gehört. Die Gesamtzahl der Burgen übersteigt 150, ungerechnet die kleineren befestigten Punkte (Tuulse 1942 15). Von diesen Steinburgen befinden sich in Lettland mehr als hundert. Etwa 40 Burgen Lettlands wurden vom Deutschen Orden erbaut (Benninghoven 1976). Die übrigen mittelalterlichen Festungen wurden von Bischöfen und ihren Vasallen errichtet. Die Steinburgen Lettlands entstanden und entwickelten sich im Zuge der Landnahme durch die Kreuzritter als Stützpunkte zur Unterwerfung der im Ostbaltikum siedelnden Völkerschaften.

Die Geschichte und Chronologie der Steinburgen Lettlands ist bis jetzt lückenhaft und fragwürdig. Man kann in den Schriftquellen nur für einen Teil der Burgen konkrete Gründungsjahre finden, einige werden aber erst längere Zeit nach dem Beginn ihrer Existenz erwähnt. Gewöhnlich wird als Gründungszeit einer Burg jenes Datum angenommen, an dem ihr Namen zum ersten Mal in den Schriftquellen urkundlich bestätigt wird. Der grösste Teil der Burgen (etwa 90) sind seit dem 13. und 14. Jh. bekannt. Die Burg Bauske tritt erst in der ersten Hälfte des 15. Jh.s in das Licht der Geschichte und ist die jüngste Ordensburg in Lettland. Die Ordensvogtei Bauske wurde 1443 vom Ordensmeister Vincke von Overberch erbaut (Löwis of Menar 1922 48) und sollte den Schutz der Südgrenze gegen die Bedrohung durch den vereinigten Staat Polen-Litauen übernehmen.

Seit dem letzten Viertel des 15. Jh.s werden in Lettland keine neue Burgen gegründet. Wohl entfalteten sich aber damals und besonders zu Beginn des 16. Jh.s die Bauarbeiten auf dem Gebiet der Vervollständigung und Erweiterung der alten Burgen. In den dreissiger Jahren des 16. Jh.s findet die über dreihundertjährige Entwicklung der Wehrarchitektur Alt-Livlands ihren Abschluss. Der grösste Teil der Burgen Livlands wurde während des Livländischen Krieges im 16. Jh. durch das Kanonenfeuer der Russen zerstört. In diesem Krieg blieb die Burg Bauske unberührt. Sie hat ihre Bedeutung auch noch nach dem Untergang des Ordensstaates in der zweiten Hälfte des 16. Jh.s gehalten. Nach der Herausbildung des Kurländischen Herzogtums wurde die Burg Bauske auf einige Jahrzehnte zum Aufenthaltsort des Herzogs und seines Hofes.

Die Steinburgen Lettlands werden schon fast 200 Jahre erforscht. Diese Forschungen kann man in drei Perioden einteilen.

In der ersten Periode vom Anfang des 19. Jh.s bis zu den zwanziger Jahren unseres Jahrhunderts beschäftigen sich mit dieser Frage hauptsächlich die deutschbaltischen Historiker. Sie verzeichneten alle Steinburgen der Periode des livländischen Ordensstaates und sammelten schriftliches Quellenmaterial sowie bildliche Darstellungen (Löwis of Menar 1922). Seit dieser Zeit ist auch die einzige Abbildung der

Abb. 1. Bauske. Federzeichnung aus dem Bericht K.M.Stuarts über die Kriegsereignisse in Kurland 1701—1702. Von einer Handschrift aus der Königlichen Bibliotek in Stockholm.

Burg Bauske bekannt. Sie wurde dem Bericht des schwedischen Heerführers Karl Magnus Stuart über die Kriegsereignisse im Kurland 1701—1702 beigelegt. In dieser Zeichnung wurde die Burg am Ende ihrer Existenz gezeigt (Abb. 1)

Da die deutschbaltischen Historiker sich vor allem für bauliche Anlagen der Burgen mit ihren Steinbauten interessierten, suchten sie bei Probegrabungen nur jene Teile der Burggebäude freizulegen, die unmittelbar an die Burgmauer oder erhaltene Gebäudereste angrenzten. In diesen Grabungen wurden keine Sach- und Baumaterialienfunde gesammelt und dokumentiert. Auch für die Burg Bauske wurden im 19. Jh. die wichtigsten historischen Daten zusammengefasst und mehrere Burgpläne gezeichnet (Löwis of Menar 1922 48, Schmid 1921). Da sich in dieser Zeit ein Teil der Burgmauern schon nicht mehr über die Erde erhalten hatte, gab es keine Möglichkeit, alle Räume der Burg in den Plänen zu zeigen.

Die zweite Forschungsperiode der Steinburgen Lettlands ist mit dem Namen des berühmten Burgenforschers und Kunsthistorikers Armin Tuulse verbunden. In der vierziger Jahren unseres Jahrhunderts untergliederte er die Steinburgen des livländischen Ordensstaates auf Grund des Bautyps. Er strebte auch nach Absonderung mehrerer Bauperioden in der Entwicklung der Planungsweise der Burgen. Auch den Bau der Burg Bauske hat er in zwei Perioden eingeteilt — die älteste Ordensburg und das später angebaute Schloss der Herzöge. (Tuulse 1942 297—301).

Die dritte Forschungsperiode umfasst die letzten 30 Jahre. Da die Steinburgen über dem Erdboden grössenteils überhaupt nicht mehr oder nur als Ruinen erhalten sind, ist ihre Erforschung in der Regel nur durch archäologische Grabungen möglich. Seit den sechziger Jahren unseres Jahrhunderts finden in allen Steinburgen, an denen Erhaltungs- oder Wiederherstellungsarbeiten geplant sind, archäologische Grabungen statt. (Mugurevics 1986). Leider wurden die Grabungen anfänglich nicht auf einem wissenschaftlich hohen Niveau durchgeführt. Architekten — die Restauratoren der Burgen — haben die während der Jahrhunderte entstandene Kulturschicht für unbedeutenden Bauschutt gehalten. Um die Burgmauern zu entdecken, wurde diese Schicht mit Baggern abgetragen. Anfänglich haben auch manchmal die Archäologen den oberen Bauschutt als unnötig für Forschungen entfernt, um die älteste vordeutsche Schicht zu suchen. Zuweilen interessierten sich die Archäologen nur für die Altertümer — Kleinfunde und widmeten der wissenschaftlichen Dokumentierung der entdeckten Burggebäude ungenügende Beachtung. Erst im Laufe der Zeit formten sich die komplexen Forschungsmethoden, die man auch heute noch vervollkommnen muss. In den letzten dreissig Jahren wurden Ausgrabungen in mehr als 20 Steinburgen Lettlands durchgeführt. In drei Burgen Lettlands — Turaida (Threiden) unter der Leitung von J. Graudonis, Cesis (Wenden) unter der Leitung von Z. Apala und Bauske unter der Leitung von A. Caune werden die archäologischen Forschungen in besonders grossem Masstab und schon 15 Jahre lang durchgeführt.

Schon 1969 wurde in Bauske eine teilweise Restauration der Burg und Konservierung der Mauern begonnen. Archäologisch mit komplexen Forschungs-

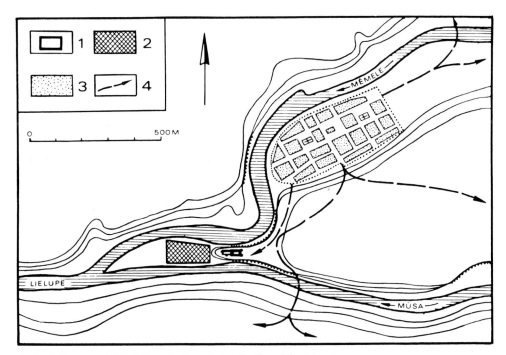

Abb. 2. Burg und Stadt Bauske im 15.-17.Jh. Bezeichnungen:
1 — Burg   *3 — Stadt im 17. Jh.*
2 — Stadt bis 1582   *4 — Richtungen der Verkehrswege*

methoden wird diese Burg aber erst seit dem Sommer 1976 untersucht (Caune 1986). Da die Restaurierung sich auf Grund der knappen, nur jährlich bereitgestellten Mitteln vollzieht, wird sie vermutlich noch Jahrzehnte andauern. Die Ausgrabungen wurden hauptsächlich im jüngeren Teil der Burg durchgeführt, der für das Museum rekonstruiert wird. Einige Gräbungsplätze wurden auch im älteren Teil der Burg und in der vom aussen an die Burgmauern anliegenden Zone erforscht. Im Laufe der 15 Jahre wurde während der Ausgrabungen eine mehr als 3000 m² grosse Fläche freigelegt, etwa 3500 Altertümer, mehr als 10 000 Kachelfragmente und viele andere Materialien gefunden. Das erworbene wissenschaftliche Material liefert neue Erkenntnisse über die Bauperioden der Burg und gibt die Möglichkeit, den Grundriss der Burg in jeder Periode festzustellen.

Jetzt verfolgen wir kurz die Entwicklung der Burg Bauske im Laufe der Zeit. Bauske liegt zwischen der Memel und der Muhs an ihrem Zusammenfluss zur Lielupe (Abb. 2). An dieser Stelle hat sich eine schmale, fast 1 km lange Halbinsel herausgebildet. An ihrem östlichen Ende befindet sich einer etwa 20 m hoher Felsen aus Dolomitstein. Dort existierte schon seit der Bronzezeit eine Siedlung. Die einzigen ältesten Kleinfunde zeugen davon, dass sich in dieser Stelle ein bis zum 13. Jh. bewohnter Burgberg befunden hat (Caune 1982a 60—63). Ein gezogener Graben hat die dreieckige Halbinsel mit dem Burgberg von der übrigen Fläche abgegrenzt. An der Stelle der zerstörten Holzburg begann der Livländische Orden in der ersten Hälfte des 15. Jh.s eine Steinburg zu bauen. Ziel dieses Baues war, das

südliche Grenzgebiet Livlands und die Handelswege nach Litauen einer Kontrolle zu unterstellen.

Die Ausmasse des Plans der neuen Burg sind viel grösser als die Fläche des alten Burgbergs. Darum wurde der südliche Teil der Steinburg auf einem natürlichen Berghang gebaut. Während des Baues wurden grosse Erdarbeiten durchgeführt und teilweise das alte Relief verändert. Im neuen Gebäude widerspiegelten sich die neuesten Erkenntnisse der Fortifikation seiner Zeit, die mit dem Aufkommen der Feuerwaffen verbunden sind. Eine Eigenart ist die Stellung einiger Türme in der Mitte der Wände und nicht an den Ecken, wie es für Konventhäuser des 14. Jh.s typisch war. Im Grundriss des mittelalterlichen Gebäudes leben noch die alten Wehrprinzipien neben den neuen weiter. In ihrem südlichen Teil ist die Burg kastellartig angelegt. Im Norden aber folgt sie der Linie des ehemaligen Burgbergs und das hohen Ufers. Grosses Gewicht ist auf den Schutz des östlichen Eingangs gelegt. Hier wurden mächtige Befestigungen konzentriert. Gegen Angreifer wurden zwei Türme gerichtet (Abb. 3). Der grösste Turm, der 3,6 m dicke Wände hat und sich an der Südseite befindet, war vermutlich der erste Bau der Burg. Dieser Turm erhebt sich über dem ganzen Burgbautenkomplex. Er wurde mit dem danebengebauten kleineren Turm und Tor dazwischen zu einem Gebäude verbunden. Hinter diesen Türmen befinden sich zweistöckige Anbauten. Im grossen Turm war der Hauptraum mit Sterngewölben aus Ziegelstein gedeckt. Darüber liegen zwei Stockwerke mit Schiessscharten für Hakenbüchsen. Unter dem Hauptstock befand sich ein Raum für die Kanonen. Der übrige Teil der Burg bestand aus einer Befestigungsmauer mit Türmen

Abb. 3. Burg Bauske. Ostansicht auf dem Hauptturm.

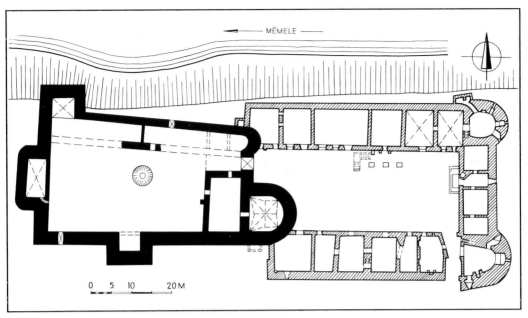

Abb. 4. Bauske. Grundriss der Burg nach den Materialien der Ausgrabungen 1976—1990.

und nur an der Seite des Flusses Memel war ein Seitengebäude gebaut. (Abb. 4)

Den Schutz der Westseite übernahm ein breites, rondelartiges Gebäude, von dem aus man durch weite Schiessscharten das Feuer der Hakenbüchsen nach drei Seiten richten konnte. Auch an der Südseite hat man den neuen Waffen Rechnung getragen, wie die Schiessscharten beweisen. Die Form des dort hervorragenden vierkantigen Turmes erinnert aber noch an die Entwicklung des vorhergehenden Jahrhunderts. Die Schlosskapelle lag an der Nordwestecke in einer turmartigen Kammer, wo das Kreuz in der Mauer auf die sakrale Bestimmung dieses Raumes hinweist.

Als Baumaterial wurde in Bauske neben Dolomit- und Feldstein auch Ziegel verwendet, besonders an den Mauerecken. Dort finden sich noch die Spuren einer dekorativen Absicht, die man mit Hilfe von glasierten Steinen zu erreichen versucht hat.

Die der Hauptburg an der Ostseite angeschlossene Vorburg war anfänglich mit keiner Steinmauer befestigt. Die dort befindlichen Holzgebäude schützte nur eine Palisade.

Die Burg Bauske, die in der Mitte des 15. Jh.s gebaut wurde, ist eins der hervorragendsten Beispiele des späten Burgenbaus in Alt-Livland.

Mit dem Aufschwung des wirtschaftlichen Lebens in der Umgebung der Burg Bauske entstand am Anfang des 16. Jh.s ein kleines Städtchen, das sich an der Westseite der Burg am Ende der geneigten Halbinsel befunden hat. In diese Zeit ist auch die nächste Bauperiode der Burg zu datieren, als das Territorium der Vorburg vergrössert und mit einer Mauer befestigt wurde. An der Ostseite der Vorburg wurden in der Mauerlinie zwei starke flankierende Rundtürme eingebaut. Die während der archäologischen Ausgrabungen entdeckten Fundamente

und Keller der Türme zeugen davon, dass sie zur selben Zeit wie die Ringmauern gebaut wurden. Die in ihren unteren Teilen gut erhaltenen Schiessscharten beweisen, dass sie auf Hakenbüchsen und Kanonen eingestellt waren. Im Territorium der Vorburg befanden sich Steingebäude nur an der Nordseite. Der übrige Teil wies vermutlich leichtere Holzgebäude auf.

Nach dem russisch-livländischen Krieg wurde am Ende des 16. Jh.s das Kurländische Herzogtum gebildet. Bauske wurde in dieser Zeit zu einer der Residenzen des neuen Herzogs. 1584—1596 fand der Umbau und Erweiterung der alten Ordensburg statt. Aus einem befestigten militärischen Bau wurde Bauske zum prächtigen Sitz des Herzogs. Das neue Gebäude umfasste nur die ehemalige Vorburg, vor der die Mauern und beide Eckentürme verwendet wurden. Die alte Ordensburg wurde dagegen nur ein wenig umgebaut. Statt der alten Schiessscharten bekam das Gebäude der Nordseite in der äusseren Mauerwand des zweiten Stocks breite Fenster. In der alten Ordensburg gab es in dieser Zeit nur wenige Wohnräume, Hauptsächlich wurde dieser Teil als Lagerhaus ausgenutzt. Das neugebaute Schloss wurde zum Wohnort des Herzogs und seines Hofes.

Das neue Schloss hat einen langen ausgedehnten Hof, der von drei Seiten von den neuen zweistöckigen Gebäuden eingeschlossen ist (Abb. 4.). Sein Grundriss ist unkompliziert. Die Gebäude werden mit Zwischenwänden in einzelne Räume geteilt, die die Enfiladen vereinigen. Die Räume des Erdgeschosses hatten gerade Ausgänge zum Hof. Auf der Mauerfläche des neuen Schlosses und bei den Rundtürmen wurden in der Stukkatur Steinquader der italienischen Renaissance-Architektur nachgeahmt.

Im 17. Jh., während der polnisch-schwedischen Kriege, hat das Schloss einen Teil seiner im Stil des

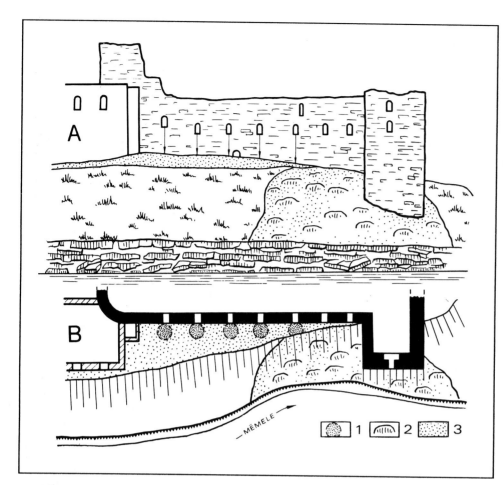

Abb. 5. Ansamlung der Funde unter den Fenstern der nördlichen Burgmauer. Bezeichnungen:
1 — Funde der Altertümer unter den Burgfenstern
2 — Erdsturz des Ufers
3 — Kulturschicht

Manierismus gefertigten behauenen Steine — für Fassadenschmuck und Innenausstattung einiger Räume für Repräsentation — verloren. In dieser Zeit wurden um die Burg Erdbefestigungen ausgebaut, die am Anfang des 18. Jh. während des Nordischen Krieges noch einmal vervollkommnet wurden. Man kann sie auch in der einzigen Abbildung der Burg Bauske — in einer Zeichnung besichtigen. 1706 wurde ein Teil der Burg gesprengt. Die Einwohner der nahe gelegten Stadt Bauske haben die Burgruinen als Erwerbsquelle von Baumaterialen verwendet. Schon 1753 wurde die Burg Bauske als verfallen bezeichnet.

Die archäologischen Ausgrabungen in Bauske, die schon 15 Jahre fortdauern, ermöglichen schliesslich einen Einblick in die bauliche Entwicklung dieser Burg. Darüber hinaus, und das ist uns ausserordentlich wichtig, geben Funde und Befunde auch Auskunft sowohl über die ältesten hölzernen Bauspuren, als auch den Innenausbau der Burg, ferner über ihre Heizanlagen und die in der Burg ausgeübte Lebensweise, sowie über die Sachkultur und ethnische Zugehörigkeit der Burgbesatzung. Ohne dieses umfangreiche Fundmaterial ausführlicher zu analysieren, wird weiter auf einige während der Ausgrabungen in der Burg Bauske gewonnenen methodischen Erkenntnisse hingewiesen.

Während der Erforschung der Burgruinen wird gewöhnlich die Fläche innerhalb der Mauern ausgegraben. Solcherweise kann man sich den verschwundenen Grundriss und auch die bauliche Entwicklung der Burg klarmachen. Häufig wird aber fast keine Aufmerksamkeit der Kulturschicht ausserhalb der Mauern gewidmet.Wie es schon erwähnt wurde, wurden in der jüngsten Vergangenheit manchmal diese Erdschichten für unnützlichen, die ehemaligen Baukonstruktionen bedeckenden Bauschutt gehalten und mit Baggern entfernt. Doch gerade diese Kulturschicht auf dem Berghang und in der engen Zone am Fuss der Aussenmauern hat in sich eine Information verborgen, die innerhalb der Mauern nicht mehr erhalten ist. Man kann, z.B., das untersuchte Territorium der Burg Bauske der Zahl und dem Charakter der Funde in drei Zonen einteilen.

Die erste Zone umfasst den Hof der ehemaligen Burg und die von der Burg entfernte Fläche. In diesem Territorium gab es fast keine Funde. Hier wurden nur einzige, aus der Endperiode der Burgexistenz stammende Altertümer gefunden. Das kann man folgenderweise erklären. Das Niveau des Hofes ist während des Bewohnens der Burg 250 Jahre lang unverändert geblieben. Dazu wurde das Pflaster immer gereinigt und darum hat sich darauf keine Kulturschicht herausgebildet.

Die zweite Zone umfasst die ehemaligen Räume der Burg. Es gab dort ein wenig mehr Funde. Auch diese Altertümer gehören meist in die Endperiode der Burg. Am wenigsten Funde gibt es in den Räumen, die nach dem Ende des Bewohnens der Burg den Menschen zugänglich geblieben waren, und etwas mehr dort, wo die Gebäude gesprengt und danach nicht mehr erneuert wurden.

Die dritte Zone umfasst den Berghang ausserhalb der Mauern. Dort wurden am meisten Kleinfunde ausgegraben. Die Kulturschicht hat sich hier allmählich während der ganzen Bewohnzeit der Burg herausgebildet. Sie besteht aus Abfall und Bauschutt, die im alltäglichen Leben und während der Renovierungen durch Fenster ausgeworfen wurden. Ausserhalb der Mauern gibt es am meisten Funde am Fuss der bewohnten Gebäude und weniger dort, wo sich allein die Schutzmauer befand. Die Kulturschicht ist, z.B., am steilen Ufer der Memel unter den Fenstern der Wohngebäude 4 m dick, aber an der Südseite der Burg am Fuss der Schutzmauer — nur etwa 2 m dick. Jede Strate der mehrschichtigen Aufschüttung kann man mit Sach- und Münzfunden datieren. Alle Funde hatten sich unter den in der Mauer erhaltenen Fenstern konzentriert. Diese Feststellung gibt den Archäologen die Möglichkeit, auch in anderen, nur unter der Erde erhaltenen Burgruinen den während der Ausgrabungen entdeckten Konzentrierung der Funde am Fuss der Mauern nach, die Verteilung der ehemaligen Fenster annährend festzustellen. Solcherweise geben die Ausgrabungsmaterialien nicht nur die Möglichkeit, den Grundriss der Burg, sondern auch die Fassade mit Fenstern zu rekonstruieren (Abb. 5).

Bis zur jüngsten Vergangenheit haben die Burgenforscher die Meinung geäussert, dass der grösste Teil der deutschen Steinburgen in Livland in einem zuvor unbewohnten Platz gebaut wurden und dass fast keine Burgberge der örtlichen Bevölkerung für diese Bauten ausgenutzt wurden. Die ersten archäologischen Ausgrabungen, die nur innerhalb der Burgmauern durchgeführt wurden, bestätigten solche Voraussetzung. Die älteste Kulturschicht der vordeutschen Periode wurde sogar in keiner Steinburg festgestellt, die den Schriftquellen nach an Stelle einer Holzburg des 12. Jh.s gebaut wurden, z.B., in Selburg (Selpils) (Snore/Zarina 1980). Diese Tatsache kann man auf bedeutende Erdarbeiten während des Baues der Steinburg zurückführen, als die Baugruben für Fundamente die älteste Kulturschicht vernichtet haben. Früher wurde angenommen, dass auch in Bauske kein alter Burgberg der vordeutschen Periode gewesen ist. Aber dank der Ausgrabungen ausserhalb der Burgmauer wurden Verbleibsel des ehemaligen Burgbergs entdeckt. Nur in einer engen Zone ausserhalb der Mauern der Steinburg hatte sich die älteste Kulturschicht unter 4 m dicken späteren Aufschüttungen erhalten. Darum muss man für die Entdeckung der ältesten Wohnspuren in den Steinburgen den Forschungen in der vom aussen an die Mauer anliegenden Zone besondere Aufmerksamkeit widmen.

In der Mittelalterarchäologie ist die Typologie und Datierung von Keramik, Waffen und Scmuck ziemlich gut erarbeitet, etwas weniger Aufmerksamkeit wurde den Sachfunden des alltäglichen Lebens und den Werkzeugen gewidmet. Aber die Datierung der massenhaft gefundenen Baumaterialien ist bis jetzt

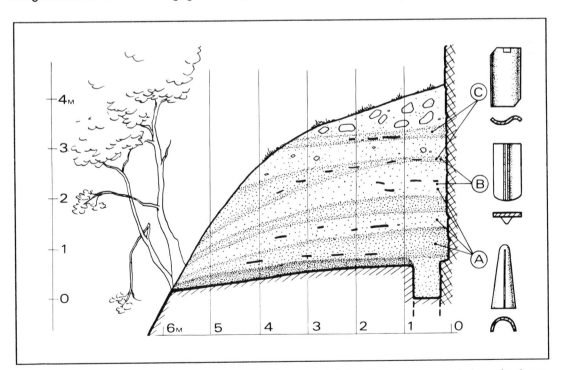

Abb. 6. Querschnitt der Kulturschicht an der Aussenseite der Burgmauer und darin gefundenen Dachziegelformen.
A — Hohlziegel
B — Plattenziegel
C — S-Pfannen

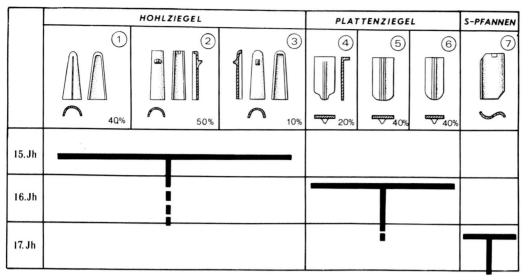

Abb. 7. Entwicklung der Dachziegelformen in der Burg Bauske im 15.-17. Jh.

nur annähernd. Eine Vorstellung über die Änderung der Dächer der Burg Bauske geben die Ausgrabungen ausserhalb der Mauern. Hier wurde die Kulturschicht mit Zwischenschichten von Dachziegelfragmenten in mehrere horizontale Straten gegliedert (Abb. 6). Diese Zwischenschichten sind in verschiedenen Perioden während der Renovierung oder Auswechslung der Bedachung entstanden. Wie schon erwähnt wurde, kann man diese einzelnen Straten mit Hilfe von Sach- und Münzfunden ziemlich genau datieren. Auf diese Weise war es möglich, Auswechslung der Bedachung mit den Verwüstungen der in den Schriftquellen erwähnten Kriege zu verbinden. Die Abbildung zeigt, dass in

einzelnen Straten Dachziegel sowohl eines, als auch zwei verschiedener Typen gefunden wurden. Dies ermöglicht, annähernde Zeit zu bestimmen, als der alte Dachziegeltyp von einem neuen abgelöst wurde.

Den Materialien aus vier ausserhalb der Mauern der Burg Bauske untersuchten Ausgrabungsplätzen nach kann man feststellen, dass im 15. Jh. nur die Hohlziegel (Mönch und Nonne) für Bedachung ausgenutzt wurden. Man verwendete die noch im 16. Jh., als ein neuer Dachziegeltyp — Plattenziegel oder die sogenannten Biberschwänze — auftrat. In der Burg Bauske wurden die Dächer mit diesen Dachziegeln das ganze 17. Jh. gedeckt. Erst im 17.

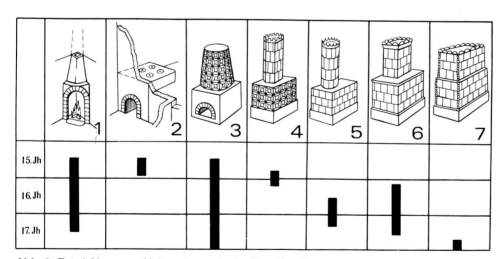

Abb. 8. Entwicklung von Heizsystemen in der Burg Bauske.
1 — Kamin
2 — Warmluftofen
3—7 — Kachelöfen
       3 — Ofen mit Schlüsselkacheln
       4 — gotischer sechsseitiger Turmofen
       5 — zylindrischer Turmofen
       6 — vierseitiger Aufsatzofen
       7 — barokaler Ofen mit gewundenen Säulen

Jh. kommen die S-Pfannen oder die Holländischen Ziegel auf (Abb. 7) (Caune 1982b).

Sowohl die Hohl-, als auch die Plattenziegel haben in Bauske drei unterschiedliche Endenformungen. Den Funden in der Burg Bauske nach ist es bis jetzt nicht möglich festzustellen, ob sich diese Dachziegel chronologisch unterscheiden oder gleichzeitig für die Bedachung verwendet wurden. Auch die Ausmasse der Dachziegel sind verschieden. Da die Zahl der ganzen Funde bis jetzt gering ist, ist es nicht möglich zu sagen, ob sich die Ausmasse im Laufe der Zeit veränderten oder anderen Zusammenhang hatten. Für Untersuchung aller dieser Fragen wäre es erforderlich, eine gemeinsame Methodik auszuarbeiten, um die Ausgrabungsmaterialien verschiedener Burgen der Ostseeländer zu vergleichen.

Bis zur jüngsten Vergangenheit war eine der wenig erforschten Fragen die Entwicklung der Heizanlagen in der Steinburgen Lettlands. Leider gibt es heute weder in einigen bewohnbaren Burgen, noch in den Burgruinen keine alten ganz erhaltenen Wärmeanlagen. Man kann nur in einzelnen Wänden der Burgruinen die Stellen der ehemaligen Kamine sehen. Zeugnisse aus den archäologischen Ausgrabungen und einige Invntarisationsmaterialien der Burgen aus dem 17. Jh. bieten die Möglichkeit, die Heizsysteme der mittelalterlichen Burgen zu rekonstruiren. Wir wollen die Entwicklung der Heizanlagen der Burg Bauske verfolgen (Ose 1986, Ose 1991).

Zur Beheizung dienten Kamine, hypokaustische Warmluftanlagen und Kachelöfen (Abb. 8). Jede dieser Heizanlagen wurde nur eine begrenzte Zeitperiode verwendet und danach mit einer anderen, technisch vervollkommneten abgelöst. In der Anfangsperiode der Burg Bauske — im 15. Jh. — waren Kamine die am meisten verbreitete Heizanlage, nur zwei Räume des Grundgeschosses wurden mit Warmluftöfen angewärmt. Die einzelnen Funde der ältesten Schüsselkacheln und einige Fragmente der importierten, aus weissem Lehm verfertigen und reichverzierten gotischen Kacheln lassen uns vermuten, dass in einzelnen Räumen am Ende des 15. Jh.s auch Kachelöfen gesetzt wurden.

Im 16. Jh. wurden keine neue Warmluftöfen eingerichtet und auch die alten funktionierten nicht mehr. Die Räume wurden mit Kaminen und Kachelöfen angewärmt. Die Beschreibung der Ausstattung während der Burginventarisation in der Mitte des 17. Jh.s zeugt dafür, dass in einigen Räumen beide Heizanlagen — Kamin und Kachelöfen — sogar gleichzeitig verwendet wurden. Am Ende des 17. Jh.s werden aber in den Schriftquellen fast keine Kamine erwähnt. Für die Ablösung der Heizanlagen sprechen auch die Funde der Ausgrabungen. Man hat Öfenfüsse entdeckt, aber fest keine Kamine. Die ehemaligen Kamine wurden zugemauert und manchmal wurden danach Kachelöfen an ihre Stelle gesetzt.

Die gefundenen Kacheln werden den stilistischen Merkmalen ihrer Verzierung nach datiert. In jeder Periode gebauten, der Form der Kacheln nach rekonstruierten Öfentypen der Burg Bauske werden in der Abbildung gezeigt (Abb. 8:3—7).

Man muss die Aufmerksamkeit noch einer, in jeder mittelalterlichen Burg notwendigen technischen Anlage — dem Entwässerungssystem — zuwenden. Vielleicht wurden solche Anlagen auch in anderen Burgen festgestellt. Leider sind in den bisherigen Veröffentlichungen der Burgenforscher keine von ihnen ausführlich beschrieben und analysiert. Das Entwässerungssystem wurde in der Burg gleichzeitig mit dem Bau der Mauern eingerichtet. In der Burg Bauske ist dieses System nicht völlig erforscht, aber die gefundenen Fragmente geben die Möglichkeit, ihre Arbeitsprinzipien zu verstehen. (Caune 1982a 64, Caune & Grube 1984 44)

Die Entwässerungssystem wurde sowohl unter dem Hof der Burg, als auch unter dem Hof der Vorburg eingerichtet. In beiden Höfen wurden Pflastersteine in Sandschüttung gelegt. Im Hof der Burg wurde unter dem Pflaster eine im Querschnitt vierkantige, etwa 10x20 cm grosse Rinne eingerichtet. Ihre Seiten wurden aus Ziegeln und Steinen gebildet, aber der Oberteil mit Steinplatten des Pflasters bedeckt. Unter dem Hof der Vorburg ist das Entwässerungssystem einfacher. Vor dem Pflastern wurden im lehmigen Grund mehrere gleichlaufende etwa 30 cm tiefe kleine Graben gezogen und mit Kies und Kieselsteinen vollgeschüttet. Danach wurde Sand aufgeschüttet und Pflastersteine gelegt. Regenwasser wurde aus dem Hof durch die im Fundament der Mauer eingerichteten Löcher nach ausserhalb des Territoriums der Burg abgeleitet. Man muss vermuten, dass die Burg mehrere solche Wasserableitungen gehabt hat. Ausserhalb der Burgmauern sind bis jetzt zwei Ableitungen gefunden. Eine von ihnen wurde an der Nordseite der Burg als kleiner, flacher, mit Steinen ausgelegter Graben entdeckt. An der Ostseite der Burg wurde eine von der Aussenwand der Vorburg bis zum Schutzgraben laufende Rinne entdeckt. Ihre Seiten sind ebenso wie im Hof mit Ziegeln und Steinen, aber der Oberteil mit Dolomitsteinen bedeckt. Diese im Mittelalter eingerichte Entwässerungssystem funktioniert auch heute. Nach dem Regen sammelt sich in den Höfen, die die niedrigsten Stellen der Burgruine sind, kein Wasser an.

Am Abschluss muss man erwähnen, dass in der letzten zwei Jahrzehnten in mehreren Burgen Lettlands und seiner Nachbarländern archäologische Ausgrabungen stattfanden. In jeder Burg ist, ebenso wie in Bauske, massenhaftes Material ergraben worden. Leider wird in den Veröffentlichungen die

Aufmerksamkeit entweder den Bauproblemen der Burg im allgemeinen, der Besichtigung der Bauperiode oder allein der Analyse der Altertümer gewidmet. Man kann das verstehen, weil die Burgen gleichzeitig von Architekten, Kunsthistorikern und Archäologen untersucht werden. Darum widmet jeder von ihnen seine Aufmerksamkeit nur einem während der Forschungen erworbenen Teil der Information. Vermutlich werden zur Zeit die wissenschaftlichen Materialien nur angesammelt. Die Sammlungen dieser Materialien bietet den nächsten Forschergenerationen die Möglichkeit, nicht nur die einzelnen Altertümer zu analysieren, sondern auch alle Daten und Funde zusammenzufassen.

Knut Drake

DIE BAUGESCHICHTE DER BURG TURKU VOR 1400

The Building History of Turku Castle before the 15th Century

Iikka Kronqvist, a recognized authority on Finnish medieval architecture laid the foundation of the older building history of Turku castle (Kronqvist 1946, 1947). According to him, four building periods can be distinguished in the castle in 1280—1480.

Instead of 'periods', the author of this article wants to speak about 'phases'. In regard to the walls of the castle, five distinct phases can be distinguished before the 15th century. At first, a girdle wall with four gates is built (Fig. 5). The western gate is situated in a gatehouse-keep. In the northeastern corner of the girdle wall there is a wooden chapel. A small wing for living quarters is built to the north of the gatehouse during the second phase (Fig. 8). Part of this wing is demolished during the next phase and the rest is linked up with a new larger residential building, the so called old palace, in the northwestern corner of the girdle wall. At the same time, the ground floor of the chapel is surrounded by walls. The palace is extended to the east with a hall during the fourth phase (Fig. 12). The castle with a girdle wall becomes a castrum-curia castle during the fifth phase (Fig. 13). The courtyard is divided into two parts by a wall, two or three gates are blocked up and the western tower is enlarged to be a huge main tower.

It is not yet possible to date the five building phases of Turku castle precisely. The author, however, presents a tentative chronology based upon historical events and persons around the castle. According to him, the building phases can be dated as follows:

  I   1280—1310
 II   1300—1320
III   1310—1330
 IV   1340—1370
  V   1360—1390

Knut Drake
Kalastajankatu 4
FIN-20100 Turku

Der geniale Bauforscher Iikka Kronqvist hat am Ende der 1930er Jahren die Hauptlinien der mittelalterlichen Baugeschichte der Burg Turku klargelegt. Er hat damals ein grösseres Werk über die Geschichte der Burg geplant, das aber durch seinen vorzeitigen Tod im Jahre 1944 nie verwirklicht wurde. Nach seinem Tode hat man aber einen ausführlichen Vortrag vom Jahre1943 veröffentlicht, welcher bis jetzt als Hauptquelle zur mittelalterlichen Baugeschichte der Burg gedient hat (Kronqvist 1946, 1947). Später hat Carl Jacob Gardberg das Baugeschehen der Jahren 1523—1611 klargelegt und auch zur ältesten Baugeschichte der Burg beigetragen (Gardberg 1959, 1967).

Im Anschluss an ältere Forscher hat Kronqvist angenommen, dass die Burg um 1280 von dem ersten schwedischen Statthalter Finnlands, Karl Gustavsson, auf einer unbebauten Insel in der Mündung des Flusses Aura gegründet wurde (Rinne 1914 266, Jaakkola 1938 373—377). Nach Kronqvist soll die erste Burg ein rektanguläres Lagerkastell mit Toren an allen vier Seiten gewesen sein (Abb. 1). Die Tore an den Kurzseiten in Westen und Osten waren in flankierenden Tortürme verlegt, die Tore an den Langseiten hatten Stützmauern auf der Innenseite der Ringmauer und hölzernen Verteidigungsanlagen oberhalb der Mauer. Auf der Nordseite des Burghofes lagen im Westen und Osten mit dünnen Mauern gemauerte Gebäude, das westliche ein zweistöckiges Wohnhaus und das östliche ein einstöckiges Magazin mit einen Obergeschoss aus Holz.

Kronqvist hat festgestellt das diese älteste Anlage keine Burg im wahren Sinne des Wortes war. Sie war nicht geschlossen und schwerzugänglich, sondern nach allen vier Seiten offen, und hatte auch keinen Bergfried. Man kann die Anlage besser als eine Miniaturstadt wie als eine Burg charakterisieren. Kronqvist hat auch das direkte Vorbild dieser Anlage in der Stadtmauer von Visby gefunden. Mehrere bautechnische Einzelheiten weisen direkt auf Visby. Da passt die Datierung auf die 1280er Jahren sehr gut, denn die Stadtmauer soll um 1280 fertig gewesen sein. Als weiteres Vorbild sah Kronqvist das Kreuzfahrerlager Aigues-Mortes in Süd-Frankreich, das vom Ludwig dem Heiligen um 1248 gegründet war.

Das Lagerkastell war kaum fertig, als es nach den Ansichten Kronqvists zu einer ordinären Wohnburg umge-

baut wurde (Abb. 2). Die beiden Toren an den Langseiten wurden abgeschafft und der Hof wurde durch eine Mauer in zwei Hälften aufgeteilt. Von nun an diente der Westteil als Hauptburg und der Ostteil als Vorburg. Der Haupteingang wurde zum Ostturm verlegt. In diesem Zusammenhang hat man der Burg eine neue Ostmauer gegeben, die in Linie mit der Ostfront des Torturmes lag. Der westliche Turm wurde jetzt mit vier neuen Stockwerken zu einem Bergfried umgebaut. Das zum Bergfried gehörende Verlies wurde in die SW-Ecke der neuen Hauptburg verlegt.

Nach Kronqvist wurde in dieser zweiten Periode auch das Wohngebäude, der Palast in der NW-Ecke des Lagerkastells, bis zur neuen Hofmauer verlängert und mit einem dritten Stockwerk erhöht. Der Saal im dritten Stockwerk wurde mit Kreuzgewölben in zwei Schiffen gewölbt. Auf der Südseite der neuen Hauptburg wurde weiterhin ein Magazin in zwei Stockwerken aufgeführt. Auf der Südmauer des Magazins lief ein Schützengang, der oberhalb der neuen Hofquermauer zu dem Schützengang an der Nordseite des Palastes weiterführte. Ein weiteres

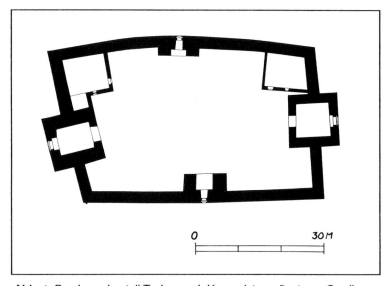

Abb. 1. Das Lagerkastell Turku, nach Kronqvist, ergänzt von Gardberg.

Abb. 2. Zweite Bauperiode der Burg nach Kronqvist. Foto Finnlands Nationalmuseum (NM).

Magazin wurde an der Nordseite der Vorburg gebaut. Auch der Ostturm wurde mit einem Stockwerk erhöht.

Alle diese Zubauten der zweiten Bauperiode werden von Kronqvist zum Anfang des 14. Jh.s. verlegt. In Anschluss an Jalmari Jaakkola meinte er dass Waldemar Magnusson, der 1302—1318 Herzog von Finnland war, und sein Statthalter Lyder van Kyren, der bis um 1322 die Burg innehatte, die Bauherren dieser Periode waren (Jaakkola 1938 473—477).

In einer dritten Bauperiode hat der grosse Saal des Palastes gemäss Kronqvist neue Gewölbe und schöne gotische Fenster bekommen (Abb. 3). Der Bergfried ist erhöht

Abb. 3. *Dritte Bauperiode der Burg nach Kronqvist. Foto NM.*

geworden und das oberste Stockwerk hat ein neues Gewölbe bekommen. Das Verliessgebäude nördlich des Bergfrieds ist auch mit einem gewölbtem Raum, der Schreiberstube, erhöht geworden. Auf dem Magazin im Südtrakt der Hauptburg hat man jetzt eine neue gewölbte Burgstube/Rittersaal gebaut. Der Nordtrakt der Vorburg wurde zur selben Höhe wie der Palast aufgeführt. Die westliche Hälfte des obersten Stockwerkes wurde als eine Kapelle, die sogenannte Nonnenkapelle, eingerichtet. Ein achteckiger Pfeiler in der Mitte der Kapelle trug vier Sterngewölbe. Zur selben Zeit wurde das Magazin der NO-Ecke der ersten Bauperiode mit einem Dreirippenstrahlgewölbe versehen. Auf der Südseite der Vorburg hat man ein dreistöckiges Gebäude mit einem vierten Stock bebaut. Im untersten Stock dieses Hauses war die Küche und die Backstube gelegen. Der Ostturm wurde mit ein paar Stockwerken erhöht. In der Burg wurde in dieser Periode auch drei grosse Hypokaustanlagen gebaut.

In Anschluss an Karl-Heinz Clasen und Armin Tuulse hat Kronqvist die dritte Bauperiode in den Zeitraum 1350—1380 verlegt (Clasen 1927, Tuulse 1942). Er betonte die Bedeutung der Architektur des Deutschen Ordens in Preussen und Baltikum als Vorbild in dieser Periode. Als Bauherren dachte er sich vor allen den Statthalter König Albrechts von Mecklenburg Ernst von Dotzem und den Grossmagnaten Bo Johnsson (Grip), der die Burg 1374—1386 innehatte.

Das Manuskript Kronqvists, betreffend die vierte grosse Bauperiode der Burg war bei dem Tode des Verfassers nicht fertiggestellt. In der gedruckten Fassung deutet er aber an, dass der Saal westlich der Nonnenkapelle in dieser Periode gewölbt wurde und als Kapelle, die sogenannte Sture-Kapelle, eingerichtet wurde. Auf beiden Seiten des Westturmes werden neue Zimmer zugefügt und die Burg bekommt jetzt auf der Aussenmauer einen oberen Wehrgang, der um die ganzen Anlage herumführt. Der Ostturm wird weiterhin erhöht. Als Bauherr sieht er den Reichsverweser Sten Sture d.Ä. und be-

sonders seinen Statthalter auf der Burg Turku Hans Kyle (1486—1490).

Carl Jacob Gardberg hat bei verschiedenen Gelegenheiten das Bild der mittelalterlichen Baugeschichte der Burg ergänzt. U.a. konnte er feststellen, dass der Ostturm nicht zu der ursprünglichen Anlage des Lagerkastells gehörte (Gardberg 1967 35—37). Er hat auch darauf hingewiesen, dass auf den Burgen im allgemeinen Bauarbeiten laufend im Gang waren und dass damit z.B. die dritte Periode Kronqvists bis herein ins 15. Jh. hat dauern können. Er meint auch, dass die Nord- und Südtrakte der Burg nach der vierten Periode mit Pulpetendächer überdacht waren (Gardberg 1959).

Der Verfasser hat sich mit der Baugeschichte des sog. Herrenkellers in der NO-Ecke der alten Burg beschäftigt (Drake 1984). Dabei habe ich feststellen können, dass die Baugeschichte der Burg viel komplizierter sein muss, als Kronqvist sie dargestellt hat. Die Annahme Gardbergs, dass man das ganze Mittelalter durch in vielen Etappen die Burg baute, hat sich bestätigt. Im Erdgeschoss der NO-Ecke der alten Burg kann man schon 7—8 verschiedene Bauetappen erkennen (Abb. 4). In der ersten Bauperiode war hier kein gemauertes Magazin, sondern ein Holzgebäude in zwei Stockwerken. Meiner Meinung nach befand sich die erste Burgkapelle in diesem Bau.

Das untere Geschoss des Kapellenbaus hat nachträglich eine Steinmauer bekommen, wobei das obere Geschoss unversehrt erhalten blieb. Erst nach längerer Zeit, meines Erachtens um 1400, hat man die Holzkapelle abgerissen und sie durch ein Steinhaus ersetzt, dem Herrenkellerhaus mit seinen Dreirippenstrahlgewölben. Wahrscheinlich plante man da eine neue Kapelle zu bauen, in einem zweiten Stock dieses Hauses. Diese Pläne hat man aber nicht verwirklicht, sondern nun den ältesten Teil des Ostturmes gebaut. Die neue Kapelle, die Sture-Kirche, wurde erst später, wohl in den 80er Jahren des 15. Jhs, aufgeführt. Um diese Kapelle grösser machen zu können, hat man den Nordtrakt bis zur

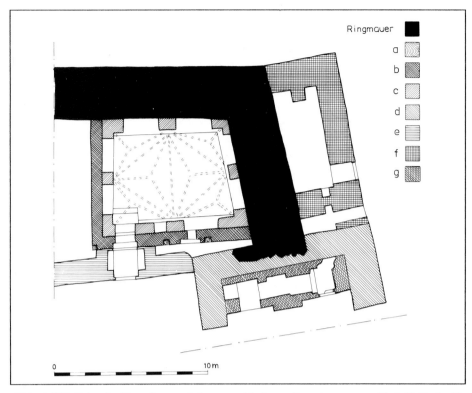

Ringmauer ◼
a
b
c
d
e
f
g

0   10 m

Abb. 4. NO-Ecke der Hauptburg mit den verschiedenen Bauetappen markiert. K. Drake/G. Buschmann 1991.

Ostwand des Torturmes verlängert. Der Symmetrie wegen hat man ebenso den Südtrakt verlängert, diese Lösung kann man wohl als eine frühe Erscheinigung der Renaissance sehen.

Diese neue Interpretierung der Baufolge um den Herrenkeller herum zeigt unzweideutig, dass die von Kronqvist skizzierte Periodenfolge und dessen Datierungen neu geprüft werden müssen. Seit einiger Zeit habe ich mich wieder mit diesen Problemen befasst. Zwar bin ich noch nicht weit gekommen, aber meine doch, dass eine vorläufige Übersicht der Baugeschichte der Burg vor 1400 die Teilnehmer dieses Symposiums interessieren könnte.

Zuerst muss ich aber etwas zum Begriff Periodisierung sagen. Kronqvist benützt nur das Wort Periode ohne nähere Erläuterungen. Bei der Baugeschichte eines mittelalterlichen Objektes muss man aber zur Klarlegung der Baufolge wenigstens mit drei Begriffen operieren: Arbeitsphase, Bauphase und Periode.

Die Arbeitsphase ist ein klar abgrenzbarer Arbeitsverlauf, der aus irgendeinem Grund abgebrochen wird. Nach einiger Zeit arbeitet man weiter nach den selben Plänen und mit der selben Technik. Die Länge des Abbruches kann selten festgestellt werden und ist nicht von grosser Bedeutung.

Die Bauphase ist ein abgeschlossenens Ganzes. Ein Teil der Gesamtanlage wird in einer bestimmten Zeit, mit oder

ohne Pausen, nach einem einheitlichen Plan und mit der selben Technik fertiggestellt.

Die Periode wiederum ist ein Stilbegriff. Während einer Periode baut man in einer oder mehreren Bauphasen einen oder mehrere Teile des Gebäudekomplexes nach einem bestimmten Plan und unter Nutzung einer einheitlichen Formensprache.

Gardberg hat die Bestände der ersten Bauperiode von Kronqvist sehr genau präsentiert und ergänzt (Gardberg 1967). Deshalb brauche ich die Einzelheiten hier nicht wiederholen. Statt dessen will ich versuchen die Bauphasen der Burg vor dem Jahre 1400 in relativer kronologischer Folge darzustellen. Dabei gehe ich von der Annahme aus, dass der Herrenkellerbau aus der Zeit kurz nach 1400 stammen muss (Drake 1984).

Bei meiner Rekonstruktion der ersten Bauphase fehlen der Ostturm und die Steingebäude in den Ecken des Lagerkastells von Kronqvist (Abb. 5). Anstelle dieser ist das Holzgebäude in der Nordostecke markiert. Die Baufolge an der Ostseite zeigt, wie ich schon 1984 darlegte, dass der Ostturm jünger als der Herrenkellerbau sein muss. Dabei kann es hier ja von Anfang an ein Tor gegeben haben, wie angenommen wurde. Da von diesem Tor nichts übrig ist, habe ich ihn nur als eine Öffnung markiert. Im

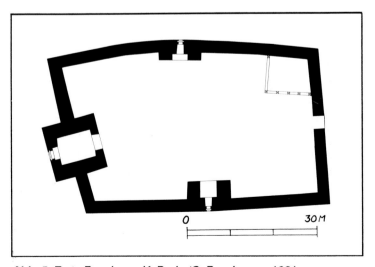

0   30 M

Abb. 5. Erste Bauphase. K. Drake/G. Buschmann 1991.

Westen zeigt die Baufolge wiederum, dass hier im Anfang nur der Westturm stand. Die Mauern des Turmes sind unzweideutig im Verband mit der Ringmauer. Das ist aber nicht der Fall mit den dünnen Mauern der Steingebäude (Abb. 1). Sowohl im Norden als im Süden stossen diese Mauer ohne Verband an den Mauern des Lagerkastells.

Das Steingebäude der Nordwestecke, das alte Palast, besteht aus zwei Teilen, dem quadratischen Wohnbau und dem sogenannten Annex, das den Wohnbau mit dem Turm verbindet. Der Raum im Erdgeschoss des Annexes steht heute als eine grosse tonnengewölbte Nische im Verhältnis zum

Abb. 6. Gewölbe im Erdgeschoss des sog. Annexes. Foto P. O. Welin 1992.

Erdgeschoss des alten Palastes. Deshalb hat es Kronqvist als ein Annex desselben gedeutet. Bei näherer Betrachtung zeigt es sich aber, dass die Überdeckung der Nische nicht ursprünglich ist. Schräg durch das Gewölbe geht eine Fuge von SO nach NW (Abb. 6). Der ältere südliche Teil des Gewölbes muss aus der Zeit vor dem Bauen des Palastes stammen. Das Mauerwerk nördlich der Fuge gehört zum Palastbau. Die Fuge durch das Gewölbe geht weiter durch die W-Wand des Annexes (Abb. 7). Im älteren nördlichen Teil der Wand ist der Pfosten eines Fensters erhalten. Die Schlussfolgerung muss sein, dass sich der Rest eines älteren Gebäudes im Mauerwerk des Annexes sich verbergen muss.

Die Baufragmente des Annexes zeigen, dass man in der zweiten Bauphase der Burg anscheinend ein einstöckiges, steinernes Haus mit einem tonnengewölbten Kammer neben den W-Turm verlegt hat (Abb. 8). Mit der geringen Zimmerbreite von 3,5 m muss ein Magazin in Frage gewesen sein. Beachtenswert ist dabei die dünne O-Mauer mit nur 80 cm Dicke. Die dünnen Mauern sind ein Merkmal auch in der dritten Bauphase. Denn anscheinend hat man jetzt den alten Palast aufgeführt und das Erdgeschoss des NO-Baus mit einer Steinmauer versehen (Abb. 9). Dabei hat man den Vorgängerbau in NW teilweise abgebrochen und den Rest als einen Annex an den Palast angeschlossen. Der Palastbau ist von grosser Bedeutung gewesen, denn mit grosser Mühe hat man die Ringmauer durchbrochen, um für den Palast ein Fenster im Erdgeschoss und in dem Obergeschoss ein Fenster und ein Privet nach Westen zu bekommen. Im NO-Bau ist das Obergeschoss, die alte Kapelle, unverändert geblieben (Drake 1984).

Bis jetzt habe ich mich auf die gründliche Vorarbeit Gardbergs stützen können. Beim Weitergehen muss ich mich aber auf Kronqvist stützen, da die näheren Analysen der Mauerbestände noch fehlen. Nach ihm soll das Lagerkastell in der ersten Phase der zweiten Bauperiode durch eine Mauer in

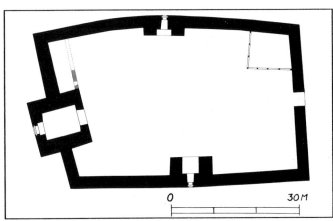

Abb. 7. O-Wand des Gewölbten Kammers im Erdgeschoss des sog. Annexes. Foto P. O. Welin 1992.

Abb. 8. Zweite Bauphase. K. Drake/G. Buschmann 1991.

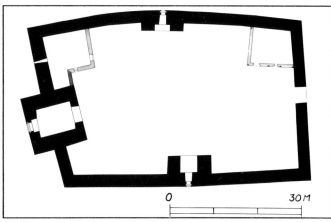

Abb. 9. Dritte Bauphase. K. Drake/G. Buschmann 1991.

Abb. 10. Die erste Phase der zweiten Bauperiode nach Kronqvist. Foto NM.

zwei Hälften aufgeteilt worden sein (Abb. 10). Die Eingänge im Norden, Westen und Süden wurden danach zugemauert und der Haupteingang zum Ostturm verlegt. Die westliche Hälfte des Lagerkastells war jetzt Hauptburg und die östliche Vorburg.

Reste der Quermauer sind im heutigen Burghof noch vorhanden. Bei der Erneuerung der Stein-

legung des Hofes konnte neuerdings festgestellt werden, dass diese Mauer vom Hofe nicht nach Norden weitergeht sondern das sie ohne Verband an den Nordtrakt stösst (Abb. 11). Nach Süden setzt sie sich aber fort so wie Kronqvist meinte. Damit wissen wir, dass der verlängerte Palast, der nach Kronqvist auch zur zweiten Periode hörte, älter sein muss als die Quermauer. Der neue Palast gehört also der vierten Bauphase (Abb. 12). Wahrscheinlich bestand er am Anfang aus drei Stockwerken, Erdgeschoss, Wohngeschoss und Wehrgeschoss.

Was danach passierte, ist mir noch unklar. Es ist möglich, dass der Westturm und der Verliesbau zur fünften Bauphase gehört. Dagegen muss der Südtrakt bei dem Modell Kronqvists jünger sein, denn allem Anschein nach stimmt seine Auffassung über den südlichen Verlauf der Quermauer mit der Wirklichkeit überein (Abb. 2). Damit kann eine vorläufige Planlösung der fünften Bauphase präsentiert werden (Abb. 13). Dabei hat die Burg noch lange nicht die Ausmasse der zweiten Periode Kronqvists erreicht.

Die hier dargestellte Baufolge verändert teilweise die von Kronqvist aufgezeichneten Grundlinien der Baugeschichte der Burg Turku. Das Lagerkastell ist geblieben, hat aber nur einen Turm. Die Frage des Ostturms des Lagers bleibt offen. Die Verlängerung der N- und S-Trakte kann nicht zur zweiten Bauperiode gehören, sondern gehört dem späten Mittelalter an. Die Aufteilung des Lagers in zwei Hälften gehört auch nicht zur zweiten Periode, sondern muss zur fünften oder sechsten Bauphase verlegt werden. Das Abschaffen der Tore des Lagerkastells in Westen und Süden bleibt noch eine offene Frage. Das Nordtor muss in der vierten Phase verschwunden sein, aber da hat man wahrscheinlich einen neuen Nebenausgang zwischen alten und neuen Palast geschaffen. Nach der Aufführung der Quermauer kann das Südtor als Haupteingang gedient haben, genau so gut wie das Osttor, von dessen Ausformung wir keine Ahnung haben.

Abb. 11. Quermauer im Burghof. Die Mauer steht nicht in Verbindung mit den N-Trakt. Foto K. Drake 1991.

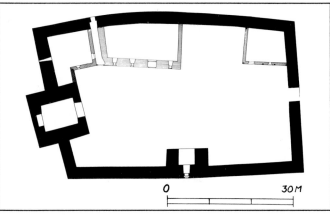

Abb. 12. Vierte Bauphase. K. Drake/G. Buschmann 1991.

Im Anschluss zum Thema habe ich diese fünf Bauphasen in dem Zeitraum 1280—1400 verlegt. Dabei gehe ich erstens von der klassischen Datierung der ersten Bauperiode Kronqvist in die 1280er Jahre aus. Die Ausmasse dieser Anlage, des Lagerkastells, erzählen von einer langen Bauzeit. Ob man da mit zehn oder dreissig Jahren rechnen muss, bleibt eine offene Frage. Die Datierung des Lagerkastells ins Ende des 13. Jh.s wird von den Münzfunden bestätigt. Nach mündlichen Angaben von Herrn Pekka Sarvas, Nationalmuseum Finnland, hat man in der Burg eine Münze der Periode 1250—1265 und eine Münze von ca. 1275 gefunden. Ab 1300 gibt es eine unabgebrochene Folge von Münzen bis zum Ausgang des Mittelalters. Ab 1308 wird die Burg öfters in den Schriftlichen Quellen genannt (FMU 252, 272, 396 u.s.w.). Die Burg, allen Anschein nach eben das Lagerkastell, muss also vor diesem Jahr gegründet sein.

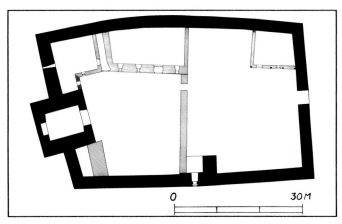

Abb. 13. Fünfte Bauphase. K. Drake/G. Buschmann 1991.

Im anderem Zusammenhang habe ich feststellen können, dass die vierkantigen Balken des NO-Baus anscheinend in die Zeit um 1300 gehören (Drake 1992). Die dünnen Mauern des alten Palastes und des NO-Baus sind Merkmale, die um 1300—1340 in Turku vorkommen (Uotila 1991). Damit scheint es wahrscheinlich, dass die Bauphasen zwei und drei zur ersten Hälfte des 14. Jh.s. gehören. Für die zwei nächsten Phasen gibt es vorläufig keine Datierungskriterien. Erst bei dem Herrenkellerbau gibt das Dreirippenstrahlgewölbe ein Hinweis auf die Zeit um 1400 (Drake 1984).

Im grossen und ganzen kann man aber sagen, dass die hier dargelegten fünf ersten Bauphasen der Burg in die Zeit vor 1400 hören. Da uns noch die Instrumente für Datierungen fehlen, können wir aber versuchen diese Phasen in einen historisch-ökonomischen Zusammenhang zu stellen, und versuchen ob wir damit näher an die Da-tierungsfrage kommen können. Da es aber im Zusammenhang mit einem kurzen Vortrag nicht möglich ist, alle bekannte historische Daten einzeln zu präsentieren, habe ich die wichtigsten Persönlichkeiten und Jahreszahlen der Burggeschichte in einer Tabelle zusammengefügt (Abb. 14).

In der Tabelle gibt es unter I die jeweiligen Könige von Schweden und die Machthaber, Torgils Knutsson, zur Minderjährigkeitszeit von Birger Magnusson 1290—1305, und den Reichsrat 1319—1331, als Magnus Eriksson minderjährig war. Unter II sind die Territoriellen Machthaber Finnlands verzeichnet, die drei Herzöge und Bo Jonsson (Grip), der zur Zeit Albrechts von Mecklenburg der wirkliche Machthaber Schwedens war. Bo Jonsson hatte u.a. ganz Finnland als Lehen 1374—86.

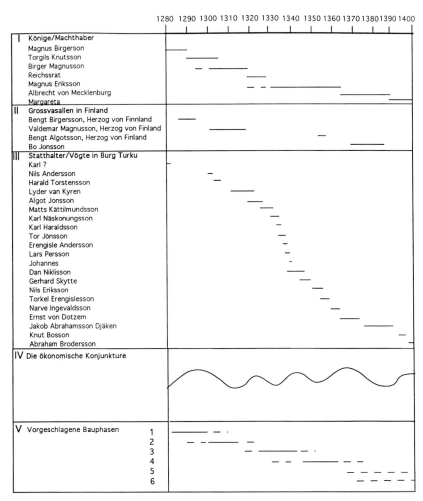

Abb. 14. Zeittafel zur Baugeschichte der Burg Turku 1280—1400. K. Drake/J. Grönros 1992.

Die jeweiligen Statthalter/Vögte der Burg Turku sind unter III verzeichnet (nach Birgitta Fritz 1973 115—124). Dabei ist zu beachten, dass die Nahmen von der Zeit 1280—1303 fehlen. Ein Statthalter, praefectus Finlandiae, namens Karl wird zwar in einer Chronik der 1470er Jahren genannt, es ist aber unsicher, ob er identisch ist mit einem Karl Gustavsson der am Ende des 13. Jh.s. gelebt hat, wie viele finnische Forscher angenommen haben. Es ist auch unsicher, ob jener Karl oder Karl Gustavsson je in Finnland war. Der erste identifizierbare Statthalter Finnlands ist Nils Andersson 1303. Die Liste seiner Nachfolger zeigt, dass die Statthalter meistens nur eine kurze Zeit in Turku weilten. Ausnahmen sind Lyder van Kyren um 1320, Dan Niklisson um 1340, Ernst von Dotzem um 1370 und Jakob Brodersson Djäken 1377—1395.

Unter IV gebe ich eine Kurve, die den Wechsel der Ökonomischen Konjunktur im Lande während der Periode symbolisieren soll. Diese Kurve soll nicht eng gedeutet werden, dazu fehlen uns die Quellen. Ich habe aber in anderen Zusammenhängen gezeigt, wie die mittelalterlichen Bauaktivität in Finnland sich zu bestimmen Perioden konzentrieren (Drake 1987). Das kann nur eines bedeuten: nur zu bestimmten Zeiten hat die Krone Geld genug gehabt, um Burgen zu bauen. So müssen die Konjunkturen der 1280er Jahre besonders gut gewesen sein. Kurz davor hatte man Geldsteuern statt Dienststeuern in Schweden eingeführt (Lönnroth 1942 72). Nach dem Tode des Königs Magnus Birgersson 1290 haben die Herren des königlichen Rates unter Torgils Knutsson die Macht ergriffen, wobei die Staatskasse kaum angewachsen ist. Erst nach 1305, als der junge König Birger sich behaupten konnte, kann die Kasse wieder voll gewesen sein. Nach 1318 ist die Macht wieder in den Händen des Rates gelangen, was einen Niedergang der königlichen Finanzen hat bedeuten müssen. Als Magnus Eriksson 1331 alt genug war, um zu regieren, war die Staatskasse leer und in den darauf folgenden Jahren hat man fast alle Einkünfte des Staates zum Einlösen der Landschaft Schonen von Dänemark gebraucht (Lönnroth 1942 153). Erst in den 1340er Jahren kann Geld übrig geblieben sein für grössere Bautätigkeit. Kurz danach ist das Reich aber wieder in grosse Not geraten. Der schwarze Tod hat um 1350 die Gesellschaft gelähmt und in den folgenden Jahren hat Magnus um seine Krone kämpfen müssen, wobei die Staatskasse immer leer war. Nach dem Siege des Königs Albrecht von Mecklenburg hat sich die Lage dann entscheidend verbessert. Deutsches Geld ist mit dem König ins Land geflossen und Bo Jonsson, der ja Burg Turku innehatte, hat die Konjunkturen dieser Zeit gut ausnützen können. Die Kämpfe zwischen Albrecht und seiner Nachfolgerin Königin Margaretha hat wiederum die ökonomische Lage der Krone geschwächt.

Unter V in der Tabelle biete ich einen Vorschlag zum chronologischen Anpassen der Bauphasen im Verhältnis zu Persönlichkeiten der Geschichte und zu den ökonomischen Konjunkturen. Die Bauarbeiten der ersten Phase des Lagerkastells, waren umfassend und beschwerlich. Riesige Mauern, ein Turm und eine unbekannte Zahl Holzgebäude wurden auf einer unbebauten kleinen Insel aufgeführt. Die Arbeiten müssen etliche Jahren gedauert haben und haben viel gekostet. Diese Phase passt gut mit der angenommenen Hochkonjunktur um 1290 zusammen. Der Gründer der Burg war wahrscheinlich König Magnus Birgersson, die Rolle seines Marschalles Karl Gustavsson ist dagegen unbekannt. Der damalige Herzog von Finnland Bengt Birgersson, Bischof von Linköping, hat sich kaum mit dem Bauprojekt befasst, sein Herzogstitel war nur eine Formsache (Fritz 1972 116). Zur Datierung des Lagerkastells um die Jahrhundertwende 1300 tragen die Münzfunde und die Urkunde von 1308 bei.

Die Bauphase 2 dagegen ist vom Umfang unbedeutend. Bautechnisch steht sie sehr nahe an dem Lagerkastell. Die extrem dünnen Mauer knüpfen sie wiederrum an Turkuer Bauten der Zeit nach 1300. Die selben dünnen Mauern karakterisieren die Bauphase 3, die aber von grösserer Umfassung war. Aus diesem Grunde passen diese beide Phasen gut in der Zeit Lyder van Kyrens und Matts Kättilmundssons, beide wichtige Persönlichkeiten ihrer Zeit. Der Herzog Valdemar kann Bauherr gewesen sein. Die Hochkonjunkturwelle nach 1305 kan ihm geholfen haben, die Arbeiten zu finanzieren.

Die dritten finanziellen Höhepunkt habe ich um 1340 gesetzt. Da ist Dan Niklisson mehrere Jahre als Statthalter in Turku tätig. Gegen Ende der Periode hat Finland wieder für kurzer Zeit einen Herzog, den Ritter Bengt Algotsson. In den 1340er Jahren plant König Magnus einen Kreuzzug gegen Novgorod und besucht Finnland. Alle diese Umstände passen gut überein mit einer regen Bautätigkeit in der Burg. Da passen z.B. der erhöhte Westturm und das ergrösserte Palast der Bauphase 4 gut ins Bild.

Kronqvist hat mit Recht angenommen, dass die Burg nach der Belagerung un Eroberung König Albrechts 1364—1365 in schlechter Zustand war und deshalb um- und zugebaut werden musste. In diese Periode fällt auch die Tätigkeit Bo Jonsons, der selbst zeitweise in der Burg wohnte. Als Statthalter wirkten lange Ernst von Dotzem und Jakob Abrahamsson Djäken. Höchst wahrscheinlich wurde jetzt auch viel gebaut. Aus chronologischer Hinsicht könnte man die Bauphase 5 zu dieser Zeit verlegen. Es ist aber auch möglich, dass die Bauten der 4. Bauphase erst jetzt gebaut worden sind oder dass man jetzt auch das Gebäude an der Südseite des Burghofes, das zur Bauphase 6 hören muss, aufgeführt hat (Abb. 2).

Dieser Versuch, eine neue Baukronologie der Burg Turku zu schaffen, zeigt, dass Kronqvists Periodenbau differenziert werden muss. Zu den 7—8 Bauphasen, die ich 1984 wahrnehmen konnte, müssen wenigstens 3—4 mittelalterliche Phasen hinzugefügt werden. Die Baufolge ist auch eine andere, als Kronqvist zu seiner Zeit dachte. Die absoluten Datierungen sind auch nicht so einfach, wie er sich damals vorgestellt hat. Die weitere Forschung auf diesem Gebiete, u.a. mit Hilfe von naturwissenschaftlichen Datierungsmetoden, wird sicherlich noch neue Züge zum Bilde der Baugeschichte der Burg Turku fügen.

Boris Dubovik

SOME INFORMATION ON TOOMPEA CASTLE IN TALLINN, ESTONIA

Neues über die Baugeschichte der Burg auf dem Domberg zu Reval (estn. Tallinn).

Im Zusammenhang mit der Konservierung der Türme und der westlichen Wehrmauer der Revaler Burg auf dem Domberg, wurde es in den letzten Jahren möglich da einige Feldforschungen durchzuführen und Beobachtungen zu machen. Bei einer späteren Analyse der Resultate und ihrem Vergleich mit der bisher gültigen Bauchronolgie und Datierungen von Armin Tuulse (Tuulse 1937, 1942) sind mehrere Fragen entstanden, die in diesem Artikel näher behandelt werden. Zusammenfassend kann man feststellen, dass der heutige Stand der Forschung über die frühe Baugeschichte der Burg (13. Jh. und die erste Hälfte des 14. Jhs.) nur Vermutungen zulässt. Unseren Rekonstruktionsversuchen, die das Exterieur der Burg zu verschiedenen Zeiten zeigen, liegen summierte Resultate der Feldforschungen sowie ikonographisches Material zugrunde. Es werden auch neue, A. Tuulse abweichende Datierungen gegeben. Dies betrifft vor allem die Wehrtürme Langer Hermann und Landskrone. Wenn man die Architektur und Bauweise dieser Türme miteinander vergleicht, so kommt man zum Schluss, dass die beiden ungefähr zur gleichen Zeit, und zwar nicht früher als in den 20er Jahren des 15. Jhs. erbaut worden sind (nach Tuulse Langer Hermann im Jahre 1371, Landskrone — um 1500).

Das Konventsgebäude mit seinem zweistöckigen Kreuzgang ist vermutlich um 1400 fertiggestellt worden. Und schliesslich, am Ende des 15. Jhs., wurde nicht nur der Lange Hermann, sondern auch die übrigen Türme, mit Ausnahme des kleinen Pilstickers an der NW-Ecke der Burganlage, aufgestockt. Sie erhielten je ein neues Stockwerk mit Maschikulis, wie es auf einer Gravur von Adam Olearius aus der ersten Hälfte des 17. Jh. deutlich zu sehen ist.

Boris Dubovik
Lai Street 29
EE-0001 Tallinn

The investigation of Toompea Castle in Tallinn is difficult since only the western and northern walls and three round towers are left from the once one of the most remarkable castles in Estonia. The best known of the three towers is the one in the southwestern corner known as Pikk Hermann (Tall Hermann in English) with a diameter of 9.5 m and a height of 45 m. Another corner tower, Landskrone, is situated diagonally from it and in the northwestern corner is a small bartizan-type Pilsticker tower (Fig. 1). The other parts of the castle have been destroyed in the course of numerous rebuildings, the most extensive of which was carried out in 1767—1773. Then most of the southern wall together with the fourth corner tower Stür den Kerl was pulled down. Another important rebuilding took place in 1920—1923. Then the former convent house was demolished and instead the building of the State Assembly of the Republic of Estonia was erected, which still stands there.

Moreover, investigations in nature, or to be more exact, archaeological studies if the architecture of the castle were made for the first time as late as in the 1920s by E. Ederberg (Ederberg 1924 41—46) and

Fig. 1. General view of Toompea Castle, Tallinn

E. Kühnert (Kühnert 1927 93—105) and in 1935 by A. Tuulse in connection with the demolishing of the buildings near the wall in the outer bailey. A. Tuulse is also the author of the historical chronology of the architecture of the whole Toompea Castle. His chronology published in 1937 (Tuulse 1937 41—96) and partly complemented in 1942 (Tuulse 1942 59, 60, 63—65, 167—175, 331, 332) has been accepted until today.

To begin with, I would like to give a brief survey of A.Tuulse's main standpoints presented in a monograph by V. Raam (Raam 1978 30—42).

Already furing the first years after Tallinn was sieged in 1219 by the Danish King Voldemar II, fortification and rebuilding of the ancient Estonian stronghold on Toompea Hill was started.

The Danish rule on Toompea did not last long. Already in 1227, power in North Estonia was temporarily seized by the Order of the Knights of the Sword who held Toompea Castle up to 1238.

Led by the Master of the Order, Volkwin, the knights erected here a rather big castle surrounded by limestone walls as ready during the first years

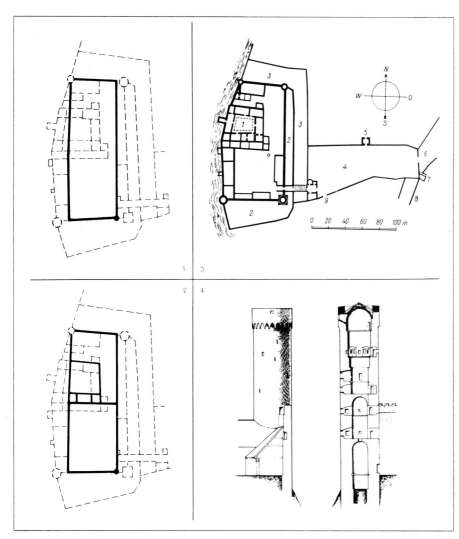

Fig. 2. Development schemes of Toompea Castle according to A. Tuulse.

of their rule. According to Hermann von Wartberge's Chronicle, the castrum minus completed in 1229 was well fortified with towers and deep moats. The name castrum minus was used to differentiate it from the big fortress, in Latin castrum magnus or castrum majus.

A. Tuulse argues that the castrum minus was a castle-type fortress with a strictly rectangular wall with a single round corner tower. (Fig. 2:1).

Danish rule was reestablished in Tallinn according to the agreement made at Stensby in 1238 and it lasted over a century. During that time the castle inherited from the Knights of the Sword was improved in various ways: the long rectangular castle was divided by a wall into two independent parts — there was an outer bailey in the south where we can presently see the courtyard, and in the north there was a smaller rectangular area. This area was developed into the centre of the castle (Fig. 2:2).

Against the partition wall a big building, which was to serve as the office and residence of the lord lieutenant, and a rectangular defensive tower were erected. Beside the tower there was a gate leading to the outer bailey.

New extensive construction work on Toompea was started after the uprising on St. George's Night. However, now it was already the Livonian Order who, having purchased North Estonia in 1347, supervised the construction work. The centre of the castle was the focus of the construction work. Four multistoreyed wings of the same height were built against the strictly rectangular wall. The wings were interconnected and formed a rectangular courtyard in the centre of the castle. Around the courtyard, against the inner sides of the wings, there was a gallery, which was the main connection between the otherwise isolated rooms. The tetrahedral defence tower in the southeastern corner of the new castle was made much higher. This peculiar type of castle was called convent house (domus konventuales) developed due to the functional needs of the regulations of the Order. Soon new extensive constructions followed which concerned mainly the southern part of the outer bailey (Fig. 2:3).

According to Wartberge's Chronicle, the work was completed by 1371. By that time the souythern section of the west wall between the convent house and Pikk Hermann was raised to the present level on the outer edge of the clint. A strong round tower, Pikk Hermann, then only about 35 m high, was erected into the new southwestern corner. Simultaneously with Pikk Hermann another tower, known as Stür den Kerl, was built. The tower's lower part was tetrahedral while its upper part was octahedral. The tower protected the main gate to the fortress situated beside it. The corners situated toward the wall extend to the protection zone of the castrum magnus and thus did not need especially strong fortification. It was only about 1400 or even later that a small bartizan-type

tower called Pilsticker was built in its northwestern corner. The northeastern corner remained without a tower for one more century and only in about 1500 it was fortified with a strong cannon tower Kandskrone and Pikk Hermann became about 10 m higher.

After the Livonian War (1558—1583) at the end of the 16th century (1583—1590), an imposing Renaissance State Hall (or Palace) was built by Swedes under the supervision of Antonius Poliensis and Hans von Aken into the western part of the inner outer bailey. And it wasonly after the Nordic War (1700—1721), in the mid-18th century, that more attention was again paid to the castle. In 1767—1773 the eastern wing of the castle was reconstructed on the order of Catherine II (architect Johan Schultz) and it became the seat of the provincial government. The moats were filled and Stür den Kerl on the southeastern corner of the castle was pulled down. The old convent house, as already mentioned, was demolished in 1920—1923 to enable the building of the house for the State Assembly, which has been preserved until today.

This was a short history of the building of Toompea Castle as presented by A. Tuulse and V. Raam that is still accepted. And now some problems connected with the above-presented architectural history of the castle.

As to the 13th century, the only record about the castle is Wartberge's Chronicle saying that in 1229 the castrum minus, well fortified with towers and deep moats (cum turribus fosatisque profundis optime firmavit) was completed (Tuulse 1937 52).We do not know what these towers looked like, what materials were used, and where the towers were located. A. Tuulse's reconstruction of the castle is based only on a wall fragment with a round configuration discovered near the douthern wall of the outer bailey when the building was demolished in 1935. If we reconstruct the basic plan of a tower on the basis of this find, it seems that the tower should have been located inside the outer walls and not outside which would be more natural for a corner tower (Tuulse 1937 48, Fig. 6). Secondly, as the notes made by A. Tuulse himself in 1935 indicate, no other wall was connected with this round wall (I would like to thank here Kaur Alttoa who kindly gave me these materials.) And so, the suggestion that a round tower was located at that place cannot be confirmed today.

One more fact that raises doubts about the first castle — the construction of the western wall not at the natural edge (where it is now) but several metres away from it. This is nonsense from the standpoint of fortification. It is also dificult to say anything quite exact about the Danish time (up to 1346) as there do not exist any records. An old photograph allows us to assert that the southeastern tower in the corner is really older than the convent house (the photo displays clearly a vertical juncture that separates the tower from the southern wing of the convent house)

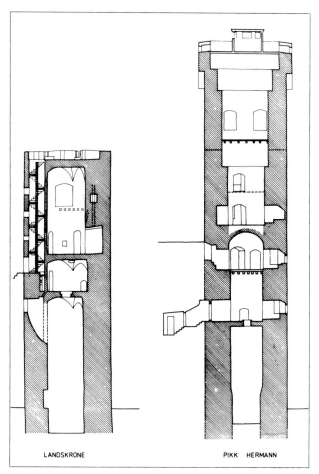

Fig. 5. The southernmost part of the western wall of Toompea Castle. Photo by P. Säre 1990.

Fig. 3. Cross sections of the towers of Pikk Hermann and Landskrone. Drawn by T. Boltowsky.

(Raam 1978 65). However, so far one can only guess where the wall was in the south as well as in the north.

The next question arises in connection with reconstructions in 1371. A. Tuulse argues that two towers — Pikk Hermann and Stür den Kerl — were both built that year. His statement is based only on Wartberge's Chronicle: "...ca 1371, also zur Zeit Meister Wilhelms, die Burg zu Tallinn vergrössert und durch zwei starke Türme und hohe Mauern verstärkt wurde." (Tuulse 1937 61). Thus, the chronicle does not give exact information on the shape of the towers. In the case of these two towers the question is how it was possible that simultaneously two absolutely different towers were built, one round and the other rectangular with an octahedral

upper part? To answer this question, let us have a look also at the next round tower in the northeastern corner, Landskrone, which according to A. Tuulse was built only around 1500. The dating of this tower was based on a record from 1508 that says for specifying the location of a building lot, "... vorlenen eyne stede, gelegen langs den graven unszes ordens huysze Reval tusschen dem nygen torne unde der Pollen erve,..." (LUB II 3 1914 465, s.334). Obviously, this reference to the new tower enabled to date Landskrone; however, the record does not say a word about the construction of the tower from foundation to roof.

It is of interest to comparte here the architectonics of two towers, Landskrone and Pikk Hermann. In the outer walls of both these towers yellow limestone has been used. It is suggestive that in the upper part of Pikk Hermann built later these yellow stones do not occur. On the ground floor of both towers there is a deep vaulted room which could be entered only through the hatch in the vault. (Fig. 3).

Both towers had hypocausts, though with a somewhat different construction. It is especially inter-

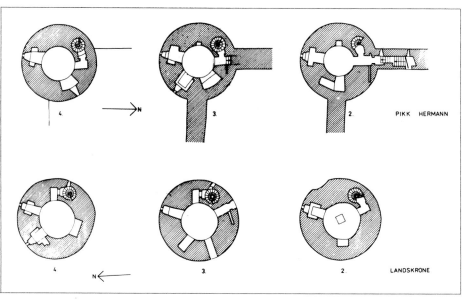

Fig. 4. Plans of the storeys in Pikk Hermann and Landskrone. Drawn by T. Boltowsky.

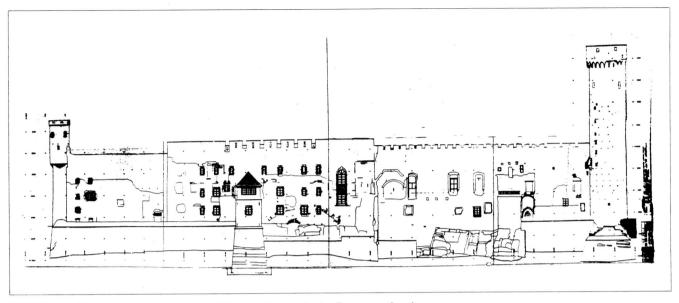

Fig. 6. Photogrammetric drawing of the western wall of   Toompea Castle.

esting to compare the plans of different storeys of the two towers (Fig. 4); we can see that the construction techniques of the winding staircases and embrasures are almost identical. Summing up all these details and building techniques, we can suggest that the towers were built either at the same time or during a short interval. And what is especially interest-

ing, Landskrone seems to have been completed earlier than Pikk Hermann (this will be treated below).

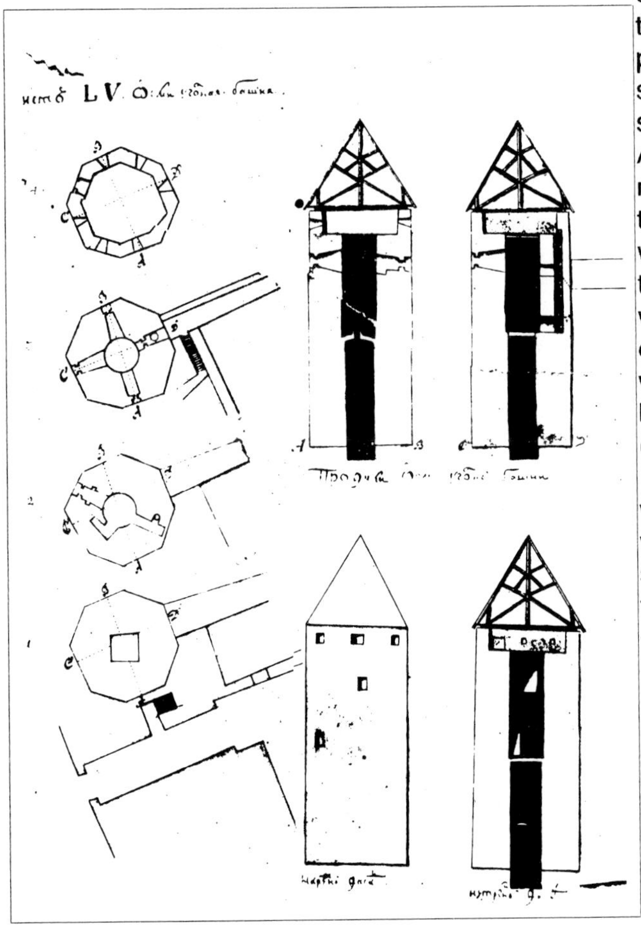

Another important circumstance is that both towers were built when the walls had the present height — the doorways to the rampart walk of both towers have been built simultaneously with the towers. It should be noted that Pikk Hermann had one more doorway located in the lower part of the tower and opening into the western wall where a passage of the thickness of the wall led northwards. The passage is presently only partly open. Investigation of the construction of Pikk Hermann and the western wall showed that they are connected to their full lengths. An important discovery was that about 5.5 m norhward from Pikk Hermann there is a vertical juncture in the western wall which separates two zones with different masonry (Fig. 5). This juncture shows that Pikk Hermann was built a little later than the western wall, but its architecture was taken into account already during the construction of the western wall. To better understand this, let us have a closer look at the architecture of the preserved western wall (Fig. 6).

Let us begin with the deep-arched gate portal which is presently walled in. This 2.5 metre gate was walled in already during the Middle Ages when a small doorway was made into it for pedestrians. Before that there was a portcullis on the gate; now only deep rectangular grooves are left in the wall. An analogous construction can be seen at the Padise Monastery as well as at the gates of the town of Visby in Sweden. the upper part of this gate construction with its segment arches is the result of later reconstructions.

However, the doorway, niches and sockets for beams preserved upon the dansker have been built at the same time as the wall. Surprisingly, also the two large windows have been built simultaneously with the western wall. Only the third, large northern

Fig. 7. Plans and cross sections of Stür den Kerl from 1728. Repro by P. Säre 1991.

window, has been built later or hewed into the wall. The fact was astonisching since up to now all researchers have considered that all these three large windows were built together with the new Renaissance State Hall, that is in 1583—1590. It has become clear that only one large window has hewed into the wall and that the other two were made higher from their lower parts. These two old windows, the doorway, and the wall niches testify to the existence of a two-storeyed building on the other side of the wall, in the outer bailey of the castle built simultaneously with the western wall. And an even more significant circumstance here: when this building was erected, the gate could not function, since it is within the building. Obviously so it was, and when the building was constructed, the gate was walled in and a small doorway was made. Hence one more conclusion — when the gate existed, the western wall could not the high. (By the way, the shortest way to the port leads through this gate.)

And now let us return to our question. Which two towers were built in 1371? Let us have a look at a drawing of Stür den Kerl dating from 1728 (Fig. 7). Even if we assume that the drawing is not quite exact, its closer studey reveals that the tower's storeys are not quite in harmony with the rampart walk on the up-

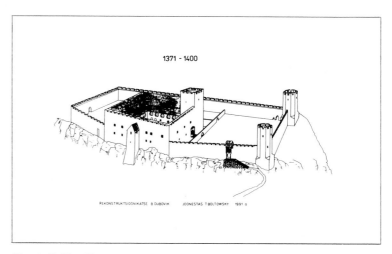

Fig. 8. Tallinn Toompea Castle in 1371—1400. Reconstruction attempt by B. Dubovik. Drawn by T. Boltowsky.

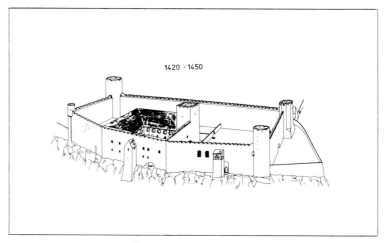

Fig. 9. Tallinn Toompea Castle in 1420—1450. Reconstruction attempt by B. Dubovik. Drawn by T. Boltowsky.

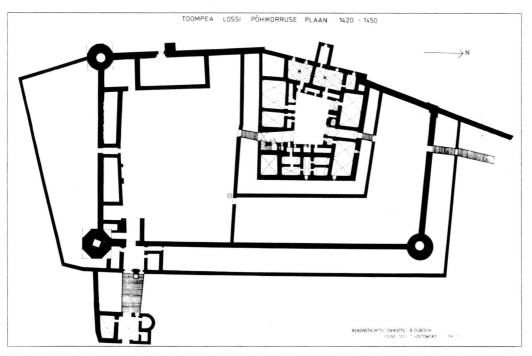

Fig. 10. Tallinn Toompea Castle in 1420—1450. Plan of the ground floor. Reconstruction attempt by B. Dubovik. Drawn by T. Boltowsky.

per wall (especially if we compare it with Pikk Hermann and Landskrone). Stür den Kerl seems to have been built earlier than the wall at its present height. This is in harmony with the above-assumed low level of the western wall connected with the gate construction.

Summing up all the above-presented facts and arguments and using numerous iconographic materials I shall make an attempt to suggest a little different chronology of Toompea Castle than that presented by A. Tuulse, which is still accepted, and present some reconstructions (Fig. 8).

In 1371 Toompea Castle was expanded southward with relatively low walls and two towers were built — Stür den Kerl and another which obviously resembled it (tetrahedral below and octahedral in its upper part) and stood where we can presently see Pikk Hermann. After that, in about 1400, the construction of the new convent house was completed (we can see analoguous construction in the Town Hall and the vaults in the gallery of the Dominican Monastery, completed in 1411). After the completion of the convent house, the construction of highwalls was started (the upper part of the western wall is built against the northern wall of the convent house). Then Pilsticker and Landskrone were built. The walls were made higher also in the south, a two-storeyed building was

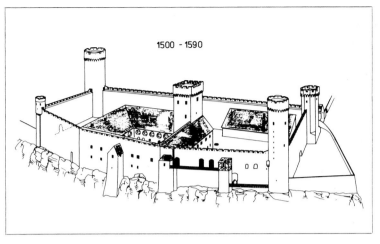

Fig. 11. Tallinn Toompea Castle in 1500—1590. Reconstruction attempt by B. Dubovik. Drawn by T. Boltowsky.

erected and only then the old tower was pulled down and Pikk Hermann was built. That is my answer to why there is a vertical juncture in the western wall (Figs. 9 and 10).

By the way, analoguous cases where octagonal towers were replaced by round ones, are no exceptions; for example, this was done in 1415 in Brodnica, Poland, in case of a castle of the Knights of the Cross (Guerquin 1974 101).

For dating the construction of Pikk Hermann and Landskrone, some indirect hints can be used. Namely, it is known that in 1413 the Tallinn Town Council prohibited stonemasons to leave the town. We can guess that some labour-consuming construction was under way in the town. At the same time it is known that no important work was done at the town wall. R. Kangropool has suggested that maybe Niguliste ((St. Nicholas') Church was reconstructed. Here another fact is of interest — in 1423 the Master of the Order asked to stop work on the spire of the Niguliste Church (Kangropool, Lumiste 1977 275—276).

These facts and other architectural analogues (for example, the round corner tower in Cesis (Wenden in German) Castle has been built simultaneously with the convent house up to the machicolation storey; there is also another analogy there — big segment-arched windows) allow us to suggest that it was in 1400—1423 that extensive reconstruction of Toompea Castle took place and that in 1423 Pikk Hermann was not quite ready yet. These are the reasons why the construction of the spire of Niguliste Church was stopped as before the completion of the towers of the castle it might have been dangerous for the defence of the castle. The next relatively extensive reconstruction must have taken place at the end of the 15th century when the machicolation storeys were built on all towers, not only Pikk Hermann (Fig. 11). We can see these machicolation storeys on an engraving by Adam Olearius from the 17th century; in his engraving all

Fig. 12. Fragment of an engraving by Adam Olearius from the first half of the 17th century.

the towers are surrounded by machicolation storeys (Fig. 12). Maybe it was due to this reconstruction when a whole machicolation storey was added to Landskrone that it was called the new tower.

To sum up, let us mention that it is obviously impossible to list here all questions, arguments, and analogies connected with the history of Toompea Castle. For this, more detailed field work and naturally also more detailed research are needed. However, I hope that the present study might be a modest contribution to the research into the history of Toompea Castle. The work will undoubtedly be continued.

MITTELEUROPÄISCHE KASTELLE — EIN MÖGLICHES VORBILD DER ORDENSBURGENARCHITEKTUR IM BALTIKUM

Tomáš Durdík

The Central European Castells — a Possible Model for the Order Castle Architecture in the Baltic

The characteristic castles of the German Knight Order in the Baltic have long been in the limelight of the European castellology. Among the numerous hypotheses concerning their origin and genetic connection there is also the opinion that they could have been inspired by the Bohemian castles of the period of King Přemysl Otakar II's.

The Central European castell arose even before the Prussian campaign of Přemysl Otakar II in the year 1255. The rise of the Central European castell with its exacting art and disposition programme and the specific system of the horizontal communication solution represents the most important contribution of the rather depreciated Central Europe into the treasury of European castle architecture of the 13th century. Numerous similarities, concerning both the total shape and the detail tasks, show that it could have had a fairly high share in the rise of the characteristic order castles in the Baltic.

These considerations are supported by the direct participation of the Bohemian king Přemysl Otakar II, the founder of the majority of Central European castles, on the Prussian campaign in 1255, when he founded Königsberg. Though this hypothesis seems very probable, the rise of a new type of order castle in the Baltic is to be understood as a very complicated process, modified by many influences and demands.

Tomáš Durdík
Archeologický ústav AVČR
Letenská 4
CZ-11801 Praha 1

Ein charakteristischer Typus der baltischen Ordensburg, des "Konventhauses" (zu den Burgen des Deutsch-Ordens z.B. Clasen 1927, Ebhardt 1939 478—504, Tuulse 1958 185—197, Winnig 1961, Gerquin 1974, von Holst 1981; in diesen Arbeiten weitere Literaturangaben), stellt ein Phänomen dar, das schon lange Zeit im Vordergrund des Interesses der europäischen Kastellologie steht.

Die ältesten Burgen, die auf dem Territorium des Ordens in der ersten Hälfte des 13. Jh.s entstanden, hatten einen unregelmässigen Grundriss und wurden meistens an den Stellen älterer Fortifikationen erbaut. Die Kristallisation der Gestalt einer regelmässigen Ordensburg fing erst nach dem Preussischen Feldzug des böhmischen Königs Přemysl Otakar II an, während dessen im Jahre 1255 auch Königsberg gegründet wurde. Zu den ältesten Beispielen aus der späten zweiten Hälfte des 13. Jh.s gehört vor allem der Kern der Burg Marienburg (poln. Malbork — z.B. Gerquin 1962). Um das Jahr 1300 war das "Konventhaus" schon der führende Typ, und im 14. Jh. entstanden seine schönsten und volkommensten Repräsentanten. Es handelte sich um viereckige, aus Ziegeln erbaute Burgen mit viereckigen Ecktürmen, deren Wohnflügel eine charakteristische Raumstruktur hatten und an der Hofseite mit einem Arkadenumgang versehen wurden.

Die genetischen Zusammenhänge und die Provenienz der Deutschen Ordenskastelle gehören zu den am stärksten diskutierten Problemen der europäischen Burgenforschung. An dieser Stelle erwähnen wir nur die wichtigsten Hypothesen. Die erste Gruppe rechnet mit einer einheimischen Entwicklung. Zum Beispiel D. Menclová (1976 49) hält die Ordensburgen für ein lokales Produkt, das noch von der Burgwalltradition ausgeht, und vergleicht sie

mit den sogenannten norddeutschen Kastellen, einem Typ gestaltet von H. Wäscher (1962), desses Charakteristik allerdings nicht der Definition eines Kastells entspricht und desses Begrenzung sowie die evident fehlerhafte Datierung der einzelnen Lokalitäten Gegenstand einer berechtiger Kritik ist (z.B. Biller 1986), die sich nach ihrer Meinung aus den sächsischen Rundlingen entwickelten. Andere Autoren (Clasen 1927, Tuulse 1958) sind der Meinung, diese Burgen seien das Ergebnis einer Verflechtung zweier Bautypen, nämlich der Burgen und der Klöster, die durch die Lebensweise des Ordens auf dem Burgorganismus bedingt waren. Sie

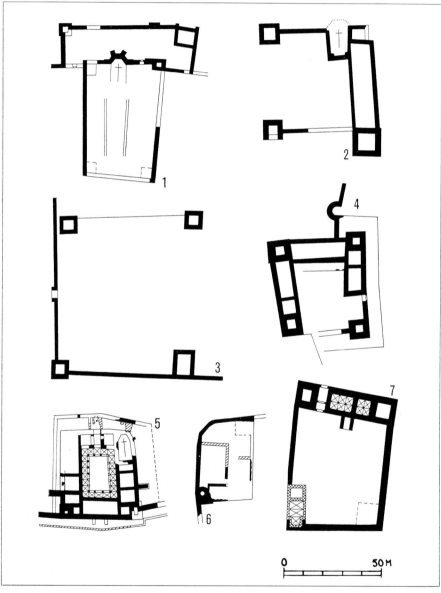

Abb. 1. *Auswahl der Grundrisse der mitteleuropäischen Kastelle in Böhmen und Österreich.*

1 — Chrudim
2 — Hofburg in Wien
3 — Wiener Neustadt
4 — Kadaň
5 — Písek
6 — Domažlice
7 — Horšovský Týn

Ältere Mauerung mit Kreuzzeichnung, schraffiert die Mauerung, derer Datierung wahrscheinlich ist. Nach T. Durdík im Druck.

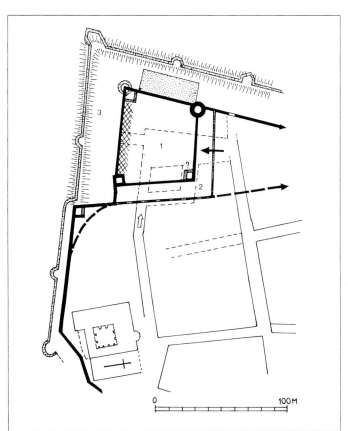

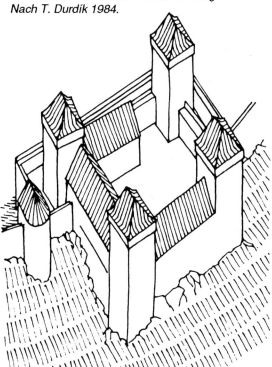

Abb. 2. Rekonstruktion des Grundrisses der Burg in Litoměřice. Nach P. Macek 1989.

Abb. 3. Kadaň, Rekonstruktion der Burg. Nach T. Durdík 1984.

lassen jedoch auch andere Einflüsse zu, die eine solche Lösung begründen könnten, besonders die Einflüsse aus dem norddeutschen Gebiet. Clasen (Ebhart 1939 480) sieht das Vorbild des Burgkernes von Marienburg sogar im päpstlichen Palast in Avignon, was aus chronologischen Gründen nicht möglich ist. B. Ebhardt (1939 480—481) lehnt eine Inspiration durch die regelmässigen Anlagen in Holland, Belgien und im Donaubecken ab, weist jedoch auf mögliche Zusammenhänge mit der spanischen Burgenarchitektur hin. In Erwägung kommen auch die Bauwerke der Kreuzritter im Heiligen Land. W. Meyer (1962 110) betont eine mögliche Beziehung zu den süditalienischen Burgen der Staufer. In letzter Zeit hat Niels von Holst (1980, 1981) auf eine mögliche Inspiration der Ordens-burgen durch arabische Architektur aufmerksam gemacht, mit der die Angehörigen des Ordens während ihrer spanischer Wirkungszeit, also vor ihrer Ankunft im heutigen Nordpolen, vertraut werden konnten. Mit ihren Anlagen würden demnach die Ordensburgen ihre Vorbilder in den alten arabischen Alcasaren mit viereckigen Ecktürmen haben. Zahlreiche Analogien findet von Holst vor allem im Ziegeldekor, nach dessen Analyse er sogar die Teilnahme spanischer Handwerker an den Ordensbauten voraussetzt.

In der bisherigen Literatur erschien auch schon die Meinung, die Ordensburgen hätten ihr Vorbild in den böhmischen Burgen Königs Přemysl Otakar II gesucht (Denkstein 1948 10, Líbal 1948 62, Bachmann 1969 40, Kuthan 1979 33, 52—53). In

diesem Sinne werden die Kontakte des Königs mit dem Orden betont, besonders dann seine Teilnahme an der Gründung von Königsberg im Jahre 1255.

Das intensive Studium der böhmischen Burgen-architektur des 13. Jh.s hat während der zwei vergangenen Jahrzehnten (Zusammenfassung z.B. Durdík 1978, 1984, 1988) die Erkennung einer charakteristischen Kastellengruppe ermöglicht, die ausser Böhmen auch in Österreich und in einem Fall auch in Ungarn entstanden. Dieser Typ wurde das mitteleuropäische Kastell benannt (Durdík 1986; im Druck), und seine Gestalt stellt einen weiteren Anlass für die Erwägungen über mögliche mittel-europäische Zusammenhänge der Ordensburgen-architektur im Baltikum dar.

Als mitteleuropäische Kastelle werden die viereckigen, meistens viertürmigen primär Stadt-burgen mit Randhausbebauung bezeichnet. Die Türme sind meistens viereckig und ermöglichen keine Flankierung. Innere horizontale Kommuni-kationen können in der monumentaler Form eines Arkadenumgangs gelöst werden.

Mit Hinsicht auf die Aggressivität des städtischen Milieus gegenüber der unerwünschten königlichen Burg ist die Erkennung dieser Bauten ziemlich durch ihre allgemein schlechte Erhaltung kompliziert, die in den meisten Fällen den erfolgreichen Bemühungen der Stadtbürger, die Burg zu gewinnen und ver-nichten, entspricht. Trotzdem ist es der Forschung der letzten Jahre gelungen, Informationen über viele Repräsentanten des mitteleuropäischen Kastells in einem solchen Masse zu gewinnen, der eine

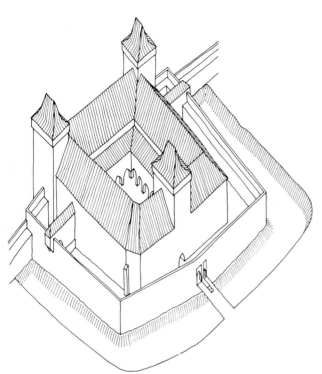

Abb. 4. Písek. Rekonstruktion der Burg. Zeichnung von P. Chotěbor.

Abb. 5. Písek. Der Burghof mit erhaltenem Mittelteil des Westflügels und mit dem Erdgeschoss des Arkadenumganges. Photo vom Autor.

Böhmen nicht nur auf die mitteleuropäische Kastelle beschränkt, wir begegnen diese Lößung auch bei den Kernen der königlichen Randhausburgen (Zvíkov, Křivoklát).

Schlussfolgerung sowie Verallgemeinerung erlaubt (Auswahl der Grundrisse Abb. 1). Am besten kann ein viereckiger Grundriss identifiziert werden, der durch eine Mauer und viereckige Ecktürme begrenzt ist. Auf diesem Niveau kennen wir die Gestalt der österreichischen Burgen Wiener Neustadt (Abb. 1:3) und Ebenfurth. Einige Teile der Innenbebauung kennen wir auch im Falle von Chrudim (Abb. 1:1), Hofburg in Wien (Abb. 1:2), Litoměřice (Abb. 2), Köszeg oder Domažlice (Abb. 1:6) und der Bischofsburg in Horšovský Týn (Abb. 1:7), wo auch die Gestalt der Interieurs im erhaltenen Palastflügel gut bekannt ist. Die gesamte Bausubstanz des mitteleuropäischen Kastells konnte mit Hilfe der archäologischen Erforschungen am besten im Falle von Kadaň (Abb. 1:4, 3) und vor allem in Písek (Abb. 1:5, 4) erkannt werden. Písek ist zweifellos der am vollkommensten erforschte Repräsentant des Typs (Durdík 1993), denn wir kennen auch die architektonische Gestaltung eines beträchtlichen Interieurteiles und auch ein Teil des Erdgeschosses des Arkadenumganges ist hier erhalten geblieben (Abb. 5). Eine analoge Lösung der horizontalen Kommunikationen ist höchstwahrscheinlich auch in Kadaň belegt, und einige Tatsachen erlauben sie auch bei weiteren Objekten anzunehmen. Die Arkaden umgänge des 13. Jh. haben sich in

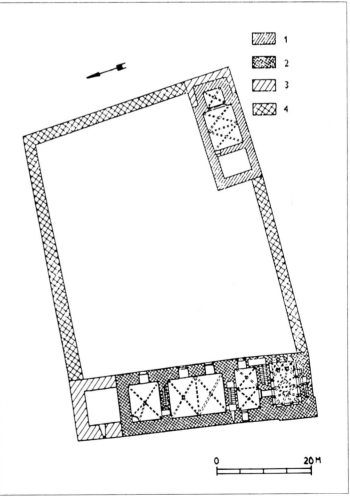

Abb. 6. Horšovský Týn. Grundriss des ersten Stockwerkes.
1—1. frühgotische Phase
2—2. frühgotische Phase
3—3. frühgotische Phase
4—4. frühgotische Phase
Nach T. Durdík. — L. Krušinová 1986.

Vom Standpunkt einer möglichen böhmischen Inspiration der Ordensburgenarchitektur aus ist es wichtig, auch die erhaltenen Interieurs und ihre Strukturen zu erwähnen. Im erhaltenen Westflügel von Horšovský Týn befindet sich eine Menge gewölbten Interieurs. Im Erdgeschoss (Abb. 1:7) geht es um Räume, gewölbt durch Kreuzgewölbe ohne Rippen auf die Zentralsäulen, wobei die einzelnen Felder durch Rippenstreifen eingeteilt sind. Im 1. Stockwerk (Abb. 6) finden wir dann ausser einem grossen Saal, gewölbt durch Kreuzgewölbe, und anderen Räumen noch eine anspruchsvolle Kapelle. In Písek finden wir auf dem Stockwerkniveau (Abb. 7) neben einigen gewölbten Räumen, einer anspruchs-

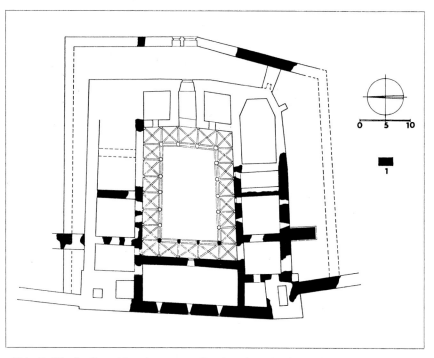

Abb. 7. Písek. Grundriss des ersten Stockwerkes der Burg. Erhaltene Mauerteile schraffiert. Zeichnung V. Trnka. Gewölbenschema in der Kapelle hypotetisch.

vollen Kapelle und einer für die Paläste der böhmischen Burgen des 13. Jh.s typischen Blockwerkkammer auch zwei grosse Säle, von denen einer erhalten blieb und der andere bei der gegenwärtigen Untersuchung festgestellt wurde. Das Vorkommen von einer höheren Anzahl von grossen Sälen im Stockwerk eines Palastkomplexes einer königlichen Burg bleibt in Böhmen vereinzelt (man muss allerdings auf unsere fragmentarische Kenntnisse hinweisen), es kann aber auch ein bestimmtes Vorbild der Anlagelösung von jüngeren Ordensburgen sein. Was die grossen Säle der anderen Typen von königlichen Burgen anbelangt, hat Premysl Otakar II auf Zvíkov auch eine Lösung mit zwei Schiffen und Zentralsäulen, die wir schon aus der jüngeren Ordensburgarchitektur kennen.

In Písek finden wir auch eine interessante Lösung der Aborte. Bisher wurden hier zwei massive Mauerblöcke erhalten, die aus der Aussenfassade der Seitenflügel vorspringen und mit einem Profilsockel umgeben sind. Zweifellos führten sie am Niveau des Stockwerkes zu kleinen Gängen, die weiter über den Bogen laufen, gewölbt zwischen diesen Pfeilern und der Zwingermauer, (um am Niveau des Erdgeschosses nicht den Durchgang des Zwingers zu unterbrechen), und münden dann in einen Abort über dem Graben. Offensichtlich ist dies eine Lösung, die auf den Ordensburgen zu einer vollkommenen Form des charakteristischen Dansker geführt wurde.

Die Periode nach der Entstehung der mitteleuropäischer Kastelle ist nicht genau bekannt. Das älteste ist wahrscheinlich Wiener Neustadt, entstanden am ehesten schon am Ende des 2. Viertels

des 13. Jh.s Von den böhmischen Repräsentanten dieses Typs werden Písek (1260) und Kadaň (1261) als erste erwähnt. Beide Burgen mussten schon um das Jahr 1260 fertig gewesen sein, ihre Gründung kann man also spätestens im Verlauf der 50er Jahre annehmen, wenn nicht noch früher, während der Anfänge der Regierung von Přemysl Otakar II. Die ungarische Burg Köszeg, zweifellos durch die Vorbilder der Nachbarländer inspiriert, wurde in den Jahren 1260—1270 gebaut. Mit der Konstituierung des mitteleuropäischen Kastells muss man also schon in der Periode vor dem Preussischen Feldzug von Přemysl Otakar II rechnen.

Die Frage nach dem Ursprung und den genetischen Zusammenhängen der mitteleuropäischen Kastelle wurde zu einem Diskussiongegenstand in der böhmischen Literatur (Zusammenfassung Durdík 1989). Die erste Hypothese, ausgearbeitet hauptsächlich von J. Kuthan (z.B. Kuthan 1986), hält diesen Anlagetyp für eine importierte Manifestation, die in das Gebiet der Herrscherideologie und Propaganda gehört, abgeleitet von der Burgenarchitektur des sizilianischen Königreiches von Friedrich II. Die beglaubigungsfähigen Tatsachen schliessen jedoch diese Vorstellung aus. Die Entstehung des mitteleuropäischen Kastells muss man also im Einklang mit der zweiten Hypothese als eine eigenartige Reaktion der einheimischen mitteleuropäischen Entwicklung auf qualitativ neue Bedürfnisse begreifen, nämlich die Entstehung einer königlichen Burg in einer neu gegründeten Stadt mit rechteckigem Parzellierungssystem. Auf eine so begrenzte Baustelle musste man das anspruchsvolle Programm der königlichen Randhausburg applizieren. Vom Verteidigungsstandpunkt aus forderte die Nähe der unübersichtbaren Stadtbebauung eine Sicherung durch Ecken mit hohen Türmen. Die Vermehrung von Wohn- und Repräsentationsräumen erforderte dann die äussere Führung der horizontalen Kommunikationen, die — analogen der monastischen Architektur — durch die monumentale Form eines Arkadenumganges gelöst werden konnte (umfangreicher zu den Fragen der Entstehung von mitteleuropäischen Kastellen Durdik 1989; im Druck) Das mitteleuropäische Kastell beweist eine beträchtliche Invention und Fähigkeit der letzten Babenbergs und vor allem von Přemysl Otakar II, auf die dringende, aus der historischen Entwicklung folgenden Bedürfnisse bereit und schöpferisch zu reagieren.

Die Entstehung des mitteleuropäischen Kastells mit seinem anspruchsvollen Anlageprogramm und mit seiner eigenartigen Lösung des Systems von horizontalen Kommunikationen stellt zweifellos den bedeutendsten Beitrag des bisher mehr unterschätzten Mitteleuropas in die Schatztruhe der europäischen Burgenarchitektur des 13. Jh.s Dieser markante Burgentyp, wie es zahlreiche Einklänge zeigen, konnte sowohl im Ganzen als auch in den Detaillösungen im bedeutenden Masse an der Entstehung charakteristischer Ordensburgen im Baltikum teilnehmen. Auch die direkte Teilnahme des Bauherrs von meisten mitteleuropäischen Kastellen — Königs Přemysl Otakar II — auf dem preussischen Feldzug im Jahre 1255 unterstützt diese Erwägungen; mit seinem Namen wird die Gründung von Königsberg verbunden, der ältesten rechteckigen Ordensburg, derer nähere ursprüngliche Gestalt uns bisher leider nicht bekannt ist. Obwohl diese Hypothese naheliegend scheint, muss die Entstehung des Ordensburgentyps als ein sehr komplizierter Prozess verstanden werden. Eine Anregung durch die böhmische Burgenarchitektur konnte eine grosse Rolle gespielt haben, jedoch darf der massgebende Einfluss der spezifischen Merkmale nicht unterschätzt werden, denn diese waren schon durch die Lebensweise des Ordens bedingt. Ebensowenig zu unterschätzen ist der mögliche Kontakt mit der übrigen, durchwegs regelmässigen Burgenarchitektur im breiteren Territorium des östlichen Norddeutschlands und Pommerns.

Nils Engberg

THE DANISH CASTLE BEFORE 1250 — STATUS SYMBOL OR NECESSARY DEFENCE?

Private Burgen in Dänemark bis 1250 — Gesellschaftliches Symbol oder Bedarf an Verteidigung?

Es ist die vorherrschende Auffassung gewesen, dass es bis Mitte des 13. Jh. in Dänemark keine private Burgen in wahren Sinne befestigter Anlagen für die Beschützung eines Adeligen und seiner Familie gegeben hat. Durch archäologische Ausgrabungen in dänischen Wallanlagen, namentlich während der letzten Jahrzehnte, sind aber Gebäude — auch aus dem 12. Jh. — gefunden worden.

Im Vortrag werden die archäologische Ergebnisse vorgelegt, an Hand dieser soll nachgewiesen werden, dass private Burgen — wann auch nur in bescheidenem Ausmass — auch in Dänemark im 12. Jh. vorhanden gewesend sind.

Die archäologischen Ausgrabungen zeigen, dass 10 Wallanlagen auf das 12. Jh. zurückgeführt werden können. In 6 Fällen gibt es eine gewisse Beziehung zwischen den Gebäuden und der Verteidigungsanlage selbst. An den 4 übrigen Stellen sind es nur die Gebäude, die mit Sicherheit auf diese Periode zurückgeführt werden können. Die Wallanlagen sind vor allem auf Seeland gelegen, und mehrere von ihnen können mit der mächtigen Hvide-Familie in Verbindung gebraucht werden.

Die Schlussfolgerung ist, dass auch in der bürgerkriegsähnlichen Periode, 1131—1157, under eben die Mitglieder der Hvide-Familie in den verschiedenen und wechselnden Allianzen zentral stehen, einige von ihnen gezwungen waren, ihre Wohnburgen zu verteidigen. Die Burgen konzentrieren sich zwar auf Seeland, aber auf Grund einer systematischen Kampagne sind auch auf den südlichen Inseln von Fünen 3 Burgen gefunden worden. Unserer Meinung nach werden sie auch bald in Jütland auftauchen.

Nils Engberg
Nationalmuseet
Fredriksholms Kanal 12
DK-1220 København K

It was my intention to give this paper a somewhat provocative title. It has been the commonly-held belief of most researchers throughout the last two decades that all castles in Denmark, up until the middle of the 13th century, were owned either by the King or by the noblemen closest to him. According to this view, the privately-owned castle (ie a fortified habitation for the protection of a lord of the manor, his family and retainers) belongs to the period after 1250.

However, the time has come to question this view because of the discovery of recent excavations, of buildings dating back to the 12th century. It is the purpose of this paper to examine the archaeological evidence to see if there are grounds for stating the case for the existence of privately-owned castles as early as the 12th century.

Earlier research and conclusions

Public interest in castles started as early as the 17th century when clerics were asked to collect descriptions of the fortified sites as well as historical evidence and any legends connected with them. In the 19th century archaeological investigations were carried out at the site of several national monuments. Some of the best-known are those which were investigated by (King) Frederik VII who had a great interest in archaeology. He often used soldiers to help with excavations as was the case at Asserbo and Søborg castles in North Zealand (la Cour 1968).

Between 1870 and 1920 two large-scale excavations were carried out and the information gathered from these is still the basis of our present knowledge of Danish fortified sites. Investivigative teams from the National Museum travelled around the country, registering every historical site describing and in some cases measuring the site too. Although the drawings are not up to modern standards they are still very useful. The spread of towns and today's intensive farming methods have caused the disappearance of several sites and in these cases the old drawings are our only source of information.

It is necessary at this point to draw attention to Vilhelm la Cour, who apart from his active participation in the investigative work mentioned above, dominated the stury of Danish castles right up to the 1970s by his systematic approach, his use of both historical and archaeological sources and by the sheer volume of his work. He was the main architect behind the classification of Danish fortified sites, dating and grouping together well-known historical sites according to their type and the type of ownership. Sites were often dated by comparison with similar foreign sites (la Cour and Stiesdal 1957 and la Cour 1972). Lesser known sites were then classified by comparison with the "known" ones. This typological method was useful in providing an overview of the approximately 1000 fortified sites in Denmark, but recent excavations — as will be shown later — seriously question the validity of this method.

Archaeologists' interest in the first half of this century was mainly centered around the most outstanding castles, inter alia the royal castles at Vordingborg, Copenhagen, Kalundborg and Søborg in the period under discussion. Excavations on these sites brought to light a lot of new information but today one could wish that the excavations had not taken plase so soon, as the methods used at that time had many shortcomings compared to modern methods.

From the 1950s onwards Hans Stiesdal has been the investigator of most of the excavations of our fortified sites. La Cour's system of categorisation has been closely examined and tested (Stiesdal 1981). In recent years excavations have, in an increasing number of cases, been dictated by the possibility that sites might be totally destroyed either by building works, drainage or modern farming methods. This means that today it is the anonymes unlisted sites that are most often excavated (Arkæologiske Udgravninger 1984—1990). It has nevertheless been possible to gather new informatin from the earlier excavations of Royal Castles. Johannes Hertz for example, while carrying out restoration work at Vordingborg and Kalundborg, used the opportunity to supplement knowledge gleaned from prior investigations of the sites. (Hertz 1962 and 1990).

Only a few fortified sites have been fully excavated since the middle of this century; Næsholm in North Zealand, Solvig in Southern Jutland and, most re-

Fig. 1. King Frederik during excavations in September 1857. The National Museum, Copenhagen.

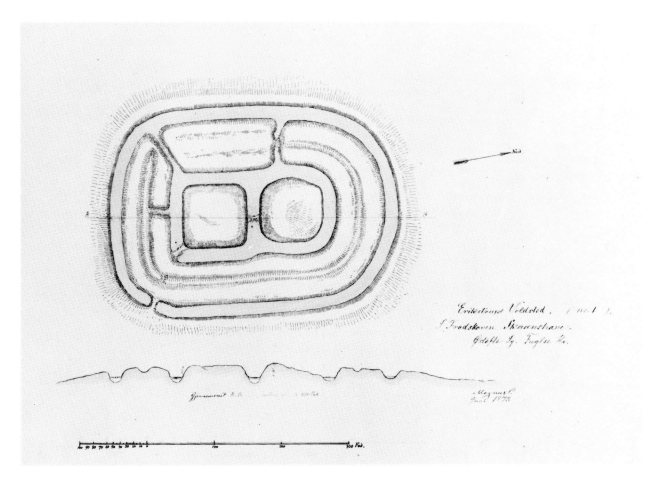

Fig. 2. An outline plan of Eriksvolde, Lolland. Magnus Petersen 1878, The National Museum, Copenhagen.

cently, Egholm in the North of Jutland (la Cour 1961, Hertz 1973, and Jantzen and Kock 1988). The 3 sites are all from the period after 1250. At Næsholm — according to la Cour the seat of a royal taxcollector — samples of the wooden parts of a former drawbridge were dendrodated and, as a result, the date of construction was brought forward from the 1240s to 1278, increasing the possibility that Næsholm was one of the privately-owned castles.

In addition to those mentioned above, about 45 fortified sites have been excavated since the middle of this century. Sites were threatened with destruction for the reasens mentioned above and only a small area was excavated in each case. The aim was either to find the precise location of the site and to evaluate the condition of the remains with a view to future preservation, or to gather information about the remains and their date of construction while there was still time.

Finally, in the past 15 years, samples of wood have been taken from 8 fortified sites to get a precise date. Apart from Næsholm, mentioned above, Eriksvolde on the island of Lolland is by far the most interesting. Eriksvolde consists of 2 hills not big enough to accommodate anything but a small tower of house (Fig. 2). The site was considered as one of the finest examples of the "double-motte" type and, according to commonbelief, dated back to the 12th

century, and — because of its name — connected with the King Erik Emune. La Cour assumed that it served as a royal castle for protection against the Slavonic invaders who during that period plundered the Danish coasts. In the course of an excavation in 1977 wooden parts were found and dendrodating clearly showed that Eriksvolde had been built in the 1340s. (Bonde 1979, Stiesdal 1982). This important investigation cast serious doupt on the validity of the typological dating method, a doupt which has grown following further investigations of typical "mottes" such as Lindshøj on the island of Funen and Kærsgaard in Jutland, which showed that they too are from the 14th century. This has led Hans Stiesdal and others to the opinion that we in Denmark should avoid the use of the term "motte" because, it seems, the real "motte" does not exist in Denmark. The dating of the remaining 6 sites indicated their 14th century origins, a date which was anticipated at the sites in question.

Since the middle of this century Danish archaeologists who have published theories about the building and development of Danish castles have been well aware of the uncertain foundation on which the typology rested but there has been common agreement with the view that — to quote Stiesdal — "Castles built in the 11th, 12th and most of the 13th century were part of the Danish defence system and were originated by the king or by lords of the manor close to the king. These castles are often strategically placed, mainly near the coast by sea-passages or in the middle of islands". (Stiesdal 1956—1979). However Stiesdal, Rikke Agnete Olsen and Niels-Knud Liebgott who recently published his views in the book "Danish Medieval Archaeology", all mention that there may have been a few private castles before 1250. Rikke Agnete Olsen gives the following explanation of how it was possible to keep the peace and uphold the law." Had it not been so, there would have been royal castles in all parts of the country, not just by costs and borders. And there would have been several private castles...... The Valdemar Kings based their power on the fact that the country became a constitutional state, the laws were set in order and written down and a system for their application was established (Olsen 1986).

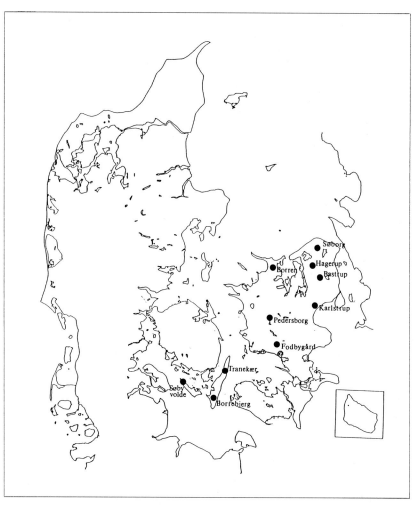

Fig. 3. The location of the 10 fortified sites, with remains of buildings from the 12th century.

Fig. 4. The Bastrup Tower. Photo Hans Stiesdal 1966, The National Museum, Copenhagen.

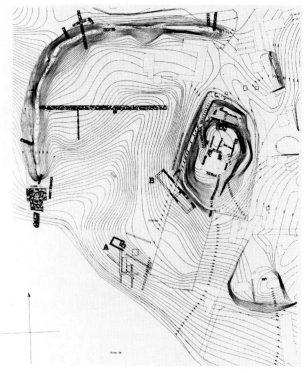

Fig. 5. Pedersborg castle. On the plan are marked the areas excavated in 1932, 1957 and 1972—1973 and the remains of buildings that were discovered. Birgit Als Hansen 1977, The National Museum, Copenhagen.

Castles with remains dating from before 1250

We now turn to the real purpose of this paper. Looking at the results of excavations carried out in recent years it can be seen that on 10 sites which cannot be linked directly with the king or those close to him, archaeologists have found remains of buildings dating from the 12th century.

The Batrup tower in North Zealand (Fig. 4) has been known for many years and it is accepted that it dates from the first half of the 12th century and can be linked to a member of them most powerful family in Zealand, the Hvide family. The Bastrup tower is the only commonly accepted example of a private castle before 1250, but it is unique in Denmark. Renewed excavations in the 1950s to locate the castle's outbuildings failed to explain Bastrup's uniqueness (la Cour 1953).

In the 1970s Pedersborg castle in the middle of Zealand was excavated. Today the site appears with a characteristic semicircular rampart enclosing a space of 40.000 square metres! (Fig. 5). Within this rampart is a natural mound about 15 m high where the first castle was built by the middle of the 12th century. Remains of a round church were also found on the site. Later in the century improvements took place and the inhabitants moved from the narrow hill with its difficult access to the wider and more open space within the semicircular rampart below, although this area was much too big to defend effectively. Pedersborg is known from written sources and can be linked to s Peder Thorstensen, another member of the Hvide family. It is known that the site was abandoned as a castle before 1205 when it was handed over to the Cistercian monastery at Sorø (Liebgott 1982).

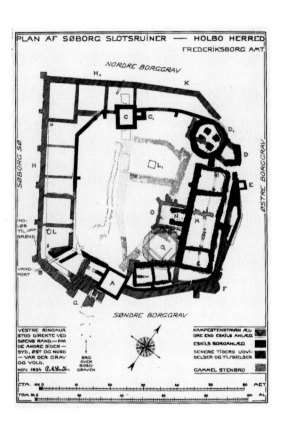

Fig. 6. Plan of Søborg castle drawn after the excavations at the beginning of this century. C. M. Smidt 1930, The National Museum, Copenhagen.

Søborg castle in North Zealand was excavated between 1913 and the end of the 1940s (Fig. 6). Several building periods were noted by the archaeologist who excavated the site, C. M. Smidt, who concluded that the oldest part of the site, an octagonal tower was from the beginning of the 12th century and had probably been in possession of a lord of the manor whose name is not known. In the middle of the century Søborg was taken over by Archbishop Eskil who rebuilt the site with an encircling wall, a palatium and a chapel (Smidt 1930). In the 1980s further excavations took place at Søborg (Egevang and Frandsen 1985). The results have not yet been published in full but it has been stated that the octagonal tower is not as old as Smidt assumed. It is calaimed however that a further building period which includes a circular rampart has been discovered that the archaeologists date to the first half of the 12th century. So, whether we accept Smidt's conclusions of those indicated by the recent excavations, it is clear that Søborg was a castle in the first part of the 12th century, its owner still unknown.

In the south of Zealand is another fortified site, Fogedbygaard. Excavations here too revealed a complicated building history (Fig. 7). The oldest building, which can be placed in the 12th century, was a half-timbered house with a cellar built of boulders at its centre. This is a well known type of lord of the manor's house in both its fortified form (Næsholm) and its unfortified form (Varpelev). In the later part of the Middle Ages a stone-built house was built partly on the site of the earlier dwelling. Several moats encircled the site but it is not known whether these date from the time of the first, halftimbered dwelling of the store dwelling. There again the owner is not known to us.

Karlstrup castle near Køge bay in eastern Zealand presents a further difficulty. Here 4 building periods were identified, the oldest dating from the 12th century and the dwellings are not different from the unfortified dwellings of lords of the manor found elsewhere. In addition the excavations revealed the pres-

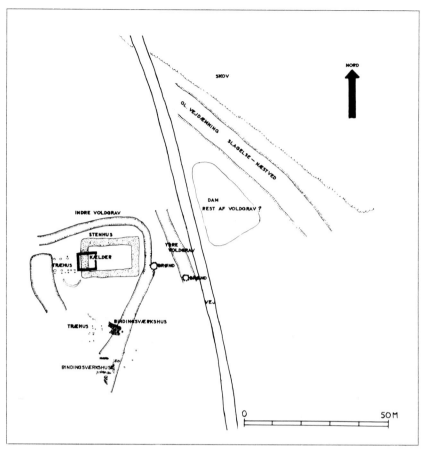

Fig. 7. A Survey plan of Fogedbygård castle. M. Brahde 1958, The National Museum, Copenhagen.

ence of moats and the remains of ramparts but the remains of a churchyard of a later date made it difficult to determine whether there was a link between the 12th century buildings and the fortifications (Rasmussen 1982). Recently Rikke Agnete Olsen and Kai Hørby have found evidence at Rakkeby monastery in Holland that Karlstrup too belonged to the Hvide family.

On the islands south of Funen fortified sites have been subjects to systematic research over the last 40 years and it has been possible to date three sites to the 12th century (Skaarup 1986). The best-known is Tranekær castle on Langeland (Fig. 9). It has been known since the 13th century that it belonged to the king and significant parts of the palatium are still preserved today (Stiesdal 1975). Excavations have revealed however that, prior to the royal castle, an earlier castle existed. A dry moat originally divided up to the site and in the northern part post holes and the remains of floors from wooden buildings were found. Jørgen Skaarup, one of the archaeologists who excavated the site, dated this earlier, fortified site to the first half of the 12th century (Skaarup 1986). Ownership in medieval Denmark often changed rapidly and the fact that Tranekær belonged to the king in the 13th century is no guarantee that it was a royal possession in the previous century too.

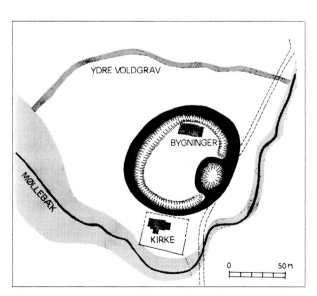

Fig. 8. Karlstrup castle. After an illustration by Ulla Fraes Rasmussen 1982. Drawing: Lars Sandfeld Rasmussen.

Fig. 9. Tranekær castle. Coloured lithography by S. L. Lange 1820, The National Museum, Copenhagen.

Fig. 10. Søby Volde castle. Photo Hans Stiesdal 1959, The National Museum, Copenhagen.

Søborg Volde is a castle on the island of Ærø and belongs, together with 3 other fortified sites to a special category, the Refshale castles named after the most outstanding example, Refshale on Lolland. They are characterised by their location at the head of a promontory with access well protected by moats and ramparts. This type of fortification is well-known in the slavonic region, the castle of Tillida near Halle being a good example. In 1983 parts of the fortification and the building area at Søby Volde were excavated and the remains of wooden buildings found. The excavation also indicated that both the fortification and the earliest buildings were from the same period. The objects found, among which were 2 coins, date the site, according to Skaarup who excavates the site, to the first part of the 12th century (Skaarup 1986). The 4 Refshale castles are of the "Slavonic" type, and the fact that 3 of them are placed near the Baltic sea together with the story that Refshale castle itself was overrun by peasants in 1256 has led to the conclusion that they were early fortified sites, part of the royal defence against the Slavonic invaders. The connection with the king is however a hypothesis which the excavations at Søby Volde failed either to confirm or refuse. The ownership is still unknown.

The hill on which Borrebjerg castle is situated was originally surrounded by water and lay at the top of Magleby bay in the southern part of Langeland island. The fortified site has been largely demolished by modern farming and an excavation there revealed no remains of buildings (Fig. 11). Many objects were found however, one of them being a piece of jewellery with the inscription ALFVINI ME FECIT. Alfvini was the Anglosaxon Master of the Royal Mint to King Erik Emune and he worked in Lund in the 1130s. The excavation took place in the 1940s, but Jørgen Skaarup has re-examined the finds and has dated Borrebjerg castle to the first part of the 12th century. He concludes that the castle was either a stronghold for a local group of Slavonic immigrants or belonged to a local lord of the manor who was familiar with the castles south of the Baltic sea (Skaarup 1982).

The castle of Borren in Nothwest Zealand is, like Borrebjerg, surrounded by water. It stands in Højby lake but is connected to the mainland by a short stretch of land and was protected by a stone wall. A round stone tower was placed on a man-made hill here and both wall and tower have been excavated and dated to the first part of the 12th century (reports by Smidt and la Cour in the National Museum, Copenhagen). A moat divided the site in two and, although intensive ploughing has demolished the site, further excavations have shown that there are still remains of buildings on both sections of the site. Scanning with a metal detector has produced many objects which confirm that the site was in use in the 12th century, and also that activity stopped there no later than the beginning of the following century.

Fig. 11. Borrebjerg castle. Photo Erik Skov 1957, The National Museum, Copenhagen.

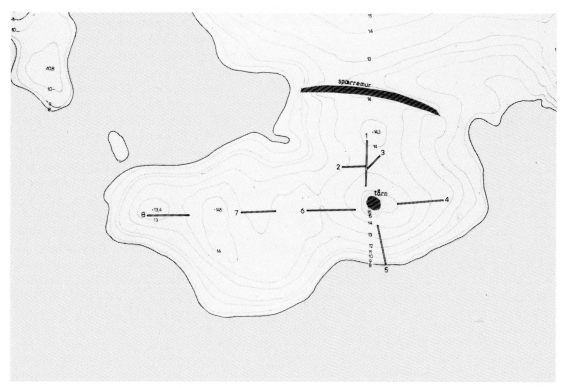

Fig. 12. Borren castle. Areas excavated 1990, the defensive wall and the tower are indicated. Drawing: Skawki Kanji and Lars Sandfeld Rasmussen.

Once again we have no knowledge of the owner. Close to Borren is the previously mentioned Næsholm castle and another, Drosselholm, which is assumed to be the successor to Næsholm from the middle of the 14th century. These years the National Museum is carrying out new excavations in an attempt to clarify the connection between the 3 fortified sites.

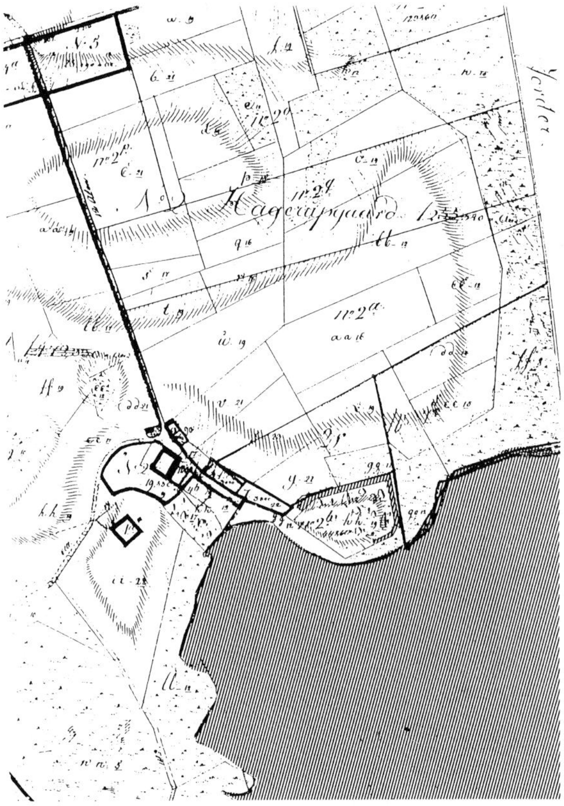

This brings us to the last of our examples, Hagerup castle which, like Bastrup and Søborg, is to be found in North Zealand. It is situated at the extreme end of a promontory close to Hagerup lake and it is still possible to see that a moat separated the outermost part from the rest (Fig. 13). There was a farm on this site until 1787 and according to a map from around 1800 it seems that there was still water in the moat at that time. Traces of buildings were found in the course of a minor excavations and these should be dated back to the 12th century (report in the National Museum, Copenhagen). The moat was not investigated and therefore it is impossible at present to say whether the moat belongs to the earliest buildings or was constructed later. Hagerup is mentioned as early as 1170 when Skjalm Hvide's daughter, Magge, gave her part of Hagetorp Øre to the monastery at Sorø. From 1387 different noblemen are connected with Hagerup until, in 1492, it was given to Roskilde cathedral. The most important aspect of this example is that Hagerup in the 12th century can be linked to the Hvide family.

Fig. 13. Part of the oldest map of the area (1786), in which Hagerup castle is situated. At that time the moats were still visible.

Conclusion

To sum up, excavations have shown that, apart from the royal castles which can be linked to King Valdemar the Great and those close to him, there are 10 fortified sites that date from the 12th century.

About 6 of them Bastrup, Pedersborg, Søborg, Borren, Tranekær and Søborg there is no doubt; they were protected from the beginning by moats and ramparts. The link between the dwellings and the fortifications in the case of the remaining 4 sites however is uncertain and it may be that the commonly accepted view is accurate that these sites were not fortified until the 14th century, perhaps at a time when the wooden buildings were replaced by stone ones, as seems to be the case at Fogedbygaard and Karlstrup. It is important in our study, however, to consider all those sites which have the remains of buildings dating back to the period in question.

All the 6 sites protected from the beginning by moats and ramparts are fortified early in the century. Pedersborg was fortified around the middle of the century. Borrebjerg on Langeland also dates from the early 12th century.

Apart from the unique Bastrup tower, there is nothing to distinguish the fortified 12th century buildings from those of the same period which were unfortified and privately owned. Furthermore there is no evidence that these "private" castles were built as status symbols — fortifications were not used at this period in Denmark to parade the wealth of the owner of a castle.

Finally, when we consider the ownership of these castles it is thought-provoking that, in 4 cases fortified sites — Bastrup, Pedersborg, Karlstrup and Hagerup — can be linked with the Hvide family. In Zealand this applies to 4 out of 7 sites — more than half.

In future discussion concerning the existence of "private" castles in Denmark it will be necessary to include the castles mentioned above and the following preliminary conclusion. Throughout the whole of the 12th century it was common for lords of the manor to dwell in unfortified houses. We know of several examples, those which were placed close to a church being the easiest to define. A good example is Fjenneslev in central Zealand closely linked to the Hvide family. Asser Rig and his wife Inge had the church built and, close by, the cellar of his house was excavated (Fig. 14) — unfortunately in the last century. There were no signs of fortification here, but other members of the Hvide family found it necessary to surround their property with moats and ramparts. As such defence were not built as status symbols the reason must have been a need for protection. Fortification took place early in the 12th century which can perhaps be narrowed down to the period between 1131 when Knud Lavard was murdered and 1157 when Valdemar came into power (Fig. 15). During this period there were regular civil wars and members of the Hvide family played an important role in the different — and constantly changing — alliances. We know little in detail about these alliances but it is not unlikely that families other than the Hvide family also felt the need to protect their members and their property. Whatever the details it is clear that private castles played a part in the civil wars of the 12th century. It is probable that they lost their defensive role after this although it was not thought necessary to demolish the fortifications. Pedersborg, where the inhabitants moved from a strongly fortified site to a less-easily defended area before abandoning the

Fig. 14. In the last century a stone cellar was excavated near the church in Fjennetslev, Zealand. Asser Rig and his wife Inge built the church, and it is commonly accepted that the cellar was part of their unfortified farm. Photo Richard Hansen, 1890s.

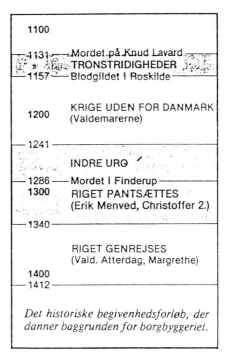

Fig. 15. Chronological table with the two periods of civil war indicated, which had a decisive influence on the building of castles in Denmark. After Rikke Agnete Olsen 1980.

site altogether in the 13th century, points in this direction.

Private castles before 1250 are a phenomenon found mostly in Zealand but systematic research has revealed 3 others on the islands south of Funen. It is possible that the first will soon show up in Jutland.

Johan Engström

MILITARY ACTIVITIES WITHOUT WARLIKE REMAINS

Militärische Aktiveteten ohne kriegische Überreste

Die militärischen Kenntnisse der meisten Archäologen sind sehr unzureichend. Eine solche Kenntnismangel kan zu unvollständigen, ja sogar falschen, Schlussfolgerungen bei der Deutung von Befestigungsanlagen führen.

Während der siebziger Jahre wurde der dänische Ringwall der Wikingerzeit bei Fyrkat untersucht. Eine fast identische Anlage, bei Trelleborg, war während der vierziger Jahre untersucht und als militärisches Trainingslager für Englandfahrer gedeutet worden. Bei den Ausgrabungen von Fyrkat stellte sich heraus, dass nicht alle Häuser innerhalb der Burg Herde hatten und dass es in einigen Häusern Spuren von Handwerk, unter anderem Schmuckstücke, gab. In den Gräbern, die bei Fyrkat lagen und gleichaltrig mit der Burg waren, wurden Frauen und Kinder angetroffen. Aufgrund unter anderem dieser Funde wurde die militärische Funktion der Burg verringert.

Man meinte, dass Fyrkat eventuell ein Königssits gewesen war.

Machen wir einen Vergleich mit römischen Befestigungen, Kohortkastellen, stellt es sich heraus, dass es neben Unterkünften auch eine Reihe von Vorrats- und Getreidemagazine sowie Werkstätten gab.

Während des 18. Jhs. gab es in Stockholm eine grosse Zahl von Söldnern, wovon ein kleinerer Teil täglich zum Wachtdienst kommandiert wurden. Im Dienst der übrigen Soldaten war, wie bei den römischen Soldaten, Abkommandierungen zu Bauarbeitsplätzen oder zu Werkstätten. Wie die römischen Soldaten hatten auch die schwedischen Frauen und Kinder.

Hiermit habe ich nicht beweisen wollen, dass die Deutung von Fyrkat falsch ist. Was die Diskussion zeigt, ist dass die Argumentation bei der Deutung von Fyrkat ziemlich unzureichend ist.

Johan Engström
Army Museum
PB 14095
S-10441 Stockholm

Discoveries from the Swedish prehistoric hillforts are of a strikingly peaceful nature. Weapons are almost entirely unrepresented whereas pottery sherds are numerous.

In Östergötland clay vessels with strainers intended for making cheese have been found (Nordén l938). What conclusion should we draw from this? Are the hillforts non-military installations? The fact is that this is not necessarily the case.

During the 19th century a large Imperial Russian garrison was stationed on the islands of Suomenlinna off Helsinki. Some of the officers had their families with them on the fortified islands. Within the mighty stone bastions their wives baked delicious cakes which were subsequently sold by these so-called "pradjattar" in the city of Helsinki, in fact without permission (Lampinen 198419).

What has this curious little example to do with the hillforts in Östergötland? The truth is that it points to something almost unknown to many archeologists and historians — namely the complexity of the military machine. The activities of these officers' wives are typically those of an enlisted garrison, activities which definitely leave no traces of a warlike nature.

During the 1920's and 1940's the Viking period ringfort Trelleborg on the island of Zealand was excavated. Poul Nørlund, who investigated the ringfort, was convinced that it was a military training centre for the conquerors of England. Several similar ringforts exist in Denmark such as Nonnebakken on the island of Fyn, as well as Aggersborg and Fyrkat in Jutland.

(Fig. 1.) A year or two ago a similar ringfort was discovered in the town of Trelleborg in Scania. All these ringforts have been made the subject of research. The most detailed study is that carried out during the 1960's and 1970' at Fyrkat (Nørlund 1948, Olsen & Schmidt 1977, Roesdahl 1977, Jacobsson 1990).

Fyrkat has a cirkular site plan with a diameter of 120 metres. The cirkular rampart has a width of 12 metres and was constructed of earth stabilized by external and internal wodden structures. The rampart was originally about a couple of metres high. The coping was defended by a wooden palisade. Outside the rampart to the west and to the north-east there are moats 7—8 metres wide and about 2 metres deep.

Through the camp run two streets intersecting at right angles. The streets lead to four gates, one at each point of the compass. The gates have been built over.

The intersecting streets divide the camp into halves, each of which contains four long houses erected in close square blocks. The houses are 28.5 metres long, 5 metres broad at the short sides and 7.3 metres in the middle. Apart from the long houses there are smaller houses on three of the four quarter blocks, one inside of the east and west gates and one immediately outside the west gate.

The site plan corresponds to those of Trelleborg and Nonnebakken. Aggersborg is twice as big and has three times as many houses. The Scanian ringfort, which is being excavated, lacks all traces of division into blocks with long houses (Olsen & Schmidt 1977, Jacobsson 1990).

The artifacts indicate that Fyrkat was in use during the period AD 950—1000. Timber from the camp has been dendrochronologically examined and dates from 980—981 (Roesdahl 1977, Andersen 1984).

The Fyrkat studies were published in two volumes in 1977. In the interpretative discussion Roesdahl was not much inclined to believe that Fyrkat had a military function. Among others the view was expressed that Fyrkat could have been a royal manor. This interpretation was based on the statement that if all the houses did not have hearths then some of the houses must have been unoccupied. In some of the houses traces were found of handicraft activities, including smithwork of ornaments. Finally the graves close to the fort and of the same date had been used for the interment of men, women and children. The houses, handicrafts and graves were thus unacceptable as evidence of military activities (Roesdahl 1977 176).

Fortifications, a battlefield or a campaign are often described entirely differently by a military-minded archaeologist/historian and a civilian-minded archaeologist/historian. This is quite natural. However, both categories are often guilty of ig-

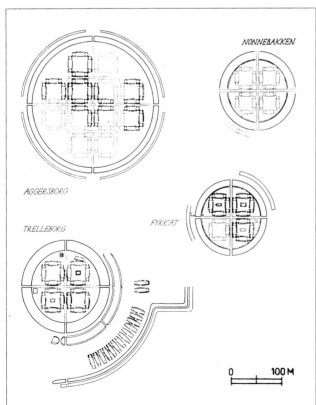

Fig. 1. The Danish Viking Period ring forts (Arkeologisk handbog).

noring facts and the presentation of problems which are vital to the context. The total picture is lost in the one case as the result of overemphasis on arms, tactical and fortification discussion and in the other of overemphasis on political, economic and sociological discussions.

Something which is very rare as a topic in this context is the maintenance service of a military unit. The maintenance work in the army has by tradition never been regarded as a deed of glory which is expressed in the French proverb "beaucoup de labeur mains rien d'honneur".

However, there are occasionally some lines written about the maintenance service in the literature of military history (Birkman 1966 530; Generalstaben 1936—1939).

The battlefield itself, the compaign, or the completed fortification represent only the top of an iceberg. The military machine is highly complex. I should like to throw some light on this by taking some examples from Roman military history, the Thirty Years' War as well as from the enlisted garrison in Stockholm during the eighteenth and nineteenth Centuries.

Napoleon is said to have coined the phrase "An army marches on its stomach." Well-organized food supplies are essential if the military machine is to function efficiently. This is self-evident but "self-evidence" is often lacking in literature.

Badly organized food supplies have frequently resulted in mutinies. The poor fare given to troops in the seventeenth and eighteenth Centuries led to deficiency diseases which claimed more victims among the soldiers than did the bullets on the battlefield (Bergman 1983, Ericson & Sandstedt 1982 28; Villner 1986).

During the Thirty Years' War the territory in Germany under the control of the King of Sweden was divided into supply districts. The fighting units were then assigned to these. Shortly before a battle it was essential to concentrate the troops as closely as possible to the battlefield. The supply situation was decisive with regard to the number of men who were available for action in the field. Of the 150,000—175,000 men Gustavus Adolphus disposed of in Germany, only 30,000—40,000 could participate in one and the same battle (Ericson & Sandstedt 1982 26; Generalstaben 1936—1939).

The field ration carried by the Roman soldier consisted of pork, rusks and posca, a sour wine calculated to quench thirst. The ration lasted for three days and then had to be replaced, usually in the form of cereals. The daily requirement for a Roman army of 25,000 men was 23 tons. To this should be added other foodstuffs and fodder for the horses of the cavalry and for the beasts of burden.

During campaigns maintenance depots were established along the line of advance. After marching

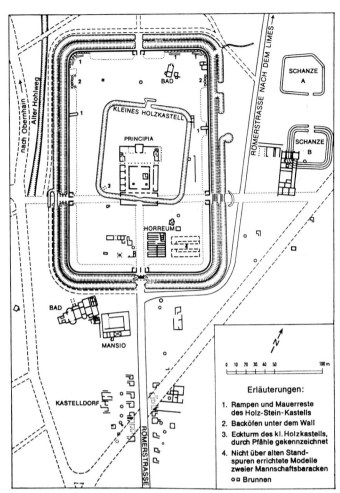

Fig. 2. Saalburg, a Roman cohort fort with a garrison of 480 men (Baatz 1974).

for five days, about 125 kilometres, the army was obliged to come to a halt. Otherwise the distance between depots and troops became to great. Horse-drawn supply waggons manned by army non-combatants were not capable of bringing up their loads so that maintenance had to be reorganized and grouped forwards. An army's operational radius is thus also limited by the maintenance capacity of its transport service (Junkelmann 1986 123, Davies 1989 33).

In fertile regions the soldiers could provide for their own food stores by reaping the enemy's grain. According to Josephus Flavius sickles for this purpose were included in the equipment carried by the soldiers (Flavius III 95), an example of an unwarlike tool which could be included in the equipment of fighting troops.

War cannot, however, satisfy all its feeding requirements in this manner. Reaping grain is a seasonal matter. During the non-harvesting times of the year it is necessary that the region through which the army is marching should have a high production capacity and large concentrated stored resources.

In the Royal Army Museum in Stockholm the collections contain implements such as sickles. In ear-

64

lier times these were included in the cavalry equipment (AM No. 9020).

One question which arises at this point is: What relationship exists between the sacrificial agricultural implements and the weapons sacrificed at Thorsbjerg and other Iron Age sacrificial bogs in Denmark? According to Jankuhn the groups of objects, implements and weapons, reflected a religious transition from an egalitarian peaceful fertility cult to an aristocratic warrior religion. These sacrifices had taken place repeatedly during centuries (Jankuhn 1936 a & b).

C. Engelhardt, the excavator of Thorsbjerg, was of the opinion that implements and weapons reflected one sacrifice of a defeated army's entire equipment (Engelhardt 1863, Ørsnes 1969).

Today the change of religion according to Jankuhns theory is accepted but the weapons are taken to be sacrificed equipment of defeated armies put down in the bogs after several victorious battles (i.e. one victory one large sacrifice) that have taken place during a long span of time (Fabech 1990).

Knowledge of the stratigraphical conditions at Torsbjerg has long been incomplete. Engelhardt's field diary has, however, recently been recovered and it has been observed that on certain points it is possible to reconstruct the stratigraphy (Lønstrup 1988 93). As long as obscurity prevails with respect to the difficult interpretation of the vertical and horizontal stratigraphical relationships of the agricultural implements to the weapons in the bogs, the interpretation of the implements as for instance rakes (for collecting fodder to horses) forming part of a military baggage cannot be excluded.

At Illerup sacrificial bog, also in Denmark, the weapon finds included a carpenters' tool, a plane (Ilkjaer & Lønstrup 1982, ibid. 1983). This discovery reminds us that even a primitive army here required maintenance, in this case for repairs and making objects. It is obvious that the plane was used for making spears and shafts for lances.

In the Roman camps the day began, as in all military camps everywhere and at all times, with a muster. During the muster there was a roll call, the duty guard and patrols received their orders and their arms and equipment were inspected. The password for the day was announced and situation reports from the provincial governor were read out. Of those who were not assigned to guard duty some were ordered to take part in arms drill or field exercises. Thus the purely military part of the soldiers' activities was organized.

Many of the soldiers in the camp were then ordered to various maintenance duties such as repairs of the camp and its fortifications. Soldiers also participated in construction work outside the camp, for example civic public buildings and road construction.

Some of the soldiers were also employed in the camp workshops on repairs, the duplication of weapons and ammunition. Before enlistment many of the soldiers had been employed as craftsmen.

Fatigue duties were also required for staff duties and the camp hospital as well as the camp baths and the camp grain store.

The aquisition of forage and food-stuffs, which also included hunting, also demanded people as did the collection and transport of fuel for the camp staff buildings, hospital, baths, barracks and for the soldiers' food preparation.

Duties at greater distance from the camp included the purchase of textiles, horses, beasts of burden and cloven-footed animals. Finally there was always a number of soldiers who were on leave, visiting their families or travelling as tourists in the province in which they were stationed.

The campaigning and travelling soldiers had a romanizing effect on the Empire and the army camps became not only power factors but also innovation centers.

All these activities were necessary so that the small community, which the camp constituted, could function. The soldiers were thus continuously occupied, a fact which at all times has been considered essential to the maintenance of discipline in military units (Davies 1989 33).

During the early imperial period soldiers had no legal right to marry. This prohibition was intended to prevent fraternization with the

Fig. 3. "Beaucoup de labeur mais rien d'honneur", the struggle of an army baggage in the 17th century. See lower part of the picture.

population of the conquered province, thereby avoiding divided loyalties and problems involved with the removal of units and repression of insurrections in the provinces. However marriage was legalized during the Late Empire as the illegitimate sons of the soldiers were needed as a source of recruitment. Only Roman citizens and free men were allowed in the Roman army.

The prohibition of the Early Empire notwithstanding, most soldiers lived under marriage-like conditions. The soldiers' women and children settled in canabae or vici, i.e. in the civilian settlements which grew up outside the ramparts and walls of the camps. Settlements of this kind exercised a strong attraction for the inhabitants of the province since they offered various possibilities of making a living. Inns, shops, brothels, etc. were started, the target group being the soldiers. Some of these canabae or vici in time became important European cities (Baatz 1972, Junkelmann 1986, Davies 1989).

I venture to say that this military community is timeless. The Roman canabae can be compared with the settlements which grew up in the vicinity of some of the Swedish military camps during the eighteenth century. Malmköping in Södermanland is one example. After the military came the craftsmen, including the shoemakers, who could provide for themselves by repairs of the foot-gear of eight companies, i.e. 1,200 men's 2,400 marching boots. The shoemakers in their turn attracted other tradesmen to the camp, so that in time the small market town began to expand (KSR 1935, ibid 1977, Atréus 1986).

During the eighteenth and nineteenth Centuries the enlisted guardsmen in Stockholm could, in addition to their guard and fire-fighting duties, be detailed to construction work, hunting and repairs, etc.

The largest place of employment in the city was the arsenal. The enlisted gunners worked there on the manufacture of ammunition as well as the inspection and repair of cannon equipment (Wennerström 1946, Staf 1965).

A large percentage of the enlisted soldiers in Stockholm were former journeymen. Many were married and had children. Until the end of the eighteenth Century and the beginning of the nineteenth Century the soldiers were quartered on the citizens. Later buildings were acquired and turned into barracks. The married soldiers moved into the barracks with their wives and children.

The soldiers' wives and widows were employed as cateresses and washer women. The latter category also sold pastry in the city.

The soldiers were obliged when off duty to earn extra money to support themselves. Special legal paragraphs enabled them to devote themselves to handicrafts outside the guilds system, a state of affairs which was greatly resented by the citizens. They worked as carpenters, joiners, masons, shoemakers and even as goldsmiths (Gidlöf 1976, Liljequist 1976).

Many of the examples cited may seem to refer to conditions which are self-evident. This is certainly true. But the examples are lacking in most publications dealing with campaigns, battles and fortifications. The Fyrkat publication is one example. The intention of the paper is not to prove that Roesdahl's interpretation of Fyrkat is wrong but that it is insufficient due to the lack of military aspects in the analysis. The activities of an army, both in the field and on garrison duties, consist for the most part of maintenance functions of a scarcely martial character. Activities of this kind do not leave traces of a warlike nature. Stores, workshops, smithies, women's and children's graves at Fyrkat or cheese-making vessels in the prehistoric hillforts of Östergötland need not imply that the installations did not have a military function.

Ingolf Ericsson

MITTELALTERLICHE WEHRBAUTEN IN SCHLESWIG UND HOLSTEIN

Medieval Fortification in Schleswig and Holstein

The paper deals with medieval fortification, mainly from the late 10th to the early 15th century, in the southern part of Jutland and in the Baltic coast area of western Germany — i.e. in the region of Schleswig (now divided into a northern, Danish, and a southern, German, part) and (German) Holstein. Different ethnic groups — Slavonians, Saxons/Germans, Frisians and Danes — are considered. Not only fortresses and castles, but also other types of fortification, like landbarriers, seabarriers, urban defences and various manorial sites, are presented. Parallels and divergences in the development of fortification in the various parts of research area are discussed.

In this paper fortification in the southern part of Jutland and in the Baltic coast area of western Germany will be discussed.

Though the dating of fortresses, castles and other fortifications is frequently uncertain, there seem to be several parallels in the development of fortification in the area of Schleswig and Holstein.

The early period, until the beginning of the 12th century, is characterized by different fortresses with rampart(s) — mainly ring-walls. The most remarkable distinction is probably the different ethnical groups that their builders belonged to: they were Slavonians, Saxons/Germans, Danes and Frisians. The fortresses are mainly concentrated in the eastern part of Holstein formerly inhabited by Slavonians. In the primarily Danish settled area (Schleswig) on the other hand, early medieval fortresses can rarely be found. Other (royal) fortifications are however known, like the great semi-circular rampart/wall and sea-barrier of Hedeby/Haithabu and in particular the immense linear earthwork known as Danevirke.

During the 12th century new types of fortification occur. The oldest castles seem to have been dominated by a tower (tower-castle). From the 12th century castles with solid walls are also known. They were often used — rebuilt and enlarged — until the end of the Middle Ages. Real town-fortifications (town-walls) like those at Lübeck are also known from Holstein and Schleswig from the 12th century.

Private fortifications, built by nobility and gentry, in general belong to the late 13th and especially to the 14th century. The most common types of private castles in Holstein and Schleswig were mottes (with a wooden tower), crannogs and larger castlemounds with walls. Again fortified sites are concentrated in eastern Holstein and the eastern part of Schleswig.

Since about 1400 castles of nobility and gentry have been replaced by (symbolic) fortified estates, that cannot be called castles.

Ingolf Ericsson
Department of Medieval Archaeology
at the University of Aarhus
Moesgård
DK-8270 Højbjerg

Insbesondere die Burgen, aber auch sonstige Wehreinrichtungen und befestigte Höfe, im Süden Jütlands sowie in dem anschliessenden nordelbischen Gebiet bis zur mecklenburgischen Landesgrenze, sollen im folgenden erörtert werden. Ziel ist es, die mittelalterliche Wehrbaugenese der Region vorzustellen — zumindest in ihren Hauptzügen. Durch den nicht optimalen Forschungsstand sind jedoch, vor allem bezüglich der Zeitstellung der fortifikatorischen Einrichtungen, Unsicherheiten zu berücksichtigen.

Hinsichtlich der für das behandelte Gebiet gewählten Bezeichnung -Schleswig und Holstein — soll betont werden, dass diese aus praktischen Gründen auch für Zeiten gebraucht wird, in denen es weder ein Herzogtum noch eine Grafschaft mit dem Namen Schleswig beziehungsweise Holstein gegeben hat. Unter Schleswig wird das Gebiet in etwa zwischen Königsau im Norden und Eider im Süden verstanden. Während des Mittelalters war es ein Teil Dänemarks, wenngleich es als Herzogtum über mehrere Jahrhunderte eine Sonderstellung hatte. Schleswig ist heute politisch geteilt: der Norden gehört zu Dänemark, der Süden zu Deutschland. Der zweite Teil des Bearbeitungsgebietes — Holstein — erstreckt sich zwischen Eider, Elbe und mecklenburgischer Landesgrenze und umfasst auch das kleine Herzogtum Lauenburg. Behandelt werden somit, nach heutiger politischer Gliederung, das Bundesland Schleswig-Holstein und das dänische Amt Sønderjylland (Abb. 1).

Diese Region ist wegen ihrer ethnischen Vielfalt von besonderem Interesse für die Mittelalterfor-

Abb. 2. Schleswig und Holstein im frühen Mittelalter. Unterschiedliche ethnische Bevölkerungsgruppen.

schung. Der Norden ist vorwiegend dänisch, der Süden deutsch (in der Frühgeschichte sächsisch) besiedelt; zudem war der Osten über mehrere Jahrhunderte von einer slawischen Bevölkerung geprägt, während im äussersten Westen ein friesischer Einfluss zu verzeichnen ist (Abb. 2). Vornehmlich wird die Periode von um 1000 bis um 1400 behandelt. Da die Jahrtausendwende keineswegs mit markanten Veränderungen der Wehrbaugenese zusammenfällt, wird es jedoch als erforderlich angesehen, auch auf die Frühgeschichte kurz und zusammenfassend einzugehen. Ähnlich wird auch das ausgehende Mittelalter berücksichtigt (siehe für das Mittelalter allgemein, Abb. 3).

Burgen

Während des gesamten Mittelalters ist die Burg zweifelsohne die am häufigsten errichtete Wehranlage gewesen. Der Terminus "Burg" schliesst ein weites Spektrum von fortifikatorischen Anlagen ein.

Im östlichen Holstein wurde die Gesellschaft im frühen Mittelalter bis in das 12. Jh. hinein weitgehend von Slawen geprägt (z.B. Gläser 1983, Herrmann 1986, Struve 1979, 1981, 1983a, 1988). Als Spuren dieser Gesellschaft sind in der Landschaft Reste slawischer Burgwälle erhalten geblieben. Diese haben zumeist den Charakter eines Ringwalles; ihre Form wechselt von kreisrund über oval bis unregel-

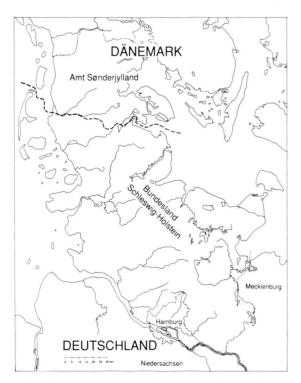

Abb. 1. Schleswig und Holstein. Derzeitige politische Gliederung des Gebietes.

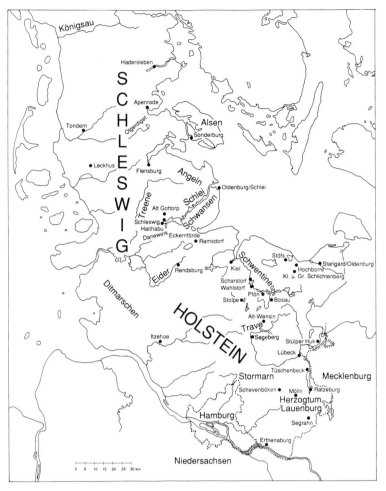

Abb. 3. Schleswig und Holstein. Lage von Burgen und anderen im Text genannten Lokalitäten des Mittelalters.

nus dürfte mit Burgbezirk umschrieben werden können. Bereits früh dürfte im östlichen Holstein das unter Leitung von vor allem K.W. Struve eingehend erforschte Starigard/Oldenburg von besonderer Bedeutung gewesen sein. Während der jungslawischen Besiedlung (ca. 950—1200) ist die Anzahl der Burgen stark reduziert. Hier spiegeln sich auch gesellschaftliche Entwicklungen, zu einer immer stärkeren Machtkonzentration hin, wieder. Dieser Prozess endete mit einem slawischen Obodritenstaat mit Fürstensitz in Starigard/Oldenburg (Abb. 5), später (Alt-)Lübeck. Während des 12. Jh. erfolgte die deutsche Eroberung und Kolonisation des Gebietes (siehe z.B. Bohm 1980). Slawische Wehranlagen waren danach sicher nicht mehr als solche in Funktion.

Im östlichen Holstein sind umfangreiche mittelalter-archäologische Untersuchungen slawischer Burgen erfolgt, unter anderem in (Alt-)Lübeck (Andersen 1981, 1990, Neugebauer 1975), Starigard/Oldenburg (Gabriel 1985, 1988, Kempke 1984, Struve 1975 115 ff, 1981 37 ff, 1985, 1988), Bosau (Gebers 1981, 1986) und Scharstorf (Heinrich 1985, Meier 1990, Struve 1965a, 1975

mässig (Abb. 4). Weiterhin kommen Abschnittswälle und vereinzelt Halbkreiswälle vor. Einige sind als Zufluchtsburgen anzusprechen; bei vereinzelten Anlagen — wie der Halbkreiswall Stöfs — könnten ebenfalls kultische Funktionen im Zentrum gestanden haben. Zumeist waren die slawischen Burgen dauerhaft bewohnt; zu ihnen gehörte weiterhin in der Regel eine Vorburgsiedlung. Die Burgen sind mehrheitlich im Flachland gelegen, häufig an oder in einem Gewässer. Einige befinden sich allerdings in ausgeprägter Höhenlage. Insbesondere diese Höhenburgen, aber auch flach gelegene Ringwälle, können stark an skandinavische "Fornborgar" erinnern.

Vor allem während der Frühphase der slawischen Landnahme im 8. Jahrhundert wurden im östlichen Holstein Burgen in grosser Zahl errichtet, unter anderem einige sehr grossflächige Anlagen. Sie stellten örtlichen Machtzentren in den neu gewonnenen Gebieten dar. Gegen Mitte des 9. Jh. gab es, dem sogenannten Bayerischen Geographen zufolge, mehrere von Häuptlichen geführten "civitates" (Horák & Trávnicek 1956). Dieser Termi-

Abb. 4. Hochborre bei Futterkamp, Ostholstein. Slawische Burg, Plan.

106 ff, 1981 69 ff). Kennzeichnend für die Wehranlagen ist zumeist die starke Einbeziehung von Holz. Dies ist, dank der Lage der meisten slawischen Burgen der Region, noch häufig in einem hervorragenden Erhaltungszustand — zum Beispiel in Scharstorf. Es ist deshalb mehrere Male möglich gewesen, die Burgen sehr detailliert zu rekonstruieren.

Im sächsisch besiedelten Westteil von Holstein ist die Anzahl frühmittelalterlicher Burgen wesentlich kleiner als in dem von Slawen besiedelten östlichen Holstein (Jankuhn 1976, Struve 1972). Die sächsischen Ringwälle des 8. bis 10. Jh. unterscheiden sich äusserlich nicht von den zeitgleichen slawischen Burgen. Sie liegen oft an strategisch wichtigen Geländeabschnitten. Ins Auge fällt vor allem eine Kette aus sechs bis acht Burgen an der Grenzzone zum slawisch besiedelten Gebiet. Im Verlauf des 10. Jh. wurden anscheinend fast sämtliche sächsische Burgen der Region aufgegeben. Kurz nach der Jahrtausendwende wurde bei Itzehoe ein mächtiger Ringwall errichtet. Eine weitere Wallanlage (die Neue Burg) wurde 1061 in Hamburg erbaut. Eine dritte Wallanlage des 11.-12. Jahrhunderts ist Erthenaburg (Abb. 6) (Andersen 1980, Hofmeister 1927 38 ff, Reichstein 1983). Der "Typus" Ringwall/Wallburg hat sich demnach problemlos bis in das 12. Jh. hinein behauptet.

Eine weitere kleine Gruppe von Wallburgen — die nordfriesischen Ringwälle — an der Westküste Schleswigs, wurde früher geschlossen dem 9.-10. Jh. zugerechnet und als Militärgarnisonen oder Volksburgen interpretiert. Neuere Forschungsarbeiten weisen aber auf vielschichtige Zeitstellungen und Funktionen hin (la Cour 1972 I 43 ff, Harck 1989).

Abb. 5. *Starigard/Oldenburg, Ostholstein. Slawische Burg. Ballonaufnahme von 1909 (wiedergegeben nach Struve 1981).*

Auch aus dem vorwiegend dänisch besiedelten Teil Schleswigs sind frühmittelalterliche Wallburgen bekannt. Hochburg bei Haithabu erinnert stark an skandinavische "Fornborgar". Trotz Ausgrabungen ist eine sichere Datierung der wohl mehrphasigen Anlage nicht möglich. Durchgehend besiedelt war sie jedoch nicht. Die Vermutung liegt sehr nahe, dass Hochburg als Zuflucht der Bewohner Haithabus vor Errichtung des Halbkreiswalles im 10. Jh. diente; im Kern könnte die Burg jedoch älter sein (Jankuhn 1986 68 f, la Cour 1972 I 20 ff). Ein jüngeres Beispiel dürfte ein nicht mehr erhaltener Burgwall bei Eckernförde sein (Abb. 7) (la Cour 1972 I 258 ff).

Nicht nur in Holstein und Schleswig, sondern im gesamten Skandinavien und der Küstenzone südlich der Ostsee, lassen sich bis in das frühe 12. Jh. hinein kaum andere Burgen als "Wallburgen" (einschliesslich Trockenmauer) nachweisen. Lediglich das Ethnikum ihrer Erbauer/Nutzer unterscheidet sich. Skandinavische "Fornborgar", nordfriesische Ringwälle, sächsische Ringwälle und slawische

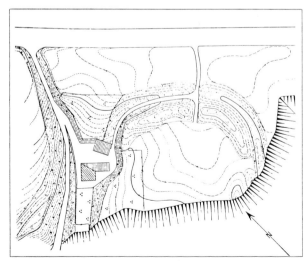

Abb. 6. *Erthenaburg an der Elbe. Sächsische Wallburg (wiedergegeben nach Reichstein 1983).*

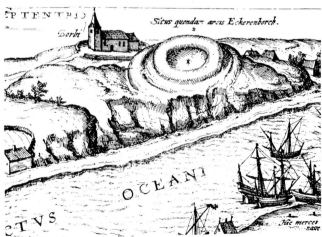

Abb. 7. *Borrby bei Eckernförde, Südschleswig. Wallburg, nach Braunius' Stich von 1584 (wiedergegeben nach la Cour 1972 I).*

Burgwälle bilden eine im grossen und ganzen sehr ähnliche Gruppe von Wehranlagen, die unter hoher Nutzung naturtopographischer Gegebenheiten erbaut wurde. Unterschiede bei den Wallkonstruktionen ergeben sich weitgehend aus den natürlich vorkommenden, leicht nutzbaren Ressourcen. Der Burgenbau in Schleswig und Holstein ist somit bis in das 12. Jh. hinein von unterschiedlichen Wallburgen geprägt. Einige von ihnen wurden noch im hohen Mittelalter weiter genutzt. Slawische Burgen wurden gelegentlich auch adaptiert. Im östlichen Holstein wurden nach der deutschen Eroberung unter anderem Plön, Alt-Lübeck und Starigard/Oldenburg im Hochmittelalter vom neuen Landesherrn als Stützpunkte übernommen. Das vormals slawische Hochborre (Abb. 4) wurde im 14. Jh. zu einer deutschen Adelsburg umgestaltet (Ericsson 1983 123 ff, 1984 58 ff). Für einzelne Wallburgen kann mit einer Nutzung als Zuflucht bei Gefahr bis in die Neuzeit hinein gerechnet werden. Bemerkenswert ist das Fehlen von sicheren Belegen für die Errichtung beziehungsweise Nutzung einer Burg überhaupt im dänisch besiedelten Teil Schleswigs während des 11. Jh.

Im 12. Jh. tritt ein völlig neuer Typ von Burgen auf — die Turmburg, mit freistehendem bodenständigen Turm, der von äusseren Wehreinrichtungen umgeben sein kann. Den 1120er Jahren wird die "Oldenburg" an der Schleimündung zugerechnet (Abb. 8) (Radtke 1982). Wie für Jurisburg, einen weiteren Turm bei der Stadt Schleswig, wird mit dem 1131 ermordeten dänischen Grenzjarl Knud Laward als Bauherr gerechnet. Diese Burgen weisen auf den Versuch Knud Lawards hin, seine Macht zu sichern — wohl auch in Hinblick auf die dänische Zentralgewalt. Aus Ostholstein sei der Hirtenberg am Stülper Huk bei Travemünde als mögliche Turmburg des 12. Jh. erwähnt (Neugebauer 1972a, Hofmeister 1917 42 ff). Auch im weiteren Verlauf des Mittelalters wurden Türme errichtet, dann aber in Verbindung mit grösseren Maueranlagen oder auf kleinen (Privat-)Burgen (wie Motten und Kemladen).

Bereits seit Mitte des 12. Jh. wurden auch aus Naturstein und/oder Backstein bestehende Mauerburgen errichtet. Von vereinzelten möglichen Ausnahmen abgesehen, scheint es, als würden Burgen in Dänemark, bis in die zweite Hälfte des 13. Jh. hinein, nun ausschliesslich vom König und den mit ihm eng verbundenen, allermächtigsten des Reiches errichtet. Der "normale Adelsherr" baute sich noch keine Burg; er lebte stattdessen auf einem (weitgehend) unbefestigten Herrenhof. Dies scheint auch für den dänisch besiedelten Teil Schleswigs zu gelten.

Der bereits erwähnte dänische Grenzjarl Knud Laward war ebenfalls "Knes", das heisst Fürst der ostholsteinischen Slawen. Wohl als Zeichen seines Machtanspruches liess er in Holstein um 1130 den Kalkberg von Segeberg befestigen. Die Burg wurde nach wenigen Jahren von Kaiser Lothar ausgebaut. Von den Slawen soll sie als "Joch der gesamten Provinz" bezeichnet worden sein. Nach Eroberung Ostholsteins wurden Burgen des neuen Landesherrn häufig im Bereich slawischer Vorgänger errichtet, so zum Beispiel in Plön bis zur Verlegung 1173. In Lübeck war bis 1227 eine Holz-Erde-Befestigung landesherrliche Burg (Fehring 1982a, 1982b, 1990a).

Der eigentliche private Burgenbau setzt im Königreich Dänemark erst im späten 13. Jh. ein; seine kurze Blüte findet im 14. Jh. statt. Dies gilt auch für das Herzogtum Schleswig. Es war eine sehr unruhige Periode mit Verpfändungen und mit einem dänischen Interregnum (1332—1340). Das Bedürfnis sich zu verteidigen und seinen Besitz zu wahren bestand durchaus. Die Privatburgen stellten jedoch nur ein kurzes Zwischenspiel der dänischen Wehrbaugenese dar. Bereits um 1400, oder vielleicht schon etwas früher, sind die (kleinen) Privatburgen wieder praktisch aus

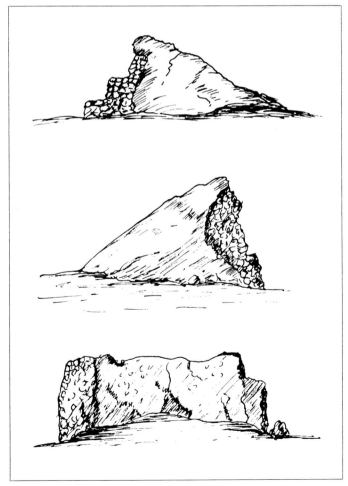

Abb. 8. Oldenburg an der Schlei, Südschleswig. Baureste der Turmburg 1822 (wiedergegeben nach Radtke 1982).

Abb. 9. Cäcilieninsel bei Schevenböken, Lauenburg. Motte (wiedergegeben nach Struve 1983c).

der dänischen Landschaft verschwunden (für den Norden Schleswigs, siehe z.B. Fangel & Madsen 1988).

Die Errichtung von neuen Burgen setzt im östlichen Holstein erst in Verbindung mit der Eroberung slawischer Siedlungsgebiete im 12. Jh. und während der anschliessenden Kolonisation ein. Es deutet sich an, als wären die ersten postslawischen Burgen des Kolonisationsgebietes wenige in der Zahl, aber in der Fläche verhältnismässig gross. Als Beispiel sei die ältere Phase der um 1200 gegründeten Hügelburg Grosser Schlichtenberg genannt (Ericsson 1983 12 ff, 1984 16 ff, 98 ff). Der private Burgenbau konzentriert sich — wie in Dänemark — auf das späte 13. und vor allem das 14. Jh. Auch bei den vertretenen Burgentypen ist eine relativ grosse Parallelität zur Situation nördlich der Eider zu verzeichnen.

Die "typische", für West- und Zentraleuropa charakteristische (Adels-)Burg ist die Motte. Da der Terminus, wie kaum ein anderer, mit unterschiedlicher Bedeutung verwendet wird, ist eine etwas ausführlichere Darstellung erforderlich, um den hiesigen Gebrauch klarzustellen: Die Motte ist ein künstlich errichteter Hügel, der jedoch gelegentlich auch eine kleine natürliche Basis enthalten kann. Das kleinflächige Plateau wird von einem Turm oder (seltener) von einem sonstigen Bauwerk, gelegentlich mit vereinzelten kleinen Nebengebäuden, eingenommen. Der Hügel ist stets mit Graben (oder Gräben), manchmal zusätzlich mit einem Wall (oder Wällen) umgeben. Häufig gehört eine, meist unmittelbar

anschliessende Vorburg zur Anlage. Es kommen aber auch isolierte Motten vor, die keine topographische Einheit mit einem Wirtschaftshof bilden. Zu betonen ist bei der Charakterisierung der Motte, dass ein Hügel mit dominierendem Bauwerk das Kennzeichnende ist. Burganlagen, wo nur zur Erstellung eines festen Baugrundes Aufträge von geringem Ausmass benutzt worden sind; Anlagen, wo die Hänge eines grösseren Hügels durch Aufschüttungen erhöht worden sind, und allgemein grossflächige Anlagen mit umfassender Bebauung gehören dem Typ nicht an.

In Schleswig, wie im Bereich des heutigen Dänemarks, ist die Motte die am häufigsten anzutreffende Burganlage; besonders häufig ist sie im Osten Schleswigs — auf Alsen und in Sundeved (Nordschleswig) (z.B. Stiesdal 1958) sowie in Angeln und Schwansen (Südschleswig) — vertreten. Zumeist handelt es sich um recht flache (oft nur 2—3 m hohe)

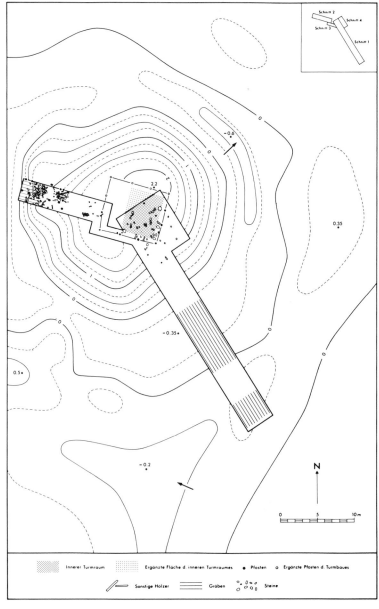

Abb. 10. Kleiner Schlichtenberg bei Futterkamp, Ostholstein. Motte.

Abb. 11. Solvig, Nordschleswig. Kemlade (wiedergegeben nach Hertz 1980).

Hügel. Die Behauptung, dass wenige (hohe) dänische Motten bereits dem 11.—12. Jh. angehören (siehe zuletzt Liebgott 1989 58 ff), ist eine bislang nicht belegte Vermutung — nicht mehr, aber auch nicht weniger. Bisherige Ausgrabungen im dänischen Bereich weisen aber eher auf das 14. Jh. als Bau- und Nutzungszeit der Motten hin, mit einer Konzentration während des zweiten Drittels des Jahrhunderts (vgl. Bonde 1979, Ericsson 1992, Løkkegaard Poulsen 1979, Stiesdal 1958, 1967, 1969, 1982).

In Holstein entsprechen die Motten sowohl in ihrer Bauart als auch in ihrer Datierung und ihrer Häufigkeit weitgehend den Anlagen in Schleswig und dem übrigen Dänemark. Vor allem in dem vormals slawisch besiedelten Ostholstein ist der Burgentyp häufig vertreten. Vereinzelte Motten können der Zeit um 1200 beziehungsweise dem 13. Jh. zugeordnet werden. Die überwiegende Mehrzahl (vor allem im östlichen Holstein) gehört jedoch dem 14. Jh. an (Ericsson 1992). Ergebnisse einiger archäologischer Ausgrabungen von Motten sind verfügbar. Die Müggenburg bei Ratzeburg beispielsweise hat einen 6x6 m grossen, in den Hügel leicht versenkten Turm mit Eckpfosten getragen (Kaack 1983). Wegen der grossen Menge freigelegter Holzkohle sowie Lehm mit Holzabdrücken kann

von einem Fachwerkturm ausgegangen werden. Dieser ruhte auf einem Steinfundament. Mächtige, tief in den Untergrund eingetriebene Pfähle einer weiteren Motte mit (Fachwerk-)Turm wurden bei Ramsdorf freigelegt (Hingst 1971). Auf der Cäcilieninsel bei Schevenböken (Abb. 9) wurde ein kleiner, annähernd quadratischer (4,5x5,2 m) Holzturm mit schweren Eckpfosten sichergestellt (Struve 1983c). Ein gutes Beispiel für eine Burg vom Typ der Motte, mit einem auf tief in den Untergrund eingetriebenen Pfählen ruhenden Holzturm, ist der Kleine Schlichtenberg bei Futterkamp (Abb. 10) (Ericsson 1976, 1983 107ff, 167ff, 1984 48ff). Sieben freigelegte Pfähle konnten bis in eine Tiefe von 2,5 m unterhalb der Hügelaufschüttungen verfolgt werden. Die Pfähle sind dendrochronologisch auf das Jahr 1356/1357 datiert worden. Die äussere Begrenzung des rund 8x7 m grossen Holzturmes wurde von insgesamt zwölf Pfählen gebildet. Das Untergeschoss war zweigeteilt. Ein scharf begrenzter Fussbodenhorizont folgte zumeist ca. 0,5 m innerhalb der Pfalreihen. Schwellsteine und Reste vermoderter Balken weisen ebenfalls auf eine innere Wandkonstruktion hin. Schwieriger ist die Interpretation vom westlichen Drittel des Turmes, wo weder ein deutlicher Fussbodenhorizont noch Schwellsteine freigelegt wurden. Umgekehrt wurde hier eine, auch ausserhalb des Turm-Viereckes vorhandene Schicht beobachtet. Vermutlich kann deshalb von einem westlichen (offenen) Vorraum in der Verlängerung der Zugangsbrücke gesprochen werden. Die

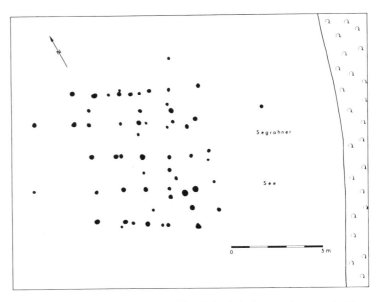

Abb. 12. Segrahn, Lauenburg. Kemlade (wiedergegeben nach Struve 1983b).

obere(n) Etage(n) des Turmes ruhte(n) dagegen mit Sicherheit direkt auf der Pfahlkonstruktion. Ein dem Kleinen Schlichtenberg in der Konstruktion des Turmunterbaues ähnlicher Befund entstammt der Motte Leckhus, wo kräftige, im Hügelbau integrierte, tief in den gewachsenen Untergrund eingetriebene Pfähle aufgedeckt worden sind (Reichstein 1981). Auf der Motte Roggenhorst bei Lübeck sind Spuren

Abb. 13. Grosser Schlichtenberg bei Futterkamp. Ostholstein. Hügelburg.

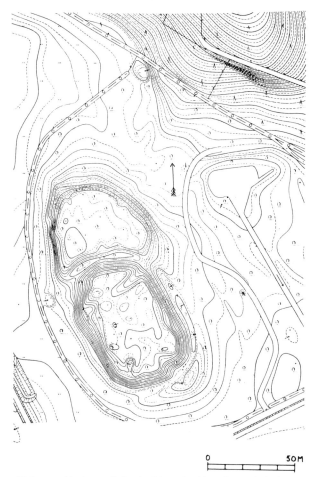

0   50M

Abb. 14. Alt-Gottorf, Südschleswig. Hügelburg (wiedergegeben nach la Cour 1972 II).

eines Turmes in Ziegelbautechnik vorhanden (Fehring 1990b).

Obwohl das archäologische Material häufig älteren Grabungen entstammt, steht fest, dass die Mehrzahl der Motten in Holstein und Schleswig einen Turm in Holzbautechnik getragen hat, und dass tief eingerammte Pfähle nicht nur die stabilste, sondern (wohl) auch die am häufigsten verwendete Konstruktion darstellen (Ericsson 1992). Die Motten nähern sich somit, auch hinsichtlich ihrer Konstruktion, einer weiteren Gruppe von (privaten) Burgen des Mittelalters, und zwar den Kemladen. Die Kemlade ist eine befestigte Siedlung, die auf einer (oder mehreren) künstlichen Insel(n) ruht. In der Regel handelt es sich um Türme oder turmähnliche Gebäude, die von eingerammten Pfählen getragen werden. Anstatt des im Flachland aufgetragenen Hügels der Motte kann von einer künstlichen Insel gesprochen werden. Im Prinzip stellen jedoch die in etwa zeitgleichen und hauptsächlich von derselben Bevölkerungsschicht — dem Adel — errichteten Motten und Kemladen denselben "Typ" von Burg dar. Der grundlegende Unterschied ist in der jeweils bevorzugten topographischen Lage zu sehen. W. Bastian (1961) hat darauf hingewiesen, dass die Lage der Kemlade "zu ebener Erde ohne Graben" aber dafür in einem Gewässer, durchaus als Umgehung landesherrlicher Burgenbauverordnungen verstanden werden kann. Zumeist bestand die eigentliche Burg nur aus einem turmähnlichen Gebäude im See oder Moor, während der (Wirtschafts-)Hof auf dem Festland errichtet wurde. Der Burgentyp ist in Holstein und Schleswig vom 13. Jh. an belegt; er gehört jedoch vor allem dem 14. Jh. an. Bei Tondern in Norden Schleswigs liegt das von J. Hertz untersuchte Solvig mit mehreren künstlichen Inseln aus Torf, Ästen und eingerammten Pfählen (Hertz 1973a, 1973b). Die älteste Anlage, wohl aus dem beginnenden 14. Jh., bestand aus Burg und Hof im Moor. Die Hofanlage wurde vor 1400 auf das Festland verlegt, während im Moor lediglich eine Kemlade als Zuflucht weiter existierte (vgl. Abb. 11). Diese bestand aus einem quadratischen hölzernen Turm auf einer künstlichen Insel. Im holsteinischen Segrahner See sind Reste einer Kemlade bei Niedrigwasser als etwa 10x8 m grosser Pfahlrost noch gut erkennbar (Abb. 12) (Struve 1983b). Weitere, vergleichbare Anlagen werden in Arbeiten von K.W.Struve (1965b, 1983b) angeführt. Eine Burg im Stolper See dürfte ebenfalls als Kemlade anzusprechen sein. Eine natürliche Bildung im See ist zu einer kleinen inselähnlichen Burg umgestaltet worden (Harck 1985, Müller 1985).

Etwas näher soll noch auf die Hügelburg eingegangen werden, das heisst eine auf einem oder mehreren Hügeln errichtete, von Wallanlagen umgebene Burgsiedlung. Die Burg ist auf der Grundlage eines natürlichen Höhenzuges errichtet worden und/oder weist eine umfassende Bebauung auf. Eine beinahe gänzlich ausgegrabene Hügelburg im östlichen Holstein ist der Grosse Schlichtenberg bei Futterkamp (Abb. 13) (Ericsson 1983, 1984). Eindeutig konnten zwei Siedlungsphasen ermittelt werden, wobei sich der Wechsel als weitgehende Umgestaltung der Burgstruktur abzeichnete. Als Siedlungsfläche der älteren Burg diente das natürlich flach gewölbte, etwa 90x65 m grosse Hügelplateau, das von einem schmalen und niedrigen Wall sowie einem flachen Befestungsgraben umgeben war. Die freigelegten Teile der Bebauung — wohl aus-schliesslich Holzgebäude — beschränkten sich auf ein länglisches Rechteck. Die Gründung dieser Burg kann archäologisch um 1200 datiert werden; ihr Ende fand sie gegen 1300. Ohne eine im Material ersichtliche Wüstungsperiode wurde die Nach-folgesiedlung errichtet. Dabei wurden auf Kosten des Siedlungsareals die Befestigungseinrichtungen auf 35 bis 40 m breite erheblich vergrössert (Wall, Graben, Vorwall, Graben). Auf dem Plateau gruppierten sich die Gebäude zu einem zum Tor hin offenen Rechteck. Verglichen mit dem Vorgänger wurde Ziegel weit häufiger verwendet. Das Ende dieser Burg lässt sich nicht genau festlegen. Am ehesten weist das Fundmaterial auf ein Ende im ausgehenden 14. Jh. hin. Weitere Hügelburgen im Bearbeitungsgebiet sind unter anderem Alt Gottorf, die Burg der schleswiger Bischöfe aus der zweiten Hälfte des 12. und dem frühen 13. Jh. (Abb. 14) (la Cour 1972 II 129 ff, Struve 1968, 1973 101 f), sowie Sülsdorf aus dem 14. Jh. (Hofmeister 1927 25 f).

Das Spektrum mittelalterlicher (Privat-)Burgen ist insgesamt sehr weit. Hier haben lediglich einige, wenige Haupttypen vorgestellt werden können.

Während des späten Mittelalters galt im Bereich der damaligen nordischen Union ein von Margrethe, Regentin aller skandinavischer Staaten, im Jahre 1396 erlassenes Verbot private Wohnsitze zu befestigen. Dieser Erlass blieb bis 1483 gültig. Eine gewisse Zäsur in der Burgengenese wird im dänischen Schleswig, aber ebenfalls im deutschen Holstein deutlich, wo ab etwa 1400 private Burgen weitgehend verschwunden sind.

Erst gegen Ende des Mittelalters und während der beginnenden frühen Neuzeit wurden Wehr-anlagen, insbesondere die der Zentralmacht, wesentlich verstärkt, beziehungsweise neu errichtet, um gegen Kanonen Schutz zu bieten. Charak-teristisch für diese Neubauten sind mächtige Wälle zum Auffangen der Kugeln, sehr breite Gräben, Kanonentürme sowie eine bevorzugte topo-graphische Lage, durch die das Heranfahren von schwerem Geschütz erschwert wurde. Der Bau neuer Burgen und ihre Bestückung mit Kanonen war so kostenintensiv, dass sich Privatpersonen kaum noch mit dem Bau wirklicher Wehranlagen befassen konnten. Der Bau von Burgen entwickelte sich — zumindest in Skandinavien — nunmehr zu einer

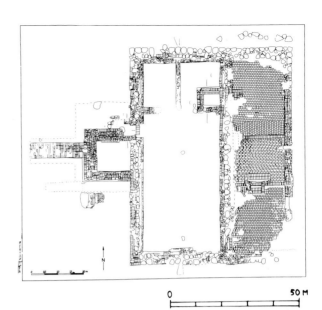

0   50 M

Abb. 15. Alt-Wensin, Holstein. Befestigter Hof (wieder-gegeben nach Struve 1977).

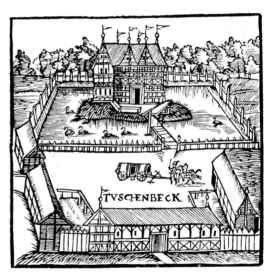

Abb. 16. Tüschenbeck, Ostholstein. Herrenhof, nach Holzschnitt Lindeberg 1590 (wiedergegeben nach Lorenzen 1912).

reinen Staatsaufgabe (vgl. hierzu Mortensen 1991). Die Zentralmacht in Dänemark hatte seit dem 14. Jh. kaum neue Burgen errichten lassen. Eine der wenigen Ausnahmen ist Duborg bei Flensburg in Südschleswig. Die alten Reichsburgen waren gegen Ende des Mittelalters dementsprechend zumeist veraltet. Sie waren völlig unzureichend auf eine gegen Artillerie ausgerichtete Verteidigung vor-bereitet. Dies wurde durch Unruhen während der ersten Hälfte des 16. Jh.s deutlich. Mehrere Um- und Neubauten von Reichsburgen erfolgten somit (Norn 1949, Hertz 1985, 1986, Norn, Paulsen & Slettebo 1963). Eine der frühesten Baumassnahmen galt Sonderburg im nördlichen Schleswig, wo unter Friedrich I (1523—1533) Rondelle errichtet wurden.

Im östlichen Holstein war eine Zentralmacht kaum von Bedeutung. Hier wurden die Geschehnisse von dem Adel, mit seinen jetzt umfangreichen Besitzkomplexen — die Gutsbezirke —, bestimmt.

Befestigte Höfe

Bei den spätmittelalterlichen/frühneuzeitlichen Anlagen des Adels handelt es sich normalerweise um befestigte Höfe — nicht aber um Burgen. Es sind Höfe, die als sichtbare "Wehreinrichtung" über einen Graben verfügten, der gelegentlich mit flachen (Wall-)Aufschüttungen kombiniert wurde. In der Regel sind es flach gelegene Anlagen, zumeist viereckiger Struktur. Rundliche Hofanlagen kommen aber ebenfalls vor. Die fortifikatorischen Einrichtungen waren von untergeordneter Bedeutung, beziehungsweise von eher symbolischem Wert. Sie zeigten aber eindeutig an, dass auf dem Hof "Personen von Stand" ansässig waren. Wenn sie nicht als Siedlungslokalität aufgegeben wurden, entwickelten sich die befestigten Höfe zu den stets in der Landschaft erhaltenen (früh-)neuzeitlichen Herrenhöfen beziehungsweise Schlossanlagen (siehe u.a. Fangel & Madsen 1988, Lorenzen 1912, 1921, Leister 1952, Struve 1977).

Es deutet sich auch im deutschen Holstein an, dass ein Grossteil der Adelsburgen ab dem ausgehenden 14. Jh. und während des 15. Jh. aufgegeben wurden. Diese Entwicklung dokumentiert die Macht- und Besitzkonzentration, die in den grossen Gutsbezirken der frühen Neuzeit ihren Höhepunkt finden wird (vgl. Ericsson 1983, 1984 zu Futterkamp). Anstatt der Motte, der Kemlade, der Hügelburg und anderer Burgen treten jetzt schwach bewehrte Anlagen auf. Sie werden von einem breiten Graben, manchmal auch von einem Wall und/oder Planken umgeben und stellen häufig unmittelbare Vorgänger noch existierender Herrenhöfe dar. Herrenhäuser in Holz/Fachwerk beziehungsweise Stein/Ziegel lassen sich recht häufig belegen, für das späte 16. Jh. unter anderem durch die Illustrationen der sogenannten Rantzauer Tafel (Lorenzen 1912). Nur sehr wenige befestigte Höfe sind archäologisch erforscht. Ein Beispiel ist Alt-Wensin (Struve 1977). Die in einer Niederung gelegene Anlage verfügt über ein flaches, viereckiges, von einem Graben umgebenes Plateau von ca 140x60 m Grösse. Bei der Ausgrabung wurde ein spätmittelalterliches, überwiegend aus Ziegel gebautes Doppelhaus freigelegt, dessen Bau in der Zeit um 1500 erfolgt sein muss (Abb. 15). Ein noch stehendes, sehr ähnliches Doppelhaus ist Wahlstorf, das ebenfalls um oder kurz nach 1500 errichtet wurde. Gute Hinweise auf das Aussehen frühneuzeitlicher Herrenhöfe liefern auch bildliche Quellen. Als Beispiel kann Tüschenbeck angeführt werden. 1590 trug es ein Fachwerkgebäude mit Mansardengiebeln auf einer kleinen viereckigen Insel, die von einem breitem Graben und Planken umgeben war; dem Herrenhof gegenüber schloss sich der dreiflügelige Wirtschaftshof an (Abb. 16). In der Landschaft ist der Standort Tüschenbecks lediglich als vier-

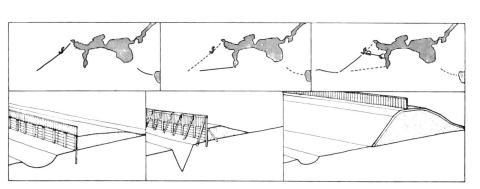

Abb. 17. Das Danewerk, Südschleswig. Landsperre (wiedergegeben nach Andersen et al. 1976).

Abb. 18. Ratzeburg — Mölln, Lauenburg. Landwehr (wiedergegeben nach Hofmeister 1927).

eckiger, vom Graben umgebener Hofplatz, schwach erkennbar.

Sonstige Wehrbauten

Bei der Behandlung fortifikatorischer Einrichtungen ist oft eine Beschränkung oder zumindest starke konzentration auf Burgen zu verzeichnen. Zweifelsohne handelt es sich bei der Burg auch um die während des Mittelalters um häufigsten vorkommende Wehranlage. Es darf aber nicht übersehen werden, dass neben ihr und dem befestigten Hof auch andere Typen von Wehreinrichtungen von Bedeutungen waren. Das Spektrum fortifikatorischer Einrichtungen insgesamt ist folglich weit gefächert — sowohl bezüglich der Struktur als auch der Funktion.

Es überrascht keineswegs, dass in Kulturlandschaften, die von Holzarchitektur geprägt waren, die Bevölkerung bei Gefahr Zuflucht in dem häufig einzigen schwer brennbaren Gebäude der Gegend suchte — das heisst in der Kirche. Wirkliche Wehrkirchen, mit Schiessscharten, Krenelierung und ähnlichem, sind jedoch weder in Schleswig noch in Holstein bekannt. Auch bei den wenigen Rundkirchen des Gebietes sind keine Wehreinrichtungen bekannt (Hinz 1985 84). Vereinzelt deutet sich an, dass Friedhöfe womöglich bewehrt waren (Schultz 1945 97).

Landsperren sind Wallanlagen mit Graben, die sich über weite Strecken hinausdehnen. Sie dienten nicht als Wehr einzelner Siedlungen; durch Landsperren wurden vielmehr grössere Gebiete abgetrennt und gesichert. Dieser wichtige Typ von Wehranlagen ist in der Forschung bislang recht wenig beachtet worden. Eine grössere Anzahl von Landsperren ist aus Schleswig bekannt. Vielleicht gehört die Mehrzahl — wie Olgersdiget — der Eisenzeit an (Dehn 1987, Jørgensen 1988, Neumann 1982). Der bekannteste Landsperrenkomplex — das Danewerk (Abb. 17) — ist hingegen eindeutig frühgeschichtlich/mittelalterlich (u.a. Andersen 1983, 1985, Andersen, Madsen & Voss 1976, Jankuhn 1937, Kramer 1984). Es sperrte Südjütland zwischen Schlei und Treene ab. Die bislang älteste gesicherte Phase bildet ein 7 km langer Wall mit Holzkastenkonstruktion, die in das Jahr 737 datiert wird. Der Sperrteil Kovirke wurde eventuel von König Göttrik 808 errichtet. Das zirka 10 km lange, sogenannte klassische Danewerk datiert auf 968, mit anderen Worten in der Regierungszeit König Harald Blauzahns. Im späten 12. Jh. wurde das Danewerk mit einer Ziegelmauer — der Waldemarsmauer — verstärkt. Unabhängig von ihrer Bauzeit dürften Landsperren zudem, soweit sie noch funktionsfähig waren, bei Bedarf weiter benutzt worden sein.

Landwehren bestehen ebenfalls aus Wall und Graben, und sind zudem häufig mit natürlichen Wasserläufen kombiniert. Ihre militärische Bedeutung war recht gering. Primär war ihre Funktion die der Markierung von Grenzen zwischen Territorien. Die Wälle waren mit Bäumen sowie dornenreichem Gebüsch oder Hecken bewachsen. Etliche Landwehren des hohen und des späten Mittelalters sind im östlichen Holstein bekannt (Hofmeister 1917, 1927, Loewe 1983, Neugebauer 1972b). Noch recht gut erhalten sind die Landwehren Boitin, Lübeck sowie Ratzeburg-Mölln (Abb. 18), die alle im 14. Jh. errichtet wurden. Einige wahrten noch bis in die frühe Neuzeit hinein ihre Funktion.

Seesperren wurden zumeist aus Holz und/oder Stein errichtet. Durch sie konnte ein bestimmter Hafen, ein urbanes Zentrum oder eine Burg vor Seeangriffen beschützt werden. Andere Seesperren sicherten — wie die vergleichbaren Landsperren — grössere Gebiete. Vor allem an der schleswigschen Ostseeküste sind viele Seesperren bekannt, beispielsweise in der Haderslebener Förde. Aus Holstein kennt man sie nur vereinzelt. 1234 versuchte der Dänenkönig Waldemar II durch die Sperrung der Trave mit Eisenketten die Hansestadt Lübeck von der Ostsee abzuschneiden. Bei den Seesperren gibt es Datierungsprobleme. Mehrere Anlagen scheinen jedoch der Periode von zirka 1000 bis 1200 anzugehören (Crumlin-Pedersen 1975, 1985, 1990, Hansen 1982, Rieck 1991).

Bei der Befestigung urbaner Siedlungen bieten sich viele Möglichkeiten an. Die Naturtopographie — wie Gewässer — kann bei Stadtumwehrungen einbezogen werden. Seesperren sind mehrmals nachgewiesen worden. Zur Sicherung dienten weiterhin Burgen. Im folgenden soll kurz auf Wall-, Planken-, Mauer- und Grabenanlagen urbaner Siedlungen

Abb. 19. Hansestadt Lübeck. Stadtmauer mit Burgtor (wiedergegeben nach Gläser 1990b).

eingegangen werden. Dass eine Stadtumwehrung neben der fortifikatorischen Funktion weitere Zwecke erfüllt hat, ist allgemein bekannt. Sie diente auch der Kontrolle von Passanten und Gütern und markierte die Jurisdiktionsgrenze zwischen Stadt und Land.

Die wohl bekannteste stadtähnliche Siedlung der Wikingerzeit/ des Frühmittelalters — Haithabu im Süden Jütlands — war in ihrer Frühzeit eine offene Siedlung. Mitte des 10. Jh. wurde ein mächtiger zur Wasserseite hin offener, 1300 m langer Halbkreiswall mit Graben errichtet (Jankuhn 1986). Die "Fortsetzung" des Walles bildete eine Seesperre. Die Wehranlagen in Haithabu werden auf die Initiative der dänischen Zentralmacht zurückgeführt.

Nur geringe Reste mittelalterlicher Stadtbefestigungen sind bis heute in Holstein und Schleswig erhalten geblieben. Im Unterschied zum Kontinent waren in Skandinavien Städte nur ausnahmsweise ummauert. In der Regel handelt es sich statt dessen um Graben, Wall und/oder Planken — wie beispielsweise in Apenrade (Nordschleswig). In Flensburg (Südschleswig) ist lediglich ein spätes Stadttor erhalten geblieben. Die Stadtbefestigungen von Lübeck sind kürzlich von M. Gläser (1990a, 1990b. Vgl. auch Hofmeister 1917 28 ff) behandelt worden. Erhalten sind vor allem Teilstücke neben dem noch stehenden Burgtor — also an der Verbindungsstelle zum Festland. Gläser geht für den ersten Mauerbau aus dem späten 12. Jh. (um oder nach 1181) von einer bürgerlichen umwehrten Stadt in der Mitte des Stadthügels aus, die nicht mit der landesherrlichen Burg verbunden war. Der zweite Ziegelmauerbau wurde im frühen 13. Jh. errichtet (um oder nach 1217, vielleicht auf Verlassung des Dänenkönigs Waldemar II). Diese Mauer umschloss den gesamten Stadtbereich, einschliesslich der seit dem Erlangen der Reichsfreiheit 1227 aufgegebenen Burg. Bis in das späte 15. Jh. wird mit recht geringen Ergänzungen und Ausbesserungen der Stadtmauer gerechnet (Abb. 19).

Abschluss

Obwohl Unsicherheiten hinsichtlich der Zeitstellung verschiedener Anlagen bestehen, scheinen sich dennoch mehrere Gemeinsamkeiten in der Genese der Burgen und der sonstigen Wehrbauten in Holstein und Schleswig abzuzeichnen.

Die Frühphase, bis in das 12. Jh. hinein, wird von Wallburgen geprägt. Lediglich das Ethnikum ihrer Erbauer/Nutzer — Slawen, Sachsen/Deutsche, Dänen, Friesen — stellt einen markanten Unterschied dar. Die Burgen sind vor allem auf das slawisch besiedelte Ostholstein konzentriert. Im dänisch besiedelten Gebiet sind frühmittelalterliche Burgen dagegen kaum nachzuweisen. Dafür sind andere (königliche) Wehrbauten bekannt, wie der Halbkreiswall und die Seesperre von Haithabu sowie die mächtige Landsperre des Danewerkes.

Als etwa Neues treten im 12. Jh. vor allem Turm- und Mauerburgen auf, welche zumeist von einem Landesherrn errichtet wurden; weiterhin Stadtbefestigungen — wie in Lübeck. Bis Ende des Mittelalters werden Mauerburgen ausgebaut.

Der eigentliche private Burgenbau ist weitgehend auf das 13. und vor allem das 14. Jh. konzentriert. Zu den frühesten dieser Anlagen scheinen einige Hügelburgen zu zählen. Der Schwerpunkt des adligen Burgenbaues fällt eindeutig ins 14. Jh., in dem eine grosse Zahl von Motten, aber auch Kemladen, Hügelburgen und andere Wehreinrichtungen errichtet wurden. Diese Anlagen kommen vor allem in östlichen Holstein sehr häufig vor, aber auch im östlichen Schleswig. Seit dem 14. Jh. sind zudem im östlichen Holstein mehrere Landwehren bekannt.

Ab etwa 1400 sind die privaten Burgen weitgehend durch (schwach) befestigte Höfe ersetzt worden, die sich zu den Herrenhöfen der frühen Neuzeit weiterentwickeln.

Torkel Eriksson

"CASTRUM NOSTRUM HELSINGBURGH" ERIK MENVED UND SCHLOSS HELSINGBORG

"Castrum nostrum Helsingborg"
Erik Menved and the Castle of Helsingborg.

In older times the southernmost part of Sweden today belonged to Denmark. It means that the castle of Helsingborg was Danish during almost all the Middle Ages. The castle was in the possession of the king, and in the Middle Ages it was one of the most important royal castles in Denmark. It was a big castle, surrounded by a high ringwall, but today only the central keep is left.

The keep is called Kärnan, and it stands as a wellknown symbol of Helsingborg. Unfortunately there are no records to tell us when it was built, but by use of the dendrochronological method we now know that this was done in the 14th century.

Investigations of the beams in the ceilings of the two lower floors have given the result that the oaktrees which were used for them were cut in 1315—1316 and 1316—1317 respectively. Thus it also looks as if it should have taken about a year to build the walls between the two ceilings.

Due to this it is possible to vindicate that the building works must have started in 1312 or 1313. At that time the King of Denmark was Erik Menved (1286—1319).

Archaeological investigations have shown that there was an older tower in the castle before Kärnan was built. Why then was it replaced by Kärnan?

First of all it is necessary to know that the new tower got another function than the old one. The old tower was a kind of "kastal", but the new tower became a well defended dwelling tower, reserved for the king and his escort.

In the years around 1312—1313 there were many reasons for Erik Menved to renew the castle of Helsingborg. However, it is not possible to stress any certain event in order to try to "explain" the decision that Kärnan should be built. But it is likely that this was done not only for the sake of better dwelling but as a demonstration of royal power as well.

At the end of 1316 Erik Menved used the formula *in castro nostro Helsingborg* when he signed two letters in the castle. It was the first time that this formula was used instead of only the name of the town. As Kärnan was being built at that time it is likely that the formula originally referred to the new building more than to the castle as a whole.

Torkel Eriksson
Helsingborgs museum
PB 1283
S-251 12 Helsingborg

Helsingborg ist heute eine Stadt in Süd schweden, was nicht immer der Fall war. Während des grössten Teils des Mittelalters und bis zur Mitte des 17. Jh.s war der südliche Teil des jetzigen Schweden — Schonen, Halland und Blekinge — wie bekannt ein Teil von Dänemark.

Die Stadt liegt am nördliche n Abschnitt des Sunds und zwar an einer Stelle, wo der Sund am schmalsten ist. Dort entwickelte sich frühzeitig ein reger Fährverkehr zwischen Schonen und Seeland.

Die Geschichte der Stadt geht mindestens bis ins 11. Jh. zurück, wahrscheinlich aber länger. Dem Namen nach zu urteilen, hatte sie bereits von Anfang an eine Burg, und als Dänemark im 12. Jh. zu einem Staat zusammengeschweisst war, wurde die Burg eine der wichtigsten Festungen der dänischen Königsmacht (Olsen 1986). Damals hatte sie die Form einer umfangreichen und hochgelegenen, von Mauern umgebenen Burg, von deren Zinnen und Türmen man den nördlichen Teil vom Sund und der Küste auf der anderen Seite des Sunds sehen konnte.

Die Burg, die allmählich Schloss Helsingborg genannt wurde, war das administrative Zentrum für einen ausgedehnten Schlossbezirk. Während des 17. Jh.s wurde sie infolge der derzeitigen Kraft-proben zwischen Dänemark und Schweden ein wichtiger Streitapfel und wurde deshalb in eine Festung umgewandelt. Als Schweden im Jahr 1679 einen vierjährigen Krieg gewonnen hatte, beschloss der schwedische König Carolus XI., dass die Festung zerstört werden sollte, und das einzige, was heute noch steht, ist ein hoher mittel-alterlichen Turm, der Kärnan genannt wird (Fig. I).

Kärnan wurde als Wohnturm in zwei Etappen errichtet. Sein oberster Teil ist umgebaut und restauriert worden, aber mehr als drei Viertel des jetzigen Turmes sind von der Restaurierung nicht berührt (Fig. 2 a-b).

Was die Ringmauerburg im übrigen betrifft, kennen wir ihr Aussehen vor allem durch einen Kupferstich von etwa 1590 (Fig. 3), eine Karte von 1644 (Fig. 4) und durch begrenzte archäo-logische Untersuchungen (Wihl-borg 1981). Die letzteren haben erwiesen, dass die Ringmauer, eine damit zusammengebaute Rundkirche und ein runder Vor-gänger von Kärnan im 12. Jh. gebaut worden sind. Von der übrigen Bebauung im Burghof ist fast nichts bekannt.

Fig. 1. Der Burgturm Kärnan in Helsingborg, heutiger Zustand. Fassade von SW. Am Fussboden sieht man die Grundmauer zu einem Turmmantel. Photo 1991 Sven-Olof Larsén, Helsingborgs museum.

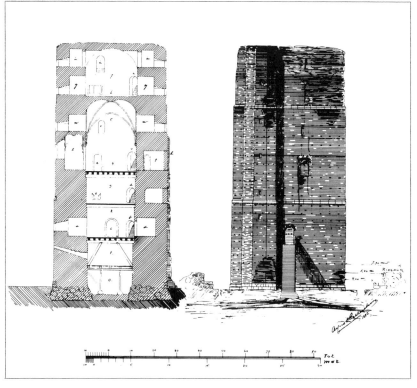

Fig. 2 a — b. Kärnan vor der Restaurierung 1893—1894. Zeichnungen Alfred Hellerström, Helsingborg. Die Fassade zeigt Kärnan von SW, der Querschnitt das Gebäude aus derselben Richtung. Archiv Helsingborgs museum.

Kärnan hat eine quadratische Grundform und richtet seine Hauptfassade gegen Südwest. Dort ist er mit einem fünfseitigen Treppenturm mit inseitiger Wendeltreppe versehen. Um den Turm findet man die Grundmauer zu einer ebenfalls quadratischen Schutzmauer, die auch mit einem Treppenturm gegen Südwest versehen war (Fig. 5).

Der mittelalterliche Teil von Kärnan ist mit vier Stockwerken über einem hohen Keller eingerichtet. Der Keller und die Mittelräume in den beiden unteren Stockwerken sind mit Balkendecken gedeckt, aber in den oberen Teilen haben die Mittelräume gewölbte Raumüberdeckungen (Fig. 2 a). Diese sind jedoch sekundär angebracht.

Früher hat man gemeint, daß Kärnan im 15. Jh. erbaut worden sei. In einer Abhandlung von 1934 wird die Erbauung des Turmes mit der Einführung des Sundzolles um 1429 durch Erik von Pommern in Verbindung gebracht (Mårtensson 1934). Heute wissen wir aber, dass Kärnan über hundert Jahre älter ist. Eine dendrochronologische Untersuchung der Balkenlage in den untersten Stockwerken hat nämlich gezeigt, dass die Eichen, die für die Deckenbalken im Hochparterre und dem ersten Stock verwendet wurden, im Winter 1315—1316 resp. 1316—1317 gefällt wurden (Eriksson & Bartholin 1992).

Das Hochparterre ist mit einer offenen Feuerstelle versehen und wurde wahrscheinlich als Wachtstube benutzt. Im ersten Stock ist ein gewölbter Backofen in die Mauer eingebaut, und die Balken im Mittelraum sind von Rauch ganz schwarz geworden. Demzufolge kann der Raum als Küche betrachtet werden.

Zum ersten Bauabschnitt gehörte auch eine Beletage, die Königswohnung. Auch hier wurde der Mittelraum mit demselben Deckentyp wie in den unteren Etagen gebaut, aber einige Jahrzehnte später wurde er erhöht und mit einem gotischen Rippengewölbe gedeckt. Deshalb ist es nicht möglich, die Fertigstellung der Königswohnung mit dendrochronologischer Methode zu datieren. Wie weiter unten hervorgeht, kann man indessen damit rechnen, dass sie gleich nach dem ersten Stock gebaut wurde.

Eine Konsequenz der dendrochronologischen Datierung ist, dass man König Erik Menved als Initiator des Baus von Kärnan sehen muß. Seine Regierungszeit hat sich zwischen 1286 und 1319 erstreckt, und es war also am Ende dieser Zeit, als der Bau des Turmes begonnen wurde.

Fig. 3. Darstellung von der Stadt Helsingborg um 1590. Kupferstich, Franz Hogenberg zugeschrieben, in Bd 4 von Georg Brauns Civitates urbis terrarum. Die Darstellung ist schematisiert, aber gibt eine gute Auffassung von dem Verhältnis zwischen der Stadt und der Burg kurz nach der Reformation.

Fig. 4. Plan von der Burg zu Helsingborg im Jahre 1644. Karte von Olof Hansson Örnehufvud, Details. Krigsarkivet, Stockholm.

Erik Menved und Helsingborg

Erik Menved war nur zwölf Jahre alt, als sein Vater, Erik Klipping, von einer Gruppe von Verschwörern 1286 ermordet wurde. Einer der Verschwörer war der mächtige Stig Andersen Hvide, der sich zehn Jahre früher geweigert hatte, den damals zweijährigen Sohn des Königs als Thronfolger anzuerkennen.

Erik wurde jedoch Thronfolger, und am Weihnachtstag 1287 fand die Krönung im Dom zu Lund statt. — In demselben Jahr waren neun Männer, darunter Stig Hvide, wegen der Beteiligung am Mord Erik Klippings verurteilt worden. Ihr Eigentum im Lande wurde ihnen entzogen, aber sie wurden nicht getötet, sondern bekamen die Möglichkeit zu entfliehen. In der Praxis waren sie aber aus dem Lande verwiesen, und bald wurden sie "die Friedlosen" genannt. Sie suchten Schutz bei König Erik (Prestehateren = Pfaffenfeind) von Norwegen, der seit langem im Krieg mit Dänemark lag. Jetzt dauerte es nicht lange, bis der norwegische Jarl Alf Erlingsson und einige von den Friedlosen im Sund plünderten. Im Jahre 1290 wurde Alf Erlingsson dafür in Helsingborg aufs Rad gebunden.

Nach seiner Krönung dauerte es einige Jahre, ehe Erik Menved die Regierungsmacht in die Hand bekam. Während der ersten Jahre nach der Ermordung seines Vaters wurde Dänemark von einer Vormundschaftsregierung unter Leitung seiner Mutter Agnes von Brandenburg geleitet, und wirklicher Regent wurde der junge König erst, als seine Mutter sich im Jahr 1293 mit Graf Gerhard II. von Holstein wieder verheiratete.

Erik war damals neunzehn Jahre alt und mit Ingeborg, der Tochter des schwedischen Königs Magnus (Ladulås), verlobt. Es war eine politische Verbindung mit der Absicht, das Königshaus in beiden Ländern zu stärken. Als sie geschlossen wurde (1288), war der Sohn Königs Magnus, der zukünftige schwedische König Birger Magnusson, schon mit Eriks Schwester Märta oder Merete verlobt. König Erik Menved von Dänemark und König Birger Magnusson von Schweden wurden

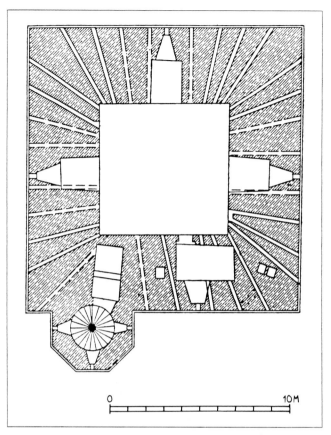

Fig. 6. Plan von Kärnan 20 Metern über den Fussboden, die Löcher zeigend, die durch die Mauern gehen. Zeichnung von Torsten Mårtensson nach Aufmessungen 1932.

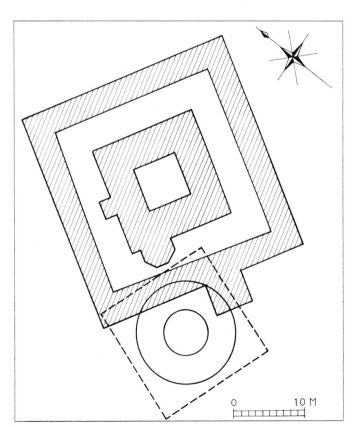

Fig. 5. Plan von Kärnan und seiner Mantelmauer. Die Zeichnung zeigt auch den Platz des älteren Turmes. Er war als ein Rundturm aufgeführt, aber wurde rechteckig umgebaut.

somit doppelte Schwäger, und bald danach sollte es sich zeigen, dass beide die Verwandtschaft ernst nahmen.

Zu dieser Zeit war Helsingborg eine der wichtigsten Burgen in Dänemark. Einen grossen Teil des Winters 1287—1288 verbrachten Agnes, der minderjährige Erik Menved, und Teile der Vormundschaftsregierung in der damaligen Provinzhauptstadt Schonens. Am 2. Januar 1288, also nur einige Tage nach der Krönung in Lund, unterzeichneten sie in Helsingborg einen Brief, der an Lübeck gerichtet war und in dem sie der Stadt dafür danken, dass diese die Mörder Erik Klippings nicht unter ihren Schutz genommen hatten (DD 2:7, Nr. 278). Am selben Tage unterzeichnete Erik auch einen Privilegienbrief an Lübeck, in dem er den Einwohner der Stadt das Recht zusicherte, sich in seinem Reich frei zu bewegen (DD 2:7, Nr. 276).

Während seiner Jugend und ersten Regierungszeit lebte Erik unter einer ständigen Bedrohung durch die Friedlosen. Vieles deutet jedoch darauf hin, dass er sich auf Schloss Helsingborg sicher fühlte. Dort wurde 1296 seine Hochzeit mit Ingeborg gehalten, und dort wurden in der folgenden Zeit zahlreiche Urkunden mit seinem Siegel versehen.

"In castro nostro Helsingburgh"

In zwei Briefen, die Erik Menved am 26. September 1316 in Helsingborg anfertigte und in welchen er Kaufleute in den Städten Zutphen und Harderwijk in Holland das Recht gab, in Skanör Handel zu treiben, kommt eine Ortsbezeichnung vor, die früher nicht nachzuweisen ist. Statt des älteren "datum Helsingburgh" oder "scriptum Helsingburgh" wird jetzt die Formulierung "datum in castro nostro Helsingburgh" benuzt (DD 2:7, Nr. 390—391). Hier wird also ein Schloss mit demselben Namen wie die Stadt von dieser gesondert. Diese Formulierung wurde später üblich, aber Erik Menved bekam selbst keine Gelegenheit, sie mehrmals anzuwenden. Seine Lebenszeit näherte sich dem Ende, und wegen schlechter Finanzen wurde er im Oktober 1318 gezwungen, das Schloss seinem Marschall Ludvig Albertsen (Eberstein) als Pfand zu überlassen (Bååth 1933 323, 344). Zwischen September 1316 und Oktober 1318 kann nicht nachgewiesen werden, dass Erik Menved sich in Helsingborg aufgehalten hat.

Es kann kaum ein Zufall sein, dass die neue Ortsangabe gerade zu der Zeit auftaucht, als die Burg in Helsingborg einen neuen und modernen Hauptturm erhielt. Wie der ältere Turm eingerichtet war, ist nicht bekannt, aber durch Analogien können wir die Folgerung ziehen, dass er in erster Linie ein Wachtturm war. Bei Bedarf konnte er natürlich auch als Zufluchtsturm von den Bewohnern der Burg benutzt werden, aber irgendeine Funktion als Wohnturm kann er kaum gehabt haben. Kärnan wurde dagegen zu diesem Zweck aufgeführt, und es herrscht kein Zweifel darüber, dass er für den König und einen Teil seines Gefolges gebaut war. Mit seinem Treppenturm und seiner Höhe von mehr als 30 Metern wurde Kärnan monumentaler als der alte Bergfried, und dazu kommt, dass er aus Ziegel gebaut wurde und einen Turmmantel erhielt.

Wie oben erwähnt, liegt die Königswohnung im zweiten Stock, und auch wenn dieser im September 1316 noch nicht begonnen war, so gehörte er

natürlich zum Plan. Schon zu dieser Zeit war das neue Bauwerk also auf dem Wege, ein Palatium zu werden.

Es gibt also Grund zu der Vermutung, daß Erik Menved in erster Linie an den neuen Turmbau dachte, als er im September 1316 vom castrum nostrum Helsingburgh sprach. Später wurde dieser Begriff der Name für die gesamte mittelalterliche Ringmauerburg, aber das kann zuerst im 16. Jh. belegt werden.

Bauhistorische Beurteilung

In welchem Jahr kann man sich dann den Baubeginn von Kärnan vorstellen? Und wie weit war man im Oktober 1318 gekommen, als die Burg von Ludwig Albertsen übernommen wurde?

Wie schon erwähnt ergaben die dendrochronologische Datierungen, daß die Bäume, die als Deckenbalken in dem untersten Etagenplan verwendet wurden, während des Winters 1315—1316 gefällt waren. Die Deckenbalken im ersten Stock sind dagegen ein Jahr oder jedenfalls eine Wachstumsperiode jünger, d.h. vom Winter 1316—1317. Es scheint also, als hätte es etwa ein Jahr gedauert, die Mauern zwischen den beiden Balkenlagen zu bauen.

Im nächsten Stock, der Beletage oder eigentlichen Königswohnung, sind die Deckenbalken aber, wie erwähnt, wegen einer späteren Erhöhung und Wölbung des Mittelraumes verschwunden. Auch hier kann man aber mit einem etwa einjährigen Intervall rechnen. Die Bäume zu diesen Balken sollten also spätestens im Winter 1317—1318 gefällt worden sein. Man kann also damit rechnen, dass die Beletage oder der zweite Stock vor Oktober 1318 fertiggestellt war.

Eine starke Stütze für diese Theorie ist die merkwürdige Tatsache, daß es in den Mauern einige Meter über der Höhe, wo sich die Decke des zweiten Stocks befand — also ein Stück in das ursprüngliche dritte Stockwerk hinauf — ein Kranz von durchgehenden Balkenlöchern gibt (Fig. 6—7). Die Löcher haben eine Dicke von 7"x 8" und sind dadurch viel grösser als jenen Löcher in den Fassadenwänden, in denen die Baugerüste verankert worden sind. Wie Mårtensson bemerkte, sind sie hinzugekommen, weil zu einem gewissen Zeitpunkt eine Pause in den Bauarbeiten eintrat (Mårtensson 1934 89—92). Da wurden die Baugerüste abgebaut, und als die Arbeiten wieder aufgenommen werden sollten, steckte man lange Balken durch

Fig. 7. Details von dem Mauerwerk etwa 19—22 Metern über den Fussboden, den Unterschied zwischen den kleineren und den durchgehenden Löchern zeigend. NO-Fassade. Photo 1991 Sven-Olof Larsén, Helsingborgs museum.

die Balkenlöcher von innen heraus. Auf den äusseren Teilen der Balken wurden dann die neuen Gerüste aufgebaut, die man also nicht mehr vom Erdboden aus zu errichten brauchte.

Da Mårtensson den Bau von Kärnan ins 15. Jh. verlegte, hatte er Probleme damit, die durchgehenden Balkenlöcher zu datieren und sie zufriedenstellend zu erklären. Wenn man aber weiss, dass die Balkenlagen im untersten und ersten Stockwerk von 1315—1316 resp. 1316—1317 sind, können die Löcher indessen sowohl datiert als erklärt werden. Sie müssen kurz nach dem Winter 1317—1318 angebracht worden sein. Die Pause, von denen sie zeugen, wurde mit grosser Wahrscheinlichkeit dadurch verursacht, dass Ludvig Albertsen Schloss Helsingborg im Oktober 1318 übernahm.

Leider konnten die Balken in der Kellerdecke nicht mit derselben Genauigkeit wie die übrigen Balken datiert werden. Soviel steht indessen fest, dass auch die Balken in der Kellerdecke aus der Zeit von etwa 1315 sind. Deshalb kann man mit Recht annehmen, dass die Bäume für die Balken in dieser Decke im Winter 1314—1315 gefällt wurden, also eine Wachsperiode vor dem Fällen der Bäume für das Stockwerk darüber. Man kann nämlich annehmen, dass es ebenso lange Zeit dauerte, das unterste wie das erste Stockwerk zu bauen. Wie lange kann es wohl gedauert haben, Kärnan bis zur Höhe mit der Kellerdecke zu bauen? Hier ist es wichtig zu bemerken, dass die Kelleretage ungefähr ebenso hoch ist, wie das unterste und das erste Stockwerk zusammen. Zwar sind die Mauern um den Kellerraum massiv, was auch für den untersten Teil des Treppenturms bis zur Höhe der Kellerdecke zutrifft. Dadurch war der Bau des Kellers einfacher als der Bau der Stockwerke darüber, denn in diesen gibt es tiefe Fensternischen oder Vertiefungen anderer Art in den dicken Mauern. Andererseits forderten die Kellermauern mehr Baumaterial. Auch für diesen Teil von Kärnan ist aus gutem Grund mit ungefähr demselben Bauverlauf zu rechnen wie für den Bau im übrigen. Dies sollte bedeuten, dass es ca. zwei Jahre dauerte, den Grund für den neuen Turm zu legen und die Mauern bis zur Höhe mit der Kellerdecke aufzuführen. Wenn diese Annahme richtig ist, kann also der Beginn des umfassenden Bauwerks für die Jahre 1312 oder 1313 angenommen werden.

Welche Gründe hatte Erik Menved wohl für den Beschluss, Kärnan zu bauen? Er müsste gleichzeitig auch bestimmt haben, daß der alte Turm — oder was zu der Zeit von ihm übrig war — abgerissen werden sollte. War 1312—1313 etwas passiert, das den Bau des neuen Turmes notwendig machte? Oder wurde der Beschluss gefasst, weil eine Modernisierung des Schlosses aus Altersgründen nötig geworden war?

Sucht man die Antwort auf diese Fragen, darf man nicht vergessen, daß der alte Turm kein Wohnturm war, sondern dass der König in älterer Zeit sicherlich in einem anderen Gebäude auf dem Burggebiet wohnte — vermutlich in einem geräumigen Holzbau — wenn er sich in Helsingborg aufhielt. Deshalb muss man damit rechnen, daß Kärnan sowohl diesen als den runden Turm ersetzen sollte. War eines von den Gebäuden — oder vielleicht beide — beschädigt worden, und war der Schaden in dem Falle durch einen Angriff auf die Burg verursacht?

Erklärungsversuche

1. Die Ostseemacht

1312—1313 begann Erik Menved den Griff über seine Ostseeherrschaft zu verlieren. Am Anfang des Jahrhunderts hatte er mit grossem Erfolg die Expansionspolitik der Waldemaren im wendischen Gebiet wiederaufgenommen und sich einen Kreis von Bundesverwandten in den heutigen Teilstaaten Mecklenburg und Brandenburg verschafft. Ungefähr gleichzeitig schloss er ein Bündnis mit Graf Gerhard von Holstein, mit dem seine Mutter jetzt verheiratet war.

In Koalition mit seinen norddeutschen Bundesverwandten und unter Anwendung von Söldnern wurde Erik bald der mächtigste Mann an der deutschen Ostseeküste. 1304 erneuerte König Albrecht von Deutschland den Privilegiumsbrief, den Friedrich II. 1214 für Waldemar Sejr ausgefertigt hatte. In diesem wurde dem dänischen König die Oberhoheit über den Teil des deutschen Reiches zuerkannt, der sich zwischen Elbe und Eider (die Grenze zwischen Schleswig und Holstein) erstreckte. Die Erneuerung berührte jedoch nicht die Städte an der deutschen Ostseeküste, die seit 1214 stark geworden waren und jetzt in Verhältnis zu ihren respektiven Fürsten freistanden. Sie lehnten es ab, sich Erik Menved zu unterwerfen, aber unter dem Druck von Holstein nahm die reichsunmittelbare Stadt Lübeck 1307 ihn als ihren Beschützer an.

Die Ostseepolitik von Erik Menved war jedoch nicht viel wert, solange er nicht die uneingeschränkte Macht auch über die anderen Hansestädte hatte. Den stärksten Widerstand fand er in Rostock und Wismar. Im Mittsommer 1311 veranstaltete er deshalb eine Machtdemonstration ausserhalb von Rostock. Sie bekam die Form eines prachtvollen Ritterfestes mit Ritterschlägen und Turnierspielen, aber sowohl Rostock als auch Wismar schlossen die

Tore. Die Reaktion war anfangs eine Belagerung von Wismar, und im November 1311 kapitulierte diese Stadt den Truppen, die unter Eriks Gebietshauptmann, dem Herzog von Mecklenburg, standen.

Nun war Rostock an der Reihe. Hier waren für Erik Verstärkungen nötig, um die Stadt bezwingen zu können. Sie kamen von Brandenburg, und nach dreimonatiger Belagerung ergab sich auch Rostock.

Ein Glied in den Kraftproben zwischen Erik Menved und den ostdeutschen Hansestädten wurden die Vergeltungsaktionen der letzteren. Sie waren vorzugsweise gegen das kommerzielle Zentrum des dänischen Reiches, den Schonenmarkt, gerichtet. Zu Beginn des Jahrs 1312 kam es zu blutigen Zusammenstössen in Falsterbo zwischen Dänen und Kaufleuten aus Rostock und Stralsund. Einige Monate später stellten sich die beiden Städte an die Spitze einer hanseatischen Flotte, die nach dem Sund absegelte. Dort wurden Helsingör, Dragör und Skanör abgebrannt.

In keiner Quelle wird erwähnt, daß Helsingborg während dieser Zeit von hanseatischen Schiffen angegriffen worden war. Man fragt sich indessen, was sich bei dieser Gelegenheit eigentlich ereignete. Die Kenntnis hierzu beruht auf äusserst knappen Angaben, u.a. auf folgenden in der wertvollen Quellenschrift, die "die jüngere seeländische Chronik" genannt ist: Ciuitatenses de Rostoch et aliis ciuitatibus Slauie incenderunt Helzingør, Amache, Scanør cum castro et quasdam insulas in mari (Kroman 1980 116).

Was die Hanseaten im Jahre 1312 angreifen wollten, war, wie schon erwähnt, der Schonenmarkt. Dessen wichtigster Verteidiger war aber — wie es sich später zur Zeit Waldemar Atterdags zeigen sollte — nicht die Burg in Skanör sondern die Burg in der schonischen Provinzhauptstadt, also Helsingborg. In diesem Zusammenhang war Helsingör ohne Bedeutung. Zwar gab es dort schon zu der Zeit eine Burg in Helsingör (Flynderborg), aber mit dem Schonenmarkt hatte sie nichts zu tun. — Ist es denkbar, dass der seeländische Chronist Helsing-

borg meinte als er Helsingör schrieb? Aber andererseits, in einer Vergeltungsaktion war eine Zerstörung von Helsingör wohl ebenso wirkungsvoll wie eine Zerstörung von Helsingborg.

Wenn man sich dennoch einen Angriff auf Helsingborg im Jahre 1312 vorstellt, ist es aber wenig wahrscheinlich, daß die Burg eingenommen wurde. Die Ringmauer war hoch und stark, und es glückte den Hanseaten nicht, Schloss Helsingborg während der wohlbekannten und intensiven Belagerung im Jahre 1362 einzunehmen (Fritze-Krause 1985 118). Also kann es ihnen 1312 kaum gelungen sein. Und wenn dies der Fall wäre, hätte die Begebenheit sicherlich Spuren in den schriftlichen Quellen hinterlassen.

Falls das Schloss in diesem Jahr belagert wurde, ist es indessen denkbar, dass brennende Gegenstände über die Ringmauer geschleudert wurden und daß einige Holzgebäude im Burghof, z. B. das vermutete Wohnhaus, dadurch in Brand gerieten. Eine derartige Kriegsführung war ja im Mittelalter üblich, dafür führt u.a. Olaus Magnus einen Beweis (Fig. 8). — Man findet indessen kein archäologisches Zeugnis dafür, dass die Stadt oder die Burg Helsingborg im Jahre 1312 durch Feuer verwüstet worden wäre.

Als Rostock kapitulierte, stand Erik Menved auf der Höhe seiner Macht. Bereits im folgenden Jahr begann es jedoch abwärts zu gehen. Zwar wurde Greifswald im Januar 1313 bezwungen, aber der stärkste Gegner resistierte. Das war Stralsund, und nun dauerte es nicht lange, bis der Markgraf von Brandenburg dem dänischen König den Rücken kehrte. Statt dessen schloss er zusammen mit mehreren Rittern und Knappen von Rügen ein Bündnis mit Stralsund. Dies wurde der Anfang zum Ende von Eriks Ostseeherrschaft, und als er drei Jahre später eine vernichtende Niederlage gegen Stralsund erlitt, glitt ihm die Macht über das Osteegebiet endgültig aus den Händen (Andersson 1954 260—65).

2. Gebrochenes Eheversprechung

Am Anfang seiner Regierungszeit hat Erik Menved auch versucht, sich Einfluss auf die Politik Norwegens zu verschaffen, und in nähere Verwandtschaft mit einem der mächtigsten Männer des Nordens, Herzog Erik von Schweden, zu kommen. Wie erwähnt, wurde der dänische König Doppelschwager zum schwedischen König Birger Magnusson. Demzufolge wurde er auch der Schwager von dessen Brüdern, den rebellischen Herzögen Erik und

Fig. 8. Holzschnitt im Buch 7 des Historia de gentibus septentrionalibus von Olaus Magnus, um 1550. Der Holzschnitt zeigt, wie glühendes Eisen bei Angriffen auf Burgen geschleudert wird.

Waldemar. Diese schlossen indessen frühzeitig ein Bündnis mit Håkon Magnusson von Norwegen, der 1299 seinem Bruder auf dem Thron nachfolgte, und der ebenso wie dieser ein Feind sowohl von Erik Menved als auch von Birger Magnusson war.

Im Jahre 1302 verlobte sich Herzog Erik mit der damals nur einjährigen norwegischen Ingeborg Håkonsdotter von Norwegen. Es geschah kurz nach einem Beschluß, daß ihr erstgeborenen Sohn den Thron König Håkons erben sollte.

Bald danach erhielt Herzog Erik die Grafschaft Nordhalland als Lehen von König Håkon. Dieses Herzogtum war ursprünglich ein Teil von Dänemark, aber war dadurch norwegisch geworden, dass sein früherer Halter, Graf Jacob von Halland, der einer der Friedlosen war, sich mit Norwegen verbunden hatte. Im Jahre 1305 eroberte Erik Menved jedoch das Gebiet zurück zu Dänemark und machte geltend, dass er der Lehnsherr von Herzog Erik wäre.

Nun folgte ein vier Jahre langer nordischer Krieg (Rosén 1939 154—180). Erik Menveds Bruder Christoffer, der Herzog von Südhalland und Samsö war, schloss sich den Gegnern an. Ein Frieden zwischen Norwegen und Dänemark wurde im Jahre 1308 in Kopenhagen geschlossen, aber der Krieg zwischen den schwedischen Herzögen und König Birger Magnusson setzte sich fort. Er wurde hauptsächlich in Schweden ausgetragen, wo Erik Menved im Jahre 1309 mit einer grossen bewaffneten Macht eindrang.

Ein Waffenstillstand wurde aber bald geschlossen, und auf zwei Treffen im folgenden Jahr einigte man sich über die Formen des Friedens. Die erste Zusammenkunft fand in Oslo statt und die zweite in Helsingborg. Dort wurde Mitte Juli 1310 die Friedensvereinbarung unterzeichnet. Aus unbekanntem Anlass war aber König Håkon hier nicht anwesend. Die Teilnehmer waren die Könige Birger und Erik und deren Brüder, die Herzöge Erik und Waldemar von Schweden und Herzog Christoffer von Dänemark. Ausserdem nahmen Erik Menveds führende norddeutsche Bundesverwandte, Graf Gerhard von Holstein und Herzog Heinrich von Mecklenburg, die beide am Feldzug nach Schweden beteiligt waren, an der Zusammenkunft teil.

Die getroffenen Übereinkommen bezeugen, dass Erik Menved jetzt in einer starken Verhandlungsposition war: Herzog Erik sollte auf seine Ansprüche auf die norwegische Krone verzichten und sich mit einer Nichte von Erik Menved, Sofia von Werle, verloben. Ingeborg Håkonsdotter wurde mit dem Sohn des schwedischen Königs, Magnus Birgersson, verlobt, und Erik Menved versprach, diese Eheschliessung zu fördern. Ferner sollten die schwedischen Herzöge als erbliche Halter von Nordhalland eingesetzt werden, jedoch unter Anerkennung der dänischen Oberhoheit. Sie sollten den Lehnseid dem König Erik ablegen und

Rüstungsdienst mit sechzig Reitern leisten. Ausserdem mussten sie sich verpflichten, die Friedlosen nicht mehr zu beschützen.

So weit schien Erik Menved alles zu glücken. Er hatte verhindert, daß Norwegen Herzog Erik zufiel, und gleichzeitig wurde er noch näher mit ihm verwandt. Durch die geplante Ehe zwischen Ingeborg und Junker Magnus schien es auch, als ob er Einfluss auf die Politik Norwegens bekommen möchte.

Zwei Jahre später wurde aber alles vereitelt. Im September 1312 wurde nämlich Herzog Erik in aller Eile in Oslo mit Prinzessin Ingeborg vermählt. Bei derselben Gelegenheit schloß der Bruder Herzog Eriks, Herzog Waldemar von Schweden, die Ehe mit Ingeborg Håkonsdotters Kusine, Ingeborg Eriksdotter.

Diese Doppelehe war für Erik Menved ein ernster politischer Verlust. Die Ehe zwischen Herzog Erik und Ingeborg Håkonsdotter war aber auch eine Verunglimpfung, die gesühnt werden musste, und um übereinzukommen, wie das geschehen sollte, trafen sich der König und der Herzog am Ende des Jahres 1312 in Helsingborg. Es wurde dann beschlossen, dass ein Schiedsgericht bald eingesetzt werden sollte.

Am 19. Juni 1313 wurde ein neues Treffen in Helsingborg veranstaltet. Nochmals wurde der Frieden zwischen den nordischen Ländern proklamiert. Gleichzeitig wurde beschlossen, teils dass Herzog Erik einen grossen Schadenersatz an Erik Menved errichten sollte, teils dass er sich mit der Erklärung entschuldigen sollte, dass eine Ehe zwischen ihm und Sofia von Werle wegen Verwandschaft im Widerspruch zum kanonischen Recht gestanden hätte (Hørby 1977 106—21).

Zu irgeneinem bewaffneten Konflikt zwischen König Erik und Herzog Erik kam es in diesem Jahr nicht, sondern die Verhandlungen wurden in friedlicher Stimmung geführt. Sowohl diesmal als auch im Jahre 1310 fanden die Treffen in Helsingborg ohne Zweifel im der Ringmauerburg statt, wahrscheinlich in irgendeinem Holzgebäude im Burghof.

3. Aufruhr in Dänemark

Die Machtposition von Erik Menved beruhte in weitem Ausmass auf Söldnern. Es war eine kostspielige Politik, und sie verursachte neue Steuern. Sowohl auf Seeland als in Jütland erhob sich die Bevölkerung dagegen, und diese Opposition kulminierte 1312—1313.

Im Jahre 1312 brach auf Seeland ein Bauernaufruhr aus, der von den Grossen entfacht war. Er hatte eine Massenhinrichtung der Bauern ausserhalb Kopenhagens zur Folge.

Im folgenden Jahr brach in Jütland ein Aufruhr aus. Er begann mit einem bewaffneten Konflikt in Kolding, was Erik Menved veranlasste, selbst nach Nordjütland zu ziehen, um die Empörer zu bestrafen. Wie auf Seeland liess er auch dort viele von den aufrührerischen Bauern hängen, und im folgenden Jahr verurteilte er ebenso viele von den jütländischen Grossen zum Tode oder verwies sie des Landes. Eine weitere Strafe in diesem Teil des Landes war die Einführung einer neuen Steuer, die "Goldkorn" genannt wurde.

In der jüngeren seeländischen Chronik wird erwähnt, dass Erik während des Aufruhrjahres 1313 neue Burgen baute und die alten verstärkte: Castra nuova edificauit, uetera fortificauit, et sic demum antiquam lutorum pertinaciam perdomuit (Kroman 1980 117). Leider gibt die Chronik nicht an, welche Burgen es waren oder wo in Dänemark sie lagen, aber da die Angabe ein Teil der Beschreibung von dem Aufruhr in Jütland ist, kann sie nicht für Schloss Helsingborg gelten. Dies schließt jedoch nicht aus, dass die Erbauung von Kärnan einen indirekten Zusammenhang mit dem Aufstand in Jütland haben kann.

Es ist nicht bekannt, ob die Bevölkerung in Schonen am Aufruhr gegen den König teilnahm. Es ist aber einleuchtend, dass auch die Bewohner in diesem Teil von Dänemark von den erhöhten Steuern betroffen wurden sowie von den häufig wiederkehrenden Einberufungen zum Waffendienst, die durch die ständigen Kriege verursacht waren (Andersson 1974 115—114).

4. Neuer Konflikt mit der Kirche

Der Aufruhr in Jütland beeinflusste das Verhältnis zwischen Erik Menved und dem Erzbischof von Lund, Esger Juul. Er gehörte zu einem jütländischen Adelsgeschlecht, und als er im Jahr 1310 zum Erzbischof ernannt wurde, war er Bischof in Aarhus. Als Bischof stand er an Eriks Seite in dessem berüchtigtem Kampf gegen den früheren Erzbischof Jens Grand (Erzbischof 1289—1302), und als er selbst zum Erzbischof ausersehen wurde, geschah es mit der Hoffnung vom Papst, dass die Einigkeit zwischen Regnum und Sacerdotium in Dänemark fortbestehen sollte. Kaum hatte aber Esger Juul sein neues Amt angetreten, als er selbst begann für die Rechte der Kirche gegen die weltliche Macht zu kämpfen. Dies zeigte sich schon in seinen Anklagen gegen den König auf der vom Papst anberaumten Kirchentagung in Vienne 1311—1312, wo Esger Juul sein Pallium empfing.

Ein neuer Streit zwischen Regnum und Sacerdotium in Dänemark war nun im Anmarsch. Der Konflikt wurde durch die Aufstände in Jütland verstärkt. König Erik beschuldigte nämlich den Erzbischof, mit den Aufrührern in Gemeinschaft zu stehen. Die frühere Freundschaft zwischen den beiden ging nun in offene Feindschaft über, und bei einer Zusammenkunft in Helsingborg im April 1314 wurde der Erzbischof dazu verurteilt, dem König schwere Geldbusse für seine angebliche Teilnahme am Aufruhr zu bezahlen. Die Rache kam 1317, als der König von Esger Juul mit dem Bann belegt wurde, und im folgenden Jahr verbanden der Erzbischof und Herzog Christoffer sich mit den schwedischen Feinden des Königs.

Zusammenfassung

Sucht man eine "Erklärung" für den neuen Kernturm in dem Burg zu Helsingborg, kann man also nicht auf ein bestimmtes historisches Ereignis hinweisen. Dagegen ist es offensichtlich, dass Erik Menved in den Jahren 1312—1313 mehrere Gründe hatte, die Burg zu erneuern. Einige von diesen waren sicherlich von praktischer Natur, aber wichtiger war, dass Helsingborg jetzt wie niemals früher im Zentrum der politischen Ereignisse stand.

Es war aber auch wichtig, dass Erik zu dieser Zeit das Bedürfnis hegte, seine Macht zu demonstrieren, sowohl in Schonen als auch in Jütland. Und sollte er seine Macht in Schonen und seine Macht über den Schonenmarkt mit einem neuen Burgbau zeigen, müsste es natürlich in Helsingborg geschehen. Hier befand sich zwar schon eine Burg, aber 1312—1313 war sie veraltet. Deshalb begann man nun mit dem Bau eines neuen und stattlichen Turmes, castrum nostrum Helsingburgh, der sich wie ein Ausrufungszeichen über der alten Ringmauer erheben sollte. Er wurde wie ein warnender Fingerzeig, sowohl zu Land als zu Wasser gut sichtbar, und er war gegen verschiedene Seiten gerichtet: Gegen die Hanseaten, gegen den norwegischen König und die schwedischen Herzöge, gegen Herzog Christoffer, gegen die Friedlosen und andere rebellische Grosse, gegen die Bauern und gegen den Erzbischof.

Es ist eine andere Sache, dass diese Kraftdemonstration nach aussen hin nicht besonders deutlich wurde, ehe Erik Menved gezwungen wurde, Schloss Helsingborg an seinen Marschall zu verpfänden. Zu der Zeit war Kärnan noch kein Turm, sondern nur der untere Teil zu einem solchen. Wann der obere Teil gebaut wurde schwebt noch im Dunkeln, aber für eine Diskussion darüber steht man jetzt auf festem Grund.

Anne Nissen Jaubert

PRINCES' RESIDENCES IN DENMARK — FROM CA. 1000 TO CA. 1350

Die Fürsten-Residenzen in Dänemark in der Zeit von ca. 1000 bis ca. 1350

Im Abendlande war der Palast der architektonische Rahmen für die Pracht des Fürsten, die ein unerlässliches Mittel war, um seiner Stand zu markieren. Die schriftlichen Quellen und die Baukunst zeigen, dass die dänischen und die anderen skandinavischen Aristokraten wie die abendländischen Fürsten zu leben erstrebten. Die Mitglieder der hervorragenden skandinavischen Elite sind in diesem Artikel als Fürsten bezeichnet, um sie von der übrigen, mehr "regionalen" Aristokratie zu unterscheiden. Fürst muss hier nicht als ein feudaler Begriff erfasst werden.

Von dem mittelalterlichen Dänemark kennen wir einige Ruinen fürstlicher Paläste — es sind die sogenannten "Palatien". Der älteste erkannte Palast, der in der Nähe der grossen Kirche von Dalby liegt, stammt aus dem 11. Jh., aber die meisten sind im 12. und 13. Jh. errichtet worden. Die schriftlichen Quellen erwähnen auch Holz-Paläste, die Stein-Bauten imitierten.

In der Eisenzeit haben die wahrscheinlichen fürstlichen Residenzen denselben Grundriss wie die Häuser der ländlicheren Siedlungen.

Ein Studium der königlichen Reisen in Dänemark zeigt eine Hierarchie der Residenzen, wo zum Beispiel Nykøbing, Vordingborg und Roskilde eine sehr wichtige Position hatten und vermutlich auch einen prunkvollen Palatium, wo der König als ein hervorragender abendländischer Fürst auftreten konnte.

Anne Nissen Jaubert
3, place Saint-Maclou
F-78200 Mantes-la-Jolie

A prince's residence is generally thought of as a castle. However, if most castles could house a noble and his suite, fewer could display a great prince ostentatiously and a residence is not necessarily fortified. The importance that the nobility accorded to display and prestige is wellknown from medieval Europe. The prince should live ostentatiously and be generous to his entourage. Luxury was a way of marking his social status. This makes it more easy to understand why Erik VI Menved held an extravagant feast near Rostock in 1311, offering fountains of wine, sumptuos gifts etc. The king thus displayed himself as an outstanding prince of northern Europe. The residences also played an important part in the prestige of the prince and were often important centers for his ruling. It is thus interesting to study them, according to what we know about princely prestige in the Occident, and to examine how and in what extension the Scandinavian élite adopted the European models. In France a research group directed by Annie Renoux (GRECO 130094 group 5) is working on the princely residences and a publication will appear in some years. The attention is centred on Denmark but some monuments from the rest of Scandinavia are included to complete and to illustrate the purpose.

The sumptuous appearances were certainly restricted to a few extremely powerful magnates: kings, dukes, counts, great ecclesiastics, who in Denmark very often were members of the migthy Hvidefamily, almost equalling the royal dynasty. To distinguish this élite from the rest of the nobility, they are named princes in this paper. Their way of life was certainly very different from that of the majority of the nobles. They had relations in Europe, several of their sons had studied in Paris and were belonging to the highest Danish clergy. Probably more of them tried to adopt the European ways of life as in the case of Knud Lavard († 1131) who, according to the Gesta Danorum of Saxo Grammaticus (ca. 1200), were blamed by another noble, Henrik, for his foreign manners and saxon clothes. Saxo also writes that the king Svend Grathe († 1157) wanted to dress himself and his suite in Saxon fashion and that he called the royal manor a palatium. Even if Knud and Svend died some decades before the writing of Gesta Danorum, the information appears credible. The book was commended by bishop Absolon, a great magnate and a close friend of Valdemar I. Knud Lavard was Valdemar's father and Svend Grathe his vanquished enemy so the information about the princes following the Saxon fashions is not likely to have a symbolic significance. As for Saxo's tendentious writing, it is amusing to note how he approves the display of Knud Lavard, calling his criticizer a peasant, whereas he regards Svend Grathe's behaviour as ridiculous, nevertheless both respected the same ideals.

Likely ideals can be also seenelsewhere in Scandinavia in the mirrors, which were didactic writings to

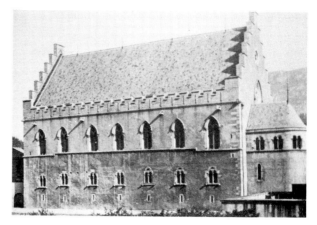

Fig. 1. Håkon's hall in Bergen before the restauration (From Fischer).

be used in the education of a young prince. As for the residences, a part of the Swedish king's mirror, written about 1330, deals with the holding of the king's house. The author notably describes the king's residence: "The king and the princes shall have a palace for themselves and their suite. The house shall be of the finest quality, it shall be white, luminous, clean and merry; because many are coming there, and they will tell what they have seen" (Blank 184). As didactic writing, the king's mirror cannot prove the reality in Scandinavia. Furthermore, long passages have been translated from the mirror of the French King Philip the Fair (KLNM 9 66—68). On the other hand the origin of the mirror shows that the Swedish kings wanted to follow the same education and the same ideals as the greatest princes in Europe. The immense royal manor at Vadstena ca. 1250—1300 (Anderson & Bertelson 1972) is an architectural illustration of Swedish kings' ambitions to equal the European élite.

In Norway, Håkon's hall (Fig. 1) at the castle of Bergen reveals how the architecture could display the king. The hall has been restored after the World War II, but it is possible to recognize the original partition of the rooms (Fischer 1980 112—133, pl. 8—21). The building has two floors. The lower storey consists of three rooms, including the king's private room, whereas a spacious and luminous hall occupies the upper storey (Fig. 2). The access to the hall is by an external staircase at the southern gable. Entering the hall one faces the throne, which is elevated in the other end of the hall and surmounted by a beautiful row of arcades. A narrow passage leads from the king's room to the throne, so that he when entering immediately could dominate the room from the throne. It is hardly surprising that many important meetings were held in this sumptuous palatium, and that the king Håkon also did celebrate his wedding here.

In Denmark some large buildings of stone can be interpreted as palatiums. In archaeological litterature palatium designs a large two-storeyed building,

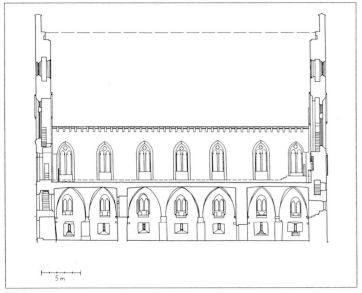

Fig. 2. Longitudinal section of Håkon's hall looking to the west. The entrance to the hall is in the south — opposite to the throne (From Fischer).

where the residential and representative aspects are more important than the defensive ones e.g. Nyborg, Søborg and Tranekær (Figs. 8, 4 and 6). The word palatium is rarely used in the medieval Danish sources. Saxo use the term twice: when he mentions a building the byzantine emperor lent to Erik Ejegod and when he tells about Svend Grathe naming his residence a palatium. Saxo uses the word aula — hall — more frequently, but as a matter of fact the hall is the most important element of a prince's residence and of a palatium. It may be interesting to study the use of the term palatium in several countries. In northern France, the word is often used in the documents from the Carolingian period, whereas it becomes unusual in the following periods (paper pre-

sented by Josiane Barbier at a GRECO-meeting). In this paper palatium is used as an archaeological term.

The archaeological evidence of the Danish princes' residences with preserved palatium is rather poor. The elevations of two storeys of palatiums have survived in the castles of Nyborg (Fig. 8), Tranekær (Fig. 6) and Dragsholm. These buildings probably date from the middle or the first half of the 13th. century. In other cases only the plan has been preserved: Søborg (Fig. 4, before ca. 1200?) and Dronningholm (Fig. 10, ca. 1200—1275). Both have been excavated before 1950 (Schmidt 1934, 1940) and little has been left that can be excavated following modern methods. Currently the residence of the Lund bishop at Åhus is considered as a palatium (la Cour 1972 II 105—125, Stiesdal 1975 207; Olsen 1986 48). We may also consider some large buildings situated in the castles of Kalundborg and Pedersborg (Fig. 5) as the remnants of a palatium. Nearly all the datings are stylistic. Some of them, e.g. Søborg and Dronningholm, are possibly dated to old (respectively ca. 1140 and ca. 1200—1250). Therefore I have preferred to extend the datings of several buildings with some decades (Fig. 3).

The archaeology has not revealed a specific palace-architecture before the Middle Ages, neither in Denmark nor in the rest of Scandinavia. In Denmark, recent excavations at Lejre, the center of a legendary dynasty, have showed the existence of a huge longhouse of 500 m² (Christensen 1987). Another chieftain's farm has been excavated at Borg in Northern Norway (Stamsø Munch 1987, Johansen 1988).

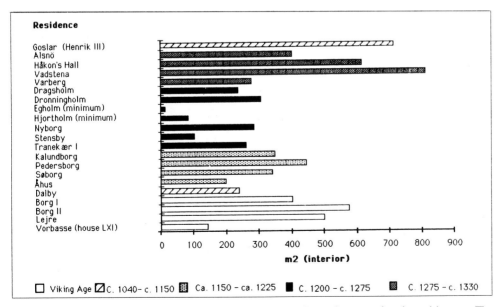

Fig. 3. Diagram illustrating the approximative interior surface of some princely residences. The buildings of Egholm and Hjortholm are only partially known and they may have been about twice as large Vorbasse has been. (ANJ).

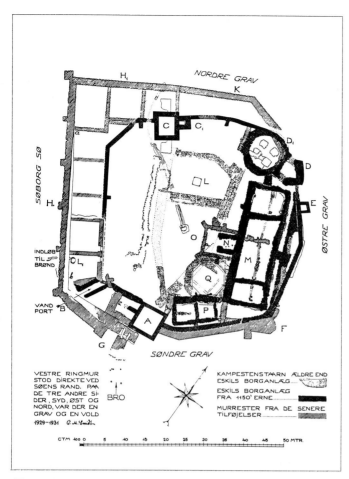

Fig. 4. Søborg is the finest danish example of a palatine complex including a large palatium and a separate round chapel (From Smidt).

In each case, the leading position of the inhabitant is indicated by the cultural topography, e.g. neighbourhood to a church, by the presence of unusual artefacts, or in the cases of Lejre and Borg by the exceptional size of the houses, but never by a specific architecture. This appears all the more in the elder periods, where for instance Dankirke (6th century) and even more Gudme must have been a sort of princely residence (Hansen 1990). Nevertheless, the house-type from this sites does not differ from the other settlements. The chieftain's farm in Vorbasse (5th century) is exceptionally long, but this is only due to the size of the stable. The chieftain's houses may have been beautifully decorated by wooden sculptures, distinguishing them from the other farms, but still it is not a specific architecture. Such an architecture does only appear in the Middle Ages where the conversion to Christianity integrates Scandinavia in the Western World.

In 1128 a representative of the Bamberg bishopric, Herborderus, visited Denmark. He considered that "the churches and the houses of the nobles are small and wretched". However it would be a mistake to conclude that the Danish noble-men lived in poor cottages. Herborderus came from a country where both

Even if the houses of the two sites are exceptionally long and large (Fig. 3), their plans hardly differ from ordinary houses. The iconography confirms this observation. When a warrior's arrival to Valhalle is represented on the Gotland slab-stone of Ardres it is depicted as a big one-floored hall without towers, gateways or other features one could imagine in a palace. This is also the case of the house-shaped shrines from Bamberg and Cammin. In Denmark some houses which must have belonged to local magnates have been excavated, e. g. the mighty farm at Vorbasse from ca. 1000. The house does not differ from the other houses of the village but a huge enclosure and a bronze atelier indicate the importance of the owner (Hvass 1980). At Lisbjerg and at Hvidding other large long-houses have been excavated near the churches (Jensen 1987). The owners or their descendants living there did probably construct the first church and must have enjoyed an important social position. Exceptional big churches in very large parishes also seem to indicate that the places were important centers in the Viking age (Nyborg 1986). But when the houses are found, they seem quite ordinary, and even if they may be rather big, their size is not exceptional.

Fig. 5. The palatium of Pedersborg is one of the largest in Denmark. The remnants of a round chapel on the top of the mound may be a simplified version of the foremost palatine architure, where the relief made possible a direct acces from the upper storey of the palatium into the chapel (From Liebgott).

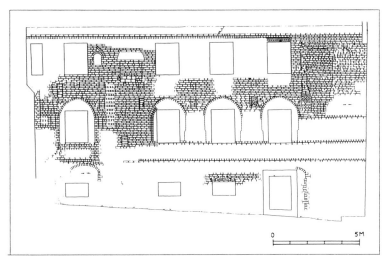

Fig. 6. Elevation of the palatium at Tranekær castle, the best preserved in Denmark (From Stiesdal).

Fig. 7. The eastern front of the Nyborg palatium. The oldest parts are dark. The wide door in the lower storey and the romanesque window upstairs are the only original architectural details (From la Cour).

the churches and the princes' residences were built of stone. In Denmark stone architecture was still rare, and the princes' residences were undoubtedly of wood, excepted the king's house at Dalby and perhaps a very few other sites — e. g. the royal manor in Roskilde? (cf. infra). It is likely that the timber built halls were of a very fine quality, but to Herborderus the use of wood was a sign of poverty.

Later in the 12th century, Scandinavian authors describe beautiful timber-built halls. Saxo narrates that a bailiff of King Valdemar was killed by the guards of the Slesvig bishop when he was stealing the latter's splendid house. The story also shows that some of these houses were removable — this can be explained by the use of a sill-beam.

The sagas of the Norwegian kings also describe magnificent wooden halls (Fischer 1951, Thordeman 137). King Eystein Magnusson (1103—1122) is thus told to have a beautiful wooden hall, the finest house of Norway. The two-storeyed house had a spacious hall upstairs, a private chapel and an outside gallery,

supported by sculpted wooden pillars. Obviously this building imitated the European stonepalaces and had nothing to do with the old Scandinavian halls. In the years 1177—1180, the same building was qualified as a palatium by the monk Theodoric in the years 1177—1180, in his Historia Antiquate regnum Norweginesium. Theodoric stresses the beauty of this building "in spite of the material".

Nothing is left of these magnificent timber built houses and even if excavated, their quality can hardly appear from postholes and sill-stones — all the more when some of them were removable. However in the Norwegian stavechurches, one can still appreciate a refined wooden architecture, which may give an idea of the quality of the princes' wooden residences.

In Denmark, some rather primitive structures from the 12th century e. g. Søndre Jernløse and Fjenneslev have been found in the immediate neighbourhood of a church. Their situation indicates that they are the remnants of a noble-man's residence (Stiesdal 1980, Liebgott 1980). The small room (6x6 m) of Fjenneslev was excavated in the last century (la Cour 1972 II 98—100). The church of Fjenneslev is built by the mighty Asser Rig of the Hvide family. The founder's outstanding social position is revealed by the architecture of the church. Two towers surmount the western front, the interior of the church is dominated by a western-tribune and a romanesque fresco represents Asser Rig and his wife offering the church a ring of gold. It is difficult to believe that the primitive room outside should be the residence of such migthy people, unless it has been the cave of a wooden palatium.

Wooden architecture was the rule even in the mightiest prince's residences during the 11th and the 12th century. In medieval Denmark, one single example of secular stone-architecture is known from the 11th century. Immediately west to the big church of Dalby (11th century) was found a 30 m long stonehouse (Cinthio 1966). The oldest part — a cave — dates to the second half of the 11th century. From this room it was possible to access directly into the church. In the beginning of the 12th century the house was extended to the west. The house had two storeys and an exterior gallery and may be considered the oldest Scandinavian palatium. This fine building is undoubtedly the remnants of the king's manor. Several sovereigns stayed here in the late 11th and early 12th century, and Harald Hen († 1080) was buried at Dalby. Furthermore, it is worth noting that the palatium of Dalby replaced an older bulding of wood.

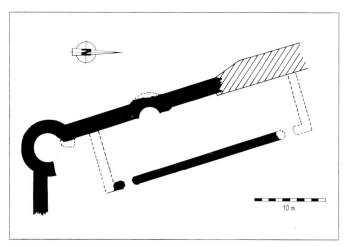

Fig. 8. The lower storey of the Nyborg palatium. The original walls which have been surely attested are colored black, the hatching indicates later additions. The oblique southern wall, usually represented, has not been clearly argued and it is here suggested that the walls made a right angle. The distance to the southern ringwall is then ca. 2,5 m in the north and ca. 8,5 m in the south (ANJ after plans of Mogens Clemmesen).

A restricted group of palatiums is dated to the period ca. 1150 — ca. 1225 (Fig. 3). The palatium of the castle of Søborg (Fig. 4) is considered the oldest. C. M. Smidt, who excavated Søborg during three decades, dated the building to ca. 1140 and attributed the palatium and the round church of the same date to Archbishop Eskil. The complex is presumed to have imitated the palace of Goslar (Smidt 1934). Recent investigations seem to imply that the palatium is somewhat later, but a precise dating has not been convincingly argued (Egevang & Frandsen 1985 82—83, 89). The suggested later dating to ca. 1250—1300 is based on a pottery which C. M. Smidt found under one of the palatium's dividing walls (but following C. M. Smidt it was a secondary construction), and on a glazed sherd found under the palatium during the recent excavations. The question is wether this sherd is typical enough to date the palatium, and whether we can be sure that it is not an imported older pottery? The numerous and very fine architectural details found in the fill-layers can only be related to a sophisticated building as well as the lay-out, including a palatium with a separate chapel, are more likely to be from the 12th century or the early 13th century. Actually, it may be more prudent to date the complex a little later than ca. 1140, considering a coin (c. 1157) and, more probant, several small fragments of bricks found in a construction layer related to the older octagonal tower (Egevang & Frandsen 1985 84—89). A later dating implies that the phase with the palatium was built by the king as Eskil's castle had been conquered in 1161 — if the castle of Søborg has been correctly identified, after all Saxo does not name the bishop's fortress (Boserup 1975). The lower storey of the palatium (31x11 m) was divided into three rooms. The staircase situated in the middle of the western front of the

house may reflect the existence of a central hall in the upper storey, with one or two small rooms in the ends. The round chapel immediately north of the palatium was probably two-storeyed, having a direct access to the upper floor of the palatium. The lay-out of Søborg recalls the disposition of Goslar. However, it is not sure that we ought to point Goslar out as the only model. More likely, Søborg shall be considered as a very fine and ambitious adoption of western palatine architecture. More examples are known where a hall-building is associated with a separate two-storeyed chapel, the earliest model being the palace of Charlemagne in Aachen and its magnificent octagonal chapel.

Other round churches, reflecting an aristocratic character (the round churches of Bornholm are excepted), can be mentioned. The remnants of a probably single-storeyed round chapel on an isolated mound has been excavated at Pedersborg castle (Fig. 5), next to a 40 m long stone-house dated ca. 1200 (Liebgott 1982). The size and the quality of the house at Pedersborg indicate that it was a palatium and its association with a round church reminds one of Søborg — and thus of European palatine architecture. It is likely that a private access led from the upper storey of the palatium to the chapel on the mound. The palatium was heated by a hypocaust, like the large house in Kalundborg from the same period, which was probably built by Esbern Snare from the Hvide family, and like a later house (ca. 1300) of the royal castle Hindsgavl. Hypocausts are rare and their presence indicates the exceptional quality of a building (Hertz 1975, 1990 82—83). When Pedersborg appeared in history it was owned by Peder Thorstensøn, who was an important member of the Hvide family. The palatium, the biggest known in Denmark (Fig. 3) was probably built by his children or grandchildren before the castle was given to Sorø abbey in 1205.

In other cases, only the church is known e.g. at Bjernede, situated a few km from Pedersborg. By the way, the round church of Bjernede was built by relatives to Peder Thorstensøn who had their manor near the church. One may also consider the church at Thorslunde in Jutland, where the Land-book of king Valdemar mentions a royal manor (Nyborg 1989, 97—98). The church of Ledøje is not circular but it has two storeys as known in the palatine architecture, (which also presents rectangular two-storeyed chapels) and structures have been found near the church (Stiesdal 1980).

In the castles, we may distinguish a first generation of palatiums, older than ca. 1210: Søborg, Pedersborg and Kalundborg. The archbishop's building at Åhus is probably from the same period, but its type is quite different and it may be better to use a more neutral term such as stone-house instead of palatium, implying an important part of princely ostentation. The three houses are all very large — the largest of Denmark (Fig. 3). In Pedersborg and in Kalundborg they were heated by hypocausts. Although some of them are situated near the ringwall, they have not been integrated into it, contrary to the more recent ones in the castles of Dragsholm, Nyborg, and Tranekær. This disposition stresses their residential and representative function. However it must not be forgotten that these castles are of an older type, where the buildings more often are isolated from the ringwall.

Tranekær (Fig. 6) is the best preserved palatium of Denmark (Stiesdal 1975). The castle was royal, however it belonged to the duke of Southern Jutland in the second half of the 13th century. It is possible to distinguish the original room partition in the upper storey, which had a narrow central passage (?) and two large rooms at the ends. Tranekær has not a big central hall, but the large rooms were however originally ca. 12 m long and at least 9 m wide that is 108 m^2. The storey was then lightened by fine norman windows, which were later replaced by large ogival ones. The interior has also been reduced when the eastern and northern walls were reinforced to fortify the castle.

In Nyborg and in Dragsholm only the elevations of the two storeys have been preserved. Dragsholm, which can probably be dated to ca. 1200—1250, belonged to the bishop of Roskilde. On this background, it is interesting to note that the three groups of windows, each consisting of three openings with a bigger central one, are identical with the eastern windows of the Roskilde cathedral (la Cour 1972 II 137—46). The windows at Dragsholm suggest the existence of a big and luminous hall. As in Nyborg, the original room partition is not known in Dragsholm.

In the end of the 13th century, the great assemblies of the Danehof were held in Nyborg (Fig. 7). The only preserved architectural details from the romanesque palatium are a central window in the second storey and a wide door in the lower storey. We cannot even be completely sure of the original length of the house (Fig. 8) and the often published plan is very uncertain (cf. infra). The lower door is very wide and remind of a door of the lower storey of the Swedish king's manor at Vadstena. At Vadstena the door led into a horse-stable (Anderson & Berthelson 44—48), but this is more unlikely in Nyborg because of the steep steps leading to the cellar, which a horse would hardly appreciate. The function of the cellar is not clearly defined. The western front of the Nyborg palatium, which is integrated in the ringwall has a semi-circular niche in both sto-

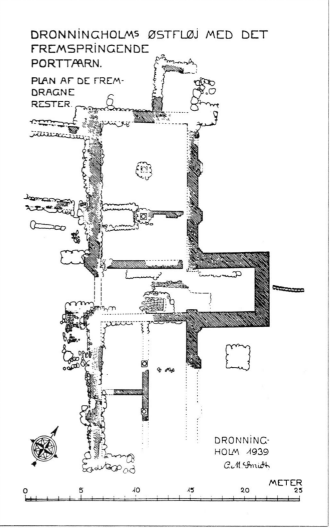

Fig. 9. Plan of the Dronningholm palatium (ca. 1200—75). The central pillars indicates that the building had two vaulted aisles, the outer fronts were divided by lisens. The building probably had a big hall in the upper storey (Smidt).

reys. Associated with the tower in the southern corner of the ringwall and a thickening of the palatium's wall, the semi-circular niche has been interpreted as a flanking tower. These features have been used to argue that the ringwall of Nyborg was entirely covered by semi-circular flanking-towers. However, the reconstructed towers are not projecting enough to be of any use. Furthermore, it is difficult to understand the concrete organization of the defense and the use of the upper storey in a palatium, which was divided by two flanking-towers. Perhaps one should interpret the semi-circular tower as an apsis-like arrangement, being a part of the internal disposition of the hall in the upper storey? In the much older Aachen-palace of Charlemagne, the emperor throned in an apsis, placed in the middle of the long side of the hall. The suggestion is more a question than a hypothesis, as the original room-partition of the Nyborg palatium is unknown. Besides, only an extensive study of the princely residences in the German Empire can con-

Fig. 10. The vaulted room of Egholm castle is the best preserved secular room in Denmark from the 13th century. It reflect an outstanding position of its owner, but its dimensions are modest when compared to the palatiums or even to the royal hunting-house of Stensby (From Hertz).

firm if such apsises survive in the romanesque palatine architecture.

The palatium of Dronningholm (Fig. 9) is probably from the same period as Tranekær and Nyborg. The building is of an excellent quality, situated on a moated site near the lake of Arresø. When the castle is mentioned in 1342 it is royal, but its origin is not known. Is the king likely to have built such a great monument in the first half of the 13th century, not far away from the castle of Søborg? or was Dronningholm originally built by another prince? The architecture dates Dronningholm to the first half of the 13th century, but nearly all the artefacts date from the later Middle Ages (Smidt 1940 76—77). This may be due to later transformations of the site, destroying the older layers, or perhaps the excavations were not deep enough in all the places, where older layers may have been preserved. Finally it cannot be excluded that the palatium is younger than hitherto presumed. The gateway of the site crossed the lower story of the palatium, dividing it into two equal parts.

	Valdemar II 1202-41	Erik 4 1241-50	Abel 1250-52	Kristoffer I 1252-59	Erik 5 1259-86	Erik 6 1286-1319	Kristoffer II 1320-26, 30-3	Valdemar III 1326-30
Aggersborg [ ]					1			1
Fehmern/ Glambek (Erik 6) □	1	2				1		
Helsingborg □		1		2	1	17		1
Helsingør □? *					1	6		
Hindsgavl/Middelfart □(*)					1	3		
Horsens □ *					2	4		1
Kalundborg □ (◊)	1					2		2
Kolding □		1				5	2	1
København □ Ω *		1		1		6		3
Laholm □ ◊					2			
Lund Ω *	2		2	2	4	6		1
Nyborg □ *		1	3	2	15	29	2	3
Nykøbing F □ *					5	3	3	
Odense *		1	9	1	9	15	2	1
Pedersborg □ ◊					1			
Ribe □ *	1	4	2	6	6	11	1	3
Roskilde Ω *	3		2	1	19	31	6	
Samsø [ ]	3							
Sakskøbing *					1	1	4	
Skanderborg □							1	
Skanør □ *			1				1	
Slesvig/ Hedeby (Glipping) □	9	1	1	1	2			1
Stege □ *						6	2	
Stensby/Kalvehave [ ]	1	1		2		2		
Søborg □ *			2	1	2	22	2	
Sønderborg □ ◊ *					3			
Tranekær □ ◊						7		
Taarnborg □ *				2	2	2		
Viborg □ *	1		1	1	4	6		2
Vordingborg □ *	11	2	3	13	6	42	16	
Ålborg □? *					5	2		

□ Royal castle   [ ] Probable royal house or castle   ◊ Nobleman's castle   Ω Bishop's castle   * Town   **Bold** : place with preserved palatium

Table 1. Enumerated stays of the danish kings in the medieval Denmark from 1202 to 1333. Only places where more than 5 stays have been attested are included, unless the place presents a particular archeological or historical interest (ANJ).

This type of access is unusual, but the upper storey may have been a single spacious hall, perhaps one of the largest of the period (Fig. 3). Dronningholm had no ringwall and considering the exceptional quality of the buildings, the site is perhaps more likely to be a manor, like Vadstena or Alsnö in Sweden. However, Dronningholm was rather well-protected by the surrounding wet areas and it can be argued that the important castle of Hindsgavl did not have a ringwall either, but this castle was even better protected by the nature, situated near the sea on an isolated and steep hill, and where the only acces was by a long dam. (Møller 1944). Finally, the remnants of a palatium have perhaps been excavated at Hjortholm

castle, owned by the bishop of Roskilde. The house is badly conserved but it is rather wide and has apparently been vaulted with trefoiled ribstones and some fine architectural details were also founded at the site. The building was integrated into the ringwall, it may be contemporanous with Dronningholm and Egholm (Nystrøm 1937 500—501).

When the owners of a site with palatium can be identified they always belongs to an extremely restricted élite, mostly playing an important part in the ruling of the country. This is also the case of the earliest medieval castles, but only few of these monuments can be proved to have a palatium. The palatiums are not only magnificent living-houses,

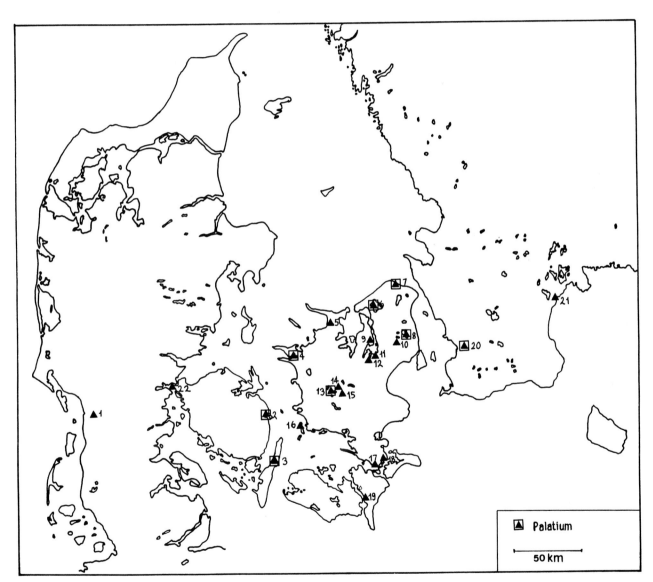

Table 2. Places mentioned in the text, situated in the medieval Denmark.

1. Ribe	9. Egholm	17. Vordingborg
2. Nyborg	10. Ledøje	18. Stensby
3. Tranekær	11. Roskilde	19. Nykøbing F.
4. Kalundborg	12. Lejre	20. Dalby
5. Dragsholm	13. Pedersborg	21. Åhus
6. Dronningholm	14. Bjernede	22. Hindsgavl
7. Søborg	15. Fjenneslev	
8. Hjortholm	16. Agersø	

they had a clearly representative function designed to princely ostentation and prestige. Their sophisticated architecture and their size illustrate that the mighty Danes knew how a prince should display himself and that they ambitioned to follow the same ideals of prestige as in Europe.

On that background it is interesting to look at the castle of Egholm (Fig. 10), owned by count Jakob of Halland. The investigations revealed a very fine vaulted room in romanesque style, the best preserved secular room from the 13th century (Hertz 1962). Traces in the walls showed that the upper storey had been of half timbered work but the use of bricks reflect the importance of the owner. Only the northern part of the house has been preserved, but it appears clearly that this bulding was much more modest than the palatiums mentioned above (Fig. 3). Even if we may qualify Egholm as a prince's residence it is obvious that it did not have the same function as the palatiums described above.

Another, more modest, type of royal residences is represented by the hunting-houses. The Land-book (ca. 1231) of Valdemar enumerates several houses especially on the small islands, which in Denmark replaced the European princes' walled game-parks. The game-park was often an important element of a prince's residence, just as hunting was an essential part of his life. It is not mere chance when nearly all princes were passionate hunters. Hunting was much more than a sport, it was the training for war and the foremost symbol of nobility. On this background it is more easy to understand the use of hunting-houses, even if it of course was possible to hunt in places without such residences as proved by the dramatic events at Finderup and Lyø.

The hunting-residence at Stensby in Kalvehave parish was even the place of important — but discrete? — negotiations about the ransom of Valdemar II, captured by Henrik of Schwerin when hunting at Lyø; Erik VI Menved also stayed here (Table 1). The remnants of a brickhouse (12x8,5 m, Fig. 3) can still be seen at Stensby (la Cour 1972 II 35—39). The building occupies the whole surface of a little moated islet. Another of the Valdemarian hunting-residences, at Agersø, is worth interest. Agersø is a small island in the Storebælt and in the register of the islands, Valdemar's Land-book enumerates notably deer, house and monkeys! These animals can hardly be regarded as local fauna and their presence must be associated with the king's house. In Europe, most of the great princes had a private zoo at their residence and exotic animals were very popular gifts. The monkeys may indicate that the house at Agersø was a rather important hunting-residence of Valdemar II.

Finally it is interesting to approach the use of the royal residences and to question if certain meetings were located to specific places. Some residences, often situated in an important castle, can be sup-

posed to have played a more outstanding part in the display of the king and his power. This was clearly the case in France, where a very great number of the most important meetings especially in the 13th century were held at the royal residence at Vincennes near Paris, and not in the castle of Louvre inside the town (paper presented by Jean Chapelot in a GRECO-session). Of course Vincennes cannot be compared with the Scandinavian residences, but some of the principles may be alike. The king could govern from any place in the kingdom, but some places could better display his status. I have tried to test this supposition by considering the edition of diplomas since the reign of Valdemar I till the reign of Valdemar III in Diplomatarium Danicum (Table 1). Table 1 is mainly based on the article by Thomas Riis about the importance of the Danish kings' travels in their realm, but also on an analysis I have made to examine the relation between Erik VI Menved's stays and the royal castles (Riis 1981, Jaubert 1985 70—71, 1987 223). In order to estimate the importance of the residences I have consulted several diplomas dating from the reign of Erik IV Plovpenning to the reign of Erik VI Menved. The nature of the diplomas as well as the number and the importance of the witnesses have been considered. The observations would be more precise when including the stays of the queens and an attentive reading of the narrative documents, but this implies a much more extensive research. The presented observations shall thus only be considered as a rapid survey, testing the interest of the method.

The enumerated stays of the kings naturally depends on the conservation of the documents. So, the older periods are badly represented, and kings who had governed for many years have left more evidence than kings ruling for a few years. These distortions make it out of question to attempt a chronological lecture of Table 1. and it would be absurd to conclude that Erik VI Menved, who is the best documentated sovereign, was more frequently at Vordingborg than Valdemar II. Only the places with minimum 5 royal stays during the period are included, unless the site presents a particularly historical or archaeological interest e. g. Aggersborg and Pedersborg.

Obviously, the kings often resided at Vordingborg, one of the foremost castles of medieval Danmark. Both Valdemar I and Valdemar II died here and many of the great meetings, assembling the mightiest of the country, were held here. It was at Vordingborg that Valdemar II presented his Jutland law. Some of the very few feudal ceremonies were also celebrated at Vordingborg; when the fiefs called fanelen (fief of) were attributed. It happens at least twice at Vordingborg and once in the castle of Nykøbing Falster. The residence of Nykøbing also played an important part on several occasions. Furthermore, during the second half of the 13th century it is worth noting that the Queens Margrethe and Agnes, at least when they were widows, very often resided here.

The diplomas suggest a very specific use of the residence at Nyborg. In the end of the 13th century the king stayed here during a limited period each year, but he rarely seems to reside here the rest of the time. The king's stays must obviously be related to the assemblies of the danehof held at Nyborg, whereas the kings apparently prefered to reside elsewhere the rest of the year.

Søborg was a very popular residence of Erik VI Menved. He often stayed in this castle, where he also celebrated Christmas. Furthermore, on two occasions, when Erik VI Menved borrowed money, he engaged himself to take house arrest with his suite at Vordingborg or at Søborg if he was unable to return the loan (D.D. II:7 457; II:8 126). Nevertheless, when considering the nature of most of the diplomas and the list of witnesses related to Søborg, the representative functions seem less important at Søborg than at Vordingborg or Nykøbing Falster.

Ribe was one of the most important towns in Denmark, where kings have stayed several times. The wedding of Valdemar the Young was for instance celebrated here (DD I:2 98). Actually the excavations of the older phases of Ribe castle have been limited to very small surfaces and it is impossible to get an idea of the oldest phases (Jensen & al. 1982 57). The presence of a now disappeared church consecrated to St. Clemens in the neighbourhood must be stressed as St. Clemens was often related to royal churches (Cinthio 1968).

The numerous stays of the kings in Roskilde appear surprising. Roskilde was the bishop's town and there was no important royal castle at this place. The fortress of Haraldsborg belonging to the Crown was a small earthen work — a motte — constructed in the beginning of the 12th century and which hardly could have any residential or defensive value in the 13th century. Nevertheless Erik IV Menved died in Roskilde and next to Vordingborg is the place where the greatest number of his stays are attested. His father Erik V Glipping was also very often in this town. In the 11th century Adam of Bremen writes that Roskilde was the king's residence "sedes regia Danorum". In Saxo the royal manor in Roskilde also seems important, and it was the place of a Christmas feast in 1157 (the blood-feast of Roskilde) gathering the three kings Svend, Knud and Valdemar. The king's manor was situated near the cathedral. Saxo describes the residence as a building with two storeys including a big hall. The manor must also have had a bath as king Svend excused his absence by a headache provoked by the heat and the steam of the bath. We know little about the abandon of this manor, only that the king yielded the ground ca. 1450 (Nielsen 1980 134—135). It possibly still existed when Erik VI Menved in 1318 concluded peace in

Roskilde with Håkon of Norway, Birger of Sweden and the men of the deceased Swedish dukes Erik and Valdemar (DD II:8, 59). This seems all the more probable as Erik VI Menved died in the town in 1319.

The written documents confirm that important ceremonies were often located to specific places. Considering the number of important meetings in Vordingborg and in Nykøbing we may presume that these castles had a palatium, probably even more sophisticated than the buildings which have survived. Especially Vordingborg was a most important center since Valdemar I the Great. The excavations of Roussell in 1941—42 revealed the remnants of an older timber built castle, but neither its organization nor its date has been determined. Several medieval phases were observed, suggesting an important evolution of the castle (la Cour 1972 I 104—106, 210—17) but their nature has not been specified. Besides, the inner court of the medieval castle has been disturbed by the construction of 18th century palace. The chances of excavating a palatium in Vordingborg are thus extremely limited. A study of the written sources preceding the modern constructions may perhaps give some further information about the most important buildings of Vordingborg, but it will probably mainly be the numerous royal stays and the great meetings which presume a large palatium at Vordingborg.

Written and archaeological evidence prove that many of the residences were used during all the Middle Ages and very often also during modern time e.g. Copenhagen, Nyborg, Tranekær to number a few. The question araises about continuity with the older periods. Some sites with important Viking settlement or monuments near a church may indicate a way of continuity e. g. Hvidding and Jelling. The large farm near the church of Lisbjerg is some decades later and may eventually have included a primitive church from the beginning (Jeppesen & Madsen 1990). In Norway, it is interesting to note that the parish church of Borg is situated precisely on the land of the viking chieftain's farm (Johansen 1988 42—43). The royal Swedish residence at Alsnö is built near important remnants from the Viking period and most interesting a rune stone from the 11th. century mentioning a royal bailiff (Thordeman, Fig. 7). In 1991, other vestiges from the viking period were excavated by Lars Sjösvärd at Alsnö (I thank Mats Mogren for this information). In Denmark the castles of Søborg and Pedersborg have revealed remnants of fortification from respectively ca. 600 BC and the 10th century. But in both cases the oldest medieval phases date from the 12th century and continuity can not be proved (Liebgot 1982 474, Egevang og Frandsen 1985 89—90). It seems more probable that the old fortifications were abandonded and then by mere chance reused in the Middle Ages. None of the other important Danish residences seem to have developed from an older settlement, unless one will see a continuity from Lejre, which has been the center of mighty chieftains, to the nearby town of Roskilde. Anyhow, if the question is studied further it is necessary to make a precise definition of continuity, when dealing with princes' residences.

I hope that the present survey has shown the interest of studying the princes' residences and that an extensive study and a rereading of the written evidence can give new and important information. Obviously, the Danish elite knew how the mighty princes in Europe displayed themselves and their position. The archaeological remnants indicate that the Danish and the others scandinavian princes shared the same ambitions of prestige.

Anatolij Kirpičnikov

STEINFESTUNGEN NORDRUSSLANDS. UNTERSUCHUNGSERGEBNISSE UND EINIGE BEWERTUNGEN

The Castles of Northern Russia. Results and some Observations

In Novgorod, from the 13th to the 15th century, the state had some stone castles built in the vicinity of main roads leading to the West. In the new border castles influence can be seen from Western neighborhood castles, those of the Teutonic Order and the Swedish Kingdom. These kind of features are the geometric layouts, projecting towers etc. From 1470 on, fire-arms began to have influence on the construction of the castles.

During the last few years, new archeological observations have been made in some northwestern Russian castles. In Staraja Ladoga, where the stone walls used to be dated to the 16th century, late 9th to 10th century lime stone walls with clay as building material have been found, and early 12th century walls with lime mortar as building material have been found (Fig. 2). A bastioned fortress was built by the stone castle in 1584-1586 (Fig. 8). The Oreschek (Nöteborg or Schlüsselburg) castle was founded in 1323, and stone towers are mentioned there in 1352. Excavations in Oreschek have shown that there has been a rectangular castle with a gate tower and at least one corner tower (Fig. 10). The Koporje castle was founded in 1240, and stone walls were built there in 1297. The northern part of the castle was modernized in 1520-1525, about 200 metres of the 13th century wall are still preserved in the southern part of the castle (Fig. 11).

Anatolij Kirpičnikov
PB 101
Russia-195252 St. Petersburg

Das Bauen von Steinfestungen in Nordrussland, und genauer im Nowgoroder
Land, entwickelte sich seit dem Ende des
13. Jh.s bis in die Mitte des 15. Jh.s Dieses Bauen
war sehr notwendig um das Land zu verteidigen,
seine Grenzen zu festigen und den Weg zur Ostsee
zu bewahren. Damals wurde die Rolle der
Grenzstützpunkte als Beschützer der Bevölkerung
und des Territoriums sowie als Vorposten, die die ins
Land führenden Wege bewachten, von neuem
bewertet. Die Errichtung der Festungen, die
Anstrengungen und Spezialwissen des Volkes
erforderte, wurde vom Staat immer umfangreicher
verwirklicht. Die Ingenieure und Baumeister wurden
überzeugt, dass Steinhindernisse sicherer und
dauerhafter sind als Holzhindernisse und dass sie
den damals häufiger werdenden direkten
Sturmangriffen auf die Städte, bei denen Bogen,
Armbruste und Steinschleuder benutzt wurden,
besser widerstehen. Hieraus erklären sich die
Bestrebungen, Steinbefestigungen eben an der
gefährlichen nordwestlichen Grenze zu errichten, wo
oft mit deutschen, schwedischen und dänischen
Nachbarn gekämpft wurde, die verschiedenartige
Belagerungstechniken benutzten. Eine Kriegslage
erforderte gemeinsame Handlungen und die
Anwendung untraditioneller Ingenieurmethoden
(Kirpičnikov 1983 66—78, 1984, 1990 104—111).

Die allermeisten altrussischen Steinbefestigungen waren nicht privat, sondern staatlich. Dadurch
wurden eine vorbeugende Wahl strategischer
Entscheidungen, eine umfassende Heranziehung
von Kräften und Mitteln und eine genaue
Zielbewusstheit der Aufgaben gewährleistet. Die
Verteidigung des Nowgoroder — und danach auch
des Pskower — Staats wurde so organisiert, dass es
dem möglichen Feinde schwieriger wäre, zur
Hauptstadt des Landes vorzurücken, aus welcher
Richtung er auch erwartet wurde; und dass man Zeit
gewinnen könnte, um Truppen zu mobilisieren. Die
Versuche einzelner Fürsten und Bojaren, ihre

Residenzen zu befestigen, hatten keinen Erfolg und
wurden um der örtlichen Separatismus zu
bekämpfen von den Behörden beseitigt.

Die nordrussische Festungsbaukunst war trotz
ihrer örtlichen Eigenart zu dieser Zeit nicht von der
gesamteuropäischen isoliert, insbesondere was die
Verwendung einzelner Verteidigungsknoten und
Bauelemente betraf. Die geometrische proto-
regelmässige Planung der Aussenteile einzelner
Nowgoroder Befestigungen (Oreschek, Orlez,
Jamgorod-?) nähern diese an die ordensbaltischen
Burgen. Im Nowgoroder Land wurden in der ersten
Hälfte und Mitte des 14. Jh.s Festungen mit einem
Turm errichtet (Oreschek 1323, Korela 1364, Orlez
1342). Derartige Gebäude sind offensichtlich
südwestrussische und estnische Entlehnungen.
Beeinflusst von Beziehungen zum Westen wurden in
Nordrussland wahrscheinlich Gebäude mit
flankierenden Türmen, geradlinige Mauerabschnitte,
Treppen innerhalb der Mauern und Sohlen-
schiessscharten eingeführt. Gleichartig wie in Reval
und Visby wurden in Nowgorod und Koporje im
Jahre 1361 und später die Mauern oben angebaut.
Die Struktur der Mauern wurde auch von den
allgemeinen Gesetzmässigkeiten abhängig gemacht. Sie wurden so gebaut, das zwei Kämpfer, die
sich auf der Mauer begegneten, aneinander
vorübergehen konnten.

Im letzten Viertel des 15. — Anfang des 16. Jh.s
wurden die nordrussischen Festungen ins moskauer
Zarenreich einbezogen und erfuhren dadurch eine
unerhört umfangreiche Umgestaltung, als Schiesspulver und Kanonen in die Kriegspraxis eingeführt
wurden. Vor 1470 war die Verteidigung der
"Steinburgen" in der Regel stärker als der Angriff. Die
Lage änderte sich, als die Artillerie so stark wurde,
dass sie die Mauern der Festungen durchbrechen
konnte. Zum ersten Mal in langen Jahrzehnten
begann sich die Belagerungstechnik schneller zu
entwickeln als die Vervollkommnung der Fortifikation. Die Verwendung neuer Waffen be-
schleunigte den Veränderungsprozess
der Verteidigungsgebäude und gab ihm
einen jähen, zeitweise sprunghaften
Charakter. Das bisherige Befestigungssystem erfuhr eine revolutionäre Umgestaltung. Standardisierte Steinkonstruktionen, regelmässig verteilte
halbrunde und quadratische Kanonentürme, Feuerschiessscharten und Stein-
treppen innerhalb der Mauern verbreiteten sich. Die Feuerwaffenver-
teidigung, besonders die flankierende,
wurde gleichmässig über das ganze
Perimeter der Befestigungen verteilt.
Die Dicke der Mauern und Türme wurde
vergrössert.

Der Sieg der Feuerwaffe und die
Entstehung der tatsächlich neuen Forti-

*Abb. 1. Aiwasovskij, I.A: Blick auf die Ladoga-Feste 1835. Russisches
Museum, St. Petersburg.*

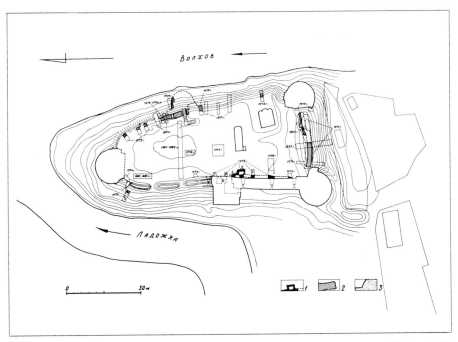

Abb. 2 Grundriss der Ladoga-Feste mit Markierung der Ausgrabungen von 1884—1982.
1 — die Mauerung aus dem Ende des 9. — Anfang des 10. Jhs.
2 — die Mauerung vom Jahre 1114
3 — die Mauerung des Tainitschnaja- (Geheimgang-) Turms von 1490.

fikation begünstigten in nicht geringem Grade den Kriegserfolg des russisch-moskauer Staats, der die feudale Teilung der russischen Länder beendet hatte.

Die neuen Vorstellungen von der Entwicklung des altrussischen Verteidigungsbauens gründen sich auf konkrete Entdeckungen. Wir werden jetzt von einigen darunter berichten, und wir beginnen mit Staraja Ladoga (heute eine Vorortsiedlung der Stadt Leningrad).

In Staraja Ladoga erheben sich auf der von den Flüssen Ladoschka und Wolchow gebildeten Landzunge die Ruinen einer Festung vom Ende des 15. Jh.s (Abb. 1). Sie ist teilweise restauriert und nach den Formen ihres Baustils gehört sie zweifellos zu den Befestigungen der Feuerwaffenepoche.

Durch die Arbeit der archäologischen Staraja Ladoga-Expedition war es möglich festzustellen, dass der Befestigung vom Ende des 15. Jh.s ältere Verteidigungsanlagen vorangingen (Abb. 2). Was uns zur archäologischen Erforschung brachte, war eine Nachricht in den Annalen, dass eine Steinbefestigung im Jahre 1114 (1116) hier gegründet wurde. Tatsächlich, diese "Annalenmauern", die aus Kalksteinsteinfliesen mit Kalkmörtel gebaut waren, waren nicht verschwunden, sondern wurden eingemauert in ein Mauerwerk einer späterer Zeit entdeckt. Von der östlichen Seite der Festung vom Ende des 15. Jh.s erhob sich dieses Gebäude vom Wolchow-Ufer. Fast die volle Höhe (8,5 m) ist erhalten, einschliesslich der Brustwehr und des Wehrgangs, der ungefähr 2 m breit ist (Abb. 3). In einem Abschnitt dieser Mauer, auf einer Höhe von 7 m über dem Fluss Wolchow, wurde ein Bogengang (1,7 m breit) entdeckt, durch den Ladegut und vielleicht auch Trinkwasser gehoben werden konnten (innerhalb der Festung gab es keine Brunnen). Solch eine Vorrichtung, die bisweilen in Burgen Nord- und Mitteleuropas anzutreffen ist, wurde bei den Denkmälern der Alten Rus erstmalig nachgewiesen (Abb. 4—5). Von der südlichen Seite krönte die Mauer vom Jahre 1114 einen Wall und stellte eigentlich dessen Brustwehr dar (Abb. 6). Der Fund in Ladoga ermöglicht in gewissem Masse ein Urteil über Höhe und Einrichtung der Wände auch bei vielen nicht erhaltenen Holzfestungen. Zum ers-

Abb. 3. Stirnseite der Mauer von 1114 an der Ostseite der Festung. Die Hintermauerung ist zu sehen.

Abb. 4. Öffnung mit Oberteil der Mauer von 1114. Vom Wolchow-Fluss gesehen.

Abb. 5. Die Ladoga-Feste im 12. Jh. Rekonstruktion.

ten Mal wurde das Prinzip klar, nach dem nicht die Höhe der Mauern in allgemeinen, die auf jeden Fall für jeden Mauerabschnitt gleich war, wichtig war, sondern die Höhe der Brustwehr in Bezug auf das umgebende Gelände. Die Befestigung von 1114 war, hinsichtlich der Grösse und Struktur der Mauer, ein Vorläufer der Wehr-Steinfestungen, die in Russland im 13. und 14. Jh. gebaut wurden.

Die Ausgrabungen in der Ladoga-Feste des 12. Jh.s gingen schon zu Ende, als im Schürfgrubensturz unerwartet eine Wand zum Vorschein kam, deren Platten dieses Mal nicht mit Kalkmörtel, sondern Lehm zusammengefügt waren. Dieses Bauwerk konnte auf derselben Strecke verfolgt werden, wie die Mauer von 1114; innen schloss sich ein angebauter Turm an, dessen Innenmasse 2,1x3 m betrugen (Abb. 7). Nach den herabgefallenen Brocken und dem Bauschutt-Agglomerat zu urteilen, betrug die ursprüngliche Höhe der Wand, die 3 m breit war, mindestens 3 m. Die aufgedeckten Teile dieses Bauwerks können auf das Ende des 9. bis Anfang des 10. Jh.s datiert werden und erheben den Anspruch, zum ältesten Steinbau aus den ersten

Jahrhunderten der russischen Geschichte zu gehören. Diese Befestigung kann man mit der Tätigkeit des grossen Fürsten Oleg des Weisen (882—912) in Verbindung setzen; dieser begann "Stadtfestungen zu erstellen", um das Land zu festigen und gegen Raubüberfälle der Norrmannen zu schützen. Der Fund in Staraja Ladoga konkretisiert und entziffert den strategischen Befestigungsplan, den das neuentstandene Reich erarbeitete, sobald gegen Ende des 9. Jh.s sein nördlicher und südlicher Teil vereint wurden (Anderson 1971 *39—40*).

Die der Struktur nach ähnlichsten Trockenmauerbauwerke wurden auf dem Territorium des Karolingerreichs gebaut. Das waren kleine, der Geländegestaltung untergeordnete und mit perimetralen Steinmauern konturierte Ansiedlungen mit einigen Eingängen und hierzu auch Wällen und Gräben. Was die Türme betrifft, so sind sie in der Merowingerepoche selten, sie werden immer öfter in Westeuropa erst in der Karolingerzeit gebaut (in den Jahren 750—900). Diese Türme wurden von Fall zu Fall (unregelmässig) innerhalb der Mauern errichtet und dienten keineswegs zu flankierendem, sondern frontalem Höhenschiessen und als Wachttürme (Uslar 1964 *202* ff *Abb. 37, 50, 55,75*). Es ist schwer zu sagen, ob die ursprüngliche Ladoga-Steinfeste von rheinländischen Meistern oder anderen errichtet wurde (Mühle 1991 *53*). Ich glaube, dass die Lage der Stadt am Unterlauf des Wolchow-Flusses auf dem wichtigsten euroasiatischen Handelsweg die Errichtung so eines Bauwerks erleichterte, sobald es notwendig wurde.

Also dort wo sich die Steinfestung vom Ende des 15. Jh.s befindet, offenbaren sich drei aufeinanderfolgende Steinbauwerke: vom Ende des 9. — Anfang des 10., vom Anfang des 12. und von der Wende zum 16. Jh. Dieses einzigartige "Befestigungsmuseum" wird durch einen Erdbau mit drei Bastionen ergänzt; dieser wurde 1584—1585 an der südlichen Feldseite der Steinburg

Abb. 6. Die Mauer von 1114. Südwall. Nach den Ausgrabungen von 1973.

errichtet (Abb. 8). In Ladoga sind die Wälle so einer "Erdwehr" (in den russischen dokumenten "semljanoi gorod" genannt) mit einer Höhe von bis zu 5 m erhalten, und ursprünglich wurden sie mit einer Holzwand und Türmen ausgerüstet. In Russland erschienen die ersten Bastionen nicht am Anfang des 18. Jh., wie man gemeint hat, sondern schon gegen Ende des 15. Jhs.; nach weiteren hundert Jahren waren sie keine Seltenheit mehr (Kirpičnikov 1978 *471—499*). In Bezug auf die Verwendung von Erdwehranlagen kann das Russland des 16. Jh.s als eines der empfänglichsten und aktivsten europäischen Länder betrachtet werden.

Im Jahre 1323 wurde auf einer Insel am Ausfluss der Newa die Holzfestung Oreschek von den Nowgorodern errichtet. Dieser Vorposten wurde nach Ladoga die zweite Befestigung, die zur Ostsee vorgeschoben war, um die Newa und ihre Umgebung gegen die schwedische Expansion zu sichern. Im Jahre 1352 baten die Nowgoroder Bojaren und das gemeine Volk demütigst ihren Herrn, den Archiepiskopus Wassili, er möge auf der Insel Steintürme erbauen. Die ungewöhnliche Bitte des ganzen Nowgoroder Volkes und die Anteilnahme des Oberhaupts der Nowgoroder Republik in eigener Person verliehen dem Bau von der "Steinstadt" Oreschek einen ausserordentlichen Charakter. Es ist deshalb kein Zufall, dass die Oreschek-Feste nach Vollendung dieses Baues die erste Steinfestung im Norden des Landes war, die nicht nur mit einem, sondern mit mehreren Türmen bewehrt war. Möglicherweise begann gerade von Oreschek eine in Russland intensive Verbreitung von vieltürmigen Steinwehrbauten, die für jene Zeit

Abb. 7. Staraja Ladoga. Die westliche Innenwand des Turms. Ende des 9.—10. Jhs.

neu waren. Nach zwei bis drei Jahrzehnten wurde diese verbesserte Fortifikationstechnik allgemein notwendig und gestattete es, das gesamte Verteidigungssystem der Städte zu aktivieren.

Die Befestigung aus dem Jahre 1352 ist auf der Erdoberfläche nicht erhalten geblieben, wurde aber wider Erwarten bei Ausgrabungen im Inselzentrum entdeckt. Die Wand war 2,7 bis 3,3 m dick und ist bis zu einer Höhe von 2,5 m erhalten. Das Mauerwerk besteht aus Feldsteinen mit ausgleichenden Plattenzwischenlagen und Kalkmörtelbindung. Es gelang auch, Teile zweier Türme aufzudecken: eines Torturms in der Wandmitte (Abb. 9) und eines Eckturms (ursprünglich waren es offensichtlich mehr). Die Türme scheinen so verteilt gewesen zu sein, dass sie ein Flankenfeuer längs der Wänden gewährleisteten. Im Grundriss war die Befestigung vierkantig mit einer Fläche von 90x100 m (Abb. 10).

In seiner Regelmässigkeit erinnert Oreschek von 1352 an die Burgen einiger baltischer Länder. Im Aufbau der Türme und in der Anordnung und dem Umriss der Mauern ist die Festung am Ausfluss der Newa vergleichbar mit dem Schloss in Turku (1280—1290), der Königsresidenz Kalmar (Ende des 13. Jh.s oder etwas später), den ursprünglichen Türmen und Mauern der Unterstadt von Reval (1330—1340) und den litauischen Festungen Medininkai und Krewe (1320—1350) (Kirpičnikov 1984 *114—115*). Mit Hilfe der gefundenen Übereinstimmungen kann man sich die nicht erhaltenen Oberteile von Oreschek vorstellen. Die Mauern waren etwa 5—6 m hoch, und die Türme — unter Berücksichtigung, dass die Festung auf einer Insel lag — erhoben sich nur ein wenig über die Mauer. Zu den wahrscheinlichen gesamtnordbaltischen architektonischen Elementen der Festung am Ausfluss der Newa ge-

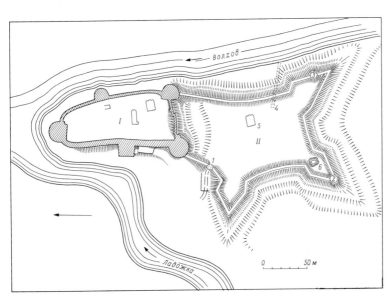

Abb. 8. Staraja Ladoga. Grundriss der Steinfestung (I) und der Erdfestung (II). Rekonstruktion.
1—3 — Türme der Erdfestung
4 — Geheimgang zum Fluss
5 — Kirche des heiligen Kliment
6 — Teich.

Abb. 9. Oreschek. Fuss des Torturms von 1352 mit angrenzendem Wandabschnitt.

hören: die Halbbruchsteinmauerung und das Vorhandensein eines Torturms in der Wandmitte in einem rechtwinkligen Zaun. Im ganzen ist die Festung von 1352 ein Bauwerk, in dem lokale russische und fremdländische bautechnische Merkmale vereint und gemischt sind. (Festungen mit trapezförmigem und rechtwinkligem Grundriss wurden in Russland seit dem 10. bis Anfang des 16. Jh. sporadisch gebaut.) Die Unbestreitbarkeit der Entgegensetzung von Russland und der euro-baltischen Welt in Bezug auf die Entwicklung der Kriegsbaukunst verliert durch das Beispiel von Oreschek ihre Gültigkeit. Wir sehen ausserdem vereinigende Kriegsentscheidungen, die sich im Militärwesen von Nachbarn immer durchgesetzt haben.

Einer der Landwege führte von Nowgorod in das brotreiche Vod-Land und endete in Koporje. Diese Ortschaft diente lange Zeit als Zentrum für den Schutz der Südküste des finnischen Meerbusens und für die Nowgoroder Gebietsverwaltung.

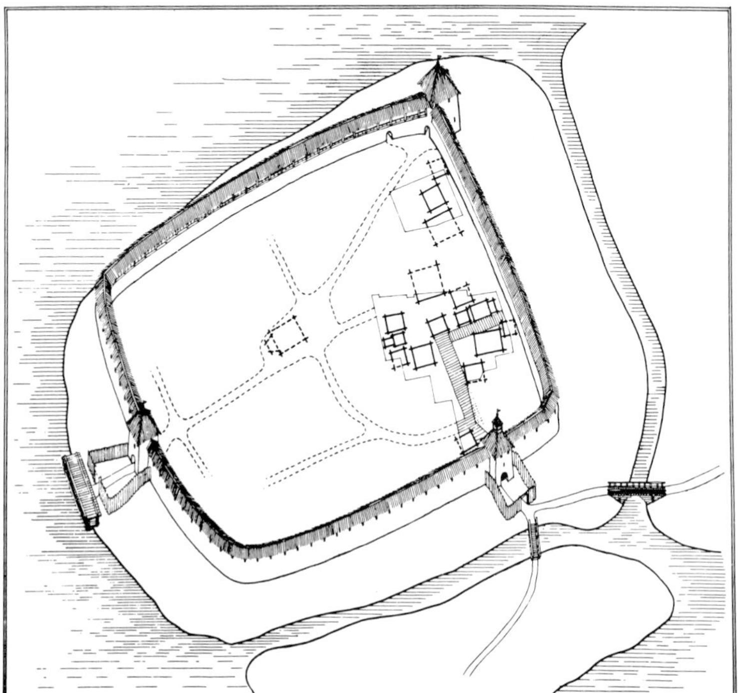

Erstmalig wird Koporje im Jahre 1240 erwähnt; 1280 errichtete hier Fürst Dmitri, der Sohn von Alexander Newski, eine Steinfestung an Stelle der früheren Holzfestung. Es ist bemerkenswert, dass es die erste Wehranlage aus Stein in Nordrussland war, die in der Zeit des Mongolenjochs errichtet wurde. Der erwähnte Bau wurde aber bald zerstört; die Chronik berichtet aber, dass die Nowgoroder im Jahre 1297 "eine Burg Koporje aus Stein errichteten" (Annalen 1851 *202*). Dieses Mal handelte es sich nicht um eine Residenz im Privatbesitz, sondern um eine staatliche Festung des Nowgoroder Landes. Leider bricht hier die Chronik ihren Bericht über den Bau von Koporje ab. Erst in der letzten Zeit gelang es aufgrund einer dendrochronologischen Analyse der Verstrebungs-Schnitte genau festzustellen, dass diese Nowgoroder Festung eben in den Jahren 1520—1525 wesentlich umgebaut und dem Geschützfeuer angepasst wurde. Die Baumeister haben aber keine Änderungen am sturmfesten südlichen und südöstlichen Teil der Festung (Gesamtlänge fast 200 m) vorgenommen; er war bereits 1297 errichtet worden. Deshalb ist dieser Teil stellenweise gänzlich erhalten geblieben, wodurch eine Beurteilung der ursprünglichen Festungsein-richtung möglich wird. Ein detailliertes Studium dieses Festungsabschnittes wurde durch die archäologische und bautechnische Erforschung gefördert, die unter Leitung von Dr. O. Ovsjannikov durchgeführt wurde, und an der auch der Verfasser dieses Berichts teilgenommen hat.

Die mehr als 2 m dicke Wand erreichte (unter Einbezug der Brustwehr für die Schützen) eine Höhe von 7,5 m. Im Grundriss ist sie in mehrere leicht gewölbte Abschnitte unterteilt; ihre Abschlüsse stossen an den Wehrbau aus den Jahren 1520—1525 (Abb. 11). Im letzten Drittel des 14. Jh.s wurde die Wand von 1297 aufgestockt und erreichte im Durchschnitt eine Höhe von 10 m. Hier äusserte sich das Bestreben, die Höhe des Schützen-Wehrgangs zu vergrössern.

Am Fusse der beschriebenen Wand wurde ein gewölbter Geheimgang entdeckt, der durch die Hügelböschung zum Wasser führt. Er wurde im Felsgestein ausgestemmt (Abb. 11 *6*). Beim Umbau der Festung im 16. Jh. wurde dieser Gang vernachlässigt und durch einen anderen an der Nordseite ersetzt. Dieser blossgelegte Geheim-gang entstand zweifelsohne gleichzeitig mit der Wand von 1297 und gilt heute als älteste Wasserversorgungsquelle für eine auf einer Anhöhe stehende Festung.

Abb. 10. Oreschek. Festung von 1352. Rekonstruktion.

Der von O. Ovsjannikov geleiteten Expedition ist es geglückt, Teile der Wand von 1297 dort zu entdecken, wo sie nicht erwartet wurde, und zwar an der Nordseite der Festung. Es hat sich herausgestellt, dass die Baumeister des 16. Jh.s nicht das alte Fundament ausnutzten, sondern ihre Anlage etwas vorgeschoben zur Hügelböschung verlegten. So gerieten die Reste der alten Wand ins Innere des Festungshofes und ermöglichten nach der Ausgrabungen eine fast vollkommene Rekonstruktion des Befestigungsplans von 1297.

An einer Stelle dieser Wand wurde ein Absatz entdeckt, der eine Wendeltreppe beherbergte. Nach französischen Entsprechungen (Kirpičnikov 1984 *176—177*) zu urteilen, führte solch eine Treppe zu einer (erkerartigen) Eckscharte, die ein Flankenfeuer ermöglichte. Es ist vielleicht die in der russischen Steinwehr-Baukunst die erste Vorrichtung, die als Vorläufer des Flankenturms angesehen werden kann. Flankierungsvorrichtungen wurden beim Bau von nordeuropäischen Festungen im letzten Viertel des 13. Jh.s eingeführt. Nach dem beschriebenen Detail in Koporje zu urteilen, wurde diese kriegstechnische Novität in der Nowgoroder Rus um die gleiche Zeit ausgenutzt.

Das Verzeichnis der architektonisch-archäologischen Beobachtungen kann fortgesetzt werden, aber von den angeführten Beispielen wird man schon überzeugt, dass das Schaffen der nordrussischen mittelalterlichen Festungen unvorstellbar ist, ohne die lokalen, gesamtrussischen und eurobaltischen kriegstechnischen Methoden und Errungenschaften zu berücksichtigen. Die Erforschung dieser komplizierten Erscheinung soll fortgesetzt werden, wobei auch internationale wissenschaftliche Erfahrung ausgenutzt werden soll.

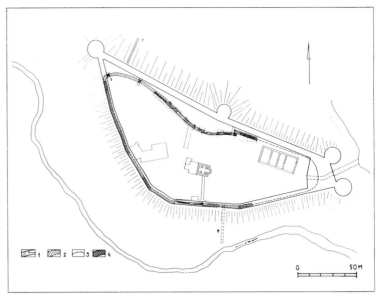

Abb. 11. Die Koporje Festung. Grundriss mit Markierung der Befestigungen von 1297, Zusammensetzung der Mauern 1520—1525.
1 — Teile der Mauer von 1297
2 — trassierte Teile derselben Mauer
3 — die voraussichtliche Lage derselben Mauer
4 — Mauerabschnitte von 1297, die bis zu ihrer vollen Höhe erhalten sind
5 — der Schurf, in dem die Mauern von 1297 und 1520—1525 verbunden sind
6 — Geheimgang von 1297
7 — Geheimgang vom ersten Viertel des 16. Jhs.

Napoleonas Kitkauskas & Vytautas Sliogeris

LITAUISCHE BURGEN IM ZEITRAUM DER BILDUNG UND ZENTRALISIERUNG DES LITAUISCHEN STAATES (11—15. JH.) — ERGEBNISSE IHRER FORSCHUNG.

Castles of Lithuania during the Formation and Centralization of the Lithuania State (the 11th — 15th centuries); the Results of Research

The earliest settlements in Lithuania were fortified in the first millennium B.C. When regional dukes appeared they lived in castles built on hills; settlements were attached to the castles. At present there are about 900 mounds reminding us of the places of the earliest castles in Lithuania.

Together with the centralization of the state of Lithuania (beginning in the 13th century) castles subordinating to the Great Duke of Lithuania were built. They concentrated in the middle of Lithuania further from the Baltic Sea (in Kernavé, Trakai, Vilnius, Kaunas) thus constituting the defence nucleus of the newly — created state of Lithuania.

From the second half of the 13th to the 14th century masonry castles with defence elements were built in the most important administrative centres. The Vilnius Lower Castle, the Vilnius Upper Castle, the second Kaunas Castle, castles in Trakai, and the convent — type castle in Klaipéda were intensively fortified. With the perfection of shooting arms at the end of the 14th century, in the 15th century castles were reconstructed adding towers for flank defence, taking some elements of the Romanesque and Gothic styles. They fulfilled the functions of safety and defence, representation and production. Inside there were casemates, residential houses, churches (Vilnius), armoury (Vilnius).

Napoleonas Kitkauskas
Institute of Monument Restoration
Zemaitijos 13/10
Lit-232024 Vilnius

Vytautas Sliogeris
Institute of Monument Restoration
Zemaitijos 13/10
Lit-232024 Vilnius

Die frühesten litauischen Verteidigungsein
richtungen wurden schon im 1. Jahrtausend
v. Chr. gebaut. Ihr Bau wurde auch im 1.
nach christlichen Jahrtausend fortgesetzt. Befestigte
Siedlungen wurden auf Hügeln errichtet. Im heutigen
Litauen sind bis zu 900 solche Burgberge erhalten
geblieben. Ihr Netz ist in Litauen bedeutend dichter
im vergleich zu den anderen Ländern der östlichen
Region. Auf einem Burghügeln lebten die Menschen
ständig — das waren Wohnburg-hügeln; auf
anderen versteckten sich die Einwohner der Gegend
erst in der Gefahrenzeit.

Von der zweiten Hälfte des 1. Jahrtausends bis
zum Anfang des 2. Jahrtausends n. Chr. entstanden
die ersten regionalen Fürstentümer. Diese
Kleinfürsten bewohnten "Hügelburgen", die schon
eine militärische Besatzung hatten. Um die Burgen
entwickelten sich Siedlungen, die die ländliche
Bevölkerung und Handwerker anzogen.

Seit dem Beginn des 13. Jh.s verstärkte sich die
Agression der Fremden in die baltische Länder; als
die Bildung eines zentralisierten litauischen Staates
anfing, wurden viele Burgen gebaut; die nicht nur

den einzelnen Landesherren, sondern auch der
Zentralregierung — dem Grossfürsten — unterge-
ordnet waren. Es formierten sich zwei Haupt-
verteidigungsareale — im westlichen Teil von
Niederlitauen (Shemaiten) und in der Landesmitte,
umringt von Nemunas, Neris und Merkys
(Cerbulenas K. 1987 18—32).

Die bedeutendsten Burgen des ersten Areals
sind u.a.: Apuole (erwähnt in Quellen des Jahres
853), Impiltis (1253), Veliuona (1291), Bisene
(1283), Medvegalis (1316), Satrija. Im zweiten Areal
waren folgende Burgen am bedeutendsten: Merkine
(1387), Punia (1382), Naujapilis(1374), Kernave
(1279). In Ostlitauen: Druksiai (14. Jh.), Utena,
Ukmerge, Maisiagala (1365), Nemencine, Vilnius,
Trakai u.a. (Abb. 1).

Von diesen Burgen sind heute meistens nur 20—
30 m hohe Burghügel geblieben, der Burghügel der
oberen Burg von Vilna erreichte sogar 40 m Höhe.
Die Holzburgen wurden von 2—9 m hohen Wällen
umringt, auf denen hohe, feste Holzpalisaden errichtet wurden. Manchmal hatten die Burgberge
sogar einige Sperreinrichtungen, zusätzliche Sper-

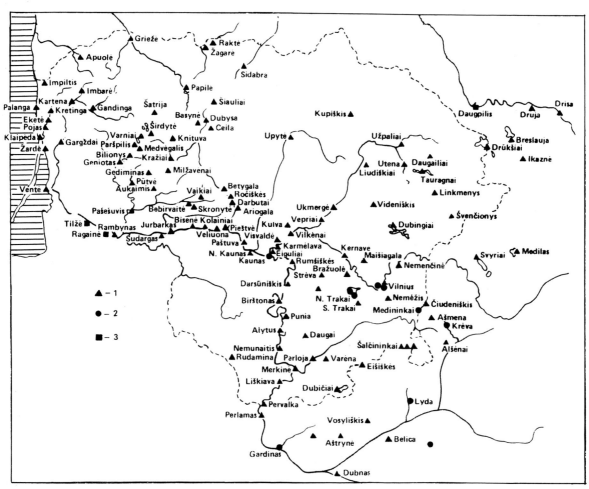

*Abb. 1. Die Lage der mittelalterlichen Burgen in jetzigem
Territorium Litauens (nach K. Cerbulénas):*
1 — Holzburgen
2 — Mauerburgen
3 — die Burgen des Kreuzritterordens

reinrichtungen wurden auf den Terassen von Burghügeln und am Hügelfuss gebaut. Nicht selten baute man an den Eckstellen viereckige oder achteckige Türme (z.B. Piestve, Brazuole, Veliuona).

Bis jetzt sind nur 10 % der Burgberge archäologisch erforscht. Ungefähr seit 1970 plante man in Litauen die Festigung der steilen Abhänge und auch das Ordnen ihrer Territorien. Dazu zwingt vor allem die Notwendigkeit, die Abhänge einiger Burgberge vor der Erosion zu schützen. Der zweite Grund ist die Förderung des Tourismus; die Notwendigkeit, einen Burgberg als Relikt der Vergangenheit des Volkes zu betonen und ihn der Gesellschaft präsentieren.

Ein Teil der Burgen in Mittellitauen hatte vielseitige Aufgaben, erfüllte administrative, Verteidigungs- und Wirtschaftsfunktionen schon in der Periode der Bildung und Zentralisierung des litauischen Staates.

Dies waren die Burgen von Vilnius, Kernave, Trakai, Kaunas. In Vilnius, Trakai und Kernave bildete ein Komplex von einigen Burgen, die sich nebeneinander befanden, den Verteidigungskern. Dieser Umstand zeugt von der gewachsenen strategischen Bedeutung dieser Gegenden und auch davon, dass sie sich als Residenz des Herrschers eigneten.

Man muss beachten, dass die politischen und kulturellen Zentren des eben entstandenen litauischen Staates sich im Inneren des Landes formierten, von der Ostsee entfernt. Dies ist deshalb geschehen, da seit dem Anfang des 13. Jh.s die ganze Haffküste in der Macht von zwei Orden war, mit denen der junge litauische Staat ständig Krieg führen sollte. Im 10.—12. Jh. begannen sich Kulturzentren der baltischen Volkstämme (Kurschen, Samländer) an der Ostsee zu formieren. Es ist bekannt, dass Kurschen und Samländer tapfere Seeleute waren, die die Beziehungen mit Dänemark aufrechterhielten.

In der zweiten Hälfte des 13. Jh.s und im 14. Jh. begann man in den wichtigsten administrativen Zentren von Litauen Steinburgen zu bauen. Anfangs waren sie von Kastell-Typ. Die ältesten von ihnen sind: die untere Burg von Vilnius, die Burgen von Medininka, Kreva, Lyda (zweite Hälfte des 13. Jh.s — erste Hälfte 14. Jhs.), die erste Burg von Kaunas. Diese Burgen wurden im Tiefland gebaut, meistens hatten sie einen viereckigen Grundriss. Das Hauptverteidigungselement bei ihnen war eine Schutzmauer.

Im oberen Bergabschnitt hielten sich die Holzburgen länger, aber auch hier begann man im 14. Jh. steinerne Sperreinrichtungen, Türme (die obere Burg von Vilnius, die Burgen von Gardinas, Naugardukas) zu bauen. Der Grundriss solcher Burgen war unregelmässig, er entsprach dem Umriss des Burgbergs. Für litauische steinerne Burgen wurden folgende Baustoffe angewandt:

Abb. 2. Grundriss der Burgen von Vilnius
I — Die Obere Burg
II — Der Königliche Palast in der Unteren Burg
III — Das Territorium des Bischofstums von Vilnius
IV — Der Park neben dem Palast
V — Das Arsenal

Feldsteine, Ziegelsteine, Kalk-Sand-Mörtel. Die frühesten gemauerten Gebäude wurden mit Hilfe vom hydraulischem Kalk und organischen Zusatzteilen gebaut. Das Kalk-Sand-Mörtel Gemisch war sehr fett. Das Verhältnis zwischen dem Kalkteig und dem Sand war 1: 0,4—1,3. Die Ziegel der früheren Gebäude waren von folgenden Abmessungen: 22—35 cm lang, 12,7—18,4 cm breit, und 4,2—10,2 cm dick. Einige Burgen dienten neben Verteidigungszwecken auch als Residenz von litauischen Grossfürsten (Burgen von Vilnius und Trakai). Residenz der früheren Grossfürsten waren auch die Burgen von Kernave, aber sie blieben bis zum Ende des 14. Jh. (bis zu ihrer Zerstörung) aus Holz.

Eine besondere Stellung nahmen die Burgen von Vilnius ein (Abb. 2). Die schriftlichen Quellen beweisen, dass hier im Jahre 1323 die Residenz des litauischen Grossfürsten Gediminas und die Hauptstadt des damaligen litauischen Staates war. Über den früheren Ort der litauischen Hauptstadt gibt es keine genauere Angaben. Die archäologischen und architektonischen Forschungen auf dem Territorium der Burgen von Vilnius in letzen Jahren brachten neue Resultate. Es wurde festgestellt, dass in der Unteren Burg von Vilnius in der Mitte des 13. Jh.s ein steinerner Dom gebaut wurde. In der Verteidigungsanlage aus Holz und Erde wurde damals ein viereckiger Turm gebaut. Man fand auch weitere Reste von Mauergebäuden, die in die zweite Hälfte des 13. Jh.s datierten. Sie standen in der Umgebung des Doms und am westlichen Fuss der Burg (zwischen dem Burgberg und dem Dom). Hier war der trockenste Platz, von drei Seiten durch die Flüsse Neris und Vilnia, auf der östlichen Seite durch steile Abhänge geschützt. Diese Gebäude hatten eine eigenartige Architektur, die Wände von einigen wurden durch regelmässige Nischen geteilt, die Fassaden waren aus roten Ziegelsteinen und nicht verputzt. Es scheint, dass hier der Palast von den

Grossfürsten (Vytenis, Gediminas, Algirdas) oder sogar des litauischen Königs Mindaugas (1236—1263) gewesen ist. Wie bekannt, vereinigte Mindaugas ungefähr im Jahre 1240 einzelne Länderterritorien zu einem starken Staat. Im Jahre 1251 liess sich Mindaugas taufen und wurde im Jahre 1253 unter Vermittlung des Papstes Ihnocenz IV als litauischer König gekrönt.

Die Zentralisierung des Staates wurde in dieser Zeit durch die entstandene äussere Gefahr gefördert: im Westen drangen Schwertbrüder — und Kreuzritterorden in die baltische Länder, im Osten war die Gefahr einer Invasion der Mongolen-Tataren. Die vorhandenen Burgen wurden befestigt und neue gebaut. Ein vereinigter, zentralisierter Staat konnte mehr materielle Ressourcen in den Händen des grossen Fürsten konzentrieren, es entstanden Bedingungen, gemauerte Gebäude zu errichten. Relikte von früheren Mauern mit wendischem Ziegelverband findet man am häufigsten in den Burgen von Vilnius. Die Reste alter Gebäude, die in der Unteren Burg von Vilnius gefunden wurden und die aus der Mitte des 13. Jh.s stammen, liefern zusätzliche Argumente, um die Hauptstadt von Litauen zu Mindaugas Zeiten zu lokalisieren. Es scheint, dass sie in Vilnius war und die Residenz von Mindaugas in der Burg von Vilnius, der grössten unter der damaligen Burgen Litauens. Die Ergebnisse der neuesten archäologischen Forschungen beweisen, dass im 13. Jh. auch die Stadt Vilnius die grösste Fläche im Vergleich zu den anderen Siedlungen vom Stadttyp des damaligen Litauens einnahm. Das ist auch ein wichtiger Umstand bei der Lösung der Hauptstadtfrage in der Zeit von Mindaugas.

Ein Teil der ehemaligen Steingebäude, die auf dem Territorium der Unteren Burg von Vilnius waren, wurden nach dem Brand im Jahre 1419 abgerissen. An ihrer Stelle wurde ein gotischer Palast gebaut.

Die Schutzmauern der Unteren Burg von Vilnius wurden am Ende des 13. Jh.s und in der ersten Hälfte des 14. Jh.s errichtet. Bis heute ist nur ein Verteidigungsturm erhalten geblieben, der im 15. Jh. in das Glockenhaus des Domes verwandelt wurde. Dabei wurde er mit einem achtwändiger Stockwerk erhöht, das für das Glockenhaus bestimmt war. Die Reste der anderen Türme und der Schutzmauern befinden sich unter dem Boden. Vor einigen Jahren wurden bei der Rekonstruktion des östlichen Gebäudes des Arsenals Reste des Eckturms der Schutzmauer von der Unteren Burg freigelegt. Es wurde festgestellt, dass die Schutzmauern der Unteren Burg 9—19 m hoch und 1,7—3,1 m dick waren. Festere, dickere Mauern wurden dort gebaut, wo die natürlichen Barrieren schwächer waren, d.h. auf der Trockenseite, von wo der Feind leichter herankommen konnte (Kitkauskas 1989 199).

Man hat keine Anzeichen gefunden, dass die Schutzmauern nach einiger Zeit verstärkt wurden.

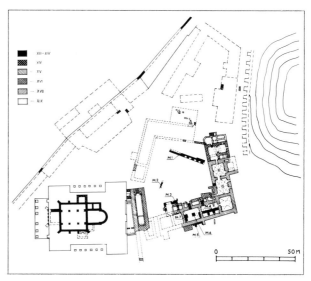

Abb. 3. *Grundriss des Domes und des königlichen Palasts in der Unteren Burg von Vilnius*

Die Schutzmauern der Oberen Burg waren 2—2,4 Meter dick. Die Schutzmauern der Unteren und Oberen Burg von Vilnius waren nicht dicker als die Mauern der anderen Burgen des Grossfürstentums Litauen. (Z.B. bei der Burg Medininkai 1,9 m, Kreva — 2,75 m, der ersten Burg von Kaunas — 2,1 m). Also die Wände der Unteren Burg von Vilnius hielten einem Beschuss von Wurfmaschinen nicht zuverlässig stand. Wahrscheinlich baute man sie, als die Feuerwaffen noch nicht verbreitet waren. Die Wirksamkeit der Schutzmauern wurde durch die Wälle, die Holzabsperrung und den Fluss erhöht. Oben genannte Hindernisse bildeten Bedingungen, die Ende des 14. Jh.s Angriffen der Feinde wiederstehen vermochte.

Seit dem Jahre 1987 werden die Überreste des Residenzpalastes der Unteren Burg archäologisch und architektonisch untersucht. Sie sind zum grössten Teil unter- irdisch. Nach der erhaltenen Ikonographie war der Palast vom späteren Renaissancestil (mit Elementen des Manierismus), ihn bildeten vier Gebäude, die um einen viereckigen Hof gebaut wurden (Abb. 3). Bis jetzt wurde östliche und das südliche Gebäude erforscht. Es wurde festgestellt, dass bis zur ersten Hälfte des 16. Jhs., d.h. bis der Renaissancepalast formiert wurde, an seiner Stelle im 15. Jh. ein gotischer Palast stand (Kitkauskas 1989 49—75). Nachdem die archäologischen Untersuchungen und historischen Quellenstudien abgeschlossen sind, wird der Palast höchstwahrscheinlich wieder aufgebaut werden.

Die Gebäude der Oberen Burg wurden in der zweiten Hälfte des 14. Jh.s errichtet, und am Anfang des 15. Jh.s wiederaufgebaut. Es wurde schon erwähnt, dass hier die Reste einer Befestigung und Siedlung aus dem 1. Jahrtausend v. Chr. gefunden wurde.

Erst in diesem Jahr fand man die Wallreste der dritten Burg von Vilnius, der Krummen Burg, die im

Jahre 1390 zerstört wurde. Sie stand östlich von der Oberen Burg auf dem Kahlen (Plikasis) Berg.

Eine der ältesten Kastellburgen ist die Burg in Medininkai (Abb. 4). Sie nimmt eine Gesamtfläche von 6,5 ha ein, das Areal innerhalb der Schutzmauer ist 1,85 ha gross. Die Schutzmauern bilden ein unregelmässiges Viereck. In der nordöstlichen Ecke der Mauer war der grösste fünfstöckige Donjon und in der Mitte der westlichen, östlichen und südlichen Wände je ein kleinerer Torturm. Die Höhe der Mauern betrug etwa 14—15 m. Ausserhalb gab es ein doppeltes System von Gräben und Wällen. In schriftlichen Quellen wird diese Burg zum ersten Mal 1311 erwähnt. Die naturwissenschaftlichen Untersuchungen bestätigten das.

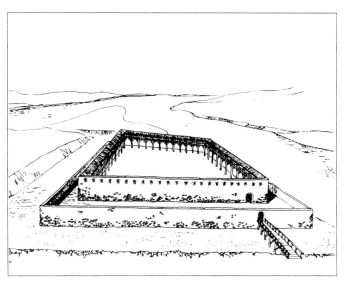

Abb. 5. Die erste Burg von Kaunas

Die Burg von Medininkai war im Fiachland gelegen. Die Einwohner der Umgebung versteckten sich in ihr vor feindlichen Angriffen. Sie wurde im Krieg 1655—1661 zerstört und nicht mehr wiederaufgebaut. Die Reste der Burg von Medininkai wurden in Jahren 1955—1962 untersucht. Die Schutzmauern mit Türmen wurden restauriert und teilweise instand gesetzt.

60—80 Kilometer südöstlich der Burg von Medininkai gibt es noch zwei weitere Kastellburgen. Es sind die Burgen von Kreva und Lyda. Sie wurden beide in der ersten Hälfte des 14. Jhs von litauischen Herrschern gebaut (zur Zeit sind sie auf dem Territorium von Belorussland). Die Burg von Medininkai ist aber der Grundfläche nach die grösste Anlage. Sie auch ist die grösste im Vergleich zu den zeitgenössischen livländischen Burgen vom gleichen Typ.

Die erste Burg von Kaunas war auch vom Kastelltyp. Sie wurde an der Mündung der Flüsse Nemunas und Neris, an einem strategisch wichtigen Ort erbaut (Abb. 5).

Die Reste dieser Burg wurden in Jahren 1954—1955 und auch 1990 untersucht. Die erste Burg von Kaunas hatte einen trapezförmigen Grundriss, keine Türme, ausserhalb war sie mit einem Graben umgeben. Die Fläche des Burghofes betrug 0,5 ha, es standen dort auch Holzgebäude. Die Schutz-

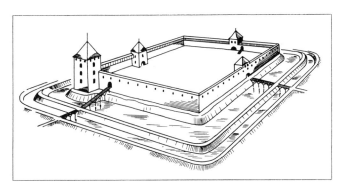

Abb. 4. Die Burg von Medininkai

mauer der Burg war 9 m hoch und 2,1 m dick, gemauert aus Feldsteinen und Ziegeln. Parallell zu dieser Mauer verlief am Boden des Schutzgrabens eine nur halb so starke Wand.

Die Mauerburgen vom Kastelltyp mit viereckigem und polygonalem Grundriss folgten in Litauen örtlichen Bautraditionen der früheren Holz- und Erdwallburgen (z.B. die Burg von Eischischkes). Übrigens, Burgen von analogem Grundriss wurden in Livland, Deutschland, Skandinavien und Preussen gebaut.

Die litauischen Kastellburgen haben einige romanische und gotische Stilelemente, aber allgemein spiegelt ihre Architektur utilitarische Verteidigungsbestimmungen wieder und ist spezifischer, örtlicher Prägung.

In der zweiten Hälfte des 14. Jh.s wurden die Angriffe des Kreuzritterordens häufiger: in das Innere des Landes eingedrungen, erreichten die Kreuzritter leicht die Burgen von Vilnius, Trakai, Medininkai und auch andere Burgen. Aus diesem Grunde wurden am Ende des 14. Jh.s und am Anfang des 15. Jh.s die litauischen Burgen intensiv verstärkt, an den Furten der Flüsse wurden neue Verteidigungseinrichtungen gebaut. In den Burgen wurden immer mehr Türme gebaut, die die Verteidigung der Schutzmauer in der Flanke organisieren halfen. Feuerwaffen und Schiesspulver fanden immer mehr Anwendung und wurden vollkommener.

Die Burgen, die in diesem Zeitraum gebaut wurden, dienten nicht nur der Verteidigung und dem Schutz, sondern hatten auch wirtschaftliche und repräsentative Funktion. Auf dem Territorium der Burg formierten sich gewöhnlich zwei Zonen: die wirtschaftlich — produktive und die Residenz mit dem Palast des Fürsten (die Burgen von den Halbinsel Trakai, die Burgen von der Insel Trakai, teilweise die Burgen von Vilnius). Äusserlich wurden die beiden Zonen von einer Mauer

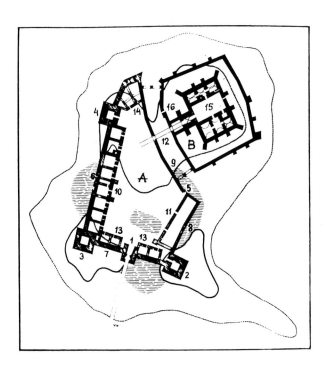

Abb. 6. Die Inselburg von Trakai (nach S. Mikulionis)

A — Die Vorburg:
1 — Der Torturm
2 — Der Südostturm
3 — Der Südwestturm
4 — Der Nordwestturm
5 — Stelle des vermutlichen Turmes
6 — Die westliche Wehrmauer der Vorburg
7 — Die südliche Wehrmauer der Vorburg
8 — Die östliche Wehrmauer der Vorburg
9 — Grabenmauer
10 — Die westlichen Kasematten
11 — Die östlichen Kasematten
12 — Der Burggraben
13 — Die südlichen Kasematten
14 — Die dreieckigen Kasematten

B — Die Residenzburg:
15 — Der Palast
16 — Der Donjon

geschützt, die einige an der Aussenseite der Mauer hervorragende Türme hatte. Innerhalb der Schutzmauer wurden Wohnhäuser, Kasernen, manchmal auch Kirchen (die Untere Burg von Vilnius, die Burgen von Gardinas und Naugardukas), sowie Arsenalgebäude gebaut (Vilnius). Wie bekannt, wurden die Burgen mit ähnlicher Planstruktur nicht selten auch in den Ländern Mittel- und Westeuropas errichtet. In diesem Zeitraum blieb die Architektur der Burgen zurückhaltend, hart, aber in ihr fingen gotische Züge an zu dominieren. In der Burgenarchitektur herrschten die Türme der Schutzmauer und der Residenzpalast des Grossfürsten vor.

Ein Beispiel des zweiten Bauabschnittes der Mauerburgen ist die zweite Burg von Kaunas. Sie wurde an Stelle der ersten Burg, die im Jahre 1362 von den Rittern des Kreuzordens zerstört wurde, gebaut. In den Ecken der Schutzmauer wurden Türme errichtet. Die zweite Burg von Kaunas wurde einige Male im 15. Jh. wiederaufgebaut und verstärkt. Ungefähr 1560—1580 wurde sie an die neuen Kampfbedingungen angepasst: in den Wänden wurden Schiessschartenöffnungen eingesetzt, an dem südöstlichem Turm wurde die Bastei angebaut. Im Laufe der Zeit wurde der nördliche Teil der Schutzmauer dieser Burg vom Wasser des Flusses Neris zerstört.

Trakai liegt 26 km südlich von Vilnius. Es ist auch ein Residenzort der litauischen Grossfürsten. Hier blieben sogar die Reste dreier Mauerburgen erhalten. Überreste einer Burg, die Anfang des 14. Jh.s gebaut wurde, sind im Alten Trakai. Die Burg hatte einen viereckigen Grundriss, Reste ihrer Mauerwände sind unter der Erde, erhalten sind Schutzgräben und Fragmente der Wälle. Die Arbeiten an der zweiten Burg von Trakai wurde in der

ersten Hälfte des 14. Jh.s angefangen und Anfang 15. Jh.s beendet. Sie wurde auf der Halbinsel zwischen den zwei Seen Bernardinu und Galves gebaut. Man ist der Meinung, dass hier im 13. Jh. eine Holzburg stand, die beim Bau der Steinburg vernichtet wurde. Die neue Burg war von viereckigen Plan, an den Ecken und Winkeln der Schutzmauer standen Türme. Die Halbinselburg bestand aus zwei Teilen: der viereckigen Vorburg und der späteren Burg — errichtet um den Opferberg (dieser Teil war an der Spitze der Halbinsel, hier auf dem Opferberg wurde am Anfang des 15. Jh.s ein Wohnhaus gebaut).

Die Burg der Insel von Trakai wurde auf der Insel im Galve — See gebaut (Abb. 6). Das Territorium der Burg von 1,8 ha teilte ein Schutzgraben in zwei Teile: eine unregelmässige Vorburg (trapezförmig) und ein Residenzpalast. An der Vorburg konzentrierte sich die Burgverteidigung, der Palast war für den Fürsten zum wohnen bestimmt.

Während der Forschung stellte man zwei Bauabschnitte der Burg fest: im 14. Jh. wurde der Residenzpalast und am Anfang des 15.Jh. die Vorburg mit Kasematen gebaut. Den Palast bildeten zwei parallele zweistöckige Gebäude von gleicher Grösse, die an einem Ende von einer hohen Wand, an anderem mit Donjon verbunden waren (Mikulionis 1987 100—108).

Die Burgen von Trakai wurden im Jahre 1655 während des Krieges mit Moskau zerstört. Einige Jahrhunderte waren sie vernachlässigt, sie lagen als Ruinen da. Nach dem ersten Weltkrieg wurden die ersten Forschungs- und Konservierungsarbeiten durchgeführt. Diese Arbeiten wurden nach dem zweiten Weltkrieg fortgesetzt. Im Jahre 1962 wurde der Residenzpalast mit Donjon bis zum Ende restauriert. Damals wurde das historische Museum von Trakai eingerichtet. In der achtzigen Jahren wurde der grössere Teil der Verteidigungselemente der Vorburg restauriert.

Die Burgen von Konventhaustyp, die nicht nur zur Verteidigung, sondern auch für das Leben der Mönche geeignet waren, verbreiteten sich in Litauen nicht.

Die einzige Burg vom Konventhaustyp wurde in Klaipeda (auf Initiative des Schwertbrüderordens) gebaut. Der Deutsche Orden kolonisierte die südöstliche Küste der Ostsee, setzte sich an der Mündungen der grossen Flüsse fest — Wisla, Pregel, Nemunas, Daugava — und bildete die strategische Achse Danzig-Königsberg-Klaipeda-Riga. Der letzte Punkt dieser Achse war Klaipeda, gebaut auf Kurischem Land, das "Pilsota" genannt wurde (in der Sprache der Kuren PILSATS — Stadt, Burg). Der Klaipedaer Archäologe Vladas Shulkus untersuchte in der letzten Zeit das Territorium der Burg Klaipeda (Zulkus 1989 6).

Man ist der Meinung, dass vor der Zeit des Schwertbrüderordens, an diesem Ort das Dorf von Kurischem Fischer Kalipeda war. Die Burg von Klaipeda (Memelburg) wurde im Jahre 1252 von Eberhard von Seyne gebaut. Der Platz für die Burg wurde an der Mündung von den Flüssen Nemunas (Kurisches Haff) und Dange — gewählt: "in loco ubi fluvii sciliced Memele et Danga confluunt" (Bunge 1853 257). In der heutigen Topographie ist die Stelle der Burg nicht gefunden worden, sie bleibt hypotetisch. Man weiss nichts über die Grösse und Architektur der Burg, nur, dass sie eine Holzburg gewesen ist.

Die Burg von Klaipeda war sehr wichtig für die livländischen und preussischen Zweige des Ordens. Sie gewährleistete den Schutz des Weg von Riga nach Königsberg, blockierte litauische Wasserwege im Gebiet des Flussystems von Nemunas in die Ostsee, diente als Basis der Kolonialisierung der südlichen Kuren, Shemaiten (Niederlitauen) und der nördlichen Preussen. Die Burg, die auf schwachen Grund gebaut wurde und angefangen hatte zu zerfallen, wurde schon im Jahre 1253 an neuem Platz aus Stein neuaufgebaut. Im Laufe der langjährigen archäologischen Forschungen wurde bisher jedoch keine Spur von dieser Burg gefunden.

Aus einem Dokument vom Jahre 1290 ist bekannt, dass die Burg eine von einer Mauer umgebenen Fläche bildete, auf der Gebäude standen, die dem Orden und Bischof gehörten. Sie war also eine Kastellburg. Das "Neugemachte" rief das Interesse der Einheimischen hervor. Der Bau der Burg wurde verhindert, sie wurde angegriffen. Im Jahre 1255 musste die Burg einen grossen Angriff von den Einwohnern des Samlands aushalten. Rings um die Burg entwickelte sich eine Stadt, die Nova Tremonia genannt wurde (Neues Dortmund). Die neue Benennung hat sich nicht eingebürgert.

Da ständig gekämpft wurde und eine blutige Kolonisation vor sich ging, verödete die Umgebung der Burg. Die Stadt von Klaipeda wuchs nicht bis zum Ende des 15. Jh.s Mitte des 14. Jh.s wurde eine neue Konventhausburg gebaut. Die Reste von ihr wurden während der archäologischen Ausgrabungen in der letzten Zeit gefunden (Abb. 7).

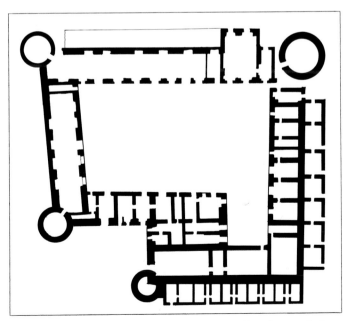

Abb. 7. Die Burg von Klaipéda. Erdgeschoss. Situation am Anfang des 18. Jh.s (Staatliche Bibliothek von Berlin, SX 29956/10)

Kalle Lange & Kaur Alttoa

DIE TURMBURG IN ESTLAND

Tower-Castle in Estonia

It has often been stated that immediately after the conquest, i.e. as early as in the 13th century, simultaneously with other types of castles, so called Bergfrieds - tower-castles were widespread in Estonia. In this context, the castle in Paide (founded in 1265), Kuressaare and Pöide are mentioned in the first place. Yet, the archaeological excavations have shown that the tower in Paide was never a separate fortification but was always a part of the main castle, built in the 14th century. The hypotheses about Pöide and Kuressaare do not hold true, either. Only in Viljandi there was probably a Bergfried, But this is still to be proved by further archaeological research.

A powerful tower was erected in Vastseliina (1342...1354), but that tower, however, was not of the classical Bergfried-type.

In the late Middle Ages, there were several smaller private tower-castles in Estonia. Two of them have been preserved to the present day — the one in Vao (the last quarter of the 15th century) and another in Kiiu (ca 1510).

Kaur Alttoa
Tartu University
Ulikooli 18
EE2400 Tartu

Kalle Lange
AGU-EMS Ltd.
Sakala 11c
EE0001 Tallinn

Für die estnische mittelalterliche Architektur ist eine Vielfalt von Formen und Lösungen charakteristisch. Das gilt auch für die Burgen, bei denen sehr verschiedene Burgtypen und Lösungen parallel in Gebrauch sind. Die These, dass neben der sog. naturgebundenen Anlage und dem Kastell auch die Turmburg *alias* Bergfried in unserer Burgarchitektur schon unmittelbar nach Eroberung eine ziemlich wichtige Stelle hatte, ist bisher beherrschend (EAA 1965, *69*; EKA 1975, *23—24*). An erster Stelle verweist man auf die im Jahre 1265 errichteten Turmburg von Paide (Weissenstein), welche neben der Turaida (Treiden) Burg (in heutigen Lettland) für das klassischste Beispiel des Bergfrieds in Alt-Livland gehalten wird. Auch sei auf den im Zeitraum 1255—1290 errichteten Turm von Pöide (Peude) in Saaremaa (Ösel) verwiesen, aber auch auf die zahlreichen anderen.

Das Problem der Turmburg wurde wieder aktuell im Zusammenhang mit dem Aufbau des Turms in Paide. Der sog. Lange Hermann Turm wurde hier von den Russen im 2. Weltkrieg in die Luft gesprengt und wird heute nach dem Projekt K. Aluve neu aufgebaut. Leider gründet sich das Projekt nicht auf die Angaben der Feldforschungen — erst nach dem Beginn des Aufbaus seit dem Jahre 1986 wurde es möglich, hier unter Leitung von K. Lange einige archäologische Untersuchungen zu machen.

Die im Jahre 1265 vom Ordensmeister Konrad von Mandern auf dem Gebiet des frühzeitlichen Landkreises Alempois gegründete Burg musste den Verbindungsweg nach Tallinn kontrollieren, und das ganze Mittelalter hindurch hat die Burg eine wichtige Rolle gespielt. Auch hatte man schon im Jahre 1291 einer Siedlung, die am Burgfusse lag, das Stadtrecht

Abb. 2. Paide. Der sog. Lange Hermann. Querschnitt. Nach A. Tuulse.

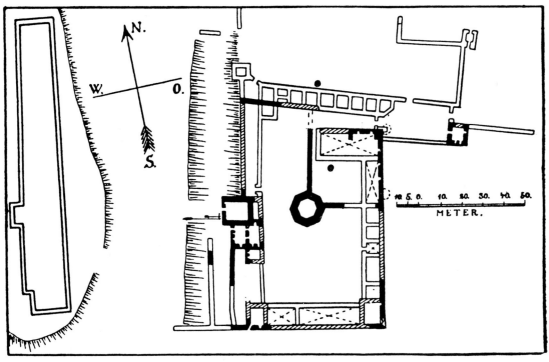

Abb. 1. Paide. Grundriss nach K v. Löwis of Menar.

gegeben (Johansen 1938 *201—205*). Nach dem zerstörerischen livländischen Krieg wird die Burg wiederhergestellt, zusätzlichen ihren Schutzbauten wird eine Zone ziemlich gewaltiger Erdbefestigungen errichtet (Kaljundi 1984).

Im 17. Jh. — im Jahre 1636 — wird im Zusammenhang mit der Veränderung der Militärstrategie eine Reihe der Burgen aus der Liste der Festungen gelöscht, darunter auch die Burg von Paide. Jetzt folgt ein schneller Verfall im Leben der Stadt und der Burg, die letzte wird zu einem Steinbruch, aus dem für die Umgebung nötige Baumaterialien genommen werden. Bis zu den letzten Jahrzehnten des 19. Jh.s sind die meisten mittelalterlichen Bauten liquidiert, stellenweise so gründlich, dass sogar Fundamente entfernt sind. Der hohe Turm aber blieb unabgebrochen, wurde 1895—1897 nach der damaligen Auffassungen restauriert und begann auf freier Erhöhung nach Art des Bergfrieds zu dominieren (Abb. 1, 2).

Schon 1896 schrieb v. Hansen über den Burg: "Das schönste Beispiel eines solchen Bergfrieds bietet der Weissensteinische achteckige Turm. Der Eingang zum Turm befand sich in der zweiten Etage, und es führte zu demselben ein an den Bergfried angelehntes, nicht mehr erhaltenes Treppenhaus" (von Hansen 1891 *15*).

Auch A. Tuulse behandelt in seiner bis heutzutage aktuellen Monographie "Die Burgen in Estland und Lettland" die Burg von Paide als einen Bau, der seinen Anfang von dem Turm genommen hat (Tuulse 1942 *82*). Hierbei ist aber wichtig zu bemerken, dass Tuulse im Zeitraum zwischen den Kriegen sehr geringe Möglichkeiten für die Feldarbeit hatte. Wesentlich musste er sich auf die Angaben und Planmaterialien früherer Forscher stützen. Man muss betonen, dass schon K. H. Clasen auf die Analogie der Burg von Paide zu preussischen Bauten aus dem 14. Jh. (Strassburg, Rheden), wo der Turm manchmal ein Teil des Konventshauses ist, hingewiesen hat (Clasen 1939, *442*).

Bei archäologischen Ausgrabungen wurden die Turmmauern freigelegt; es wurde klar, dass der Turm nie selbständig existiert hat. Gleichzeitig mit dem Turm sind auch die Mauern der Hauptburg, die quadratisch und einem Konventshauses ähnlich

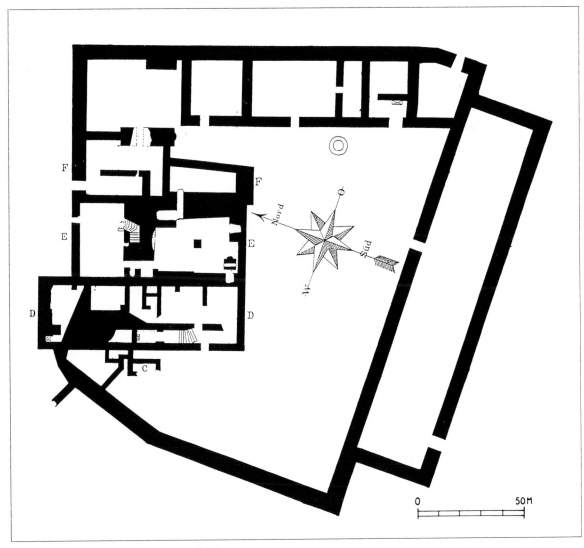

Abb. 3. Pöide. Grundriss nach J. B. Holzmayer.

war, gebaut (Alttoa et al. 1987 *394*). Die
Hauptburg ist ins 14. Jh. datiert ein
Standpunkt, der in jeder Weise
akzeptiert ist. Jedenfalls ist die
Datierung der ganzen Hauptburg in das
Jahr 1265 oder in dessen Nähe
undenkbar. Damit gibt es keinen Grund
für die Datierung des Turmes ins 13. Jh.
So muss man sich äusserst ernst zu der
obengenannten Konzeption von K. H.
Clasen verhalten.

Hier muss man bemerken, dass die
heutigen Aufbauarbeiten leider von der
Theorie des selbständige Turms ausgehen und der im Jahre 1990 an die
Ostseite des Turms errichtete Treppen-
aufgang nichts mit der historischen
Wahrheit, zu tun hat.

Die Burg Kuressaare in Saaremaa
(Arensburg auf Ösel) ist die einzige
Burg in Estland, über die in der
Nachkriegszeit eine Monographie erschienen ist. Architekt K. Aluve, der
auch die Wiederherstellung der Burg
leitete, behauptet in seiner Monographie, dass in den 1260er Jahren hier
ein Wachtturm (der spätere Lange
Hermann an der Ecke des Konventshauses) und ein Kastell gebaut wurde
(Aluve 1982 *13*). Die anderen Forscher
aber behaupten, dass der Lange
Hermann als ein Teil des Konventhauses im 2. Drittel des 14. Jahr-

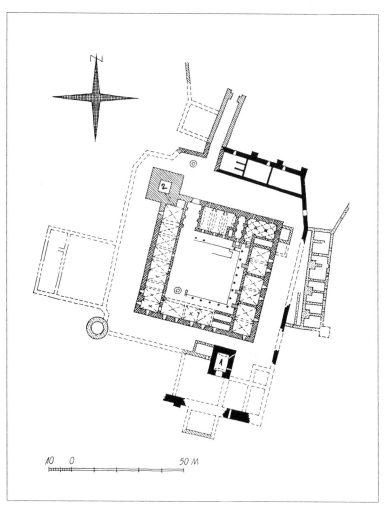

Abb. 4. Viljandi. Grundriss nach E. Raadik.

hunderts gebaut war (näher K. Alttoa's Beitrag in
diese Ausgabe). Wir werden nicht die ganze
Argumentation widerholen, wesentlich ist das, dass
dieser Turm nie als selbständige Bergfried existiert
hat, und wahrscheinlich gehört er auch nicht ins 13.
Jh. (Raam 1974 *170*).

Schon früher als die Burg in Kuressaare datiert
man die Turmburg in Pöide (in Ost-Saaremaa) auf
früheren Ordensgebiet. Nach den urkundlichen
Angaben kann die Burg im Zeitraum von 1255 bis
1290 errichtet worden sein. Den Turm erwähnt man
in den Jahren 1290 und 1312. Im Jahre 1343,
während eines Aufstands, zerstörte das Volk die
ganze Burg und später wurde sie nicht wiederhergestellt (Tuulse 1942 *85—89*). Hinweisend aud
die schriftlichen Quellen, fängt die Gestaltungs-
geschichte der Burg von Pöide in den allgemeinen
Publikationen der Architekturgeschichte mit der
Turmburg an (EAA 1965 *69*; EKA I 1975 *24*).

Anhaltspunkte der Turmburgtheorie bietet der
Burgplan, bei dem sich in der Mitte der Anlage ein
Teil durch massive Mauern auszeichnet (Abb. 3).
Dieser 1891 von Holzmayer publizierte Plan basiert
auf den Ausgrabungen des Jahres 1888, aber in
dem Ausgrabungsbericht erwähnt man die
Turmburg nicht. Gleichzeitig wusste Holzmayer

genau von den Urkunden, die den Turm erwähnt
haben (Holzmayer 1891 *32*).

Der entsprechende Plan teilte den Bau in vier
Teile: D — Westflügel, E — Mittelbau, F — Ostflügel
und G — Nebengebäude. Von den hiergenannten
erhielt der E — Mittelbau von der späteren Forscher
die Bezeichung Turm. Die Wände sind wirklich im
Vergleich zu anderen Burgmauern dicker. Aber die
beigefügte Beschreibung erwähnt in der Dicke dieser
Mauern mehrere Baudetails und Konstruktionen, die
das Ausmass der Wände bedingen können. Besonders bei der Ostwand; dort vermerkt man
Mauergabariten für die zerplittene Wölbungen und
eine vertikale abzugähnliche Konstruktion. Handelt
es sich hier nicht um die Stelle eines Herds und
vielleicht auch eines Mantelschornsteins? Das
erklärte auch die Mauerdicke. Überhaupt sind die
Wände vielleicht zu verschieden für einen
turmähnlichen mehrstöckigen selbständigen Bau,
schon eine Bausenkung konnte eine solche
Konstruktion unstabil machen. Also ist die Existenz
einer Turmburg in Pöide sehr fraglich.

Weiter mit dem Turmburgthema ist auch die Burg
in Viljandi (Fellin) verbunden. Diese Burg liegt auf
einer von drei Seiten gut geschützten natürlichen

Erhöhung. Nur aus dem Norden kann man Zutritt haben.

Schon am Ende der 1220er Jahre begann man hier an Stelle einer estnischen frühzeitlichen Bauernburg eine steinerne Ordensburg zu errichten. Genaueren Angaben über diesen ersten steinernen Bauten fehlen.

Unter anderen hat man vermutet, dass das erste steinerne Gebäude eine quadratische turmähnliche Anlage am südraude des Plateaus war (Abb. 4—1) (Tuulse 1942 *56—57*). E. Raadik hat dazu Gegenargumente vorgebracht (leider blieb seine Konzeption schriftlich nicht ausgestaltet). Erstens — der Standort des Turms. Er lag weit von dem Tor, so wird seine schutzbauliche Rolle sehr gering. In der Regel befinden sich solche Türme in der Mitte der Burgfläche oder dann in der Nähe der Pforte, um den Zutritt zu kontrollieren. Zweitens — bei Mauern dieses Gebäudes hat man ziemlich viel Backstein benutzt, besonders Ziegelstücke als Mauererfüllung. Eine solche Bauweise charakterisiert die späteren Jahrhunderte, nicht aber die Anfangsjahrzehnte unserer Steinbauten. Damit gibt es Grund, die Hypothese der besprochenen Turmburg als Kernbau beiseite zu lassen.

Das Turmburgproblem in Viljandi ist aber damit nicht erschöpft. In der Nordecke des späteren Konventshauses stand ein flankierender Turm — wieder Langer Hermann genannt (Abb. 4—2). Es war ein Ziegelbau, die Ecken mit Kalksteinquadern gekantet. Im unteren Teil des Turmes befand sich ein hoher Raum — wahrscheinlich das Burgverliess (Polska 1915 *168*). Die flankierende Lage des Turms im Auge behaltend, stellte A. Tuulse ihm in das 14. Jh., obwohl die Lösung des Turms selbst den Traditionen des Bergfrieds nachgeht (Tuulse 1942 *142*).

Im Laufe der begrenzten Feldarbeiten im den 1970er Jahren wurde erklärt, dass wenigstens die Turmwände früher gebaut worden sind als die angrenzenden Mauern. Die Fundamentzone ist bisher unerforscht. Folglich: die Turmstelle kontrolliert die Umgebung der Pforte. Die Anlage des Turms (hoher Raum im Erdgeschoss) gibt die Möglichkeit, dass hier ein vor dem Konventshaus errichteter selbständiger Bergfried war (Alttoa 1983 *45*). Aber man muss wiederholen, das ist nur eine Hypothese, die noch weitere Feldforschungen benötigt. Heutzutage können wir den Turm nicht datieren.

Anschliessend betrachten wir die Burg Vastseliina (Neuhausen) (Abb. 5),

die Grenzburg des Tartuer Bistums an der Grenze zu Russland. Die Forscher sind einmütig, dass der älteste Teil der Burg der nach 1342 errichtete Hauptturm ist, an den sich provisorischen Holz- oder Steinbauten fügen konnten. Der Turm war vor 1354 fertig (Alttoa 1978 *302*). Die natürlichen Schutzmöglichkeiten sind hier wunderbar, den höheren kann man nur von der südlichen Seite aus betreten. Der fast in die Mitte des Plateaus errichtete Turm herrscht über die ganze Burgfläche. Nach schriftlichen Angaben gab es in diesem Turm über dem Kellerraum eine Kapelle, mit vier Fenstern, darüber lag das Zeughaus und darüber gab es noch drei Stockwerke. Natürlich wissen wir nicht, ob der ganze Turm in einer Bauperiode errichtet wurde. Wichtig ist aber, dass diese Anlage nicht mehr der Tradition des klassischen Bergfrieds nachgeht.

Einen selbständigen Themenkreis bilden die Turmbauten auf den Gutsländereien oder in ihrer Nähe — die sog. Vasallenburgen. Die Mehrheit von diesen ist völlig verfallen, auch ihre archäologische

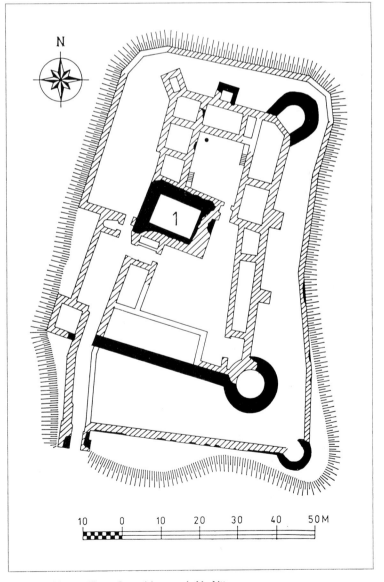

Abb. 5. Vastseliina. Grundriss nach K. Alttoa.

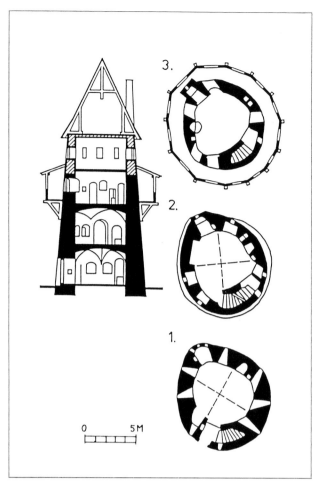

Abb. 6. Kiiu. Grundrisse und Querschnitt nach V. Raam.

Forschung ist erst am Anfang. Darum sprechen wir nur über zwei ausnahmsweise gut erhaltene Vasallenburgen.

Die sind die Türme Kiiu (Kyda) und Vao (Wack) in Nord-Estland. A. Tuulse hat sie provisorisch in das 14. Jh. datiert: Kiiu Ende des Jahrhunderts, Vao in die 70er Jahre (Tuulse 1942 *116—118*). Später hat Villem Raam die beiden Burgen behandelt und er hat auch die Datierungen der beiden korrigiert.

Bei Kiiu (Abb. 6) ist das wichtigste Merkmal die Anordnung der Schiessscharten im Erdgeschoss, das weist auf das für die entwickelten Feuerwaffen eigene Prinzip des Horizontalschutzes. In Estland verbreitet sich dieses Prinzip um 1500. Das und andere Details betrachtend, macht es glaubwürdig, dass der Turm um das Jahr 1510 errichtet ist (Raam 1969 *57*). Bei der Datierung der Burg Vao (Abb. 7) ist das wesentliche Detail der das Kellergewölbe tragende Rundpfeiler, der seiner Form nach den Pfeilern der in der Nachbarschaft liegenden Kirche von Väike-Maarja (Klein-Marien) ähnlich ist. Die Kirche ist früher in die 70er Jahre des 14. Jh.s datiert worden (Karling 1939 *92*). Das wurde auch im Auge behalten, als man die Bauzeit des Turmes von Vao bestimmte. Nach den gegenwärtigen Standpunkt ist die Kirhe von Väike-Maarja ungefär 2 Jahrhunderte jünger — aus der 2. Hälfte des 15. Jh.s Auch andere

Baudetails, z.B. die Tallinartigen Wasserleisten über den Fensteröffnungen (Zobel 1980 *227*), lässt die Bauzeit der Burg von Vao ins letzte Viertel des 15. Jh.s fallen (Raam 1969 *62*).

In den benannten Türmen ist neben der Schutzfunktion auch die Lebensfunktion wichtig. Es steht fest, dass sie mit ihren begrenzten Raum kaum für das ständige Leben gedacht waren, eher waren sie ein Versteck während Unruhen und kleineren Angriffen. Bei grösseren Überfällen haben sie aber keine wesentliche Rolle gespielt. Zum Beispiel der Turm Kiiu, der auf der Heerstrasse Tallinn—Narva liegt, wird in den livländischen Kriegsereignissen nicht erwähnt (Raam 1969 *72*).

Terminologisch wäre es falsch, diese Türme als Bergfriede zu bezeichnen, auch 'Wohnturm' ist vielleicht nicht genau. Weil ein genauer Terminus fehlt, werden wir sie heute einfach "Turmburg" oder "Turmbau" nennen.

Zur Zusammenfassung: beim heutigen Forschungsstand scheint, dass die Rolle des Bergfrieds in der Periode gleich nach der Eroberung bedeutend kleiner war, als man dachte, oder er fehlte überhaupt. Den südlichen Turm in Viljandi, Pöide und Paide muss man beiseite lassen. Das gilt auch für den, wie inzwischen vermutet wurde einzeln stehenden Turm in Kuressaare. Übrig bleibt nur die Möglichkeit des Langen Hermanns von Viljandi, aber auch hier sind gründliche Forschungen nötig.

Man kann vermuten, dass in einem besetzten Land, in dem das Volk Möglichkeiten des bewaffneten Wiederstands suchte, es nicht zweckmässig war, eine ziemlich kleine und sehr arbeitsaufwendige Turmburg zu errichten. Auf jeden Fall beginnt man im 14. Jh. den Bau der Grenzburg von Vastseliina mit einem einzelnstehenden Turm, aber dieser ist nicht mehr ein klassischer Bergfried. Ein ganz anderes Thema ist der Turm, der einen Teil des Burgkomplexes bildet (in Paide und Kuressaare — beide 14. Jh.). Am Ende des Mittelalters war die Turmburg ziemlich populär als Kleinbefestigung, die keine umfangreiche fortifikative Rolle spielte.

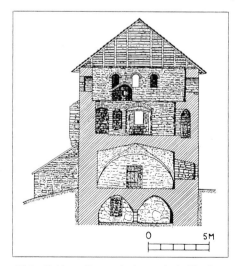

Abb. 7. Vao. Querschnitt nach A. Tuulse.

Gunilla Malm

QUESTIONS CONCERNING THE MEDIEVAL ARCHBISHOP'S AND KING'S MANORS IN UPPSALA

Die mittelalterliche Burg des Erzbischofs in Uppsala

Bereits im Titel des Vortrags "Die mittelalterliche Burg des Erzbischofs in Uppsala" liegt ein Problem und eine Frage. Diese Burg ist zwar oft in den schriftlichen Quellen erwähnt, aber ist nie angetroffen worden.

Entsprechend ist der mittelalterliche Königshof im Uppsala durch schriftliche Quellen bekannt. Es soll östlich von der Domkirche gelegen sein, ist aber nicht in diesem Gebiete archäologisch belegt.

Es ist behauptet worden, dass eine königliche Burg am selben Platz wie die mittelalterliche Domkirche gewesen sein soll, eine Behauptung die doch später abgelehnt wurde (Sundqvist 1953, Malm 1987). Da dieser Auslegungsversuch noch weiter lebt, möchte ich hier diese Auffassung endgültig verwerfen.

Am Ende des Mittelalters sind die meisten Domkirchen von Mauern mit dazu gehörenden Bauten umgeben, welche oft den Charakter von geschlossenen Anlagen haben, jedoch ohne Verteidigungsanlagen. Dieses Gemäuer umfasst oft einen Kirchhof. Die geschlossenen Anlagen repräsentieren auch eine politische, ökonomische und religiöse Macht, die während des Mittelalters herangewachsen ist. Soll man solche Anlagen Burgen nennen? Der Grund meiner Frage ist, dass oft über die Burg auf dem Domberg in Uppsala referiert wird, ohne klare Aussage ob damit die geschlossene Anlage mit dem Dom in der Mitte oder ein Baukomplex westlich des Doms gemeint ist, wo der Erzbischofshof möglicherweise gelegen war, oder beides.

Um der Definition des Begriffes "Burg" näher zu kommen habe ich hier kurzfassend die Entwicklung des Domkirchenkomplexes zu einer geschlossenen Anlage versucht klarzulegen. Es ist möglich dass diese Anlage Burg genannt wurde. Die übliche Ansicht ist doch dass das westlich des Domes liegende Baukomplex eine Burg des Königs oder des Erzbischofs war.

Gunilla Malm
Riksantikvarieämbetet
PB 5405
S-11484 Stockholm

To the west of Uppsala cathedral there once was a complex of buildings erected of brick in medieval technique. The buildings are considered to be the medieval Archbishop's Manor but a lot of unanswered questions are tied to one of them. The main question is on whose initiative it was built — the King's or the Archbishop's, i.e. was it meant to be the King's or the Archbishop's Manor? In my opinion the symposium at Åbo on castles is the proper forum to put forward the questions to an international public. It should be underlined though that this paper will not result in a definitive answer solving the problems.

Written documents claim that the King was one of those who, in the late 13th century initiated building a cathedral in the medieval town of Östra Aros, what is now Uppsala (Fig. 1). The old cathedral in Gamla Uppsala (Old Uppsala), some 20 kms to the north of Uppsala, was considered unusable for church services in the middle of the 13th century (Boethius & Romdahl 1935).

Uppsala cathedral was erected on top of a gravel-ridge close to the south bank of the river Fyris (Fyrisån) (Fig. 2). The building-material is bricks. The first written notice about the building of the cathedral is from 1275 (DMS 1984). According to the historian Göran Dahlbäck (Dahlbäck 1977) the foundation started around 1270.

During the course of the Middle Ages a wall was erected surrounding the cathedral on the north, east and south sides with buildings added towards it. To

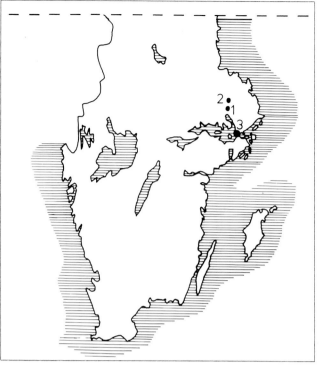

Fig. 1. Sweden
1. Uppsala (Östra Aros)
2. Gamla Uppsala (Old Uppsala)
3. Stockholm

the west of the cathedral we have a large medieval building known as the Gustavianum (Fig. 2).

In the area immediately to the west of the Gustavianum the remains of a building were found in the 1890's when the university was built (Fig. 2). Today nothing can be seen of it above ground.

No archaeological examinations of the site was made at the time. The only documentation material left are some plans and photos showing that the building consisted of a rectangular construction to the north with smaller buildings or rooms inside it to the east and a wing to the south. In the northeast and southeast outside corners there were round towers. The documentation material left suggests that the building was erected in different periods.

It is concerning this building that the question arises whether it was the Archbishop's or the King's Manor.

In 1298 we have the first written notice of the Archbishop's Manor in Uppsala. A smaller house is mentioned in 1327 and a stonehouse in 1344, 1353 and

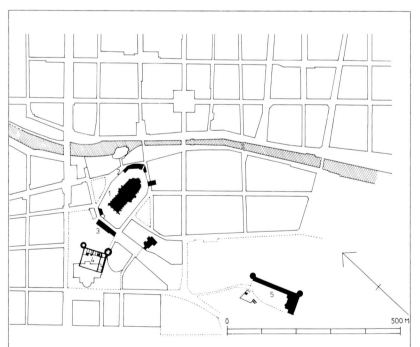

Fig. 2. Uppsala
1. The cathedral
2. Remains of the surrounding wall with added buildings
3. Gustavianum
4. The building to the west of the Gustavianum
5. The new castle

1369. Between 1422—1432 a new stonehouse is built. In 1369 and 1433 it is mentioned that the Archbishop's Manor is located close to the cathedral. In 1497 it is said that Sten Sture, the Archbishop's political opponent, has attacked the Archbishop's Manor. In 1521 there is a smaller and a larger building in the Manor with a garden between them. These buildings were connected with a wooden path. From the larger building a path led to the cathedral. According to a source later in the 1520's the King attacked and took over the Archbishop's Manor (DMS 1984).

The foundation of the Royal Castle in the south part of Uppsala (Fig. 2) took place in the middle of the 16th century (DMS 1984).

The first written notice of a Royal Manor is from 1243. The first notice of its location is in 1338 by the name "Island" (DMS 1984). According to some scholars this "Island" is located on the outskirts of the medieval town to the northeast of the cathedral on the opposite side of the river Fyris. Today no building can be referred to as a medieval Royal Manor at this place. Neither are there any true archaeological indications of a Royal Manor so far.

The Royal Manor is further on mentioned several times at the end of the Middle Ages. In 1457 an archbishop is said to have plundered the Royal Manor. In 1544 and 1557 the Royal Manor is named "the old Royal Manor" (DMS 1984).

August Hahr's and Nils Sundquist's interpretations

According to August Hahr (Hahr 1929) and Nils Sundquist (Sundquist 1953, 1969) the oldest part of the building found in the 1890's to the west of the Gustavianum is the rectangular construction to the north with buildings or rooms inside it to the east. Later the outside round tower in the northeast corner was added. Initiated by the King, Gustav Vasa, in the 1550's the wing to the south and the outside round tower in the southeast corner were built. At the same time, or perhaps a little later, the Royal castle to the south of Uppsala is founded and the building to the west of the Gustavianum is gradually demolished.

According to August Hahr (1929) the rectangular north part with buildings to the east inside it and the northeast round tower is architecturally and chronologically different from the south wing and the southeast tower. To him erecting the north part was initiated by the archbishop during 1300—1350 as the Archbishop's Manor.

Further on August Hahr interprets that the round tower outside the northeast corner was built between 1380—1430. He points out that no loop-holes can be seen in the lower part of the tower. In these days loop-holes for fortificatory purposes were built at a higher level in the walls of towers. According to him the tower was a prison-tower or possibly a guard tower.

As a consequence of the struggle between the kings and the Church in the late Middle Ages August Hahr interprets King Gustav Vasa is attacking and taking over the building. Gustav Vasa is initiating the building of the south wing and the southeast round outside tower. According to August Hahr this tower is built for fortificatory purposes. It has got loopholes in its lower part.

Hahr is mentioning the larger and the smaller buildings in the Archbishop's Manor as well as the path between them and the cathedral. He is underlining though that further archaeological and building-archaeological examinations are needed to make it possible to decide whether the building to the west of the Gustavianum is the larger or smaller one in the Archbishop's Manor.

According to Nils Sundquist (Sundquist 1953, 1969) the fact that the two round outside towers of the building to the west of Gustavianum are erected against the cathedral indicates that the erection of the building was not initiated by the Archbishop.

In the 1950's parts of the east façade of the Gustavianum and the closest building added towards the wall surrounding the cathedral were restored which gave Nils Sundquist the opportunity to some building-archaeological examinations. The material of the two buildings is brick, erected in a medieval technique. According to Nils Sundquist the foundation dates from the middle of the 14th century.

To Nils Sundquist these two buildings are the remains of the medieval Archbishop's Manor. The building added towards the wall surrounding the cathedral is the smaller one in the Manor mentioned in the written documents and the Gustavianum is the larger one. In the east facade of Gustavianum he rediscovered an opening (a portal) which he interprets as the one going to the path connecting the larger building in the Archbishop's Manor with the cathedral. In the west façade of the cathedral there is an identical opening.

In Sundquist's view the rediscovery of the Archbishop's Manor in these two buildings proves that the erection of the building to the west of the Gustavianum was initiated by the King. He dates the north part of the building to the beginning of the reign of King Gustav Vasa, i.e. around 1525. Around 1540 the northeast round outside tower is added. Contrary to August Hahr he claims that the tower is built for fortificatory purposes in the struggles between the king and the Church.

Between 1545 and 1550 the south wing and the round outside southeast tower is added and used in the final attack against the Archbishop.

The latest archaeological and building-archaeological examinations

In the 1990's a larger part of the east façade of Gustavianum was restored giving opportunity to further building-archaeological observations (Malm 1987). It could by then be noticed that the south gable is the oldest part of the building. This part was once erected as a wall running in the east-west direction. The building was later added to this wall.

We do not know where the wall ended in the west. Running to the east it would strike the wall on the south side of the cathedral (Fig. 3). Pictures from the 17th and 18th century show buildings added towards the wall and the wall running towards the Gustavianum but we cannot tell whether it is medieval in its whole length up to the Gustavianum.

Parts of the wall and medieval buildings erected against it were excavated in the 1950's and 1960's partly by Nils Sundquist (Sundquist 1953). While excavating he found a medieval brick-kiln just outside one of the medieval buildings added to the wall (Fig. 3).

In archaeological excavations during the 1980s inside the wall, some 10 metres to the north of the kiln (Fig. 3), the waste products from this kiln were redis-

covered (Malm 1987). When the kiln was in use its waste products must have covered the area from the kiln at least up to the place were the waste products were rediscovered, i.e. the kiln is older than this part of the wall.

As said above, brick is the building-material both of the cathedral and of parts of the oldest surrounding wall on its north side. Furthermore the cathedral and this part of the wall are the oldest buildings of brick in the area. The kiln was most probably used during the oldest building period of the cathedral and this part of the wall on the north side when the south part of the wall was not built, i.e. the south wall is probably younger than around 1270 when the cathedral, according to Göran Dahlbäck (Dahlbäck 1977), was founded (Malm 1987).

If the part of the wall on the south side, where the kiln and its waste products were rediscovered, was one and the same as the wall (the south gable) rediscovered in Gustavianum, it also means that the medieval parts of Gustavianum have been erected after 1270, i.e. in the middle of 1300 as Nils Sundquist suggested (Sundquist 1969). Further on this ties the medieval part of Gustavianum closer to the cathedral, i.e. Gustavianum might have been a part of the Archbishop's Manor. The archaeological and building-archaeological examinations do not tell anything about Gustavianum as the larger or the smaller building in the Manor though or whether erecting the building to the west of Gustavianum was initiated by the Archbishop or the King. To answer the question

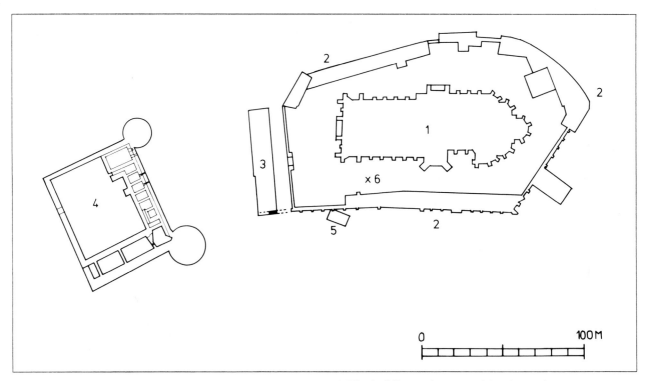

Fig. 3. Uppsala
1. The cathedral
2. Remains of the surrounding wall with added buildings
3. Gustavianum

4. The building to the west of the Gustavianum
5. Former brick-kiln
6. Waste products from the kiln, rediscovered in archaeological excavations

whether it was meant to be the Archbishop's or the King's Manor further archaeological excavations are needed.

Buildings as mirrors of development

Building the first churches were initiated by kings. Later the Church itself became the initiator.

The Church increased its wealth during the Middle Ages. Attached to the power that leadership of religion gives, the economic wealth also gave a political and social power which among other matters caused a constant struggle between the Church and the Kingdom. This struggle came to an end by the first half of the 16th century with the kingdom as the winner.

Buildings are the mirrors of this development

The King was one of the initiators erecting Uppsala cathedral around 1270. During the course of the Middle Ages the increasing economical wealth of the Church made it possible to enlarge the area of the cathedral with walls and buildings until the complex, in the end of the Middle Ages, had grown into an enclosed unit unnecessarily large to surround the churchyard or preventing it against cattle. The immense dimension of the enclosed unit was a symbol (a mirror) of the political, socio-economical and religious power of the Church. It had no fortificatory or military purposes in the struggle for power between the King and the Church.

In these circumstances finding out the age and understanding the purpose of the different periods of the building to the west of Gustavianum are of great importance.

If the foundation of the building was laid before 1270 the initiator most probably was the King since the archdiocese was not located to Uppsala until 1270.

If the building is younger than 1270, we do not know whether the archbishop or the king initiated building it. To find out the initiator in that case we need archaeological evidences like artifacts tying it either to the sacred or the profane world or medieval buildings and walls tying it to the wall surrounding the cathedral or to the medieval parts of Gustavianum, i.e. parts of the Archbishop's Manor. We must also find the locality of the "Island" and get archaeological evidence of a Royal Manor here.

This is clearly a major archaeological undertaking. Possibilities of further excavations exist but it is a matter of financial resources.

Sigurd Rahmqvist (Det Medeltida Sverige) has been very helpful translating this paper to English.

Mats Mogren

THE FAXEHOLM PROJECT: AN ARCHAEOLOGICAL ATTEMPT TO CHECK ON THE NORMATIVE SOURCES REGARDING TAXATION

Das Projekt Faxeholm: Ein Versuch die schriftlichen Besteuerungsquellen archäologisch zu überprüfen

In der historischen Überlieferung ist wenig bekannt über die reellen Möglichkeiten der Krone, die festgelegten Steuern einzutreiben. Die Verordnungen dieser Steuer sind als normative Quellen zu betrachten.

Ein Projekt, das mit der Burg Faxeholm, Vogteizentrum Hälsinglands in der Zeit von 1398 bis 1434, arbeitet, hat den Zweck, diese normativen Quellen an Hand von archäologischem Material zu kontrollieren, und die sozio-ökonomische Verhältnisse zwischen Burg und Bauerntum in jener Peripherie des Königreiches etwas zu beleuchten.

Einer Probeausgrabung im Jahre 1986 und eine Feldmessung 1987 folgten grösser angelegten Ausgrabungen 1989 und 1991. Die Burg war auf einer kleinen Insel im Söderhamnsfjord aus Holz erbaut, das durch eine Brücke mit dem Festland verbunden war. U.a. wurden eine Schmiede, ein Getreide-Magazin und zwei grosse Herde gefunden und die Konstruktion der Palissade ist aufgeklärt geworden.

Es ist notwendig, das bei dieser Grabungen gefundene Material mit dem Material agrarer Siedlungen innerhalb der Vogtei zu vergleichen, sowohl von entlegenen Gebieten als von der Zentral-Gegend nahe der Burg. Solche Projekte sind für die nahe Zukunft geplant. Ein Projekt in den Schären Hälsinglands hat auch viele Berührungspunkte mit dem Studium Faxeholms.

Ein Model der sozio-ökonomischen Verhältnisse wird entworfen, in welchem die Unzugänglichkeit der Landschaft, mit ihren Wälde, Moore und Gebirge, eine grosse Rolle spielt, weil eine Bevölkerung, die die verschiedenen Möglichkeiten dieser Landschaft ausnützen könnten, d.h. wie Eisenherstellung, Schwendwirtschaft, Jagd und andere schwierig zu besteuernde Erwerbsformen, auch ein grosser Teil seines ökonomischen Überschuss für sich behalten könnte.

Mats Mogren
Avd. för Medeltidsarkeologi
Lunds universitet
Kraftstorg 1
S-22350 Lund

"History is a bag of tricks which the dead have played upon historians. The most remarkable of these illusions is the belief that the surviving written records provide us with a reasonably accurate facsimile of past human activity."

— Lynn White, Jr.

Late medieval society in northern Scandinavia and Finland constituted a periphery in more than one sense, not in the least socio-politically. The Swedish "forest-provinces" north of the great lakes region (Fig.1) may be termed as the very fringe of the set of similar, but regionally specific, socio-economic systems that we call European feudalism. This fact makes these areas an excellent field of study for anyone taking an interest in the question: what sets the limits on feudal exploitation.

These "forest-provinces" have several traits in common, from a natural as well as cultural point of view: running through mid-Värmland and just south of the other provinces, is a climatical, botanic and culture-geographical borderline called the "Limes Norrlandicus". The limes is the northernmost extent of the oak, which makes the area north of the line belong to the great Eurasian taiga. It is also roughly equivalent to the southernmost extent of the ethnologically known transhumance husbandry of the taiga region. Furthermore, the nature of land tenure in the areas north of the line was predominantly peasant allodial and subject to taxation.

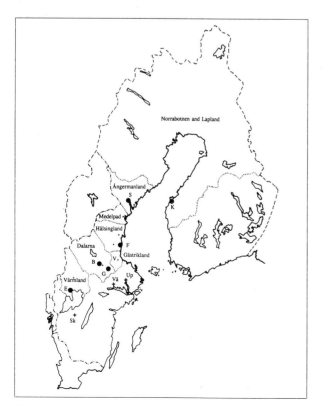

Fig. 1. Map of the north Swedish "Forest Provinces".

In contrast, the southern parts of Värmland, notably the parishes adjoining the northern shore of lake Vänern, had a considerable amount of monastic and demesne land. With this single exception we can thus, in trying to assess the feudal exploitation of the "forest provinces", concentrate on only two "feudal actors", the Church and the Crown.

Power structures in the forest provinces

The power structures of the early Middle Ages in these provinces are not fully understood. Historical sources are very scarce prior to the 14th century and comparatively few archaeological investigations have been carried out. There is a notion of the existence of an endogenous elite in the late Iron Age and early medieval period, probably relying on fur and iron, but this group was not influential enough to get exemption from taxes when the high medieval Swedish state took shape in the 12th and 13th centuries and the Swedish class privileges was created around 1280.

The most important "feudal actor" during the 12th, 13th and early 14th centuries in these provinces was the Church, represented by the dioceses of Skara and Västerås and the archdiocese of Uppsala. From its beginnings in the second half of the 12th century and throughout the medieval period the system of rural "land" deaneries, constituting entire provinces, was maintained in this area. Such a "land" dean functioned as the bishop's "sheriff" and held a social position that was relatively higher than the *"härad"* deans of the provinces of the south.

The Church, up until the mid 14th century, had the relative advantage of an effective organization and of having these rural deans in place, whereas the Crown, at least in the northern parts of the archdiocese (Hälsingland and northwards), had to rely on a system with an itinerant representative, *kungsåre*, a system resembling e.g. the Anglo-saxon *gafol*, the Norwegian *veizla* and the Kievan *poludiye* (Kobishchanov 1987, Gurevich 1978).

This predominance of the Church is evident also in the archaeological material, where, in the northern parts of the archdiocese, we find a number of churches with romanesque west towers, with both west and east towers or with freestanding towers, some of them with apparent "fortificatory" qualities for secure storage, and built in the early 13th or possibly late 12th century. In contrast we discern no strongholds of the crown except half a dozen royal demesnes, which (as far as we know) has left no traces of fortification, and they probably did not have much of it, except a few blockades of the waterways. (A newly discovered enclosure at Bjärtrå in Ångermanland may prove to be the single known exception.)

The 12th — 13th centuries has provided us with some fortified sites that possibly have been nuclei of landed gentry allodial complexes: Totra in north-easternmost Gästrikland and Saxholm in south-east Värmland, plus the Välsta-Fröland complex in north-eastern Hälsingland. All have small donjons in stone masonry. Totra has been subject to minor excavations (Broberg 1988) and Saxholm will be so in the years to come. The Välsta donjon was excavated and restored in 1931 (Stenberger 1931), while the Fröland donjon had been erased much earlier and has left no traces. In the context of this study they are all left out of the discussion and are not marked on the map.

It is not until the second half of the 14th century that these provinces, with the exception of Medelpad, acquire their secular administrative strongholds of a non-private character. In Värmland the castle Edsholm was built, probably by the very influential nobleman and bailiff Erik Kettilsson (Puke) some time after 1378 (Fritz 1973 75f).

During the second half of the 14th century, Dalarna was governed from outside the province, initially from the Nyköping castle, later from the castle in Västerås. It did not become an independent administrative unit until in the early 15th century. However, two strongholds were built in Dalarna, Grådö from where the province presumably was controlled from the 1350's to the 1390's and Borganäs, which was the stronghold in use from the 1390's to 1434 (Fritz op.cit. 52f).

Faxeholm in Hälsingland, Gaddaborg (Ekholm) in Gästrikland and Styresholm in Ångermanland seem to have their origins in a very specific historical situation. During the struggle for the Swedish crown in the 1390's, the pirate fleet of the Vitalians fought for Mecklenburg from 1391 (effectively from 1392) to 1395. The Lindholmen agreement in 1395 between Albrecht of Mecklenburg and Queen Margaret of the three nordic crowns ended the partnership, but the Vitalians moved northwards in the Baltic and pursued their piracy independently, with Gotland as one of the most important bases. They also found protection in Åbo (Turku), where a group of nobles around Knut Bosson (Grip) and Jacob Abrahamsson seem to have formed some sort of Swedish-Finnish "opposition party" challenging Queen Margaret.

These people controlled a number of castles from the Uppland coast and eastwards, creating a maritime barrier behind which the Vitalians could seek refuge, but also unabling the Queen's people to have access to Norrland and most of Finland. It is highly probable that Faxeholm, Gaddaborg and Styresholm were built by the Vitalians behind this barrier (Fig. 2), not only to provide military protection but also to tax the Norrland coast. As allies to the "opposition party" the Vitalians must not be regarded as mere pirates, but as feudal lords. The construction of the three strongholds probably took place in 1395 or 1396 (Nikula 1987, Mogren 1989, cf. also Nikula 1990).

All these castles and strongholds, with the exception of Edsholm, were predominantly wooden structures. Gaddaborg was razed to the ground in 1398 and was not allowed to develop into a stronghold of a Queen's bailiff as the other Vitalian forts did. Today little but the moat can be seen at the site. It will be left out of the discussion.

The circumstances under which Grådö was destroyed in the 1390's or around 1400, are not known. The Engelbrekt rebellion in 1434 began with the torching of Borganäs. Edsholm and Faxeholm, probably also Styresholm, were among the strongholds which met with the same fate in the course of this rebellion.

Castle excavations in forest provinces

All these castles (with the exception of Gaddaborg) have been subject to some extent of archaeological investigations. Edsholm was partly excavated in 1954 and 1955 by Else Nordahl, but the results have not been published. Only two brief mimeographed reports and the artifacts are available (ATA, dnr 5485/54 and 6040/55). This year a small test excava-

Fig. 2. Map of the castles around the Gulf of Bothnia.

tion has been carried out at the site by the provincial museum, and a large scale excavation will commence this autumn.

Professor Åke Hyenstrand headed a team that conducted rescue excavations at Gråndö in 1965 and 1968—1970. Unfortunately this excavation has not been published either, but work is under way. A mimeographed report (ATA, dnr 8601/72) and an unpublished seminar paper on the artifacts by Catharina Folin (Folin 1984) sums up most of what is available at present.

At Borganäs archaeological observations were documented by unskilled people in 1875, 1922 and 1949 during exploitation of the site. In 1985 a major rescue excavation of the remaining part, carried out at a high level of ambition, was conducted by Kenneth Svensson and myself. It was published three years later (Mogren & Svensson 1988).

Styresholm is the subject of a multi-disciplinary research project currently under way and presented by Anders Wallander at the conference.

Faxeholm is the subject of a research project at the Dept. of Medieval Archaeology, University of Lund, started in 1986 and still running, headed by myself and carried out in cooperation between the Swedish Central Board of National Antiquities, the Gävleborg Provincial Museum and the municipality of Söderhamn. Henceforth I will concentrate on this castle and the province it was supposed to control, Hälsingland.

Faxeholm in the historical record

The name Faxeholm is first encountered in historical sources in a letter written in May 1398 by the Vitalian leader Sven Sture. He states that the castle is under siege by the enemy at the time. The enemy most probably refers to the Queen's troops (RAp 1398 23/5).

However, it is probably Faxeholm that is referred to in a letter written in Stockholm castle in July 1396 by a north German merchant named Jordanus Plescouwe, in which he explains that he can not go northwards because "de wittallienbroder ghebuwet hebben en sclot tuschen Ghestringhelande unde Helsinglande" (HR 8: 969).

A most interesting document is the letter of reconciliation between Sven Sture and other Vitalian leaders on the one side and Queen Margaret and King Erik of Pommerania, represented by a group of nobles headed by Algot Magnusson, on the other from October 10th 1398 (ST2: 426). In this letter the Vitalians agree to surrender the castles Faxeholm,

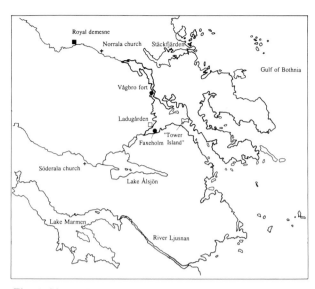

Fig. 3. Map of the area around Faxeholm. Late 14th century shoreline.

Styresholm, and Krytzebergh (Korsholm in Österbotten/Pohjanmaa) in exchange for being granted a safe-conduct. A matter of interest is that the three castles are mentioned in connection with their provinces — Faxeholm with Hälsingland and half of Medelpad, Styresholm with Ångermanland and the other half of Medelpad and Krytzebergh with Norrabotten (i.e. Västerbotten, Norrbotten and Österbotten/Pohjanmaa). Also, in the case of Faxeholm an inventory is included mentioning four *läster* (1 *läst* = 12 barrels, ca 2000 kg) of flour and malt, 23 head of cattle, 60 sheep, three barrels of butter (one such barrel = 136 kg), half a *läst* of salt, 100 salted salmons, one barrel of shafted arrows and one *fat* (barrel, at least 136 kg) of iron.

These facts may be seen as an indication of an administrative organization which controlled and taxed at least parts of the provinces mentioned in connection with the strongholds and this would strengthen my supposition that the Vitalians must be regarded as a little bit more than just a bunch of pirates.

The men who took over the administration in the name of the Queen and the King were Nils Svarte Skåning and Algot Magnusson. The latter was given Styresholm with Ångermanland as fief in 1405 (SDnsl 475), and Faxeholm and Hälsingland was given as fief to Ture Bengtsson (Bjelke) in 1406 as remuneration for a monetary debt (JHD1 159). It says explicitly in the document that he had at least parts of the province in command even before that and it is probable that he kept the fief until his death in 1414. Nils Erengislesson is mentioned as the holder of the fief in 1419.

In 1434, on the initiative of Erik Nilsson Puke, the sub-bailiff of Korsholm, Faxeholm was destroyed by the rebellious peasants under the leadership of Elof djäkn. From this date on Faxeholm is not mentioned in historical sources.

The setting

Faxeholm in the Middle Ages was a rather steep island of about 15.000 m², which rose 17—18 meters above the water, situated in the innermost part of a narrow inlet from the Gulf of Bothnia (Fig. 3 and Fig. 4). In those days (early 15th century) the sea level was close to five metres above the present mean sea level. At the narrowest part of the inlet was another small, steep island called Tornön (Tower Island), from the top of which one could have excellent sightlines towards both Faxeholm and the mouth of the inlet.

To the west of Faxeholm was the mouth of a small river running from Söderala parish, an old area of centrality, with an early medieval church, that most probably is the oldest rural deanery church of south Hälsingland. Towards the outlet the river formed a series of rapids that was excellent for building watermills.

To the north of Faxeholm was the mouth of another small river, running from Norrala parish, another central area, with an early 13th century fortified church that had both west and east towers, and one of the three early medieval royal demesnes of the province. The access to the area around the royal demesne and the church appears to have been controlled by the small fortification at Vågbro and the probable blockade at the inlet called Stäckfjärden, a name that means simply "blockade inlet" (cf. the english word stake). This blockade was discovered just one month ago and samples for dendrochronological dating has been taken. Neither this nor the small fort has been dated yet, so the connection to the royal demesne is still hypothetical.

The setting of Faxeholm is significant. Several of the castles and strongholds that were associated with the Vitalians (Fig. 2), Styresholm, Östhammars hus and Kastelholm, are also placed at the inner parts of narrow inlets, a defensive setting from a marine point of view, not really barring any sailing routes, but well situated for the control of the neighbouring peasant society. The sites for these castles may have been chosen according to the same strategic-geographical idea (see discussion in Mogren 1989 86f, sw. version, 633, ger. version).

Another striking fact is that Faxeholm is placed in the southern hälsingian "folkland" Alir and Styresholm in Ångermanland, whereas the northern hälsingian "folkland" Sunded and the province of Medelpad never got any castles. Alir and Ångermanland both show a very dynamic, not to say dramatic, expansion of settlement during the Middle Ages. Sunded and Medelpad, the central areas of Norrland during the Roman Iron Age and the Migration Period, appear to have been fully colonized before the Chris-

Fig. 4. Faxeholm as seen from the inlet to the north.

tian era and give an impression of stagnation during the medieval period (Blomkvist 1986, Mogren1991).

The archaeological monument

On the island an area of about 8.000 m² was walled in and within that confinement a number of terraces were built (Fig. 6). Actually the outer wall was little more than the reshaped natural slope, which carried palisades. The "middle wall", which separates the inner parts of the castle from the bailey-like area in the south, was actually a stone terrace, 4—5 feet high towards the slope and about 4 metres wide in dry masonry, with an earthen core. It may have carried a palisade as well. The "inner wall" seems to be an earthen structure lining the raised central courtyard and its buildings. The island was connected to the mainland on the southern side by a wooden bridge across the shallow bay.

The earliest detailed mapping of the site was carried out by F.A. von Rehausen in 1749 (Fig. 5). He was quite observant, but he interpreted what he saw according to the fortification rules of his own times and drew angular walls where there were no in actual fact angles. The map is an extremely valuable document though, as it shows some features that otherwise may have been interpreted by us as later disturbances. It has thus, to some extent, guided the excavations. It also shows the location of the bridge, as well as a structure that probably has been a quay or maybe an underwater palisade to the south-west, 25—30 metres from the former shore line. He describes the bridge as built of timber on stone abutments.

Another mapping was done in 1882, by V. Engelke, but it relies heavily on von Rehausen's map and gives little additional information, except for details concerning the bridge. He states that the re-

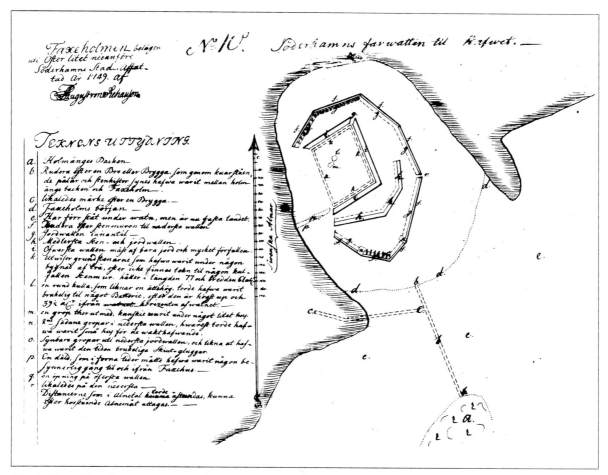

Fig. 5. Map of Faxeholm from 1749 by F.A. von Rehausen.

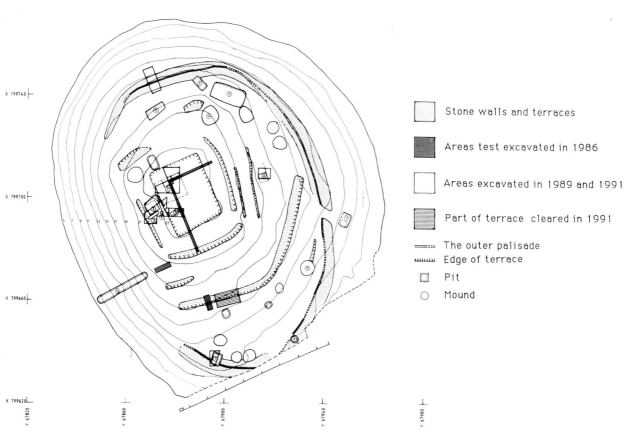

Fig. 6. Map of Faxeholm made in 1987 and modified in 1991.

mains of the stone abutments were 20 feet wide, and that there had been a draw-bridge connecting the bridge and the island (Mogren & Syse 1988). It is not clear what kind of observations that had led to such a conclusion. Judging from the maps, the length of the bridge was around 96—97 metres, a possible draw-bridge included.

Parts of the quay were still visible in 1897. Like the bridge, it was totally destroyed when the railroad and the street to the south of the monument were constructed. Hence these observations are very important to us.

A short notice in a newspaper from 1897 tells of a large "cist" that was found during the construction of a building adjacent to the former island's shore. It was said to contain weapons and bones of men and horses. Vertification of this information has not been possible.

When the southern tip of the former island was sliced off for the construction of a street in 1937, a number of objects came to light, but only a sword was retrieved and is now kept in the small museum in Söderhamn. Apart from this no exploitations or archaeological observations were done at the site prior to the outset of the Faxeholm project in 1986.

The Faxeholm Project — objectives and preliminary results

The main objective of the project, as it has developed over the last five years, is to collect as much information as possible on the appropriation structures of early 15th century Hälsingland and the relative strengths of late medieval society in the southern taiga region, making as small incisions as possible in this unique monument. The castle plan and the house constructions has been regarded as of lesser importance. Of course they are thoroughly documented when encountered, of course, but we don't search for them. Exceptions are when crafts are concerned and features of "power" concern, as for example the construction of the palisades.

The archaeological investigation of the monument started with a test excavation in 1986 (Mogren & Syse 1986). It covered 74 m² and was carried out with the objective of establishing the "status" of the monument as regards state of preservation, complexity and topsoil thickness, all in order to be able to estimate the costs of a large scale excavation.

10—15 centimeters below the surface we found the remains of a stronghold that had been destroyed totally in the 15th century, most probably in connec-tion with a battle, but hardly disturbed at all since then. Organic matter, with the exception of bones, had not been preserved except when charred, but metal was in a fairly good state of preservation and we concluded that a larger excavation would yield good results at a relatively moderate cost. No knowledge of a possible stratigraphic sequence was obtained at this test excavation, as no structures were removed in expectation of the larger excavation.

One fact was clear though: we could not proceed relying only on the 1749 and 1882 maps. A modern mapping was necessary and it was carried out in 1987 (Mogren & Syse 1988). The map produced (Fig. 6, which is the 1987 map somewhat modified in 1991) gave us a much more complex picture than the older ones, and helped us to start planning for a major excavation.

Up to this date all our expenses had been paid by the municipality of Söderhamn, but from now on the Central Board of National Antiquities took interest in the project. With the Central Board paying the major part of our expenses, and the Gävleborg Provincial Museum and the municipality of Söderhamn also contributing, a five weeks campaign was carried out in 1989. We worked with a number of volunteers, who rapidly learned enough of the art to be able to contribute decisively to our progress. Three major structures were excavated: a mound at the northwest corner of the courtyard, a pit expected to be a cellar and parts of the "outer rampart" on the north side.

The campaign got a direct continuation this year for 2,5 weeks, when a number of the volunteers from 1989 participated once more. Three of them had now become archaeology students and were given some area reponsibility. An area of the courtyard adjoining the "cellar pit" of 1989 was excavated, as well as a mound in the eastern slope and a pit-house at the southern edge of the confinement, inside the bailey.

The analysis and evaluation of the two last campaigns are still under way, but it is possible to summarize some preliminary results.

Fig. 7. The fire-place at the courtyard.

Fig. 8. The trench for the palisade on the northern side.

The mounds proved to conceal two very large fire-places. The one at the courtyard (Fig. 7) belongs to a timber building measuring 9 x 10 metres. On the floor of this building we found a considerable amount of osteological material now being analysed. The northern wall-line of the building was marked by a row of stones plus a number of crossbow arrowheads, indicating the events of that day in the late summer of 1434, when the castle was attacked by rebellious peasants.

The area around the fire-place in the eastern slope has yielded much less bone material than the other. Further analysis of the bones will hopefully provide us with an interpretation as to the function of the two seemingly contemporary structures — at present it is still unclear.

Beneath the charcoal horizon indicating the floor level of the courtyard house, another burned-down building, in the form of another charcoal layer, was found. The most striking fact of this early building is the amount of macro-fossil material recovered from the fire-layer, cereals, weeds and hay. Our interpretation is that we have found the remains of a store, with the main function of granary.

The cause of its destruction was found when a part of the supposed cellar-pit immediately to the south-west of the store was excavated. It was found to have been the site of a smithy, dug into the uppermost part of the western slope. Its location so close to the other timber buildings proved to have been very unwise. The fire that destroyed the store, most probably started in the smithy. As far as we know at present, the accident seems to have been confined to this northwestern part of the courtyard area; evidence of it was found when the excavated area was extended into the courtyard itself during the 1991 campaign.

After the fire the courtyard was levelled and also extended a few metres towards the west, the house with the fire-place was constructed on the site of the store, but the area of the destroyed smithy was aban-

doned. The smithy most probably got a successor, but we still don't know where.

In 1989 we were able to solve the problem of how the outer defences were constructed. Two subsequent timber palisades had been raised on a re-shaped part of the slope. The earlier one was a true palisade raised in a trench (Fig. 8) and supported by bracing posts or a fighting platform from behind. However, this construction must have been unsteady and considered unsafe, because it was dismantled and replaced by a new timber wall of vertical timbers in a sill beam with posts (which would enable a breastwork with crenels), or of horizontally placed timbers slotted into the sides of uprights, blockhouse-wise. The posts are marked by postholes in the filled-in trench. The construction was also given sillbeams, set at right angles to the wall and jointed to the uprights, at about every second meter. The positions of these sillbeams are still visible as slots in the turf at the site; topsoil deposit has been very limited. This later wall certainly must have had a fighting platform.

The pit-house in the bailey to the south has yielded no finds that may help us to ascertain its function, but some most astonishing artifacts have led us to a hypothesis. Inside as well as outside the structure, iron slag, seemingly of the type deriving from smelting in a bloomery furnace was found, together with a chopped off bit of a currency iron bar. The furnace must have been placed somewhere within the bailey, and must have been contemporary with the pit-house; the walls of the structure seem to have been made of turf, which was pushed down into the pit at the destruction of the castle. Slag is to be found in every single layer filling the pit, from the floor-level up to the humus cover. We hypothetically conclude that the pit-house has been used in connection with the smelting, perhaps as a store for the raw iron. It is important to emphasize, however, that further analysis will be necessary.

Another astonishing result from the excavations in Faxeholm is regarded by us as absolutely confirmed: some kind of activity has taken place in Faxeholm in the 16th century. A coin minted in 1528 and found deliberately placed under the cornerstone of a small structure, together with a knife, gives a terminus post quem and possibly the very year of construction. A couple of garbage dumps containing large quantities of unburned animal bones are also interpreted as belonging to the 16th century activity. As far as we have been able to check on the written sources up to this date, nothing is known of activities at the site after the destruction in 1434.

What has been stated here sums up, in very brief outline, the present knowledge about the constructional development of the stronghold. We have also hinted at the fact that it was destroyed in battle, most evident from the location of arrowheads and other weapons, and that it was thoroughly destroyed by the victorious rebels after the battle. But what about the main objective of the project and its socio-economic emphasis?

The normative sources and the reality of relative strengths

The system of taxation was growing more and more wild in Sweden during the second half of the 14th century. It was based on the high medieval system codified in the national law of King Magnus, but "enriched" with numerous extra taxes and burdens. In the period of the Mecklenburgian regime (1364—1389), the Swedish peasantry witnessed an intensification of feudal exploitation caused by the hardening struggle over rent in the wake of the agrarian crisis. "Then the birds of prey came and settled on the mountain tops", as the Vadstena diary describes this age.

After Queen Margaret took control of the three Nordic kingdoms in the last years of the 1380's, she pursued a policy of centralization, circumscribing the aristocracy's possibilities to control fiefs and prohibiting the construction of new private fortifications, but her regime continued raising the tax pressure through the 1390's. Then in 1403 came one of the most decisive initiatives in the taxation history of Sweden: the extra taxes and other burdens like corvée labour duties, were converted into an ordinary tax, even though she tried to make the change appear as a tax relief.

It was necessary to reform the tax system in order to be able to support the administrative system effectively. The principle of the system was castle districts headed by bailiffs responsible directly to the crown. The old ordinary taxes in the areas of our present concern, as far as they are known (or deduced from younger sources), were set in tradable goods like oxen (Värmland), iron (Gästrikland and the iron mining districts of Värmland and Dalarna), linen (Hälsingland) and fur (the major part of Dalarna and the provinces to the north), plus a certain amount in money. This was most probably due to the system with an itinerant "taxman" (the kungsåre), who would have had transport problems with other types of taxes in kind. With the growth and regulation of the castle system, it became necessary, for a government with a policy of centralization, to secure the maintenance of these castles. The decree of 1403 attempted to do so.

The new ordinary tax was also set in kind, but in goods necessary for the maintenance of the castles, plus corvée labour. It was to be paid by a group of four peasants (gärd) twice a year and twice as much in the winter as in the summer. The winter tax for one gärd was 1 cow, 2 sheep, 1 pig, 2 geese, 4 hens, 40 eggs, 40 cart-loads of fire-wood, 2 pounds (17 kg) of butter, 1 pound (8,5 kg) of rye and 1 mark of hemp. Additionally every peasant had to contribute 24 days of corvée labour (12 in districts without castle) and 2 cartloads of hay each year (Dovring 1951 52).

The 1403 decree stated explicitly that bailiffs could not demand foddering of horses from the peasants without royal permission, but it is obvious that this was quite common anyway in the early decades of the 15th century. In 1446 foddering was converted to an ordinary tax in Hälsingland, where every peasant had to fodder six horses one night a year (Dovring op.cit. 88). As we all know horses do eat a lot — the 1446 example might have caused the peasant a loss of 30 kg of barley — and we can easily conclude that this must have been a very heavy burden.

These laws and decrees must be regarded as normative sources, though, and they state nothing about the degree to which they were put into effect. Archaeology, osteology and paleobotany can help us to check this. There are two main paths of investigation to follow, a direct and an indirect (indicative) path.

By the direct path I mean comparison of the results from the osteological and paleobotanical analyses with the written sources. Some work has been done within this field already, most notably by Sabine Sten, who is the osteologist of our project. She has worked with the bone material from Borganäs and Gràdö as well (Sten 1988) and has given an up to date account of her work at this conference. Her re-

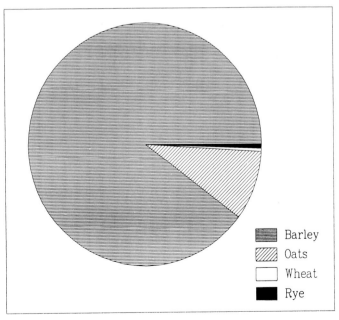

Fig. 9. Relative amounts of cereals in Faxeholm.

sults seem to confirm that there is a clear correlation in the Borganäs material between the osteological remains and the decree of 1403.

There is also a very interesting analysis made of bone material from one of the rural "land" deaneries, Vall in Gästrikland. The site was excavated by Anders Broberg (Broberg 1987) and the analysis was made by Maria Vretemark. The normative sources of tithes are the various provincial laws codified in the decades around 1300. (The church acts of the laws were in use till the end of the Middle Ages.) The Hälsingland law states that the priest should be given one shoulder of every elk and bear killed in the parish, and at Vall the amount of elk shoulder bones is very conspicuous (in general elk bones are very rare in medieval peasant settlement material). The problem is that Gästrikland was subject to the Uppland law, which states nothing about elks in connection with tithes. Vall becomes a striking example of how archaeology/osteology provides substantial new information.

The macro-fossil analysis of the Borganäs material showed us that the cereal material was not found in quantities large enough from which to draw any conclusions. Pollen analysis from the vicinity indicated that rye as well as other cereals had been cultivated in the area, but that is all (Påhlsson 1988).

At Faxeholm seeds are more plentiful, thanks to our luck of finding the granary from the early phase. (Analysis by Ingemar Påhlsson, unpublished.) Barley is dominant, which is only natural, oats is present and wheat and rye at least indicated (if only in extremely small quantities) in the material (Fig. 9).

Wheat must be regarded as imported from the south. 9 % of oats may also indicate import, e.g. from south-west Finland, where it is known to have been grown in the late 14th century, but we must not exclude the possibility that it was grown in Hälsingland, even though it may seem unlikely, judging from documentary sources only. It may also have been growing as a weed in the barley. The point that could prove to be exciting is the very low amount of rye.

There may be two different answers to the problem; it is possible that rye was grown in Hälsingland in such small quantities that it was not worth taxing (see below) and that it was replaced by barley. The other possibility is that rye was grown, but out of reach to the elite. In any case the stipulations of the decree of 1403 seems to have been impossible to fulfill.

The oldest known Swedish documentary source mentioning swidden cultivation comes from Hälsingland ("terre dictum swidh") in 1324 (DS 3 43). The traditional products from swidden (slash-and-burn) cultivation, in our part of the world, were turnips and rye. If turnips were not the sole product in those days, there is a possibility that peasants of the forests could grow a cereal crop and keep it. The shifting mode of cultivation was presumably more difficult to assess

than the cultivation of infields. This would be more important as swidden rye was known to be very high yielding (cf. a discussion at length in Mogren 1990a).

Barley was dominant also in the Roman Iron Age and the Migration Period, but oats and rye were also grown. The pollen diagrams do not give sufficient evidence to decide what type of cultivation that produced these cereals (Engelmark & Wallin 1985), but macro-fossil analysis from settlements in the same area indicates fields that were heavily manured (Viklund 1989). The pollen record from the Viking Age and the Middle Ages has not yet been thoroughly analysed, but macro-fossil analysis from Björka, Hälsingtuna parish, shows that rye was grown in later periods too, although barley was still dominant. Recently Ingemar Påhlsson and myself have attempted to solve some of these problems by pollen sampling in three sites near Faxeholm. Analysis is under way at present. We still lack sufficient palaeobotanical evidence from the distant outback, which will be necessary for assessing the role of swidden rye. Pollen samples from the Ljusdal area towards the north-west have been sampled (Andersson 1987 80) but the results are unfortunately not published. Work will continue in this field though, and we seem to have a fair chance of being able to illuminate the agricultural history of Hälsingland for the medieval period as well.

What I call the indirect or indicative path is the analysis of artifact material of three main categories, craft indicating artifacts, horse harness plus weapons and artifacts indicating conspicuous consumption. Also in this case ecofacts are of great importance.

C. G. Harfield has, in a most elucidatory and thought-provoking article, asserted the need for a broader data context concerning fortified sites: "What is needed now, is more excavated data for the functional activities within, and associated with, defensible sites in this period. The current state of knowledge concerning these sites is biased towards constructional data which reflects the priorities of research strategies to date. Too often the exact functions of a defensive earthwork have been assumed from later documentary sources without being tested archaeologically" (Harfield 1988).

Within the post-graduate seminar in Medieval Archaeology in Lund this unbiased emphasis on function has been the lodestar in discussing the "landscape of power" for several years (cf. Andersson 1988) and it shows also in the research work carried out by its members (Andersson & Anglert, eds. 1989, Ödman 1988). Current, but still tentative, discussion, of countryside castles as examples of "compressed urbanism" in the seminar, may break new ground.

Harfield's and Andersson's view, that we must look beyond the military aspects of fortifications and consider them primarily as instruments for the control of resources, has been given a fine exemplification by Anders Ödman, who has shown that a group of small castles in northern Skåne has been built with the objective of controlling the iron production of the area (Ödman 1988). This of course leads our thoughts to Faxeholm and the iron slag found this summer, but it gives rise to thoughts in reverse. Why did they have to produce iron inside the stronghold? Doesn't this hint at a bad control of resources? Don't we get a notion that there were limits to the exploitation of the resources of the province?

The functions of a castle are often illuminated by the set of different craftsman's implements found within it. It is only natural to find blacksmith and carpenter tools, like hammer, auger and adze, at such a site, as well as the rope-maker's splice-horn, perhaps, but one starts wondering when, at Borganäs, a stronghold set in the middle of a province that paid taxes in fur (squirrel and marten), Sabine Sten's analysis has shown that the animals were skinned in the castrum part of the stronghold, and a smoothening implement shows that the fur was dressed there as well (Sten 1988a 158). Is it a glimpse of some kind of private entrepreneurship, or is it another hint at bad resource control?

At Faxeholm, the cereals in the store were mixed heavily with weeds, that is the grain had not been cleaned before delivery. Could this be interpreted as a successful attempt at tax evasion?

There is no definite answer yet, but we are gradually unwinding previously unknown strategies, which may prove to exemplify a limit to feudal exploitation. Rodney Hilton's words that "there could be no greater error, in evaluating the character of exploitation in class societies, than to imagine that the ruled classes are always totally dominated. In feudal society in particular the peasantry was sufficiently cohesive, at least at the local level, to place definite limits on seigneurial exploitation" (Hilton 1990/1984 5) could stand as a working hypothesis, but the question must be: what sets the limits?

One answer could be the shortcomings of the "technology of power" or instruments of appropriation. This is why the study of horse harness and weapons is so important. Horses were not only among the most important production factors of medieval society, they were also a means of power and a status symbol. The heavier and stronger the horse, the heavier the armour that could be used by the horseman and so the stronger was the coercive effect. The expression "to get on one's high horse" probably stems from this fact (Myrdal 1986).

It should be possible to get a notion of the size of a horse from the size of the horse-shoes, and probably also from snaffle bits. Such an attempt has been made by Johannes Lepiksaar, using horse-shoes from an urban context in Skara (Lepiksaar 1975 306). According to him, none of the horseshoes he found could have belonged to animals any bigger than the present day Icelandic or Gotlandic horses,

which are in fact categorized as ponies. Such an animal could not have been mounted by a 14th-15th century horseman in full armour.

Judging from the figures given by Lepiksaar, the Faxeholm horses were no bigger than that. One cannot exclude the presence of knightly mounts from just a few horse-shoes and a snaffle-bit, of course, and the presence of a rowel spur in our material ascertains that the horses were indeed used for riding, but the impression remains that the importance of the Faxeholm horses, in this socio-economic context, lies more in their capability as pack-horses and in the need for foddering them at the peasant's expense, than in their coercive capabilities. A fairly good idea of the sizes of medieval horses in various contexts could be obtained by a systematic study of all the available artifact material, but it requires a lot of work.

A few fragments of armour plates have been found, indicating the presence of gauntlets and possibly brigandines. A fragment of mail suggests a mail-coat or an aventail. Among the weapons, crossbow arrow-heads are the most common, but there is also a spear-head, a few long knives, one of them of a scramasax -resembling type, two chapes and of course the great sword found in 1937. The problem with weapons found at a site destroyed in battle is that one cannot always be sure if the objects belonged to the defenders or aggressors. At sites destroyed in a peasant rebellion, even an adze might have been used as a weapon. The only thing we can say at present is that the military personnel of the site had some armour, but as to their numbers, and whether they were all armoured, nothing can be ascertained.

Another aspect of the "technology of power" is the quality of communication routes. How easy or difficult was it to control such a large area as the province of Hälsingland even with good horses, weapons and armour? How easy or difficult was it to transport the goods back to Faxeholm? These are questions dependant very much on the physical landscape itself, and their answers cannot be found within the site of Faxeholm.

The necessity of hinterland studies

Modern castle research cannot and must not be confined to the monuments themselves. It is necessary to gain knowledge of the province that the castle was dependent of, its natural features, settlement density, economy, economic geography and, not least, the accessibility of the various settlement areas from the power elite's point of view.

The Faxeholm project is working with the entire province of Hälsingland as it's field of study. We know that the taxation district of Faxeholm was roughly equivalent to present-day Hälsingland, but we don't know the details such as: What sectors of the economy was taxed in the early 15th century? All sectors, or just agriculture and perhaps animal husbandry? Were the economies of the outback — iron production, swidden cultivation, transhumance, hunting — possible to assess at all? What about trade and crafts? Did there exist medieval herring fishing in the outer archipelago as we know it from around 1550 onwards? And if there was, was it subject to the Faxeholm bailiff or special "harbour bailiffs"? Were there milling monopolies this far north or were the peasant's mills taxed?

I am working with a hypothesis that nature itself may set certain limits to elite exploitation and that there has been a falling scale of accessibility from Faxeholm towards the outback districts, creating a possibility for peasants in distant areas to keep substantial parts of their production surplus for themselves. It can be put in another way also: tax evasion based on an economy difficult to assess ("a little of everything-economy"), in an area difficult for an elite to have access to. The tax evasion has not been due to profit-maximization — it's just a matter of survival. It is inherent in the hypothesis, of course, that the elite was trying to overcome these difficulties to the best of their capability.

The archaeological and historical record have several examples giving support to this hypothesis. It will lead too far to go into depth at this point, in a presentation like this one, but I cannot refrain from mentioning a few examples in very brief outline.

The best material for the analysis, at our present standpoint, are the bloomery furnaces. Furnaces of the iron age in the forest provinces, has a typical topographical setting adjacent to rivers and lake shores, whereas the medieval bloomery furnaces are situated in the outback, far from settlements. There is also a notable increase in bloomery furnace iron production around 1400, which is 150—200 years after the introduction of the more effective blast furnaces in Sweden (Magnusson 1986 53—55, 219—226). Why do people go out to the outback to smelt iron in a country that has had the blast furnace technology for centuries? Significantly, the increase coincides with the period of hardening struggle over rent in the wake of the Black Death and the agrarian crisis, so I conclude (hypothetically) that it has been a way of withholding production surplus from the elite, aided by a topography difficult to control.

Pit-traps for catching elks seem to have a similar chorology, even though datings are still few and a lot of additional research is required. Small water-mills with horizontal wheel, the "peasant type", have often been found far from the farmsteads by small creeks in the middle of the forest. This is obvious tax evasion, and the struggle for these small water-mills has continued well into the 18th century.

We can get a notion of the importance of the topography by comparing our forest provinces with for example, medieval England. Jean Birrell has described the social tensions and the severe pressure on resources caused by the relatively small (compared to Sweden) and circumscribed forests of Staffordshire (Birrell 1987). Mary C. Higham has described a high medieval textile industry in Lancashire, where systems of dams and canals, for the rotting of flaxen, were constructed by the manorial elite who had the economic capabilities (Higham 1989). They could thus control the linen production process. In Hälsingland, which has been known for its linen products ever since the early Middle Ages, but where the landscape abounds in meres and bogs, suitable for rotting, such control could never have been established even if there had been a landed gentry. Nor could the extreme pressure on resources, as described by Birrell, have occurred.

Another sector of the eonomy well worth investigating in this context is the swidden (slash-and-burn) cultivation (cf. the palaeo-botanical results above). I have tentatively suggested the swidden economic complex (swidden has obvious connections with for example transhumance and hunting and trapping) as a security-valve in a feudal or proto-feudal society (Mogren 1990a). In a marginal area, where population density allows, swidden cultivation, with its relatively high yield in comparison to labour input, and the difficulty of assessing it, may have been providing such a safety-valve.

What is required to test such a hypothesis? A lifetime of research and a horn of plenty, I guess, but for a start I plan to choose two different rural settlements, one in the central settlement areas close to the castle, and presupposedly controlled by it, the other one as far away as possible, geographically, economically, socially and (perhaps) mentally, from the castle, but still within the borders of its nominal taxation district.

The latter variety will be investigated within the scope of a project in Ängersjö parish in the far northwest of Hälsingland, in which I hope to take part. Ängersjö is exclusively forest and bog country and I consider it to be the "antipodes" of Faxeholm. Being so peripheral and relatively out of reach, nothing much is known about household economy in these areas from documentary sources. "Fields without lords are fields without a history", as Marc Bloch put it (Bloch 1989, vol. 1 242), but archaeology in combination with paleobotany and culture geography might give them a history after all.

The former variety must be searched in the closest parishes around Faxeholm. The number of known deserted medieval settlements is very low in Hälsingland, but one site in Trönö parish might be very suitable to my needs. Hopes run high that these two village sites will provide enough material to illuminate at least something of the socio-economic processes around a provincial castle in the southern taiga region.

The accessibility of different districts could be tested via mapping and dating (by dendrochronological analysis) the numerous corduroy roads found in bogs in large parts of Sweden. There is a still living local legend in southern Hälsingland about the "courier way of Jösse Eriksson". Jösse Eriksson was the notorious bailiff of Västmanland and Dalarna 1413—1433 and the "courier way" is said to have connected the strongholds of Borganäs and Faxeholm (Törnros 1984 34). People of the area claim to know the route in fairly exact detail and along the route a number of corduroy roads are known to be preserved in bogs. If these could be dated, it would be possible to check on a legend archaeologically. It is interesting to note the results of a project in this field of research in Norway, where a high medieval communication system has been mapped and dated (Smedstad 1988).

A spin-off from the Faxeholm project, a project aiming at an investigation of the south Hälsingland archipelago in the Middle Ages is taking shape. Some tentative mapping and excavation work was done in the island of Storjungfrun in 1990 (Mogren 1990b) and this summer reconnoitring in other islands has been commenced. Further work is planned for the 1992 season. One of the objectives of this project is to determine the archipelago's administrative relation to Faxeholm. It is also important to find out who made use of the marine resources in those days, the local peasants or the fishermen from the towns to the south.

An infinite number of sub-projects like these could be generated out of the castle project, the castle being the focus of the socio-economic activities of its province. One could apply other angles of approach too, for example a diachronic one. What happens to the economy of a province when a power centre like Faxeholm is laid in ashes? How was the economic surplus, previously used for the castle maintenance, used up? There is a strong notion that churches, a very manifest sort of conspicuous consumption, are an excellent exponent of economic fluctuations. In the Nordic countries several interesting studies in this field have been attempted, in Finland by Knut Drake (Drake 1985, 1989) and in the south Scandinavian scene by Jes Wienberg (Wienberg 1986) to

name but a few. We all know that vaulting and paintings became the fashion in the second half of the 15th century, which is perfectly true also in provinces like Hälsingland and Dalarna, but what created the surplus? Was it demographic recovery after the Black Death? A new tillage technology? More effective mining technology? Or might it not have been caused, at least to some extent, by the destruction of so many burdensome castles during the years of rebellion?

Conclusion

It may have been perfectly true that power lay at the end of a spear-shaft in those days, but it may have been equally true that counter-power lay inherent in the ability to make use of an environment hostile to the power technology of the period.

The best way to summarize this, is perhaps to quote the Swedish church reformer Olaus Petri, who wrote a "Swedish Chronicle" in the 16th century where he says:

"Sweden is such a country that it is with bogs, mountains and forests so fortified, that the peasantry can not for long be subdued with force and power, for they have great opportunity to set themselves up against their lords".

Acknowledgement

I am deeply indebted to Ms Amy de Silva, Postgraduate Institute of Archaeology, Colombo and Dept. of English, University of Kelaniya, Sri Lanka, for checking my English. Amy's capability of deriving enjoyment from trying to adapt her corrections to every single author's diction has contributed considerably to this text.

Ich bin Heike Vesper und Sabine Sten Dank schuldig für ihre Hilfe in meinem Kampf mit der Deutschen Sprache.

Ain Mäesalu

DIE BURG OTEPÄÄ ALS EIN ZENTRUM IN SÜDOSTESTLAND IM 11.—14. JH.

The Stronghold of Otepää as one of the Centres of South-Eastern Estonia from the 11th up to the 14th Century.

The Stronghold of Otepää lies near the town of otepää on a lonely steep hill beside a valley. The hill consists of two parts: the southern part is a nearly 30 metres high and the northern is about 16 metres lower.

Single older finds date back to the 1st century and to the 4th and 5th centuries, when the stronghold was used only as a temporary refuge.

From the 7th up to the 11th century there was a permanently inhabited stronghold situated on the upper part of the hill, and lower down a settlement. During that time the stronghold had only local importance.

In the 11th century, when many other strongholds in the South-Eastern part of Estonia were abandoned, the fortifications of the stronghold of Otepää were reinforced. The settlement, situated in the lower part of the hill was turned into an additional fortification. The stronghold of Otepää became another centre of the South-Eastern part of Estonia beside Tartu. Its prominence grew much due to the favourable position on the crossroad of many important routes. The military campaigns of Russians, Germans and Latgals at the beginning of

the 12th and 13th centuries were mainly directed against the strongholds of Otepää and Tartu.

After the conquering of Estonia by Germans, in 1224, the bishop of Tartu started to construct a stronghold of stone at Otepää. 4 of the vassals of the bishop had their residence in the stronghold, to each of them one parish was enfeoffed.

At first the stronghold of Otepää remained the bishopry of Tartu. Near the stronghold a medieval settlement came into being.

From the 14th century on the importance of the stronghold of Otepää began to diminish. This was caused by the rapid development of Tartu as the centre of bishopry and an important Hanseatic town, the construction of new strongholds on the borders of the bishopry, changing of some trading routes, the moving of the vassals who had lived in Otepää, and the erection of new vassal strongholds by them.

Probably in 1396 the stronghold of Otepää suffered much in the war between the bishop of Tartu and the Livonian Order. The re-erection of the stronghold was not undertaken because the usage of new fire-arms required fortifications of a totally different type.

Ain Mäesalu
Lehrstuhl für estnische Geschichte
Universität Tartu
Ülikooli 18
EE-2400 Tartu

n Estland bestanden befestigte Siedlungen und Burgen etwa während zweieinhalb Jahrtausenden, beginnend mit den 7.—8. Jh. v. Chr. bis zum 16.—17. Jh. unserer Zeit. Während dieser langen Periode gab es auch Abschnitte, in denen Burgen keine Verwendung fanden. Insgesamt sind in Estland etwa 140 Burgen vorhanden gewesen. Die meisten von ihnen wurden in einer konkreten Zeitspanne oder während zwei Perioden benutzt. Dauerhaft durch die verschiedenen Zeiten bestehende Burgen sind in Estland gering an der Zahl. Eine dieser wenigen Ausnahmen ist die südostestnische Burg Otepää (Odenpäh). Dort gibt es Funde aus dem 1. Jh. bis zum Ausgang des 14. Jhs.

Bei der Darstellung der Burg Otepää wollen wir die Aufmerksamkeit auch jene Probleme richten, die sich unmittelbar mit dem erklärenden Thema des Symposiums verbinden: Warum und weshalb entwickelte sich Otepää zu einem Zentrum und aus welchen Gründen sie diese Stellung verlor ging? Zeitlich sichten wir hauptsächlich das 11.—14. Jh, denn gerade in diesem Zeitraum kann von der führenden Rolle der Burg Otepää in Südostestland gesprochen werden. Bis zum Beginn des 13. Jhs. bildete das zugehörige Gebiet die altestnische Landschaft Ugandi. Nach der Eroberung Estlands durch den deutschen Orden der Schwertbrüder entstand dort das Bistum Tartu (Dorpat).

Die Burg Otepää wurde auf einem alleinstehenden Hügel mit schroffen Flanken gegründet: heute umgibt ihn eine versumpfte Niederung. Am Fuss beträgt die Länge des Hügels 315 m, die Breite 150 m. Der Hügel ist am Gipfel zweigegliedert: der Südteil ist etwa 4500 m² gross und erhebt sich 30 m über die Umgebung, der nördliche 4800 m² grosse Teil ist 16—17 m niedriger. Die Flanken des Hügels sind recht steil, besonders nach Westen, wo die Neigung bis 36° beträgt.

Das Ufer des benachbarten Sees Alevijärv liegt in etwa 200 m Entfernung. Seinerzeit konnte der See bis an die Nordostflanke des Hügels reichen. Das bezeugt auch eine Stelle in der Livländischen Chronik Heinrichs des Letten, wonach die Verteidiger der Burg während der Belagerung von 1217 Wasser aus dem See schöpfen konnten (HCL XX: 7).

Über die Burg Otepää gibt es drei Arten von Quellen: die schriftliche Quellen, einige Zeichnungen aus der 1. Hälfte des 19. Jhs. und die Resultate der archäologischen Ausgrabungen.

Die schriftlichen Quellen sind relativ spärlich. In russischen Chroniken wird die Burg im 12.—13. Jh. rund zehnmal genannt. Dank der Livländischen Chronik des Priester Heinrich des Letten sind die Ereignisse in der Burg Otepää während der Jahre 1208—1224 besser bekannt. Aus der folgenden Zeit bis zum Ende des 14. Jhs. gibt es wiederum nur vereinzelte Nachrichten.

Die früheren Forscher haben recht grosse Aufmerksamkeit den Zeichnungen aus der 1. Hälfte des 19. Jhs. gewidmet. Es besteht die Meinung, dass die Mauerreste damals besser sichtbar waren, doch das ist zweifelhaft. Archäologische Ausgrabungen zeigten, dass der Grundriss mehr oder weniger der Wirklichkeit entsprach, doch in den Details ist viel phantasiert worden.

Am meisten neue Angaben lieferten die archäologischen Ausgrabungen. Gründlichere Forschungen begannen dort 1950 unter Leitung von Osvald Saadre, die mit einer kurzen Unterbrechung 1963—1966 bis 1974 währten (Saadre 1954 370, Saadre 1955 42—46, Jaanits 1956 314—315, Saadre 1958 145, Tõnisson & Selirand 1964 235, Saadre 1966 45—50). Im Jahre 1982 wurde auf dem Siedlungsplatz und 1983 auf der Vorburg in Otepää einige kleine Ausgrabungen unter der Leitung des Autors durchgeführt (Mäesalu 1983 337—338, Mäesalu 1984 363—365). In der Burg und in der Vorburg wurden insgesamt rund 2200 m² erforscht. Die Mächtigkeit der Kulturschicht betrug stellenweise sogar über 3 Meter.

Aufgrund der Funde und der Kulturschicht können bei der Nutzung der Burg Otepää fünf Perioden festgestellt werden:
1) etwa das 1. Jh.
2) etwa das 4.—5. Jh.
3) das 7.—11. Jh.
4) das 12. Jh. bis 1224
5) 1224—1396

Aus der ersten und zweiten Periode gibt es nur vereinzelte Funde, Reste von Befestigungen und

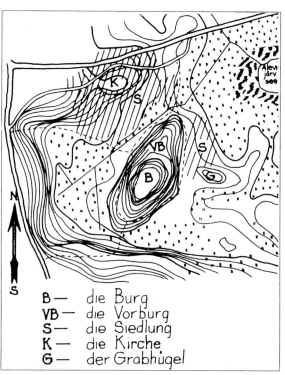

B — die Burg
VB — die Vorburg
S — die Siedlung
K — die Kirche
G — der Grabhügel

Abb. 1. Die Lage der Burg und anderer Bodendenkmäler in Otepää.

Bauten wurden nicht entdeckt. Sollte es sie gegeben haben, sind sie durch spätere Bauarbeiten zerstört worden. Das knappe Fundmaterial bezeugt, dass in den zwei ersten Perioden die Burg nicht ständig bewohnt wurde, sie diente bei Gefahr lediglich als Zufluchtsort.

Interessant ist, dass etwa in der gleichen Zeit, also im 1. Jh. vor Chr. bis zum 1. Jh. n. Chr. und der Mitte des 1. Jahrtausends in Estland noch andere Burgen bestanden. Für sie alle ist geringes Fundmaterial kennzeichnend (Moora 1967 73—74, Tönisson 1985 150—151).

Spätestens im 7. Jh. entstand auf dem höheren Plateau eine ständig bewohnte Burg. Umfangreichere Befestigungsarbeiten wurden aber trotzdem nicht ausgeführt. Ein Wall wurde wohl gegen dem niedrigeren Teil errichtet, denn dort war der natürliche Schutz am schwächsten. Analoge Burgen mit Wall nur an einer Flanke waren in Estland in dieser Zeit recht typisch.

Gleichzeitig mit der Burg entstand auf dem niedrigeren Plateau eine Siedlung. Reste von Befestigungen wurden nicht entdeckt, und es gab wahrscheinlich keine Wehranlagen. Darauf verweist auch die Tatsache, dass die Kulturschicht der Siedlung auf die Flanken und sogar den Fuss des Hügels reicht. Die Kulturschicht aus dieser Zeit ist 0,5—0,8 m stark, und die Funde zeigen, dass die Burg und die Siedlung pausenlos bis zum 11. Jh. genutzt wurden.

Aus der gleichen Periode sind auf dem späteren Gebiet der südostestnischen Landschaft Ugandi insgesamt 17 Burgen bekannt. Es war die burgenreichste Periode des Gebiets. Einige estnische Archäologen sind der Meinung, dass ein Teil dieser Burgen schon ein gewisses regionales Zentrum bildeten (Jaanits, Laul, Löugas, Tönisson 1982 302, Aun 1979 13, 20). Doch es gibt keine sicheren Merkmale, um sie auszusondern. Die Wehranlagen der Burgen waren relativ schwach, nur mit Hilfe der Bewohner der Burg und der anliegenden Siedlung konnten sie aufgeführt werden. Zudem ist die Zahl der bekannten alleinstehenden Siedlungen im ganzen südöstlichen Estland gering — nur zwei. Es ist nicht unmöglich, dass die Mehrzahl der Bevölkerung von Ugandi in den Burgen und den nebenan liegenden Siedlungen lebte.

Im 11. Jh. begann in der Entwicklung der Burgen in Estland eine neue Periode. Es entstanden merklich stärker befestigte Burgen. Oft umgab der Wall bereits den ganzen Hof. Viele Burgen der vorangehenden Periode wurden verlassen. Neue Burgen entstanden aber an anderen Orten. In Ugandi bestanden lediglich vier Burgen weiter — in Otepää, Tartu, Saadjärve und Tilleorg.

Warum bestand die Burg Otepää weiter, obwohl viele andere verlassen wurden? Offenbar entsprach sie den neuen Anforderungen. Ihrem natürlichen Schutz nach war sie eine der wehrhaftesten in ganz

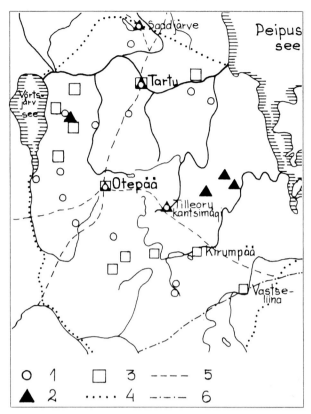

Abb. 2. Die Burgen in Südostestland
1 — die Burgen im 7.—11. Jh.
2 — die Burgen von dem 11. Jh. bis zum 2. Viertel des 13. Jhs.
3 — die Burgen von dem 2. Viertel des 13. Jhs. bis zum 15.—16. Jh.
4 — die Grenze der Landschaft Ugandi
5 — die wichtigen Landstrassen im 11.—13. Jh.
6 — die Riga-Pleskau Landstrasse im 14.—16. Jh.

Estland. Zweitens war sie geräumig genug für die Aufnahme einer zahlreicheren Einwohnerschaft.

Die Verstärkung der Burg Otepää und der anderen südostestnischen Burgen im 11. Jh. verbindet sich wohl vor allem mit der gesteigerten Aktivität des altrussischen Reichs. In russischen Chroniken finden sich Angaben über verschiedene Kriegszüge. Wahrscheinlich war daran eine grössere Anzahl von Soldaten beteiligt. Gleichzeitig ging man zur aktiven Belagerung der Burgen über. Aus diesen Gründen wurden die Wehranlagen verstärkt, was mehr Arbeitskräfte verlangte. Um eine derartige Burg aufzuführen, mussten die Einwohner mehrerer Siedlungen beteiligt werden. Somit entwickelten sich die Burgen zu Zentren gewisser Regionen.

Von den Wehranlagen der Burg Otepää im 11.—12. Jh. ist nicht viel erhalten. Es ist anzunehmen, dass die Burg von allen Seiten mit Wällen umgeben wurde. Die auf dem unteren Plateau befindliche Siedlung wurde befestigt, und sie wurde somit zur Vorburg. Einige Befunde der Ausgrabungen lassen vermuten, dass der Weg zur Burg und die Tore sich an gleicher Stelle wie bei der späteren Bischofsburg befanden (Saadre 1954 370).

Auf dem Abhang des Beckens, das nordwestlich der Burg bleibt, konnte sich eine Siedlung befinden. An dieser Stelle gab es bei den Ausgrabungen einige Funde aus dem 12.—13. Jh. Der Standort der Siedlung neben der Burg war in Estland für diese Periode eine Ausnahme. Analoges sehen wir in Ugandi nur noch in Tartu. Otepää und Tartu waren tatsächlich zu den wichtigsten militärische Zentren der Landschaft Ugandi geworden. Das beweisen sehr gut auch die schriftliche Quellen. Nach den russischen Chroniken hatten die russischen Fürsten im 11.—12. Jh. die Kriegszüge in die Landschaft Ugandi nur gegen die Burgen Tartu und Otepää organisiert. Zweimal belagerten die russische Truppen die Burg Otepää (ENC 1971 9, 51) und dreimal die Burg Tartu. (PVL 1950 101, ENC 1971 14, 51). Über den anderen Burgen in der Landschaft Ugandi gibt es in der russischen Chroniken keine Angabe. Nach der Livländische Chronik fanden die wichtigste Schlachten am Anfang der 13. Jh. in der Landschaft Ugandi auch nur um die Burgen Otepää und Tartu statt (HCL XII: 6; XIV: 2, 6; XX: 3, 7—8; XXVII: 4; XXVIII: 5—6).

Es ist nicht einfach zu begründen, warum die Burg Otepää zum Zentrum des südlichen Ugandi wurde. Wahrscheinlich spielte hierbei der Standort an der Kreuzung wichtiger Wege eine Rolle. Eine Strasse führte von hier nach Norden zu den Häfen Nord-Estlands, eine andere nach Osten zu den russischen Städten Pleskau (Pskow) und Nowgorod, eine dritte nach Süden zu den Latgallen und Liven, eine vierte verlief über den Fluss Väike-Emajôgi nach Westen in die Landschaft Sakala. Möglicherweise führte am Ende des 12. Jhs. eine von Riga nach Pleskau verlaufende Handelsstrasse durch Otepää. Darauf verweist indirekt die Chronik Heinrichs des Letten. Mehrmals steht dort von deutschen Kaufleuten geschrieben, deren Warensendungen nach Pleskau den Bewohnern von Ugandi zum Raub fielen. Um die Streitigkeiten zu lösen, wurden ein paarmal Verhandlungen gerade in Otepää geführt. Und beim ersten Kriegzug gegen die Esten, wodurch die Rückgabe der geraubten Güter erzwungen werden sollte, wurde gerade die Burg Otepää niedergebrannt (HCL XI: 7; XII: 6; XIII: 5; XIV: 4).

Diese Ereignisse sind nicht unbedingt ein Beweis dafür, dass die Einwohner von Otepää die Räuber waren. Wahrscheinlich aber waren die Ältesten von Otepää für die Sicherheit der Wege durch die ganze Landschaft Ugandi verantwortlich.

Im Herbst 1224, als Estland von den Deutschen unterworfen worden war, begann der Bischof von Tartu, Hermann, eine neue Burg in Otepää zu errichten (HCL XXVIII: 8). Zum Bischofssitz wurde jedoch Tartu gewählt. In der Gründung einer neuen Burg in Otepää kann man den Wunsch erblicken, das alte Zentrum zu bewahren. Laut der Chronik siedelte der Bischof in Otepää vier seiner Vasallen an und belehnte jeden von ihnen mit einem Kirchspiel (HCL XXVIII: 8). Jedem Vasallen eine eigene Burg zu gründen, war wohl noch nicht möglich. Die Esten waren zwar getauft und unterworfen, doch die Eroberer fühlten sich noch nicht genügend sicher. Auch das benachbarte Russland musste in Betracht gezogen werden. Während der Eroberung hatten sich Nowgorod und Pleskau ständig in die Ereignisse in der Landschaft Ugandi gemischt, meist versuchten sie, hier ihre Macht zu errichten; in einigen Fällen traten sie gemeinsam mit den Esten den Deutschen entgegen (HCL XIV: 2; XX: 3, 7—8; XXVII: 3).

Im Grundriss unterschied sich die neue Bischofsburg von der alten estnischen Bauernburg nicht. Die Burg und ihre Wehranlagen, die Vorburg, der Weg zur Burg und die Tore befanden sich am alten Standort. Der Hauptunterschied zeigte sich im

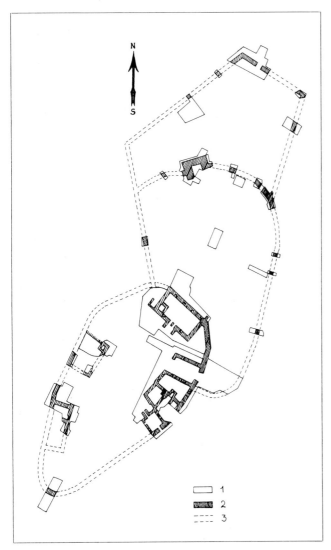

Abb. 3. Der Grundriss der Steinburg in Otepää in Jahren 1224—1396
1 — die Ausgrabungsstellen
2 — die ausgegrabenen Mauern
3 — einige vermutliche Mauern

Baumaterial — die alten Wehranlagen bestanden aus Holz und Feldsteinen, nur aber verwendete man auch Backstein und Mörtel.

Die wichtigste Wehranlage war die sogenannte Mantelmauer, die den Flanken des Hügels folgte. Sie bildete gleichzeitig die Aussenwand der Burgbauten. Die Vorburg wurde von einer ähnlichen Mauer umgeben. Ein wenig später wurde durch den Hof eine andere Mauer gezogen, wodurch die Vorburg zweigeteilt wurde.

Otepää gehört somit zu den sog. naturgebundenen Burgen. Grundsätzlich waren auch alle früheren Burgen der Esten von derartigem Grundriss. Daher haben einige estnische Forscher bei den ersten steineren Burgen das Weiterbestehen der alten estnischen Bautradition betont (Eesti arhitektuuri ajalugu 1965 66, Eesti kunsti ajalugu 1975 23). Dennoch müssten weitere Umstände berücksichtigt werden. Naturgebundene Burgen waren auch weitläufig in anderen europäischen Länder bekannt. Anderweitig benutzte man in Otepää die günstigen natürlichen Wehreigenschaften des Hügels, wobei vorangehende Erdarbeiten zur Verstärkung beigetragen hatten. Bei der Errichtung der steinernen Burg brauchte die Gestalt des Hügels nicht verändert zu werden, es genügte, die Mauern aufzuführen.

Mit der Feststellung der exakten Baufolgen und mit der Datierung gibt es bei den einzelnen Bauten der Bischofsburg einige Probleme. Sogar das früheste Aussehen der Burg ist fraglich. Laut der Chronik Heinrichs des Letten begann die Errichtung der steinernen Burg in der zweiten Hälfte des Jahres 1224 (HCL XXVIII: 8). 1225 besuchte der päpstliche Legat Wilhelm von Modena Otepää, und laut der Chronik fand er die Burg mit neuen Einwohnern besiedelt und stark aufgebaut (HCL XXIX: 3).

Hier ersteht die Frage, wie die gesamte Ringmauer in so kurzer Zeit errichtet werden konnte. Es gibt noch eine weitere Möglichkeit — westlich vom Zentrum der Burg befindet sich eine grössere Erhebung. Auf verschiedenen Zeichnungen aus dem vorigen Jahrhundert sieht man dort einen Turm. Es ist nicht unmöglich, dass ursprünglich in Otepää eine Turmburg gebaut wurde, und dass die Ringmauer aus späteren Zeiten stammt. Diese Annahme stellte bereits Armin Tuulse auf (Tuulse, 1942 51).

Die Errichtung einer Turmburg in Otepää ist durchaus wahrscheinlich, denn einige der frühesten Wehrbauten der Deutschen im Baltikum waren gerade solcherart, Otepää aber ist die erste von den Deutschen in Estland gegründete Burg. Es gibt aber auch einige Umstände, die gegen dieser vermutlichen Turmburg sind. Erstens war diese Stelle strategisch nicht die beste für die Turmburg. Zweitens bleibt die Burg mit der Grösse etwa 6 x 6 m, zu klein für 4 Vasallen (Familien). Die Frage der Turmburg in Otepää bleibt vorerst noch offen, denn das ganze Territorium der vermeintlichen Turmburg ist noch nicht archäologisch untersucht.

Obwohl Tartu zum Zentrum des Bistums im 2.Viertel des 13. Jhs. wurde, besass Otepää vorerst die Rolle eines zweiten Zentrums. Von der Bedeutung der Burg zeugte auch eine nebenan entstandene Siedlung (Flecken) in der vorwiegend Handwerker und Kaufleute lebten.

Im politischen Leben des Bistums spielten die Einwohner der Burg Otepää gleichfalls eine recht wichtige Rolle. Laut Nachrichten russischer Chroniken hätten die Deutschen von Otepää im Jahr 1234 an einer Schlacht am Fluss Emajôgi gegen die Truppen Nowgorods teilgenommen (ENC 1971 117—118). 1240 eroberten die Deutschen aus Otepää, Tartu und Viljandi die russische Grenzstadt Irboska (Izborsk; ENC 1971 127). 1233 wurde der russische Adlige Kjuril Sinkinič gefangengenommen, und man hielt ihn in Ketten in Otepää (ENC 1971 117). Gleichzeitig fanden jene russischen Fürsten in Otepää ihre Unterkunft, die im Machtkampf in Russland unterlegen waren. In Otepää musste sich auch die Frau des Fürsten Jaroslav Volodimirič aufhalten, denn laut russischen Chroniken wurde sie dort von ihrem Stiefsohn ermordet (ENC 1971 130). 1232 wurde aus Pleskau Boris Negočewič mit seinen Parteigängern und Familien vertrieben, und auch sie alle zogen nach Otepää (ENC 1971 116).

Offensichtlich etwa in der 2. Hälfte des 13. Jhs. und in der 1. Hälfte des 14. Jhs. begann sich die Rolle Otepääs zu schwinden. Ein Zeichen dafür ist, dass die Burg in Otepää nun sehr selten in schriftlichen Quellen genannt wird. Wahrscheinlich im Krieg zwischen dem Bischof von Tartu und dem livländischen Orden wurde die Burg Otepää 1396 stark in Mitleidenschaft gezogen, in der Folge wurde sie nicht mehr wiederaufgebaut.

Somit hatte die Burg Otepää ihre bisherige Bedeutung verloren. Erstens besass sie ihre militärische Bedeutung nicht mehr. In der 1. Hälfte des 14. Jhs. wurden an der Ostgrenze des Bistums Tartu zwei neue Burgen errichtet, und zwar in Vastseliina (Neuhausen) und Kirumpää (Kirrumpäh). Dazu sind im Gebiet des Bistums Tartu mehrere kleinere Vasallenburgen bekannt, deren Gründungszeiten wir nicht genau wissen. Einige von ihnen — so in Rannu (Randen) und Konguta (Kongota) — konnten immerhin im 14. Jh. entstanden sein (Tuulse 1942 262). Diese Burgen wurden auch von Vasallen besiedelt, deren Vorfahren nach den Familiennamen von Dolen und von Thysenhusen in der Burg Otepää gelebt hatten (HCL XXVIII: 8, Tarvel 1968 591). Nach schriftlichen Quellen aus der Ende des 14. Jhs. ist der Burgsitz in Otepää zu der Familie Ixkulle übergegangen (LG 1908, Nr. 150). Wir erinnern daran, dass im Jahr 1224 in der Burg Otepää vier Vasallen — Engelbert de Thysenhusen, Theodericus de

Bekeshovede, Helmoldus de Luneborch und Johannes de Dolen — gelebt hatten (HCL XXVIII: 8).

Auch der Charakter der Wehranlagen der Burg in Otepää entsprach nicht mehr den Forderungen der Zeit. Am Ende des 14. Jhs. waren Feuerwaffen in Estland bereits recht verbreitet (Anting 1967 15, 19, 35, Mäesalu 1990 4—6), und gegen sie waren neuartige Wehranlage notwendig. Die Burg Otepää hätte sehr gründlicher Umbauten bedurft, was aber nicht geschah.

Zweitens hatte Otepää ihre wirtschaftliche Bedeutung verloren. Tartu als Hansestadt wurde zum wichtigen vermittelnden Zentrum im Handel mit Russland. Über Tartu konnte die Wasserstrasse Emajôgi-Peipussee-Pskower See-Pskow benutzt werden (Bruns & Weczerka 1967 752). Auf dem Festland benutzte man offenbar direktere Wege nach Russland. Auch die südlicher verlaufende, aus Riga ausgehende Handelsstrasse verlief nicht mehr durch Otepää nach Pskow. 1342 wurden die Burgen von Aluksne (Marienburg) und Vastseliina gebaut, und der Handelsweg verlief nun durch diese Zentren (Bruns & Weczerka 1967 751, 753, Mugure'vics 1965 110).

Der dritte und wichtigste Grund der Abnahme der Rolle Otepääs bestand im Sitz der bischöflichen Macht in Tartu.

Die Zerstörung der Burg Otepää führte auch zum Verfall des Marktflecken. Diese Siedlung existierte fürs erste zwar noch weiter, verkümmerte jedoch und wurde im 16. Jh. verlassen.

Gunnar Möller

ADLIGE BEFESTIGUNGEN IN VORPOMMERN VOM ENDE DES 12. — ANFANG DES 17. JH.S

Fortification of the Nobility in Western Pomerania from the End of the 12th Century to the Beginning of the 17th Century

There are about 250 fortifications of the nobility in Western Pomerania (Vorpommern) known from archeological and written sources between the end of the 12th century and the beginning of the 17th century.

The powerful central authority of the Rügen princes and the Pomeranian dukes until the end of the 13th century kept the private fortification of aristocrats in a feudal relation. During the 13th century the first princely fortifications developed, influenced by the contemporary Western European and Southern Scandinavian examples — for example a kind of donjons in the castle bulwarks of the towns (for example Garz on Rügen), big moated mounds and wall castles, which also can be located in previously youngslavian castle-bulwarks.

Most of the fortifications known today derive from the period after 1300. Different types were the moated mound, the moated site and probably the fortified house and the "kemlade" (domestic building surrounded by water).

With the beginning of extensive exportation of cereals during the 16th century some aristocratic families became wealthy and powerful, which was also manifested by the private fortifications. Impressive palaces and mansions in Renaissance style developed. In this period also the housing areas and military facilities of the princely residences were modernized, for example Wolgast, Loitz, Barth.

With the beginning of the 30 years war (1618—1648) and the decline of the Pomeranian dukedom the feudal private fortification in Vorpommern came to an end with the exception of a few facilities.

Gunnar Möller
Amt für Denkmalpflege
Mönchstrasse 57
D-2300 Stralsund

Die Erforschung hoch- und spätmittelalterlicher und erst recht frühneuzeitlicher feudaler Befestigungen war im Norden der ehemaligen DDR bislang ein Desiderat der Forschung. Das lag um einen an der Zäsur, die sich die Ur- und Frühgeschichtswissenschaft mit der vagen zeitlichen Begrenzung "Mittelalter" gesetzt hat und zum anderen an der insbesonderem seit dem Ende der 60er Jahre festzustellenden Vernachlässigung der Erforschung nachslawischer mittelalterlicher archäologischer Quellen. Aus Mecklenburg-Vorpommern liegen somit, von ganz wenigen Einzeluntersuchungen abgesehen, keine modernen Forschungsergebnisse zur adligen Eigenbefestigung vor. Teilweise wurden Sondierungsgrabungen bzw. Notbergungen von interessierten Hobbyarchäologen durchgeführt. Somit ist die Wissenschaftliche Erforschung der adligen Befestigungen in Nordostdeutschland eine nicht zu leugnende Notwendigkeit, zumal in den angrenzenden Nachbarländern Polen, Schleswig-Holstein, Dänemark und Schweden in unterschiedlichem Ausmass die Burgenforschung weit vorangeschritten ist.

Uns liegen aus archäologischen und archivalischen Quellen vom Ende des 12. bis zum beginn des 17. Jh.s ca. 250 adlige Fortifikationen unterschiedlischen Typs vor (Abb. 1).

Nach vergleichbaren internationalen Forschungsergebnissen müssen wir mit einer Dunkelziffer von weiteren 100—150 Anlagen rechnen, die sich heute nicht mehr bzw. sehr schwer nachweisen lassen. Dennoch werden durch die in der ehemaligen DDR gut funktionierende ehrenamtliche Bodendenkmalpflege jährlich etwa 5—10 neue Fortifikationen aus dem o.g. Zeitraum in Mecklenburg-Vorpommern entdeckt und unter Schutzt gestellt.

Vorpommern war vor der deutschen Ostexpansion vor allem von zwei slawischen Völkern bewohnt — im Norden auf der Insel Rügen und Teilen des benachbarten Festlandes siedelten die Ranen und südlich von ihnen die Pomoranen. Während Rügen 1168 nach wechselvollen Kämpfen an die dänische Krone fiel, standen die Pomoranen nach kurzer dänischer Lehnshoheit unter dem Schutz der brandenburgischen Askanier. Daraus ergeben sich auch im Befestigungswesen zeitweise Unterschiede.

Vom Ende des 12. Jh.s bis etwa Mitte des 13. Jh.s lassen sich an Hand archäologischer und schriftlicher Quellen etwa 26 jungslawische Burgwälle als Residenz-, Verwaltungs- und Grenzsicherungsorte erschliessen. Dies sind z.B. die bedeutenden Burgwälle von Bergen, Garz auf Rügen, Barth, Demmin, Loitz, Usedom, Gützkow und Wolgast. Über die eigentlichen Fortifikationen ausser Wall-Graben-System und die

Innenbebauung wissen wir aus diesem Zeitraum des Übergangs von slawischer zu westeuropäischer Burgentradition sehr wenig.

An Hand von vergleichbaren internationalen Befunden müssen wir aber von einer Blockbau- bzw. Flechtwerkinnenbebauung ausgehen, wie sie im gesamten jungslawischen Siedlungsgebiet vorlag.

Vermutlich begann man bereits im Laufe des 13. Jh.s über bzw. in jungslawische Burgwälle Motten nach westeuropäischem Vorbild zu errichten (z.B. Usedom, Retzin in der Randowniederung). Auch in Holstein sind derartige Befestigungsformen bekannt (z.B. Oldenburg, Burg von Neustadt); Struve 1984 228.

Mitunter wurde aber auch der kesselförmige Innenraum des Walles mit Erde aufgefüllt und darauf damals moderne Fortifikationen erbaut. Ein sehr ähnlicher Befund wurde am Itzehoer Ringwall vom Ausgräber beobachtet; Andersen 1980 40ff.

In dem jungslawischen Burgwall von Gützkow, Kr. Greifswald konnte beobachtet werden, dass die Burg des ersten deutschen Vogtes Jazco von Salzwedel in der ersten Hälfte des 13. Jhs noch ganz

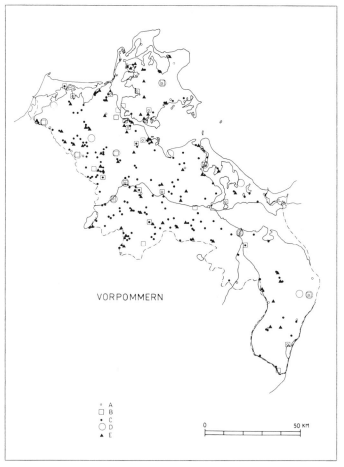

Abb. 1. Karte der adligen Befestigungen in Vorpommern vom Ende des 12. bis Anfang des 17. Jh.s

A. spätslawische Burgwälle

B. landesherrliche Burgen des 13. bis 15. Jh.s

C. kleinadlige Burgen /befestigte Höfe des 14. bis 15. Jh.s

D. landesherrliche Schlösser des 16. bis Anfang 17. Jh.s

E. kleinadlige Befestigungen des 16. bis Anfang 17. Jh.s

in jungslawischer Tradition gehalten war — ein Holz-
Erde Wall umschloss einen ovalen Innenraum, in
dem Blockhäuser standen. Seine Nachkommen, die
nunmehrigen Grafen von Gützkow, füllten den
Innenraum auf und errichteten in der zweiten Hälfte
des 13. Jh.s auf dieser mottenartigen Erhebung
Backsteingebäude (Turm und Palas). Einige landesherrliche Burgen wurden in Anlehnung an jungslawische Burgentraditionen, bei der sich die
Innenbebauung entlang des Walles rekonstruieren
lässt, als Mauerburgen bebaut (z.B. Wolgast,
Ückermünde). In bisher nur einem Beispiel wurden
donjonartige Wohntürme in landesherrlichen Burgen
belegt. Bei den Ausgrabungen in den 20er Jahren
unseres Jahrhunderts kam in der jungslawischen
Höhenburg Garz a.R. überraschenderweise ein
25x22 m grosses rechteckiges Gebäude mit Feld-
steinfundament und darauf befindlichen Resten von
Ziegelmauerwerk zu Tage. Etwa 3x3 m grosse
Eckfundamentierungen gehören zu kleinen Ecktürmen. Darüber hinaus fanden die Ausgräber noch
eine Kapelle und ein weiteres kleines Gebäude
unbekannter Verwendung, beides in klosterfor-
matigen Ziegeln gebaut. Diese drei Gebäude lagen
auf einer natürlichen Geländekuppe innerhalb des
190x100 m grossen Burgwalls.

Ähnlich wie in Schleswig-Holstein und Dänemark
(vgl. Struwe 1984 227ff; la Cour 1972 187, 191,
201ff) gibt es auch in Vorpommern vereinzelt grosse
Burghügel auf meist natürlichen steil geböschten
Moränenkuppen in Niederungen, die zusätzlich
geböscht und mit einem Graben, eventuell auch
Palisade, umgeben waren. Sie dürften in die erste
Hälfte bis Mitte des 13. Jh.s gehören. Eine genaue

Abb. 2. Damgarten "Jaromersturm" (nach Ewe 1979 45)

Abb. 3. Tribsees um 1600 (nach Ewe 1979 111)

Erforschung dieser vermutlich dem Hochadel gehörenden Anlagen steht noch aus.

Nach den uns vorliegenden kartografischen
Quellen bestanden auch die landesherrlichen Befestigungen in der vorpommerschen Städten zu Ende des 13. Jh.s aus massiven Wohntürmen, ein bis
zwei Nebengebäuden und einer umgebenden
Mauer bzw. Palisade (Abb. 2 und 3). Grosse, ca 10—
12 m Durchmesser aufweisende Wohntürme
standen auch in einigen anderen Burgen, so
Demmin, Loitz und Gützkow. 1307 nennt uns eine
Urkunde Wizlaw II. Fürst zu Rügen die landesherrlichen Burgen auf dem rügenschen Festland
(use slote Ramalestorp, Mederow, Ekberg,
Boranteshagen, Cowal, Grellenberg, Tribuzes,
Barth, Grimme und Stralessundes) (MUB 5, Urk. Nr
3192). Unter den 10 Burgen sind 4, die sich in
Städten befanden. Als einzige Stadt Vorpommerns
besass nur Greifswald nie eine landesherrliche Burg.

Ausser den Landesherrn hatten im 13. Jh. nur
sehr wenige Adlige das Recht, Fortifikationen
anzulegen bzw. zu besitzen. Im Fürstentum Rügen
sind es die mit den Fürsten verwandten Herren von
Putbus, die Burgen in Putbus, Vilmnitz und Brands-
hagen besassen, dann die Herren von Gristow mit
ihren Burgen Gristow, Kowall, Segebadenhau und
Reinberg sowie die dänischen Ritter Erlandson in
der Burg Schaprode auf Rügen (vgl. Steffen 1963
72).

Über das Aussehen der Putbuser Burg wissen wir
etwas besser Bescheid. Ein etwa 10 m breiter
Wassergraben umschloss eine ovale Fläche, die von
einer Feldsteinmauer zusätzlich gesichert war. Das
zentrale Gebäude war ein massives starkwandiges
Backsteingebäude von 12,5x10 m Grösse. Es war
ebenerdig, drei Stockwerke hoch und hatte einen
zinnenumwehrten Dachumgang mit einem Sattel-

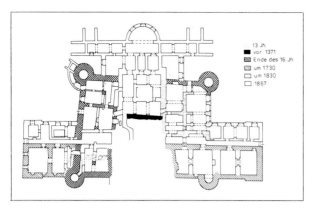

Abb. 4. A Putbus Schloss (nach Ohle & Baier 1963 463)

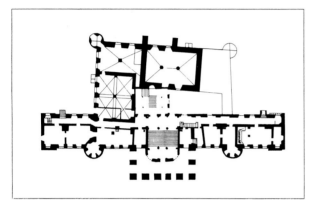

Abb. 4. B Putbus Schloss um 1825 (nach Ohle & Baier 1963, Taf.3)

dach (Abb. 4). Im Herzogtum Pommern-Wolgast waren im 13. Jh. nur die Grafen von Gützkow Burgherren. Die starke Zentralgewalt der Landesherrn verhinderte noch bis Ende des 13. Jh.s den Bau von Eigenfestigungen. Im ersten Viertel des 14. Jh.s kam es in Folge sich komplizierender innen- und aussenpolitischer Verhältnisse und der Schwächung der Zentralgewalt zu Veränderungen im Befestigungsrecht. Bereits kurz nach 1300 tauchen erste Hinweise in den Urkunden über Befestigungen von Kleinadligen auf. So vergleicht sich 1312 die Stadt Demmin mit dem Ritter Voss über dessen befestigten Hof (curiam municionem) (PUB 5, Urk. Nr. 2725). 1327, als das Fürstentum Rügen nach dem Aussteben der rügenschen Fürsten an Pommern kam, wird den Vasallen des ehemaligen Fürstentums ausdrücklich das Recht eingeräumt, Burgen und Befestigungen zu bauen, wenn nicht durch andere Vasallen, Städte oder durch den Pommernherzog selber Veranlassung zu deren Zerstörung besteht (PUB 7 Urk. 4334).

In dieser Zeit, die gekennzeichnet ist durch fast pausenlose Kriege Pommerns mit Mecklenburg und Brandenburg überlässt der Herzog viele Landesburgen auf Schlossglauben adligen Vasallen. Aus diesen Adelsfamilien entwickelte sich im Laufe des 14. Jh.s der s.g. "burggesessene" Adel. Die Masse der kleinadligen Befestigungen waren Motten mit mehr oder weniger befestigten Wirtschaftshöfen. Die

meisten Motten waren relativ klein, auf ihrem Plateau hatte meist nur ein Turm Platz. Nach archäologischen Befunden waren diese Türme seltener aus Backstein, sondern vielmehr aus Fachwerk auf einem Feldsteinsockel (vgl. Möller 1991 135ff).

Seltener sind Doppelmotten oder noch aufwendigere dreigliedrige Anlagen. Die grösste Burg vom Motten-Typ ist die o.g. Burg Ekberg, die sich ungefähr zwischen den Städten Greifswald und Stralsund befindet.

Aus Urkunden des ersten Drittels des 14. Jh.s geht hervor, dass Ekberg die damals bedeutendste landesherrliche Burg auf dem rügenschen Festland war. Die Motte wurde über einer natürlichen Kuppe in einer moorigen Niederung aufgeschüttet, sie ist jetzt 6 m hoch und hat ein ovales Plateau von 40 x 30 m Grösse. Ehemals war die Anlage noch einen Meter höher und das Plateau war annährend rund und 30x30 m gross. Der Hügel ist steil geböscht und mit einer ca 120x50 m grossen Vorburg verbunden.

Die Anlage ist von einem flachen, stellenweise fast ganz verschwundenen Wall und einem grossen, sowie im Mottenbereich drei weiteren schwach erkennbaren Gräben umgeben. Die Burg wurde nach mehreren vergeblichen Belagerungen 1331 von einem Aufgebot der Stadt Greifswald zerstört (PUB 8, Urk. Nr. 4914; Kosegarten 1834 205).

Bei Sondierungen wurden ausser gebrannten Lehm auch viele sekundär gebrannte Backsteinziegel gefunden, die wohl in Verbindung mit der Zerstörung stehen. Im Ergebnis des im 14. Jh.s aufkommenden und besonders im 15. Jh blühenden Raubritterunwesens wurden viele adlige Befestigungen durch städtische Aufgebote mit oder ohne landesherrliche Unterstützung und Genehmigung geschliffen. Einige bedeutende Adelsfamilien besassen grosse Mauerburgen, die oft erst nach langen Belagerungen eingenommen werden

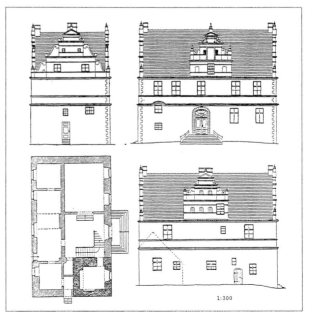

Abb. 5. Venz auf Rügen (nach Ohle & Baier 1963 594)

konnten, so Burg Wolde 1491. Ausser den bereits genannten Burgentypen kamen, wenn auch wesentlich seltener und bisher kaum nachgewiesen, feste Häuser und Kemläden vor.

Wir müssen aber davon ausgehen, dass ein nicht unerheblicher Anteil des Kleinadels keine Befestigungen besass, besonders trifft dies auf den Adel der Insel Rügen zu. Hier hatte es die mächtige Hansestadt Stralsund verstanden, nach dem Aussterben der Rügenfürsten fast alle Burgen zu zerstören bzw. in eigenen Besitz zu nehmen. Anfang des 16. Jh.s vermerkt ein Chronist, dass Rügen keine Burgen besitzt, ehedem aber welche hatte.

Die Herausbildung der Gutswirtschaft und der damit verbundene Getreideexport im Laufe des 16. Jh.s führte zu finanziellem Reichtum und Macht einzelner Adelsfamilien. Dies manifestiert sich auch in eindrucksvollen Schlössern und Herrenhäusern im Renaissancestil. Es lassen sich Einzel- und Doppelgiebelhäuser sowie Winkelhäuser nachweisen, die oft in ihrem Kern vorhergehende gotische Wehrbauten verbergen (Abb. 5). Meist umgab man diese repräsentativen, standesgemässen Wohnbauten mit einem Wassergraben, über den Zugbrücken führten, nicht selten auch mit einem Wall. Zu solch einem Herrenhaus gehörte auch immer ein Wirtschaftshof, der entweder ebenfalls mit einem Graben umgeben war oder eine feste Mauer hatte. Einige dieser Renaissancehöfe wurden auch festungsartig mit Kasematten, Schiessscharten bewehrten Mauern und Bastionen sowie Geschützstellungen ausgebaut. Die Mehrheit war aber nur mit schwachen Defensivbauten ausgestattet, die nur symbolischen Wert hatten bzw. vor sogenanntem "gardenden Volk" schützen sollte. Gerade die Erforschung dieser renaissancezeitlichen Anlagen war bisher ein Desiderat der Forschung in Nordostdeutschland.

Der Dreissigjährige Krieg führte zur Vernichtung vieler Schlösser und Herrenhäuser und setzte dem Bau fortifikatorischer adliger Anlagen ein Ende. Abschliessend sollen hier auch Sonderformen des Befestigungswesens genannt sein. Es ist stets genau zu prüfen, welchen Zweck die uns heute im Gelände gegenübertretenden Befestigungen hatten. Wissen wir doch aus schriftlichen Quellen, dass auch Mühlen befestigt wurden; sowie die Städte auf ihrer Stadtflur und z.T. auch ausserhalb davon Motten errichteten, die Warten trugen oder Furten und Brücken sichern sollten. Landhemmen, die grössere nichtstädtische Territorien sichern sollten, kennen wir an den Landesgrenzen zu Mecklenburg und Brandenburg sowie auf der Insel Rügen. Hier war der sog. Mönchgraben- eine Wall-Graben-Befestigung bereits 1276, bevor die Halbinsel an das Kloster Eldena kam, vorhanden, während die meisten derartigen Anlagen wohl erst im 14. Jh. entstehen. Nur ein Nachweis existiert für einen befestigten Kirchhof in Nehringen an der alten Grenze zu Mecklenburg. Hier umgab die kleine Kirche eine massive Backsteinmauer mit Zinnen und schlüssellochförmigen Schiessscharten.

Die Erforschung von grossen unregelmässigen Anlagen mit einem schwachen Wall-Graben-System steht noch aus. Vermutlich handelt es sich um ehemalige dörfliche Siedlungen des 13. Jh.s, die in der unsicheren Zeit des Landesaubaus von den deutschen Siedlern errichtet wurden.

Anmerkung: Der vorliegende Aufsatz basiert auf den noch laufenden Forschungen des Verf. im Rahmen einer Dissertation A.

Rikke Agnete Olsen

THE FEUDAL CASTLE
— A FICTION?

Die feudale Burg — eine Fiktion?

Heutzutage ist "feudal" für viele, besonders oft für Archäologen, ein Synonym zum Begriff "Mittelalter" geworden, und infolge dessen wird die mittelalterliche Burg "Feudalburg" genannt.

Eine Vermischung von historischem Feudalismus und marxistischer Theorie ist daran schuld, und es ist an der Zeit, damit aufzuhören.

Wenn man sich nicht klar macht, was die beiden Begriffe in sich bedeuten, kann das Bild der mittelalterlichen Gesellschaft und deren Zusammenhänge, das man auf Grund der Ausgrabungen der Burgen und anderer wichtigen Quellen aufzubauen versucht, nur falsch werden.

Rikke Agnete Olsen
Lille Mølle
Christianshavns Voldgade 50
DK-1424 København K

If the title of this article appears provocative it is indeed on purpose and to my opinion with good cause since over the years the word "feudal" and what is meant by using it has undergone a serious devaluation. Nowadays to some people "feudal" is in fact synonymous with "medieval". Nothing could be more wrong, and it is equally erroneous to term the medieval castle generally "the feudal castle" as is often done. There are two main reasons for that.

One is that feudalism is a very specific historical term belonging to and describing a certain form of government or state with its particular social conditions in certain places at specific times. In the feudal society as it developed in the ancient Frankish realm during the centuries when the vikings toured the world, the private castle was indeed "invented", but castles were not only built then and there. Besides the feudal state was very shortlived, only the feudal vocabulary lived on and became widely spread (Ganshof 1980 with references).

The other reason for being rather particular about the term "feudal" is the modern marxist-influenced use of it. In marxist historical theory the historical periods after "the slave society" and before industrialism were called "feudal" and the landowners were considered exploiters of the people. However, the economic structure of society was far from being the same during all these centuries, or in the different countries at the same time. The marxist economic theory may provide a convenient working model for the study of the laws of economy, but this does not make The Middle Ages any more "feudal" in the marxist sense of the word either. Using the concept "feudal" in whichever sense with equal confidence about earlier historical periods and modern third world countries only adds to the confusion.

Still "the feudal castle" is often mentioned, and therefore it is important to define the connection between feudalism in the historical sense of the word and castle building, be it royal, princely or private. This is all the more interesting as castles and the use of them are very descriptive of the state and the conditions of society. In our Nordic countries, where the written sources are less than few until late in The Middle Ages, the castles become archaeological sources of great importance — if they are properly interpreted. If not, you are bound to go dangerously astray until you end up barking up the wrong tree, describing a medieval society no historian or indeed medieval person would recognize.

Being best acquainted with Denmark and Danish conditions I have confined myself mainly to Danish castles and asked the following questions:

What is a feudal castle? and

Do we have feudal castles in Denmark? and if not

Then what kind of castles have we got?

As regards question one the answer is easy. A feudal castle belongs to a feudal lord in a feudal society, and this leads directly to the equally easy answer to question number two: No! Because Denmark was never a feudal state, although the feudal vocabulary was well known and in common use. But almost always in Latin and that means in translation of existing Danish conditions and concepts which were not feudal at all. Also for a long time the scribes who wrote the documents where the feudal terms appear were men of the church and foreigners who had little or no knowledge of Danish (Lund — Hörby 1980 with references).

There were however many castles in Denmark in The Middle Ages, royal, princely and private. They were centres of power, and they express social differences, prestige and necessity. The keywords are ownership — possession — and right to use, and this combined with the size and the shape and the function of the castles do indeed describe society and the conditions of the state at certain times, economically and politically, but it does not make the castles feudal, if society is not feudal.

The earliest medieval castles known in Denmark date from the beginning of the 12th century, and as far as we know they were not solely royal strongholds. One important example is the tower of Bastrup near Farum on Sealand, tentatively ascribed to a mighty member of the so called Hvide-family (Trap 1958). Bastrup and other early castles belong to a period of interior war seasoned by attacks from the Vends, but after that, in the Valdemarian era, the Crown took to strengthening the defense of the kingdom and was helped by the most important magnates. Nephews of the supposed owner of Bastrup built the castles of Copenhagen and Kalundborg but not against the king (Olsen 1986 with references). On the contrary these fortifications were meant as a help for the king to keep the Slavonic invaders and pirates, the Vends, away from the Danish coasts and country. By the end of The Middle Ages they had come into the hands of the crown like all other important castles in the country, even in principle Hammershus on Bornholm, although the island was administered by the archbishop of Lund during the greater part of The Middle Ages until it was conquered by Hanseatic Lübeck early in the 16th century.

Hammershus may be a special case, but the other castles and or "fiefs" of the realm were and remained manned with royal officials who were not vassals and even if they had managed to secure their position as hereditary holders of the "fief" or "entailed estate" or whatever the administrative territory they were in charge of should be translated into, they could all be dismissed in case of offence against the rules (Christensen 1983).

All except the Duke of Schleswig, who was a descendant of the royal line, but he was only independent according to his interpretation of the law, not the king's, and for long periods most of the royal energy, military and political, was spent on trying to convince

the duke that he was a royal official, not a prince in his own right. This is not the place to dissect the complicated history of the dukedom of Schleswig, but it is one more clear illustration of the fact that feudalism was never accepted as a form of government in Denmark (Albrectsen 1981, 1988).

Most Danish noblemen were not nobility in the European sense of the word until very late in The Middle Ages. They were great landed proprietors with certain privileges and prerogatives combined with obligations attached to their property. In the late Middle Ages they also gained importance as administrators of royal land, and as already mentioned, not as vassals but as officials.

As a matter of fact the legal system of Denmark and the conditions of the royal officials is markedly different from that of vassals and fiefs to such a degree that it is not really possible to translate it all properly into English. The same is true of the other Nordic countries just as it was in The Middle Ages, when foreign clerks tried to make the words for Nordic concepts fit into the straitjacket of Latin.

Even today and at such close quarters as Denmark and Sweden it is sometimes difficult to explain that "fæstevæsen" and "arrenderande" are not the same thing and if the conditions of the farmers differ so much in neighbouring countries with a somewhat common past, it is easily understood how complicated it must have been to translate words for unknown concepts and phenomena in The Middle Ages.

But back to the castles. The private ones from the 12th century, which did not become royal, were given up and the fortifications left to fall into decay during the late 12th and first half of the 13th century. Even the greatest landowners did not fortify their property until some time late in the 13th century and during the period when the country was mortgaged to the counts Gerhard and Johan of Holstein and others, and they never fortified all of it. That would also have been almost impossible, the patchwork-pattern of landed property considered.

For a time in the 14th century there was no king and no central power in Denmark and it could be said that the country was feudalised, but only for a time,

and only in the sense that administratively it was falling apart. The laws remained the same, and when King Valdemar Atterdag and his daughter Margrethe had restored the crown by the end of the 14th century, the period of the private castle in Denmark was over.

It is often mentioned that Margrethe's ban on castle-building from 1397 represents the culmination of her power, and that is certainly true, but it is even more important that it also signifies the complete restauration of the crown. The defense of the country and with that the construction of castles and fortifications was an ancient royal prerogative, not only in Denmark (Olsen 1990).

As everywhere else the Danish royal castles remained in use of course as long as they were of any fortificatorial value and they remained administrative centres for a long time after that. All the time much royal land was administered from manors, not castles, as was the case with private property.

Even in once feudal France and Germany not to speak of England, the feudal division and diffusion of central power was put to an end in the course of The Middle Ages, and the defense of the country became again a royal prerogative. That is one more important reason why the term "feudal castle" should be used with utmost caution, also in Norway and in Sweden where the legal conditions were even less "European" than in Denmark.

The historians have realized decades ago, that feudalism in the historical sense is perhaps Utopian, also where it was created, and that neither Denmark nor the other Nordic countries or the Slavonic principalities around the Baltic were ever feudal states. So it is due time also for archaeologists to stop using the term "feudal" about their finds. The more so, as there is no real consistency in its use. For instance nobody speaks about "feudal towns", but in the Slavonic areas the "castles" were not private fortifications but more like fortified towns until quite late. Like the castles in the Nordic countries they were centres of power, of domination and administration, but in neither case were the societies in which they functioned feudal. The legal conditions of historical feudalism did not exist and nor did the economic conditions of the marxist feudal society.

Conclusively it might be appropriate to stress the fact that in Denmark at least the castle itself is an innovation when it first appears. It is also important to remember, that when it is introduced, it is in the fully developed form it had reached in the European countries where it had by then already been in use for centuries. It is however not so much from the castles that the innovations in society spread, as from those who owned the castles. Eskil, the Archbishop and owner of Søborg in Northern Sealand by the middle of the 12th century built a very modern cathedral at Lund in Skåne and probably introduced brick into Denmark. It was also thanks to him that the Cistercian order gained its first strong footholds in the country. The builder of the Bastrup-Tower had certainly seen fortifications in other European countries, and many of those who had been abroad and seen wonders — as the use of bricks — brought something back because "so ein Ding müssen wir auch haben."

At any rate in Denmark many of the innovators of society were the people and the institutions of the church — the monastic sites mostly. They used the hypocaust, exploited the iron ore, had watermills, refined fruit trees etc. After some time the members of the religious orders in Denmark and the other Nordic countries were recruited from the upper layers in society. These social groups were closely entangled in Denmark and Scandinavia and also many of their lay members travelled abroad. Of course they not only brought back what they could use from other places in the world. They also utilized the knowledge accumulated in the religious institutions at home to make their farms profitable and to make daily life confortable, be it in castle or in manor.

Elisabeth and Piotr Palamarz

ARCHITECTURA MILITARIS IN THE MEDIEVAL CASTLE OF KASTELHOLM

Architectura militaris in der mittelalterlichen Burg Kastelholm

Der Vortrag beschreibt den baugeschichtlichen Verlauf auf der Burg Kastelholm (Ålandinseln) im Laufe des Mittelalters. Die Absicht ist, neue Forschungsergebnisse, die die Burg in einem historischen Zusammenhang einreihen könnten, zu präsentieren. Diese Ergebnisse schliessen die vorherigen Datierungen der Burg ins 12. und 13. Jh. aus. Sowohl die archäologischen Fundobjekte als auch das existierende Mauerwerk gehören hauptsächlich zu einer späteren Periode, die am Ende des 14. Jhs. anfängt. Die älteste Anlage hat einen defensiven Charakter, aber im Laufe des 15. Jhs. wird Kastelholm eine bedeutende Verteidigungsburg. Das hängt mit der strategischen Lage der Ålandinseln in der Ostsee, mit der ökonomischen Bedeutung des Burglehens im Verhältnis zu Stockholm und mit der Aufgabe der Burg als Retraitposten im Falle eines Konfliktes an der Ostgrenze.

Bei den verschiedenen Bauphasen zeigt die architektonische Gestaltung oft Zusammenhänge mit dem deutschen Burgenbau. Kastelholm hat im Mittelalter sowohl Verteidigungs- als auch Nutzbaucharakter. Das militärische dominiert beim Übergang vom 15. zum 16. Jh., was mit der damaligen politischen Situation zusammenhängt. Nach dem Konsolidierung des Reiches durch Gustav Wasa hat die Burg ihre militärische Bedeutung verloren und ist danach vor allem als Vogtburg und Verwaltungssitz entwickelt worden.

Elisabeth and Piotr Palamarz
Kastelholms slott
FIN-22520 Kastelholm

Castelholm Castle is in many respects a typical example of all studies of castles in the Baltic region, not only thanks to its central position in the middle of the Baltic Sea, but primarily because of its complicated enigmas which for many decades have prompted historians, archaeologists and art historians to make fresh studies and investigations. Its date of origin, its architectural historical development, its political military and economic significance/status — all these points are subjects of ectensive research, which — as is characteristic of other castles in the region too — unfortunately has not yet managed to provide totally clear answers and explanations.

The aim of this paper is to summarize the findings of recent research, mainly with regard to the medieval building history of the castle viewed from the aspect of military architecture.

The date of origin of the castle is the most striking question for the majority of researchers: suggestions have been made that Kastelholm was built

- in the 12th century (Dreijer 1983 323, 340),
- at the end of the 13th century (Gardberg 1967 82) and
- in the latter part of the 14th century, mainly with reference to the first mention of "Castelleholms hws i Alandae.." in sources in 1388.

Theories of the date of origin often refer to some concrete historical event or personality and seek an explanation in some political situation. Not least the topographical position of the castle has been the subject of similar studies and interpretations.

14th century

Kastelholm Castle was placed on an islet in the central Åland archipelago, far inside a navigable inlet (Fig. 1), though at a distance from the seaways of that period (compare the Danish Itinerary). Originally the castle was completely surrounded by water, being defended in a natural way by the steep shores of Slottssundet on both the west and north sides. Against the land side in the south the castle was protected by a narrow channel, which was eventually converted into a moat. From a naval aspect its position has been interpreted as being militarily defensive (Mogren 1989 86).

Nowadays the ruins consist of two parts: a higher principal stronghold situated on the south side of the island, and, north of it, an outer bailey (Fig. 2). It is remarkable that he builders tried as far as possible to make use of the ground formations so that the "castle and the rock grow together", a feature which is typical of 14th century works with defensive purposes. Al-

Fig. 1. Aerial photo of the Kastelholm Castle and its surroundings. Please, note that the castle is placed on an islet far inside a long inlet which falls into Lumparlands sea. Photo by Maanmittaushallitus 1968.

Fig. 2. Aerial photo of the Kastelholm Castle seen from the north.
Photo by Kuultokuva 1960s.

Fig. 3. The Keep-tower and the west encircling wall belonging to the outer bailey, seen from the west. Photo by O. Strömberg 1987.

though it does not stand on an eminence, the castle dominates the landscape through its architectural design and its forms and building material, the local red granite. However, in contrast to hill forts from the Viking Era, Kastelholm does not seem to be ruling over the region; it controls the surrounding countryside and communications but it does not guard much more than itself (Mogren 1989 77—88). This funtion of self-defence was fairly strong and distinct, and traces of it can still be found in the walls of the main castle.

It is not easy to draw clear boundaries between its defence and residential functions. In a cautious attempt at classification, one could consider "Castelleholms hws" as mentioned in the 1380s to be a tower castle, consisting of tower, residence and encircling wall. However, the tower was not an isolated place of retreat; together with the adjacent residential wing it formed a joint complex to be used in daily life as well (an analogy can be found in Switzerland, for instance, in the typical administration castle of Wildegg in the canton of Aargau, from about 1240; according to Tuulse 1952 72). Kastelholm seems to follow the german castle model, with the tower playing a subordinate role, and the protection of the encircling wall forming the most important element of defence: the main castle (21x42 m) is built up on an enclosing wall, about 265—315 cm thick at ground level, which had a double function as encircling wall and outer wall of the buildings adjoining it on the inner side.

Jointly with a rocky ridge the wall forms a defence against Slottssundet in the west. The tower stands

like a girdle on the highest level of the uneven topography, connecting the east and west encircling walls and demarcating the small courtyard to the north (Fig. 3). The building constructed just south of the tower against the west encircling wall contains two almost square rooms, the so-called double rooms, which have separate entrances from the courtyard. The south wing lies in the southernmost section enclosed by the encircling wall, having that wall as its outer wall on three sides. On the ground floor the building consists of two square rooms with separate door openings towards the courtyard higher up.

The structure which is most difficult to interpret in the main castle is the present keep-tower. Historical architectural analysis shows that the bottom floor of the keep-tower was an integral part of the encircling wall complex right from the beginning, which is confirmed by the thickness of the walls, the bands and the building technique. Nevertheless there is reason to suspect a considerable change of plan, which is reflected in the south wall of the bottom floor too. The various joints and differing masonry of the building also indicate that its upper storeys did not form a uniform structure from the beginning; the building consisted of two parts varying in height and probably in function.

The eastern part was presumably the higher one, in its function as gate tower of the main castle. With the lack of opposing arguments it is difficult today to query the existence of the gate in its present position already during the early building stage of the castle.

Analysis of the "early" Kastelholm poses the question of a water supply for the castle (Kenyon 1990 159). There are no traces of any well or cistern on the eminence, but there is a stone-paved well northeast of the main castle in one of the lowest parts of the outer bailey.

Securing a suply of water is definitely one of the most important measures in the planning of defensive works. So it is likely that the building site included the present outer bailey right from the begin-

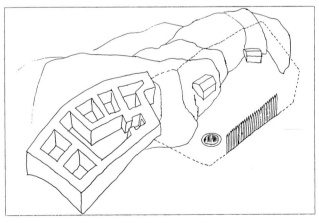

Fig. 4. Reconstruction of the first building stage in the end of the 14th century.
Drawing by F. Wickström according to directions of the authors.

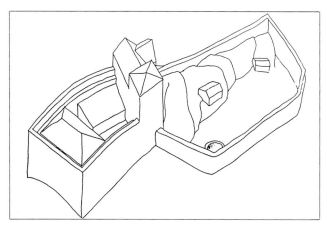

Fig. 5. Reconstruction of the castle in the beginning of the 15th century.
Drawing by F. Wickström according to directions of the authors.

ning. and that it was given some kind of entrenchment at an early stage. Archaeological investigations inside the outer bailey seem to confirm this theory, with finds of wooden defences (palisades?), which were encountered inside the east encircling wall — just north of the so-called eastern entrance — and the excavation of the house foundations inside the wall encircling the outer bailey (Fig. 4). Difficult to interpret, these foundations belong to the the oldest layers of the area (Törnblom 1980; Elfwendahl & Åqvist 1991 211). The present entrenchment was replaced, however, at a very early stage by a low granite encircling wall, which already then determined the plan of the outer bailey.

Although the internal chronology of the walls shows that the wall encircling the outer bailey is definitely secondary in relation to the tower and thus to the main castle, there is reason to presume that the area north of it was taken into use at an early stage, an assumption which is supported by the archaeological find material. Because of its favourable situation beside the natural harbour (facilitating transport of material), the area may possibly have been used as a building site and also as a settlement while the main castle was being built, then gradually emerging as a characteristic outer bailey (Fig. 5).

Architectural historical analysis of the masonry of the main castle is extremely complicated, in that the walls were considerably rebuilt and destroyed throughout the years. However, it is still possible to determine the original height of the west, south and east encircling walls. Their height varies between 6.5 m in the north and about 8.8 m in the south, measured on the outside (Andersson & Palamarz 1990 40). It is difficult to say whether any form of wall walk existed on top already at that stage, since no traces have been preserved which might confirm that theory. It is also possible to interpret the distinct horizontal joints in the masonry (best visible on the south and east sides of the encircling wall) as indicating an uncompleted building programme or a cessation of building work.

The openings preserved in the bottom storey, measuring externally 110x25 cm — 80x20 cm, all have the character of light apertures and could not be used for purposes of defence.

Offensive defence was not strongly dominating in "early" Kastelholm: the choice of site, the closed design of the works and the presumed lack of loopholes — all these indicate that the builders relied on the thick walls, the almost impregnable situation (on a rocky eminence) and perhaps simple defence in the form of wooden structures. So, from the beginning Kastelholm seems to represent the typical defensive bailiffs castle, a centre for collecting taxes, a seat of administration and — last of all — a military base.

As such the castle might have emerged in the 1380s, upon the orders of Jakob Abrahamsson (Jeppe Diekn), bailiff of Turku castle (Åbohus) since 1377 and captain of Kastelholm from 1388. This theory, submitted by researchers such as Johan Nikula (Nikula 1987 115) and Matts Mogren (Mogren 1989 85), seems best to accord with the insecure political situation in the Baltic at the end of the 14th century and with Åland's growing strategic and economic significance prior to the year 1400, when Åland was separated from Turku (Åbo) administration and proclaimed an independent castle fieff (Voionmaa 1913 66, Fritz 1973 141) under the Crown.

Kastelholm Castle is mentioned for the first time in 1388 (FMU I:970). In 1387 Jakob Abrahamsson had obtained the right from King Albrekt to build a stronghold to defend his territories which he formally administered for Bo Jonsson's heirs. So it seems most likely that Jakob had his "bailiff's castle" built in Åland in order to be able more efficiently to collect taxes and administer the strategically important island.

Confirmation of the theory that Kastelholm did not exist as a castle prior to the latter half of the 14th century is to be found in another source, a letter of king Magnus dated Stockholm, 8 September 1340, entrusting "our castle of Åbo, Tavastehus and Viborg with appertaining provinces (...)" to Daniel Nilsson, with the injunction that "our tax rom Finland and Åland (...) should be dispatched to us uncurtailed; but the remainder of diverse taxes and fines from there for particular years should be retained for the buildings of the said castles and their outlays and those of the castle people..." (FMU I:470: "castra nostra Aboo, Tawistahuus et Wiborgh cum terris åt Daniel Nilsson så att tributum nostrum de Finlandia et'Alandia (...) nobis integraliter transmittere debeat annuatim; residuum vero in aliis juribus et causis nostris jibidem emergentibus proueniens annis singulis pro dictorum castrorum edificiis ac suis et castrensium juibi expensis et sumptibus absque alicujus computi reddicione debeat retinere")

15th century

Building of castles was naturally decided in the first place by considerations of defence and power. This is evidenced by the fact that periods of castle-building in medieval Sweden are concentrated, for example, to the civil war of the 1350s and the German invasion of the 1360s. During the following decades strongholds were built to protect borders and territories, for the growing needs of trade and transport, and in private interests in the form of manors and fieffs: for administrative purposes. Castles were always dependent upon large regions of maintenance so as not to be entirely a burden upon royal incomes. According to the so-called Dalaborg letter of 22 March 1388 Kastelholm is listed among "the important castles and strongholds of the realm in Finland". This would indicate the important strategic and military functions of the castle, which probably saved Kastelholm from being demolished after the "Nyköping recess" of 1396, by which Queen Margaret and King Erik decided to destroy unnecessary strongholds and castles (Fritz 1972 163).

So we may assume that, during the period prior to the Engelbrekt uprising (1434), Kastelholm had already been expanded into a significant military installation, which — as the only castle in Finland — was besieged in conjunction with those war operations.

It is impossible today to determine whether the future expansion of the castle took place as a fairly continous process or at separate stages. However, the purpose seems to be fairly clear: continuing the

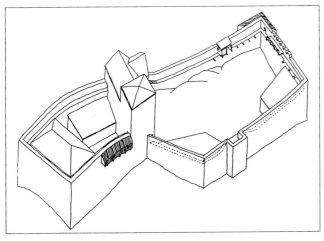

Fig. 6. Reconstruction of the castle in the middle of 15th century.
Drawing by F.Wickström according to directions of the authors.

work on the main castle still within the encircling wall, enabling it to expand upwards, while expanding the outer bailey parallell with that work.

We may assume that during the first half of the 15th century the wall encircling the main castle reached a height of about14.5—6.5 m and that it included the 2.2 m high parapet. At the same time work continued on building the wall encircling the outer bailey, which at that stage had reached a height varying between 6.5 m and 12 m, depending on how it fitted in with the natural topography. In conjunction with the work of raising that wall, the originally bevelled NE corner was straightened to an almost right-angled shape (Loven & Palamarz 1986 41). Like in the main castle, this encircling wall was given an inner guard walk, which was vital for a well-functioning defence of the whole castle (Fig. 6). Traces of this wall walk are still quite visible in the east and norht walls of the North Wing, where they have been preserved with the original beam holes from the wooden structures of the walk.

Another part of the early defence was the building of the rectangular flanking tower which was inserted in the middle of the east encircling wall (Palamarz & Palamarz 1984 127, Bergold 1984 105—106). This tower probably lacked inside walls towards the courtyard, being only a narrow projection. Similar structures are known of Scandinavian architecture already at the end of the 13th century (Visby town wall and the Water Tower of Kalmar Castle; Tuulse 1952 193—194, Toy 1955 178).

The main function of the flanking tower was to strengthen active defence, which was concentrated to circulation along the summit of the wall, being aimed at "vertical protection" of the nearest environs of the castle. This type of defence was still adapted to early weapons, like the longbow, crossbow, catapults and slings.

It is not impossible that part of the summit of the castle wall was also given projecting wooden galleries, they too being adapted to vertical protection. Traces of possible external wooden structures have been encountered in the east wall encircling the main castle south of the keep-tower and in the part of the encircling wall belonging to the north-west corner of the outer bailey. The parapet of the guard walk was fitted with a row of loopholes, which have been partly — though in refashioned form — preserved in the south and west walls of the main castle.

Fires, collapsing masonry and rebuilding work have changed the appearance of the walls so much that it is extremely difficult to reconstruct the installations of the early defence system with any exactitude. Obviously, however, they were concentrated to the upper storeys and the summits of the walls, while being almost entirely lacking in the lower storeys. The only well-preserved loophole is to be seen in the east curtain wall of the main castle. This loophole with stone steps represents the type which was adapted for long-bow archers (Chatelain 1983 96—97) and which originally formed part of the vertical defence of the region outside the encircling wall.

One of the most sophisticated fortification elements in medieval castles was always the main entrance/gate to the works. We may assume that Kastelholm was no exception from that rule. Unfortunately, neither archaeological nor architectural historical research on the castle has succeeded in confirming the theory that the present main entrance had a medieval predecessor in the same place. Nor has any alternative solution of the problem been submitted, in spite of extensive studies of the original topography and the road-making on the eastern side of the castle (Carlsson 1988 141—265, Carlsson 1991 61—192). The existing gate, with appertaining staircase leading up to the great courtyard (within the outer bailey) is dated to the middle of the 16th century, when it was constructed in the older flanking tower mentioned previously (Palamarz & Palamarz 1984 129—130).

Just as many questions have accumulated in connection with the other existing gate inside the castle complex, that is, the so-called gateway arch between the courtyards. Situated in the bottom storey of the keep-tower, and rebuilt several times, it still displays today the typical features characterizing a fortified entrance to the main castle; the high, vaulted space with various holes underneath "passage level" (one for a counterweight and one for a pitfall?) was well adapted for two heavy wooden gates and for a drawbridge to span the 4.5 m or so difference in height between the gateway arch and the outer courtyard. The bridge was lowered on to an abutment, which in this case consisted of a triangular wall structure built opposite the tower and adjoining the steep rock. Preserved only as archaeological remains, the structure cannot be reconstructed in detail today. The bridge was controlled from a small space above the arch, a space whose existence can only be confirmed today by means of a historical architectural interpretation of the designs of the tower.

The end of the 15th century: firearms

In spite of all its defence works, which were indispensable during the period in question, Kastelholm was primarily utilitarian in character. Various storehouses and new dwelling rooms were necessary to cater for the increasing number of people who needed to live or be stationed at the castle. On August 11th 1485 Kastelholm was given in fieff by the

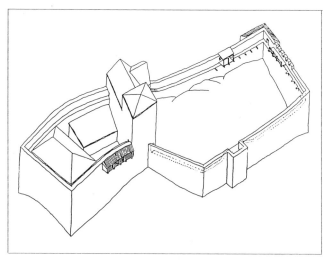

Fig. 7. Reconstruction of the castle after 1482 (?). Drawing by F. Wickström according to directions of the authors.

Regent Sten Sture the Elder to Privy Councillor Nils Erikson (grandson of King Karl Knutsson) "for life", the condition being that "he shall build and improve the said Kastelholm Castle with walls and buildings as may be required, for the benefit of the Crown and Realm of Sweden" (FMU V 4044).

This occurred at an epoch when the rapid development of methods of warfare, primarily the introduction of firearms, resulted in the stronghold being separated from the castle (Tuulse 1952 215).

Residential functions dominated in the castle, while defence was moved to the land front, where moats, redoubts, earthworks and palisades were made. At Kastelholm triple lines of pileworks have been discovered on the bottom of Slottssundet; the innermost line was about 10—12 m from the then shore, while the outermost was about 10—28 m at a depth of between 2.5 m and 3 m, making it impossible to wade to the shore. In about the year 1500 there were some 30 000 piles on the bottom, forming a 500 m long defensive close-support facility (Alopaeus 1984 25). The bay south of the island, being too shallow, was dug up to form a wide moat, also fitted with palisades.

New rooms were planned at the castle, to be built according to the medieval addition method, that is, inside the outer bailey and along its encircling walls (Fig. 7).

After 1482 the foundations of the Northern Wing were laid, a pile foundation being first built in the NE corner of the courtyard (dendrochronological dating of the piles by T. Bartholin Copenhagen 1991).

At the same time, or just afterwards, work commenced in the SE part of the courtyard on the other building which was the predecessor of the present Eastern Wing. Because of their situation inside the outer bailey and their height adapted to the encircling wall, with the roofs of the buildings being lower than the level of the parapets, the new houses do not seem at all to have weakened the older defence system which had involved free circulation around the whole stronghold. On the contrary, they soon entailed a strengthening of the defensive protection, when they were expanded into larger wings provided with shooting lofts and now adapted to hand-held firearms.

As early as 1395 there is mention of six rifle guns used by the Hanseatic garrison at Stockholm Castle (Alm 1927 47). In the 15th century small arms began to emerge in Sweden: at the battle with the Russians in 1496 Sten Sture had no less than 500 rifle guns. In the same year he brought 300 serpentines to Finland (weapons about 1.8—2 m in length, which are managed by two men, using balls weighing some 220 g; Hedberg 1975 70). During the latter half of the 15th century, alongside with the still indispensable crossbows, various kinds of small arms and handheld cannon were in use in Sweden, Besides "tubes", there were arquebuses of different calibres — 14 mm, 22 mm, 25 mm and 27 mm (Cederlöf 1965 129—130).

The emergence of hand-held cannon required new types of loopholes and fortifications, which started developing at a rapid pace. The new system placed most importance upon outworks, with a view to advancing the lines of battle in front of the castle. However, old "ground strongholds" could not be converted into modern fortresses without great difficulties, especially those which were situated upon cramped islands. So attempts were made to adapt the existing architecture to the new requirements by rebuilding and making additions inside the encircling walls, which could also be hightened to a considerable extent.

These changes also characterized Kastelholm at the transition from the 15th to the 16th century, and evidence of them can still be discerned in the preserved masonry.

The expansion of the Northern Wing into a three-storey house, occupying the whole of the northern

part of the large courtyard, took place shortly after the first stage of building work had been completed (Fig. 8). The wing now had various functions, with a storehouse on the lower floor, a residence in the between storey, and a shooting loft in the garret. The loopholes there were made for the use of arquebuses, which is proved by the presence of thick recoil beams in the bottom of the embrasures.

To integrate the building with the existing parapet communication, a wall staircase was also built inside the west encircling wall.

In 1484 (possibly) Knut Posse took up the post as a captain of Kastelholm, and he also had the castle in fieff from 1491/2 to 1497 and between 1499 and 1500 (Hausen 1934 18; Sjögren 1950 184). Knut Posse possessed great military experience, after having besieged Raasepori (Raseborg), and having participated in the defence of Viipuri (Viborg) in 1495 (Sjögren 1950 188, passim). For many years Posse was also commander of Hämeenlinna (Tavastehus) and of Viipuri during the period when extensive building work was being carried out to adapt them to defence with firearms. Being "in close relationship" with Erik Axelsson Tott, the builder of Olavinlinna (Olofsborg), he was also well acquainted with the most advanced, sophisticated fortress in Finland.

So there is justification for suggesting a close connection between Knut Posse's presence in Kastelholm and the expansion of the Northern Wing (Loven & Palamarz 1986 50). We may presume that it was Knut Posse who also planned the new defence system for Kastelholm, a system adapted to firearms, with higher encircling walls, crenellations and two-storey parapets, which, however, he was unable to complete before his death in 1500. The expansion of the Northern Wing can be regarded as the first stage of these long-term plans, which well reflected the trends in the development of fortifications that had previously been realized in Viipuri, Turku, Hämeenlinna and other castles.

Mention in 1504 of barrels of gunpowder, rifle guns and arquebuses, etc., being sent by Ingeborg Åkesdotter (Tott), Sten Sture's widow, from Kastelholm to her estate of Kokemäki (Kumo) (FMU VI 5046, Hausen 1934 21) confirms the supposition that Kastelholm had been supplied with arquebuses already before Sören Norby's attack in 1507. This could be connected with the presence of loopholes in the Northern Wing adapted to that type of firearm.

The 16th century

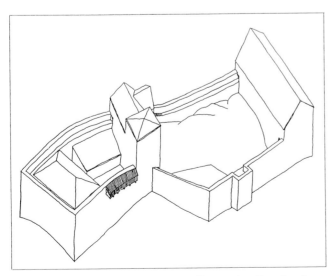

Fig. 8. The castle of Knut Posse. Reconstruction drawing by F. Wickström according to directions of the authors.

After the Danes had "burned Kastelholm Castle down to the ground" in 1507, it was necessary to fortify the castle afresh (FMU VI 5260).

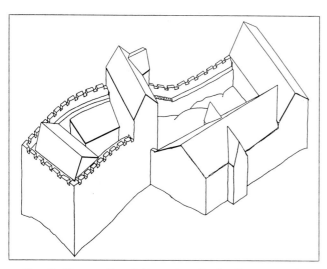

Fig. 9. The castle of Hemming Gadh. Reconstruction drawing by F. Wickström according to directions of the authors.

The curtain walls had been dismantled, houses burned down, and the castle lacked ammunition and weapons (FMU VI 5306). Nevertheless, in spite of the very uncertain political situation, "no building work was undertaken on the castle" until 1513/14, when Kastelholm was given in fieff to Bishop Hem-

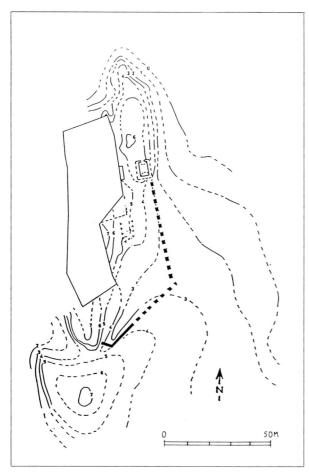

Fig. 10. Reconstruction plan of the fortified outer bailey south-east of the castle, belonging probably to the period of Hemming Gadh's building work.
After Carlsson 1991 164.

ming Gadh (Carlsson 1915 264). In 1520, that is, two years after the fieff had been taken from him, Gadh related in a letter to the Stockholm Council that he had "built up" Kastelholm (FMU VIII 5997).

That he must have actually done so is confirmed by the historical events which took place around and in Kastelholm in 1521, when the castle was besieged in vain by Gustav Vasa's forces (with Henning van Brockenhaus) with the purpose of seizing it from the Danish captain Lyder van Offense (Törnblom 1987 210—214)

The extensive building work which finally completed Knut Posse's defence plan for Kastelholm was no doubt supplemented by Hemming Gadh's own projects (Fig. 9). The original plans undoubtedly included measures taken to "enclose" the expanded castle structures (the South, North and East Wings) by sufficiently high walls, provided with double parapets and crenellations. Those in turn were well adapted to the requirements of artillery and hand-held firearms. A row of bricked-lined loopholes from that period has been preserved until the present day along the summit of the walls in the main castle. At that time the walls reached their maximum height, towering up to about 18 m above the ground level (in the south part; Andersson & Palamarz 1990 46—49).

Behind the walls lay dwelling houses, they too provided with shooting lofts in their upper storeys. Certain spaces were covered with brick barrel vaults, partly with a view to their new functions as arms stores and arsenal. They were placed in the increasingly functioning circulation along the summit of the wall and in an almost unassailable position inside the main castle (the upper storeys of the double room). Judging from an inventory made in Kastelholm when Ivar Flemming took over the castle in 1524, the "arsenal" was well supplied with various kinds of firearms: 8 gunstone guns, 40 serpentines, 2 dozen "tele"-arquebuses and 3 dozen other arquebuses (FMU VIII 6187).

With the final dominance of artillery in warfare, outer baileys become more and more important from defence aspects, undergoing considerable alterations. This was also the case in Kastelholm (Fig. 10) which, probably during the period of Hemming Gadh's building work, received a new fortified outer bailey south-east of the castle with a gate outside the older projecting tower (Carlsson 1991 156—172). The gunpowder store referred to in the above-mentioned inventory was presumably situated inside the new outer bailey, at a safe distance from the castle premises.

Archaeological excavations at Kastelholm have revealed several structures which may have to do with the outer bailey. One of the most important is the low stone wall encountered south of the main castle adjoining the rock, together with the natural ditch.

It may undoubtedly be interpreted as remains of a "zwinger" or chemise, that is, a defence wall belonging to the castle outworks, the purpose of which was to advance the lines of battle away from the high encircling walls and also to provide protection for the increasing number of buildings emerging around the old stronghold.

"Zwinger" walls, which were very typical of Germany, formed one of the first stages of the modern art of defence, which, already in the middle of 16th century, found expression in Scandinavia in a number of fortress structures characterized by strong bastions, cannon batteries, casemates and thick ramparts. Such fortresses include the rebuilt Malmö House (1536—1542), Landskrona (1550), Vadstena Castle 1545) and Uppsala Castle (1549).

Possibly Bishop Hemming Gadh, a widely-travelled man who was interested in architecture, may be viewed as the originator of the new defence concept in Kastelholm. In that way he completed the expansion of the medieval defence stronghold but also indicated the transition to the New Age, with its fresh requirements for fortification development and adaptation to new weapons and methods of warfare.

"Nothing during the Vasa period became so quickly out-of-date as fortresses" (Tuulse 1952 239); only the most important of the castles of the realm were rebuilt to emphasize their political and strategic significance. Other, more traditional, more peripheral castles were either reduced in number or had their military function less and less accentuated. This was also the case of Kastelholm, which definitely lost its defence significance after the building period described above. The measures which sources describe as being taken in 1540s and 1550s, such as strengthening pinnacles and repairing breast walls and towers (?) in 1543, as well as building wooden redoubts by the castle (1556), confirm the theory that work was limited to maintaining and improving the already existing facilities.

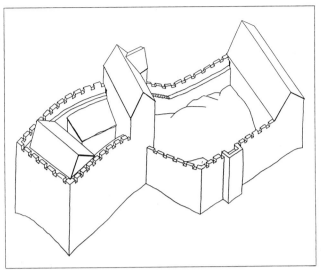

Fig. 11. The castle of Gustav Vasa. Reconstruction drawing by F. Wickström according to directions of the authors.

Conclusions

The theory submitted above regarding the historical architectural development of Kastelholm unfortunately far exceeds the limits applying to the present symposium. However, the purpose of this lecture was to present in a convincing way the new findings which may enable Kastelholm to be placed in a historical context. These findings exclude the early dating of the castle to the 12th and 13th centuries. Both the archaeological find material and the existing masonry have their focus in the later phase, beginning at the end of the 14th century. In spite of the somewhat weak defensive features characterizing the oldest structure, Kastelholm developed in the 15th century into a significant defence castle, mainly thanks to its strategic position in the Baltic Sea, the economic importance of the county of Åland in relation to Stockholm, and its suitability as a place of retreat in the event of conflicts at the eastern borders.

The architectural appearance of Kastelholm often shows similarities with German castles, being characterized just as much by both utility and defence features. Defence dominates most clearly at the transition from the 15th to the 16th century, this being obviously due to the political situation at that time. However, with Gustav Vasa's consolidation of the kingdom of Sweden, Kastelholm lost its military significance and continued developing but mainly as a bailiff's castle and seat of administration (Fig. 11).

Kazimierz Pospieszny

"KARWAN", DAS AUSRÜSTUNGS- UND ACKERGERÄTEMAGAZIN AUS DEM 14. JH. IN DER VORBURG DES MARIENBURGER-SCHLOSSES

Karwan the Storage Centre for Field Outfit and Equipment from the 14 Century at the Precinct of the Marienburg Castle

n the time of the Teutonic Orde the Karwan of Marienburg was the Supply centre in the castle plan, a function closely connected with a country house based on rural economy. The disposition of the building, which was known through archival sources, was archaeologically excawated in 1987—1991. The rectangular outwork in the line with the eastern defence wall of the precinct, consist of two building features: five stables and two barns at the western side, opposite the great storage building. Along the gablewall was the tower of the staircase and the dwellings of the Karwan, and a terrace for light wagons along the other side.

The dispositions of the rooms of the main storage building is known from the late Middle Ages, the wide hall with two side galleries which at half heigth were divided with the storagefloor. The development from a civilian economy building into monumental scale took place in the 13 century. The brewery of the Bad Doberan cisterciencer monastery served as model for the Karwan. After 1309 the house was connected with new precincts in two phases. First the foundation walls of the buildings were erected and the level of use was considerably heightened, and later the parts above earth were completed.

Considering the activites of the Lubeck workshop at the Upper Castle of Marienburg around 1325—1340, one may wall assume that the workshop was also responsible for the erection of the precinct walls around 1330—1340. In a wider sense, the Karwan, together with the Middle Castle, was enclosed in the crusade centre around 1340.

Kazimierz Pospieszny
Museum Zamkowe
ul. Hibnera 1
PL-82200 Malbork

Der aus dem Orient stammende Name "Karwan" ist ausserhalb der Marienburg (Malbork) schon seit ein paar Jahrhunderten nicht mehr vorhanden. In der Ordenszeit in Preussen wurde diese Bezeichung dagegen, dank der Kodifizierung in den Statuten des Deutsche Ordens, allgemein verwendet. Walter Ziesemer hat den Statuten-Abstand zitiert, wo das Amt als "carvanas equorum" bezeichnet ist, und die Aufmerksamkeit auf die Regel des Tempelordens als ihre Vorlage gelenkt (Ziesemer 1923 341). Dort definierte er auch so seine Bedeutung: "Der Karwan war das neben jedem Ordenshause befindliche Vorwerk, das vor allem der Kriegsausrüstung und der Landwirtschaft diente". Die am Plan der Burg festgesetzte Trosse-station war also mit einem näher unbekannten, landwirtschaftlichen Gut verbunden, was das Vorhandensein und rationale Ausnützung seines lebenden Inventars ermöglichte. Im Frühling — Herbst arbeiteten die Karwanpferde auf dem Acker, im Walde, oder sie wurden für verschiedenen Dienste benutzt, weil die meisten Kreuzzüge gegen Litauen im 14. Jh. im Winter durchgeführt sind (Górski 1977 109, Boockmann 1989 151—169).

Das Vorwerk verwaltete der "Karwanherr", der in ein- oder mehrjährigen Abstand unter den Ordensbrüdern gewählt wurde. Hartmut Boockmann (Boockmann 1989 191) bemerkte, dass der dauernde Wechsel der Ämter, der in der Ordens-regel vorgeschrieben war, tatsächlich nur bis um die Mitte des 14. Jh.s funktioniert hat. Auf der Marien-burg wechselten sich jedoch die Karwanherren um Wende des 14. zum 15. Jh. jedes 2. bis 5. Jahr: 1. Jan. 1394—1. Mai 1396—28. Aug. 1401, später sogar nach einem Jahre: 16. Okt. 1413—16. Okt. 1414—7. Jan. 1416 (MÄ 1916 101—109). Dem Karwanherr unterstanden der Vorburghof und die in der Umgebung liegenden Nebenhöfe. Die Höfe waren beim Wechsel der Beamten zu inventari-sieren. Solche Inventarlisten haben jetzt als Quellen eine grundsätzlichen Forschungsbedeutung (Boock-mann 1983 555 ff).

Für der Marienburg sind die Inventare in einer repräsentativen Gruppe für die Zeitperiode 1394—1432 erhalten (MÄ 1916 101—110). Anhand dieser kann man die Gefüge, Funktion und Grösse, sowie teilweise die Bebauungsdisposition des Vorwerks bestimmen. So lassen sich vier Teile unterscheiden:

1. Hauptmagazingebäude
2. Söller für die leichten Wagen (Terrasse)
3. Pferdestalle
4. Karwanherrhaus.

Dazu auch der Hof "Kalthof", auf der linken Nogat-Seite, der dank den Notizen über seiner Wie-deraufbau nach den Kriegsschaden 1410 gut bekannt ist (Schmid 1936 63), und "Neuenhof", nur erwähnt (MÄ 1916 110). Der Kalthof hat dem Karwanherrn zeitweise unterstanden und wurde

autonom durch einen Hofmann verwaltet (Semrau 1937 Anm. 27).

Über die Grösse des Marienburger Trosses (Pferde und Wagen) kann man einen Überblick gewinnen, indem wir das Inventar vor und nach der Schlacht bei Tannenberg (Grunwald) vergleichen. 1410 wurde der Marienburger, so wie der ganze Ordens-Tross, von den polnisch-litauischen Kräften erobert (Ekdahl 1991 36—38). Im Jahre 1394 betrug der Bestand des Vorwerkes 166 Arbeitspferde (Ko-beln), 51 junge Kobeln, 42 Fohlen des beiden Ge-schlechtes und die Pferde für Gespanne, vermutlich 40 Stück. Im Hauptgebäude befanden sich 5 Reise-wagen mit Zeltausrüstung verschiedener Art. Draus-sen standen noch 19 Reisewagen. Im Gebäude war ausserdem eine grosse Zahl von Rädern und Achsen, auch 36 Schlittenkufen. Übrigens wurden dort die Ackergeräte aufbewart und solche Waren wie Teer, Hanf, Häute, Filz, Holz und eine grosse Menge von Hafer. Auf den nächsten Inventarlisten von 1396 und 1401 wurde prinzipiell dieselbe Art und Grösse von Geräten und Waren erwähnt, ausser-dem Wagen. Die Zahl der leichten Wagen wurde dreimal erhöht bis über 60 Stück, zusätzlich gab es 5 grosse Geschützwagen. 1396 wurde bei den Arbeitspferden eine Menge von über 200 Stück überschritten, 1401 waren es wieder 153 Pferde. 1413, also drei Jahre nach der Schlacht, ist die Zahl der Arbeitspferde auf 83 Stück gesunken, die

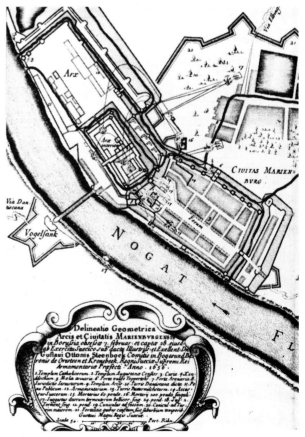

Abb. 1. Das Schloss auf dem Marienburg-Plan von 1656, ein Kupferstich im Werk von Pufendorf 1696. Foto MZM (Schlossmuseum Marienburg).

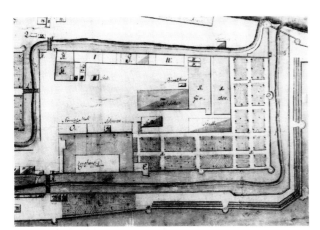

Abb. 2. *Zeughaus-Hof in der Vorburg 1765. Fragment, eines Anhanges zur letzten polnischen Revision. Foto MZM.*

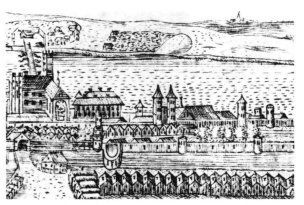

Abb. 3. *Südostansicht mit den zwei Karwansdächern (rechts) auf einer Radierung im "Marienburger Gesangbuch" 1755/1756 von Dorotea Filippi. Foto MZM.*

Abb. 4. *Die 1988 ausgegrabene Mauer des Karwanmeisterhauses und Treppenturmes. Foto L. Okoński.*

Gespanne sind durch die 32 "Karwanpferde" (wohl entspricht das 8 Gespannen) ersetzt. Von insgesamt 10 grossen Wagen sind nur 3 Geschützwagen und 2 Reisewagen geblieben. Ein Teil von der Ausrüstung befand sich jetzt auf den Geschützwagen, aber es fehlte völlig an leichten Wagen. Als neues Element des Inventars war ein Mörser mit Kugeln. Die Zahl der Tiere und Geräte hat sich im Wesentlichen fast bis zum letzten Inhaltsverzeichnis (die Pferdeseuche 1430) nicht verändert und das Inventar erreichte nie mehr die ehemalige Grösse (MÄ 1916 101—110).

Mehr Auskunft über der Vorwerksbebauung geben uns die polnischen Inhaltsverzeichnisse und Revisionen aus der Zeitspanne von 1590 bis zum 3. Viertel des 18. Jh.s, sowie ikonographische Quellen (Chodynski 1988 passim, Knapp 1990 142—147, Górski 1973 passim). In dem Karwangebäude wurden damals die ursprünglichen Funktionen eines Karwangebäude meistens fortgesetzt (Abb. 1). In den Marställen gab es noch 1765 Platz für die königlichen Pferde, das Hauptmagazingebäude wurde als Zeughaus benutzt und auf der Terrasse befand sich ein Schuppe für die leichten Wagen (Abb. 2). Die ersten Schäden sind im Jahre 1636, nach der Schlossräumung der Schweden, zu notieren (ZDEM 1960). Die Stallreihe stand ohne Dächer, und ihr Hinterteil in Richtung der Scheunen wurde, ähnlich wie die kleinen Häuser (?), beim Zeughaus (Magazin) und Zinnen sowie Dächer an der Schutzmauer, abgetragen. Das Innere des Pulverturms wurde ruiniert. Die Bretterböden waren vermodert, im Obergeschoss teilweise abgetragen. Später aber sind die Pferdestalle wiederaufgebaut worden, noch 1711 bekamen sie neue Dächer oder Dachverkleidungen. Das Karwanhofbild haben damals die steilen Dächer des Ostzuges ergänzt (Abb. 3).

Die Bauentdeckungen und archäologische Forschungen von 1987—1991 haben die Archivalienangaben in vielen Punkte bestätigt (Abb. 4). Es zeugt uns ein Vergleich zwischen dem heutigen Ergebnis

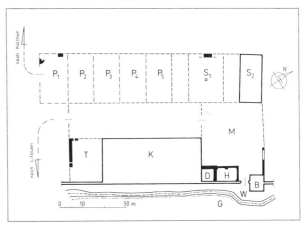

Abb. 5. *Rekonstruktionsplan des Karwan-Vorwerks in der Ordenszeit. Mit dicken Linien sind die erhaltengebliebenen, Bauten bezeichnet. Schwarz sind die nicht existierenden, aber archäologisch bestätigten Mauerwerke. Zeichn. Verfasser.*
P 1–5 – Pferdeställe. S 1–2 – Scheunen. T – Terrasse. K – Magazingebäude (jetzt "Karwan"). D – Treppenturm (?). H – Karwanherrenhaus. B – Wehrturm ("Pulverturm"). W – Wassertränke. G – Graben. M – Mittelhof.

Abb. 6. Karwan vor der Wiederherstellung 1888, Ansicht von Osten. Foto MZM.

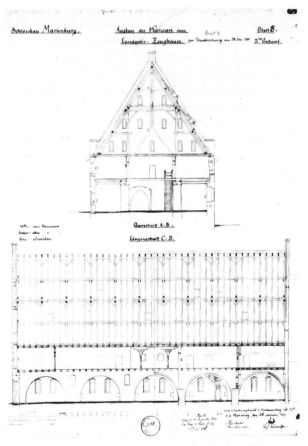

Abb. 7. Lang- und Querschnitt durch das Karwans-gebäude auf dem Wiederhersstellungsentwurf von C. Steinbrecht aus dem Jahr 1887. Foto MZM.

und dem ersten Rekonstruktionsplan des Karwan-hofes, der im Jahre 1844 von A. Gersdorff bearbeitet wurde, letztlich neu publiziert (DO 800 1990 453).

Das Vorwerk stellte der Plan eines Rechtecks dar, der in der N-S Richtung, an einer östlichen Schutzmauerlinie der Vorburg angelegt worden ist (Abb. 5). Die kürzeren Seiten des Rechtecks wurden von Paraventmauer begrenzt. An der südlichen von ihr befand sich die Haupteinfahrt zum Hof. Den westlichen Zug bildeten, in der Südseite beginnend, fünf zusammengefügte Pferdeställe mit eigenem Tor

an der Südseite sowie eine grössere und eine kleinere, separatstehende Scheune. Gegenüber dieses westlichen Zuges, an der Schutzmauer, ist das bis heute gebliebene, über 45 m lange Gebäude des Hauptmagazins gestellt. An seiner nördlichen Giebelseite stand, auch an der Mauer, ein quadratisches Treppenhaus (?) und ein rechteckiges Karwanherrenhaus. Im Inventar 1607 befand sich die Treppe ins Obergeschoss im Gebäude des Zeughauses, aber vor der Tür. Es entsprach gut der Situation vom Treppenturm an der Nordgiebelwand, in der eine Türöffnung erhalten ist. Die Rangier-Funktion des Mittelschiffes und Überwölbung der Seitenkammer schliess dort die andere Lage von Treppe aus. Nach der Südseite des Hauptgebäudes befand sich eine Terrasse mit hölzernen Schuppen, wo die leichten Wagen standen. Nach der Nordseite wurde der Karwanhof mit einem Wehrturm flankiert, der in der Neuzeit Pulverturm genannt wurde. Zwischen den beiden Scheunen, dem Amtshaus und der Giebelwand des Magazins war ein kleiner Platz.

Der Karwanhof wurde gewiss mit Mauern von den anderen Vorwerken der Vorburg abgesondert, aber war in sie stark integriert. Dies bezeugt die wirtschaftliche Struktur des Ordenshauses, die nur Fragmentarisch bekannt ist (Sielmann 1921 5—101). Der Hof zu Kalthof, wie B.Schmid schrieb (Schmid 1936 63) "...gab die Betriebe jeweils an verschiedene Ämter".

Im Karwanhofbereich gab es nicht die hier so notwendige Schmiede. Sicherlich befand sie sich draussen an der Südseite des Vorwerkes beim Vorburgtor, ähnlich wie in Elbing (Semrau 1937 37) an der später erwähnten Wohnung des Schmiedes, die dort im 17.-18. Jh. in den Inventaren notiert wurde.

In der preussischen Zeit hat das Vorwerk seine Bedeutung verloren. Der grössere Teil von den Karwanhofgebäuden ist im Laufe des 19. Jh.s abgetragen worden. Die Vorburg wurde 1748 der Stadt vom König vermietet (Górski 1973 204). Der Karwanhof gehörte aber bis 1772 zur königlichen Domäne. Höchstwahrscheinlich wurde er weiter zu seinem Zweck bis zu den napoleonischen Kriegen verwendet. Die neuen Gebäude, die am Ende des 19. Jh.s abgebrochen worden sind, waren später, um 1815, gebaut worden. Um 1840 wurde das zweite Geschoss und das Satteldach des Haupt-magazins abgeschrägt und von einer niedrigen Fachwerkkonstruktion ersetzt (Abb. 6). Das Gebäude wurde als Salzmagazin verwendet. In den 50. Jahren ist die Ost-Mauerlinie der ehemaligen Vorburg neu fortifiziert worden. Zu dieser Zeit wurde der ordenszeitliche Durchgang zum Graben, neben den Pulverturm, zugemauert. Von hier bis zum Wasserturm war keine Brücke. Also wurden die Pferde wohl durch diesen Übergang zu Tränke geführt oder es befand sich eine Wasserfassung an diesem Ufer.

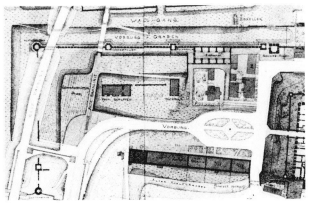

Abb. 8. Fragment des Vorburg-Plans von 1893 mit der neuen Karwan-Hof-Bebaung (oben rechts). Foto MZM.

Die Wiederherstellung des Karwans (nur das Hauptmagazin) 1888—1889 von C. Steinbrecht hat das Gesamtbild nur ein wenig gerettet (Abb. 7). Zwar wurde das zugemauerte Tor zum Graben 1912 wiederentdeckt, aber in derselben Zeit wurde statt der Stallungen ein Garten gegründet und 1916 an die Stelle einer Scheune "...auf alten Pfeilerfunda-menten ein Laubengiebel im Werder-Stil" errichtet (Baujahr 1916 54). Der Vorwerk-Charakter der Karwan-Einrichtung war ganz vernichtet worden (Abb. 8).

Neue Möglichkeiten zur Veränderungen dieses Zustands sind in der Folge der letzten archi-tektonisch-archäologischen Untersuchungen ge-wonnen. Vor allem wurden die unterirdischen Bereiche in Erdgeschoss des Hauptmagazins erforscht. Der Fundamentenfuss der südlichen Giebelwand ist unerwartet tief angelegt (Abb.9). Er befand sich innen 4,8 m unterhalb des Be-gehungsniveaus (Zustand bis 1987) und draussen 6,1 m. Die Art des Untergrunds — Flussand — überzeugt uns, dass der Bau in einer Sandbank angefangen wurde. Weil diese Fläche in Vergleich zur Westseite der Vorburg sehr niedrig lag, mussten riesige Erdarbeiten durchgeführt werden. Darauf deutet die Bauweise der Fundamente, die Struktur und Kompression der Schüttschichten. In der ersten Bauphase sind die Fundamentmauern hoch, bis zum vorausgesehenen Niveau des Bodens und Gelände gebaut und nachher von innen und aussen zugeschüttet worden (Abb. 10). Erst nach der Nivelierung wurde der Bau, was in der verscho-benen, westlichen Reihe der Pfeilerfundamente sichtbar ist, fortgesetzt (Abb. 11). Der chronologisch erste, hölzerne Fussboden des Erdgeschosses, der unmittelbar auf der Schutterde belegt ist, hatte sich sehr schnell während der Benutzung gesenkt und verzogen. Es war notwendig das ursprüngliche Gebrauchsniveau wiederherzustellen und den zweiten Fussboden anzufertigen (Abb. 12). Der Unterschied zwischen beiden Niveaus wurde mit Sand zugeschüttet. Der zweite Karwanboden war lange benutzt, bis Ende des 17. Jh.s Dies ist im Inventar von 1636 bestätigt und findet starke

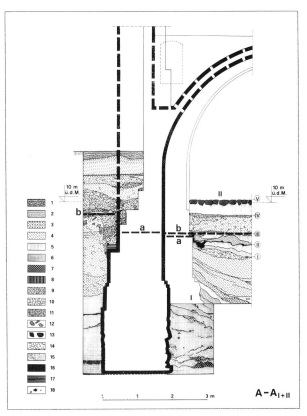

Abb. 9. Schnitt durch das Fundament und die Erd-geschosskonstruktion der Südwand zusammen mit der Zuschüttung von innen und aussen des Gebäudes, sowie Boden (Ziffern in Kreisen). Zeichn. Verfasser.

I um 1340	8 Lehm
II 14./15. Jh.	9 Kalkmörtel
III Ende des 17. Jh.s	10 Kalkmörtel in Klumpen
IV 18/19. Jh.	11 gestampfter Kalkstein
V 1888—1889	12 gebrannter Ton
1 schwarze Erde	13 Steine
2 hellbraune Erde	14 Ziegelsplit
3 dunkelbraune Erde	15 Ziegelpulver
4 graubraune Erde	16 vermodernes Holz
5 heller Sand	17 organische Substanz
6 graubrauner Sand	18 Eisen
7 graugrüner Sand	

Abb. 10. Die hölzerne Rinne in der Ostkammer, ge-genüber den Westportal. Ein Relikt einer Kanalisation von innen zum Graben aus der Zeit der Nivellierung (erste Bauphase). Foto Verfasser.

Abb. 11. Pfeilerfundament mit gewisser Korrektur seines Standes, daneben rechts die durchgeschnittenen Bodenschichten. Foto Verfasser.

Abb. 12. Teil einer Oberfläche des Fussbodens Nr. II. Foto Verfasser.

Unterstützung in den zahlreichen Funden, welche aus der darunter liegenden Füllschicht gehoben wurden (ZDEM 1960 *88*).

Die Mauerkonstruktion ist auf rechteckigem, langgestrecken Plan eingerichtet worden (Abb. 13). Sie wurde als zweigeschossiger Bau mit einem Satteldach errichtet. Das räumliche Innere des Erdgeschosses ist charakteristisch mit zwei Arkadenwänden angeordnet. Sie haben den Raum längs in ein breites Mittelschiff und zwei Reihen von quer- und tonnengewölbten Kammern, fünf an jeder Seite, geteilt (Abb. 14). Eine Einfahrt zum Mittelschiff befand sich in der nördlichen Giebelwand, die Seiteneinfahrt — in der ersten beim Südgiebel liegenden Kammer — nach westlicher Seite. Jede Kammer hatte, was eine Reihe von drei Balkenlöchern an der Fensterwand beweisst, sowie Spuren der Fundamentierung der Balkenständer im Grunde an der Arkadenlinie uns festzustellen erlauben, eine eigene Holzkonstruktion. Sie teilte den Raum senkrecht in zwei Wagenstände und waagerecht in 2/3 seiner Höhe in zwei Magazinniveaus. Die Plattformen bildeten zusammen mit kleinen Lagerräumen, welche sich auf den Pfeilem zwischen den benachbarten Gewölbekappen befanden, den nächsten, oberen Magazinzug.

Abb. 13. Grundriss des Karwans, zusammen mit der Rekonstruktion der hölzernen Abb. Speicherkonstruktionen in den Seitenkammern und der Balkendecke im Mittelschiff. $A_I A_{II}$ — Schnittfläche für Abb. 9. Zeichn. Verfasser.

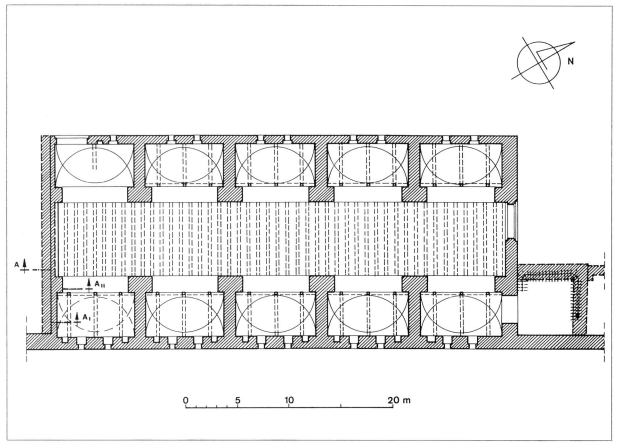

Abb. 14. Das Mittelschiff während der Auswertung und Restaurierung, Zustand im Jahr 1990. Foto L. Okoński.

Das beschriebene Raumschema — die breite Diele mit zwei Seitenstandzügen und Speichern oben ist vom hohen Mittelalter her bekannt. Diese Art von Wirtschaftsgebäuden wurde seit dem 13. Jh. in den mittel- und norddeutschen Gebieten in Bürgerhäusern und später Bauernhöfen verwendet (Schepers 1978 220). Zur Übertragung dieses Schemas im monumentalen Masstab ist es noch im 13. Jh. gekommen. Dies haben überhaupt Zistersienser in ihrem Vorwerk, das in jeder Hinsicht an der Spitze der damaligen Landwirtschaft stand, verwendet.

Für die Marienburg könnte man als Muster ein Wirtschaftsgebäude des Zistersienserklosters zu Bad Doberan (Mecklenburg), das um 1290 gebaut worden ist, verwenden. Es wurde auf rechteckigen Grundriss errichtet, der längs mit zwei Arkadenwänden versehen und in drei Trakte geteilt ist. Zwischen diesem Brauhaus zu Doberan und dem Marienburger-Karwangebäude lassen sich, trotzt aller Unterschiede, wenn es um die Grösse, die Proportion und die Dicke des Mauerwerkes geht, deutliche Ähnlichkeiten feststellen — das

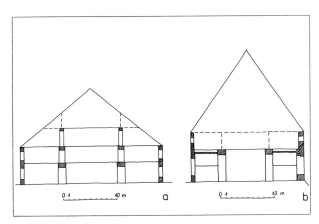

Abb. 15. Die Querschnitte durch
a) das Brauhaus zu Doberan
b) der Karwan zu Malbork
Zeichn. Verfasser.

Konstruktionsprinzip von den zwei massiven Arkadenreihen (Abb. 15). Bestimmte Details beider Bauwerke, wie die Bauart und Form der Öffnungen, die Belegungsweise der Balkendecken, richten unsere Aufmerksamkeit auf die Lübecker Architektur der zweite Hälfte des 13. Jh.s Das für lübeckische Werkstätten charakteristische Backssteinprofil, eine Viertelwelle und eine Phase, sind zu Doberan und in der Marienburg vorhanden (Abb.16). Ein gutes Beispiel dafür ist das lübeckische Heiligengeist-Hospital, nach 1263, und das "Deutsche Haus", um 1262. Diese Bauwerke bestätigen die breiten Kontakte und Verbindungen zwischen den Deutschen Orden und der Hansestadt Lübeck (Grassmann 1987 33—47).

Die Abhängigkeit der Gewölbekonstruktion des Marienburger Kapitelsaales von der Lübecker Briefkapelle an der Marienkirche ist schon lange bemerkt worden (Knapp 1984 7—13). Es erwies sich auch, das die selbe Werkstatt den Nord- und Westflügel des Konventhauses um 1325—1330 umgebaut hat (Pospieszny 1987 87—88). Ausser in der Marienburg sind die "lübeckischen" Backsteinprofile und Details in einer Deutschordensburg der Preussischen Mark 1320—1321 verwendet (Steinbrecht 1920 52).

Aus der oben durchgeführten Analyse kann man die folgenden Schlussfolgerungen ziehen: Der Bau der neuen grossen Vorburg, die nach der Verlegung des Ordenshaupthauses und Hochmeistersitzes

Abb. 16. Portal der Nord-Einfahrt des Karwangebäudes mit dem entdeckten Prellstein. Foto L. Okoński.

nach Marienburg nördlich desselben verlegt werden musste, folgte nach 1309 in zwei Etappen. Zuerst wurden die alten Fundamentmauern der früher geplanten Bauten zugeschüttet. Das Begehungs-niveau wurde bedeutend erhöht. Infolge der Kompression der Erde musste eine ein paar Jahre dauernde Pause erfolgt sein. In der zweiten Bauperiode ist der oberirdische Teil der Bau-konstruktion, zusammen mit der Korrekturen der Fundamentierung, fertiggestellt worden.

Eine Möglichkeit für die Gründung eines Hofes auf dem Kalthof entstand erst nach der Herstellung einer Brücke über die Nogat. Die schriftlichen Quellen überliefern uns, dass diese in der Regierungszeit des Hochmeisters Dietrich von Altenburg, 1335—1341, gebaut worden ist (Schmid 1955 80—81). Damals mussten auch die Brückentore in der Schutzmauerlinie der Vorburg hergestellt worden sein. Seine kreisformige Türme zeigen Ähnlichkeiten mit den Schloss- und Stadt-türmen Lübecks aus dem 13. Jh.

Die Tätigkeit der "Lübecker Werkstatt" im Hochschloss um 1325—1330 berücksichtigend, kann man annehmen, dass sie um 1330—1340 mit der Einrichtung der Vorburgsmauern beschäftig war. Zu dieser Zeit sind wohl die oberirdischen Baukonstruktionen des Karwanhofes entstanden.

Die unterirdischen Konstruktionen waren sicherlich noch im vorigen Jahrzehnten gebaut worden.

Die Anwesenheit der norddeutschen Bauhütte in der Marienburg, die die lübeckschen Architektur-formen verwendet hat, ist auf die Zeit um 1325—1340 begrenzt. Parallel war auf dem Mittelschloss noch eine zweite Bauwerkstatt tätig, die den Empfangfeierlichkeit-Saal von den Kreuzrittern, den Grossen Remter, gebaut hat (Clasen 1961 42, Frazik 1985 7). Im weiten Sinne wurde der Karwan samt dem Mittelschloss um 1340 zum Kreuzzugszentrum einbezogen, das von dem Deutschen Orden in der Marienburg gebildet worden ist. Er funktionierte gut während der ganzen Blütezeit des Ordensstaates im 14. Jh. und ist in der Laufe des 15. Jh.s mit ihm zusammen zum Fall gekommen. Nach 1410 bis zum Verlassungsdatum 1457 wurde der Karwan nicht im Ganzen (vor allem Pferde, Wagen) benutzt und im Jahre 1432 wurde der neue Karwanherr nicht mehr gewählt (MÄ 1916 109).

Ähnlich wie bei der Marienburg gestaltete sich die Geschichte der anderen Karwanhöfe in den preussischen Ordensburgen. Diese Vorwerke, die nicht so gross und massiv wie in der Marienburg gebaut wurden, sind nicht erhalten geblieben und ohne Spuren nach ihrem Niedergang von der Grundfläche verschwunden.

Anton Pärn

DIE WEHRBAUTEN VON HAAPSALU

The Fortifications of Haapsalu

Bishop's castle (Fig. 1—4)

Armin Tuulse divided the architectural chronology of the fortress into four stages:

1. The main fortress with the church mentioned in 1279 on its southern side (Fig. 1:I).

2. The western outer fortress completed at the turn of the 14th and 15th centuries (Fig. 1:II).

3. The small outer ward on the eastern side of the fortress (Fig. 1:IV).

4. The late medieval large outer fortress on the eastern side (Fig. 1:III).

Villem Raam put forward a new outline of the development of the castle:

1. The large (125 by 140 m) castellum-type fortress with opposite gates, built about the midle of the 13th century (Fig. 1:I, II).

2. The camp-castellum on the eastern side of the bishop's castle, completed in the early 16th century (Fig. 1:III,IV).

Kaleri Aluve distinguished four stages of construction of the castle from the 13th to the 17th century (Fig. 1:I) The time of construction of the western outer fortress and the fortifications of the eastern gate was placed in the 1430s, The large eastern outer fortress in the early 16th century (fig. 1: II,III,IV).

The archaeological excavations fixed the moat on the eastern side of the great castellum, the supporting walls of the bridge in front of the main gate and the parham wall together with the foundation of a tower-like building on the northern side of the fortress (Fig. 1:III).

Town wall (Fig. 1, V)

The Town wall (2,9 m wide, reaches 1,5 m) of Haapsalu has been examined in Knight Street on the northern side of the town (Fig. 1,8). The wall was probably erected in 1385—1419, and was destroyed in the Livonian War in the second half of the 16th century.

Anton Pärn
Kultur- und Bildungsministerium
Amt für Kulturdenkmäler
Postfach 322
EE-0090 Tallinn

Einleitung

Die Stadt Haapsalu liegt an der Westküste Estlands auf einer Halbinsel am Ufer einer Bucht gleichen Namens. Die Stadtgründung verbindet sich mit der Geschichte des Bistums Ösel-Wiek, die Siedlung entstand als dritte Residenz des Bischofs (vorangehend gab es solche in Lihula und Alt-Pärnu). Mit der Errichtung einer Bischofsburg auf der Halbinsel um die Mitte des 13. Jh.s entstanden Voraussetzungen für die Entwicklung einer städtischen Siedlung. Diese breitete sich nördlich der Burg um den Marktplatz aus, und 1279 verlieh man ihr das Stadtrecht (LUB I:CDLXI). Die Burg (castra ecclesia) wird 1284 erstmalig in schriftlichen Quellen genannt (LUB I:CDXC). Haapsalu diente als Bischofsresidenz bis zur zweiten Hälfte des 14. Jh.s, als die Burg Kuressaare auf Saaremaa zum neuen Sitz bestimmt wurde. In Haapsalu bestanden jedoch das Domkapitel und der Dom des Bistums weiter (Russwurm 1877 36).

Das Verteidigungssystem von Haapsalu gründete sich auf die günstigen natürlichen Gegebenheiten. Von der Landseite bot die Bischofsburg Schutz, sie wurde in die aus Wasserhindernissen und Stadtmauern bestehende Wehranlage an der engsten Stelle der Halbinsel einbezogen (Sedman 1974 30, Skizze 4).

Übersicht der Forschungstätigkeit

Als erster sammelte und veröffentliche Carl Russwurm (1877) Pläne und Archivalien über die Bischofsburg Haapsalu, die erste typologische Darstellung lieferte Armin Tuulse (Tuulse 1942 193—203). Tuulse betonte den Kastellcharakter der bischöflichen Wehrbauten, wovon die Entwicklung des Konventshauses ausging. Architektonisch wurden vier chronologische Etappen festgestellt:

1. Die im Viereck angelegte Hauptburg (castrum minus), bestehend aus der 1279 genannten Kirche und den nördlich anstossenden klausurartigen Bauten (Abb. 1, I). Als erster Raum wurde die Kirche fertiggestellt, ihre fensterlose Nordseite verwies auf die ursprünglich geplante Burganlage. Der eigentliche Wehrcharakter der Kirche wird hervorgehoben (näheres s. Tuulse 1940 140).

Der Ausbau der Hauptburg in der Art eines Konvents wurde etwa 1400 abgeschlossen.

2. Die westliche Vorburg (castrum maius) mit regelmässigem Innenhof und viereckigen Türmen. Ihr Vorgänger war eine erstmalig 1314 genannte wohl hölzerne Anlage, 1383 von den Vasallen des Bischofs niedergebrannt. Die Errichtung der steinernen Vorburg fand Ende des 14. Jh.s statt, die

Die Bischofsburg

Sie erstreckt sich auf einem 2,9 ha grossen Territorium (Abb. 1, 3, 4). Die gesamte Anlage gliedert sich heute in zwei Hauptteile: die eigentliche Burg und die Vorburg. Den Südflügel der eigentlichen Burg bildet eine in der Mitte des 13. Jh.s fertiggestellte einschiffige Kirche (Innenmasse 35,6 x 11,5 m). Die Vorburg entstand durch den Zusammenschluss der bisherigen westlichen und östlichen Vorburgen (Abb. 1, II, III).

Die dokumentarischen Angaben über die bauliche Entwicklung der Burg stammen hauptsächlich aus dem 17. Jh., als die Familie De la Gardie 1628—1691 der Besitzer war (näheres s. Karling 1938). Der älteste Plan der Burg stammt aus dem Jahre 1626, der älteste Stadtplan aus dem Jahre 1683 (Karling 1932, Karling 1938 Abb. 2).

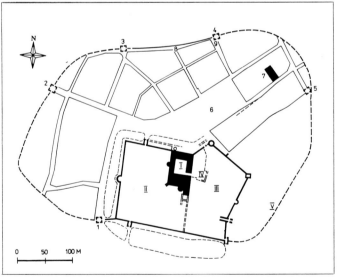

Abb. 1. Plan der Bischofsburg und der Stadtmauer (Rekonstruktionsversuch) Haapsalu.

I   Hauptburg (kleines Kastell) mit Dom
II   Grosses Kastell
III Lagerkastell
IV   Kleiner Vorhof
V   Stadtmauer

1. "Carrie-Pforte"
2. "Russische Pforte"
3. "Grosse Strandpforte"
4. "Deutsche Pforte"
5. "Wasserpforte"
6. Alter Marktplatz
7. Nikolaikirche
8. Ritterstrasse
9. Deutsche Strasse

Bauarbeiten an der vorspringenden und nach innen geöffneten Türmen währten noch im 15. Jh. (Abb. 1, II).

3. Ein kleiner Vorhof mit Toren und Türmen an der Ostflanke der Burg, zeitlich der westlichen Vorburg folgend (Abb. 1, IV).

4. Die spätmittelalterliche grosse östliche Vorburg mit Haupttor (Abb. 1, III).

Die Entwicklung der Burg als Wehranlage endete mit der Errichtung von Erdbefestigungen in der Vorburgen ab Mitte des 16. Jh.s unter Herzog Magnus (1559—1563). Diese hauptsächlichen Standpunkte und das Entwicklungsschema der Burg, entworfen von Tuulse, bildeten die Grundlage der folgenden Forschungen.

Im Zusammenhang mit dem Konservierungs- und Restaurierungsvorhaben für die Burganlage wurden unter Leitung von Villem Raam in den Jahren 1960—1970 umfangreiche Untersuchungen durchgeführt (Raam 1969, 1972, 1982). Im Ergebnis legte der Wissenschaftler ein neues Entwicklungsschema der Burg dar (Raam 1985 16—17):

1. Die um die Mitte des 13. Jh.s errichtete grosse Burg (125 m x 140 m) mit einender gegenüberliegenden Toren bildete ein sog. Doppelkastell (Abb. 1, I, II). Der Kern der Burg bestand aus einer kleinen Kastellklausur mit Kirche. Mit der Anfangsperiode der Kirche nicht verbunden sind die an die Südwand

stossende Taufkapelle (Baptisterium), kreisrunde Anlage und die Sakristei. Als Errichtungszeit der ersten nimmt V. Raam den Beginn des 14. Jh.s an, der zweiten Bau ist später. Die Westfront des kleinen Kastells mit Burgtor und Kirchenportal sollte laut ursprünglichem Plan die Hauptfassade bilden (Abb. 4). Das den Kern im Westen und Süden umgebende grosse Kastell diente als bebaute Vorburg den Domherren als Siedlung, darauf verweisen die an die älteren Teile der Wehrmauer anstossenden sog. Ringmauerhäuser (Raam 1972 2).

Provisorische Grabungen an der West- und Ostseite der Kirche ergaben, dass bei Fertigstellung der Kirche in der Mitte des 13. Jh.s der untere Bereich der Ringmauer der befestigten Klausur bereits vorhanden war. Beim Übergang zur Klausur fehlten die Trennfugen (Raam 1982 13). Durch Grabungen an der Ostseite der Kirche konnte der Verlauf eines an der Ostflanke der Burg verlaufenden zugeschütteten Wehrgrabens fixiert werden. Seine Entfernung von der Mauer konnte wohl 10 Meter und seine Breite 14 Meter betragen haben. Die Aushebungszeit ist unbekannt.

2. Das zu Beginn des 16. Jh.s fertiggestellte Lagerkastell an der Ostseite der Bischofsburg (Abb. 1, III; 3). Laut V. Raam (Raam 1985 18) entstanden die Lagerkastelle durch Ausweitung der alten Burgen mit Hilfe von langen neuen Mauerzügen. Wahr-

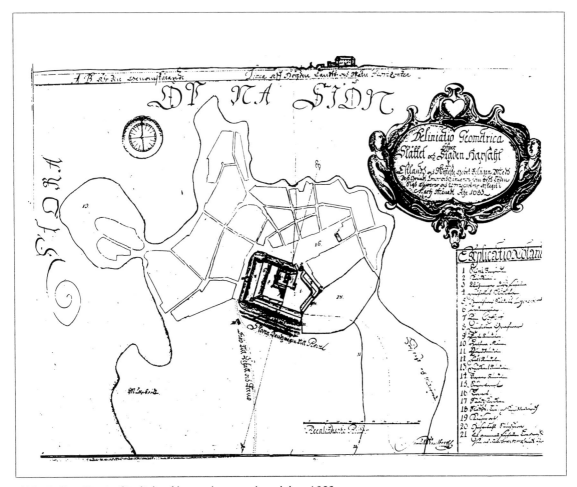

Abb. 2. Der älteste Stadtplan Haapsalus aus dem Jahre 1683.

scheinlich wurde am Ausgang des 15. oder zu Beginn des 16. Jh.s die Gründung eines kleineren Vorhofs zum Schutz des Haupttors in der Ostwand der Klausur abgeschlossen (Abb. 1, IV). Gleiches gilt für einen runden Turm im Westflügel der Klausur und einen halbrunden Kanonenturm in der Westwand der Ringmauer.

Die Erforschung des Lagerkastells zeigte, dass seiner Gründung die Verlängerung der Südwand des grossen Kastells nach Osten mit Aufführung eines Torturms am Südostende dieser Verlängerung vorausging (Abb. 1). Von der Ostseite des Turms verlief die Mauer weiter nach Nordosten und bildete die südöstliche Abgrenzung eines niedrig gelegenen Terrains, wo sich laut Annahme von V. Raam (Raam 1972 22, 25) bis zum 15. Jh. ein Hafen befand. Mit der Anlage des Lagerkastells wurde der Torturm am Ende der Verlängrerung der Südmauer in den südöstlichen Eckturm der Vorburg verwandelt. Die auf der Nord-Süd-Achse befindlichen Toröffnungen (rund 3 m breit) wurden zugemauert.

Die Errichtung der Ringmauer des Lagerkastells erfolgte in zwei Etappen (Raam 1972 7—19). Zuerst, etwa 1515, entstanden die Mauerabschnitte beiderseits des südöstlichen Tors der Burg. Dabei bildeten Steinbauten der ursprünglichen äusseren Wehrbegrenzung der Mauerabschnitt vom Südostturm bis zum Tor. Zudem verlief die ältere östliche Mauer des Lagerkastells unregelmässig — das Südosttor war in einer beiderseitig geschützten Rückstufe angeordnet (Raam 1972 12, 13). Bei provisorischen Grabungen an der Innenseite des Südosttors wurden Reste eines viereckigen Bauwerks entdeckt; und darunter befand sich eine sog. Fanggrube (etwa 2,24 m x 2,10 m).

Die nordöstlichen und nordwestlichen Mauerabschnitte des Vorhofs wurden zu Zeiten Bischofs Kyvel (1515—1527) aufgeführt. Vermessungen ergaben als Höhe der rekonstruierbaren Ringmauer

Abb. 3. Bischofsburg Haapsalu von Nordosten. Luftfoto (Foto P. Säre).

Abb. 4. Bischofsburg Haapsalu von Süden. Luftfoto (Foto P. Säre).

10,5 m, als Stärke unterschiedlicher Abschnitte 1,2—1,8 m.

Zusammenfassend hielt V. Raam (Raam 1972 19) die Wehreigenschaften der Ringmauer des Lagerkastells für schwach, seines Erachtens handelte es sich lediglich um eine innere Trennmauer zwischen der Stadt und der Burg.

Als die Gründungszeit der späteren Wallbefestigungen innerhalb der Mauern sah V. Raam die zweite Hälfte des 16. Jh.s an (Raam 1969 20), wobei die Mauer zwischen der östlichen Vorburg und dem grossen Kastell abgetragen wurde.

Der Autor des Restaurierungsprojekts für die Bischofsburg Haapsalu, der Architekt Kalevi Aluve, konzentrierte sich bei den Bauforschungen von 1977—1981 auf die kleine bzw. Hauptburg (Aluve & Lange 1980, Aluve 1981). Im Unterschied zu V. Raam hielt er die Hauptburg für den ältesten Teil des Bischofssitzes, den im Osten und Westen die Vorburgen umgaben. Die Ansicht stützte sich auf entdeckte Räumlichkeiten in der Nordwest- und Nordostecke der Hauptburg (Aluve 1981 6).

Die Baugeschichte der Hauptburg verlief in vier Hauptetappen (Aluve 1987; Abb. 1, I):

1. Etwa zum Jahre 1300 entstand die kastellartige Hauptburg mit den Massen 42,3 m im Norden, 40,8 m im Süden, 63,1 m im Osten und 65,2 m im Westen. An die Nordseite der Kirche lehnte sich ein ursprünglich 8 m hoher Abschnitt der Ringmauer mit Flügelbauten im Osten und Westen. An der Nordflanke der Ringmauer verlief lediglich ein den Wehrgang tragender schmaler Korridor. Bei der Fertigstellung des Ost- und Westflügels erreichte die Ringmauer zusammen mit der Brüstung eine Höhe von 15 m. Das Tor der Burg befand sich in der Westflanke, geschützt von einem Dansker im mittleren Teil der Westmauer.

2. Um 1400 wurde die Hauptburg zu einem Kapitelbau mit Türmen umgebaut. Den Nordflügel

flankierten Ecktürme (in NO 15,3 m x 12 m und in NW 15,3 m x 11,3 m). An die Stelle des Danskers trat ein viereckiger Turm (3,49 m x 3,73 m).

3. Am Ende des 15. Jh.s (80er Jahre) erhöhte man die Wände des Kapitels auf 27 m. Gleichzeitig errichtete man an der Westseite einen runden Wachtturm anstelle des viereckigen. Ausser dem Wachtturm wurde in den 30er Jahren des 15. Jh.s eine Sakristei an der Südflanke der Kirche, dazu ein Glockenturm und am Ausgang des Jahrhunderts ein rundes Baptisterium errichtet.

Insgesamt wurde während der ersten drei Etappen die Errichtung der Hauptburg abgeschlossen.

4. Etwa im Zeitraum 1580—1688 wurde die Burg in ein befestigtes Schloss mit niedrigen Mauern umgestaltet.

Bei der Erforschung der Baugeschichte der Vorburgen bediente sich K. Aluve der dendrochronologischen Datierung (Aluve 1981).

1. Die ältere, westliche Vorburg entstand entweder um die Wende des 14./15. Jh.s oder in der 30er Jahren des 15. Jh.s (Abb. 1, II). Unter Berücksichtigung der Ansichten von V. Raam schloss der Forscher auch eine dritte Möglichkeit nicht aus, wonach die westliche Vorburg zusammen mit der Hauptburg geplant wurde. Dabei wird auf die monolithische Verbindung des unteren Bereichs der Nordwand in der Hauptburg verwiesen (Aluve 1981 48). In den 80er Jahren des 15. Jh.s erfolgte die Erhöhung der Mauern der Haupt- und der Vorburg.

Bei den Untersuchungen wurden an der Südseite der Kirche probeweise kleinere Freilegungen vorgenommen (Abb. 1:II). Bei den Fundamenten der Sakristei und des südlich daranstossenden Glockenturms ergab sich, dass die Seitenwände beider Bauten auf zwei parallel verlaufenden Mauern gegründet waren (Aluve, Lange 1980 11—13). Diese Mauern setzten sich nach Süden fort, die östliche gehörte zur Ostmauer der Vorburg. Somit hatte sich am Standort der Sakristei ein mit den parallelen Mauern verbundener Vorgängerbau befunden. Die freigelegten Mauerfragmente konnten nicht datiert werden. Ungeklärt blieb auch der Zweck des älteren Bauwerks.

2. Die in den 30er Jahren des 15. Jh.s angelegte kleine östliche Torbefestigung wurde wegen der Verlagerung des Tors von der Westseite des Kapitelbaus gegründet (Abb. 1:IV). Offenbar betrafen die Mauererhöhungen in den 80er Jahren des 15. Jh.s neben der Hauptburg auch die Torbefestigungen (Aluve 1987).

3. Zu Beginn (etwa 1507—1508) des 16. Jh.s errichtete man die grosse östliche Vorburg mit Türmen (Abb. 1:III).

An der Aussenseite des Südosttors wurden Mauerfragmente freigelegt, die rechtwinklig zu der Ringmauer auf Höhe der Torlinie verliefen. Der Wehrbau vor dem Tor war gleichzeitig mit der Ringmauer errichtet worden. Zwischen den Mauer-

fragmenten befand sich eine sog. Wolfsgrube (Aluve & Lange 1980 13, 14).

Die Modernisierung der Burg mit Erdwällen verband K. Aluve (Aluve 1981 41) mit dem Zeitraum 1563—1570.

Bei der Verlegung von Wasser- und Kanalisationsleitungen zur Burgkirche erfolgten 1989—1990 Untersuchungen in der östlichen grossen Vorburg (Lagerkastell), vor dem Haupttor und vor der Nordflanke der Burg (Pärn 1990 444; Pärn 1992 Abb. 1:III).

Beim Ausheben der Gräben für die Rohrleitungen vor der Ostseite der Kirche entdeckte man einen zugeschütteten Wallgraben. Dessen einstige Breite bestimmte man mit 19,6 m, die Entfernung vom Ostflügel der Kirche betrug etwa 5 m (Pärn 1992 Profil XV). Entsprechend dem geräumten Abschnitt verlief der Wallgraben in der Mitte des 13. Jh.s gleichlaufend mit der Ostflanke des zur gleichen Zeit errichteten grossen Kastells. Das berücksichtigend, kann der Graben in die Periode vor der Gründung der östlichen Vorburgen verlegt werden.

Vor dem Haupttor wurde in Breite des Rohrleitungsgrabens (rund 1,2 m) ein Teil der tragenden Mauern der Brücke freigelegt. Die Brücke bestand aus zwei Teilen: der etwa 3,13 m langen Hubbrücke und dem 7,14 m langen feststehenden Teil (Pärn 1992 Profil XI,XII). Eine Hubbrücke mit ähnlichen Ausmassen (etwa 3,6 m lang) und Tragmauern wurde auch vor dem Osttor der Ordensburg in Rakvere entdeckt; sie wurden wahrscheinlich in der ersten Hälfte des 16. Jh.s angelegt (Aus 1988 12, 21).

In der Nordwestecke der Hauptburg, vor der Nordflanke der Burg, wurde eine ost-westlich verlaufende Parchammauer mit den Fundamenten eines turmartigen Bauwerks (Dreiviertelkreis als innerer Querschnitt) entdeckt (Abb. 1). Der innere Durchmesser des Turmes betrug 5,6 m, die Stärke des Fundaments erreichte 4,1—4,5 m. Die Stärke des freigelegten Abschnitts der Parchammauer (17,4 m) betrug im Mittel 2,2 m. Die Mauer verlief in 7,2 m Entfernung vom Turm der Burgmauer und in 7,8 m Entfernung vom westlichen Mauerende (Pärn 1990 444). Da die Stösse von Parcham- und Burgmauer noch nicht freigelegt werden konnten, mangelt es an Angaben zur Datierung der Anlage. Wahrscheinlich handelte es sich um einen niedrigen Turm mit einer Geschützplattform.

Die Stadtmauer

Das Problem der Stadtmauer wurde erst um die Mitte der 1960er Jahre aktuell, als bei Grabungen massive Mauerreste entdeckt wurden (Raam 1965 5). Die frühere Forschungen sah in Haapsalu eine unbefestigte Stadt (Arman 1965 31). Zu dieser Ansicht hat auch Balthasar Russow, der bekannteste Chronist Alt-Livlands im 16. Jh., beigetragen, der Haapsalu im Verzeichnis der befestigten Städte nicht nennt (Russow 1845, 1b). Zudem ist auf dem ältesten bekannten Plan Haapsalus vom Ende des 17. Jh.s die Stadtmauer nicht verzeichnet (Abb. 2).

Hinweise auf das Vorhandensein einer Stadtmauer finden sich seit 1551 (in Grundstückbeschreibungen) bis zum Ende des 17. Jh.s (Jaago 1989 16, 17). Entsprechend der ältesten Darstellung von 1761 zog sich an der Seeseite der Stadt eine 550 Faden (1 Faden = 2,1336 m) lange Ringmauer hin, an der Landseite gab es einen 330 Faden langen wassergefüllten Graben mit Erdwall. Auch vier Pforten werden genannt: Die Carrie-, Russische-, Deutsche- und Wasserpforte (EHM, F 237—1/166). Zudem wird 1653 die Grosse Strandpforte genannt, das noch in den Grundstückbeschreibungen des 18. Jh. auftaucht (Jaago 1989 17; Abb. 1:I-V).

Terrainforschungen der Stadtmauer von Haapsalu wurden nur durch Verlegung unterirdischer Verkabelungen möglich und sie fanden nur an der Nordflanke statt. In der dortigen Rüütlistrasse freigelegte Abschnitte der Stadtmauer zogen sich lückenlos an der zum Meer gewandten Seite der Strasse hin (Abb. 1,8). Die Breite der Fundaments betrug 2,9 m, die mittlere Höhe 1,5 m (Raam 1965 5). Die starken Granitsteinfundamente trugen eine Kalksteinmauer. An der Ecke der Ritter- und Deutsche Strasse (Abb. 1,9) stiess man auf die viereckigen und 8,5 m breiten Reste wohl der Deutschen Pforte. 1991 in der Ritterstrasse durchgeführte Messungen ergaben, dass die Gründungstiefe der Stadtmauer etwa 2 m unterhalb des heutigen Niveaus lagen (Pärn 1992 10).

Bei den Rekonstruktionsversuchen der Stadtmauer von Haapsalu wurde auch die südliche Aussenmauer der Bischofsburg als wesentlicher Abschnitt berücksichtigt, denn erstere ging von der Südost- bzw. Südwestecke der letzteren aus (Sedman 1974 31, Skizze 4). Auf Grund der Grundstückverzeichnisse von 1800 hat K. Jaago (1988) auf die grosse Zahl der Steinbauten im angenommenen Bereich der Stadtmauer verwiesen. Daraus könnte sich eine Ursache des Schwindens der Stadtmauer ableiten lassen — für die Steinbauten wurde das Material aus der Mauer gebrochen.

V. Raam nimmt an (Raam 1969 14), die Stadtmauer sei während der Regierungszeit Bischofs Kniprode (1385—1419) aufgeführt worden. Nach Meinung des gleichen Wissenschaftlers war eine hölzerne Palisade die Vorgängerin der Mauer. Zusammenfassend gesagt, bestand die Stadtmauer eine relativ kurze Zeit, bereits während des Livländischen Kriegs wurde sie in der zweiten Hälfte des 16. Jh.s zerstört.

Der vorliegende Beitrag setzt sich zum Ziel, eine Übersicht über die Forschungen in der Bischofsburg und an Abschnitten der Stadtmauer von Haapsalu zu liefern. Die bisherigen Erhebungen sind kaum veröffentlicht, sie bilden eine umfangreiche Sammlung von Manuskripten. Ein Fazit des Geleisteten zu siehen ist verfrüht, zudem in nächster Zukunft archäologische Forschungsarbeiten im grossen Kastell, an der Südostflanke der Stadtmauer und in Abschnitten der Rüütlistrasse vorgesehen sind. Unerforscht ist der Vorhof zum Schutz des Osttors der Klausur, die dortigen Mauern liegen heute vollständig im Erdreich. Alle bisherigen Rekonstruktionsversuche des Vorhofs beruhen auf älteren Zeichnungen, archäologische Untersuchungen dazu hat es nicht gegeben. A. Tuulse (1942 202) berührt in seiner Schrift die Freilegung der Mauern des Vorhofs 1939. Der Umfang der Grabungen wie auch die Öffnung der Maueroberfläche bleiben unklar, da Berichte oder Vermessungszeichnungen zu den Arbeiten nicht bekannt sind. Mit dem Probegrabungen von 1989 wurde ein östlicher Abschnitt einer Mauer unter dem Rasen eines kleinen Vorhofs freigelegt (Abb. 1, IV). Die von V. Raam aufgestellte Hypothese über die im Schutz der Stadtmauer liegenden ursprünglichen Hafenstelle bedarf der Überprüfung. Die Untersuchung der Nordostmauer des Lagerkastells wies auf, dass das Bauwerk auf Holzrosten gegründet war (Pärn 1992 9).

Zusammenfassend spielte die Bischofsburg Haapsalu über längere Geschichtsabschnitte hinweg eine grosse Rolle in der Entwicklung der Stadt. Letztere konnte nur dank der Gründung der Bischofsresidenz existieren, sie diente vor allem den wirtschaftlichen und militärischen Bedürfnissen der Burg. Da in der Gegend keine wichtigeren Handelswege verliefen, kam es zu keiner selbständigeren Entwicklung der Stadt (Raam 1969 9). Das Verhältnis von Burg und Stadt offenbart sich auch im Grössenvergleich — im späten Mittelalter umfasste die Bischofsburg 2,9 ha, die Stadt etwa 5,5 ha (Sedman 1974 34).

Sabine Sten

FOOD AND HUSBANDRY AT MEDIEVAL CASTLES AND MANORS IN SWEDEN

Essen und Tierhaltung auf mittelalterlichen Burgen in Schweden.

Die erste Abbildung in meinem Text zeigt, welche mittelalterlichen Burgen in Schweden osteologisch analysiert worden sind. Die Analyse zeigt uns unter anderem wie die Tierhaltung, Fleischversorgung, Jagd und Fischerei auf den mittelalterlichen Burgen aussah. Ich habe in meinem Vortrag gewählt, die Resultate von zwei Burganlagen in Mittelschweden, nämlich Grådö und Borganäs, zu präsentieren. Grådö als Verwaltungszentrum bestand ungefähr 40 Jahre, zwischen 1350/60 bis 1400. Als der schwedische Staat die Kupfergrube nach den Deutschen übernahm, veränderte sich die Funktion von Grådö. Statt dessen wurde 1396 Borganäs Verwaltungszentrum. Die beiden Burganlagen wurden in der Nähe von dem Fluss Dalälven gebaut. Dadurch konnten die Burgbewohner leichter den Verkehr nach Stockholm kontrollieren.

Die meisten Knochen kommen von Haustieren, wie Rindern, Schafen und Schweinen. Ein intressanter Vergleich zwischen den beiden Burgen zeigt ein sehr unterschiedliches Schlachtalter der Schafe und Schweine. Dieser Unterschied zeigt, dass Grådö eine Burg war, die mehr selbstversorgend war als Borganäs. Auf Grådö hielt man die Tiere länger in der Produktion. 80% der Schafe wurde auf Grådö im Alter von 3 Jahren geschlachtet und auf Borganäs war es umgekehrt (Abb.8). Der gleiche Unterschied bei dem Schlachtalter zeigt auch bei den Schweinen (Abb.9). Ausser der eigenen Fleischproduktion haben die Burgbewohner als Steuer auch Fleisch von den steuerpflichtigen Bauern gekriegt. Das Fleisch vom Hinterteil (Oberschenkel- und Schienbein, Abb.5) des Schafes machte ein wichtiger Teil aus. In einem Brief von 1434 schrieb der Vogt für die Gegend,dass das Essen von den Bauern nicht genügt war. In dem Brief erzählt er von Milch, Eier, Fleisch und Fisch. Der Vogt schrieb weiter, dass er ein junges Schwein gekriegt habe. Das Schwein hat er einsalzen lassen. In einer Abfallgrube auf Borganäs fanden die Archäologen ein Werkzeug für Pelzbearbeitung (glätten) zusammen mit Knochen von Hasen, Fuchsen, Eichörnchen und Marder (Abb.13 und 14). Diese Funde zusammen zeigen, das die Pelze auf der Burg behandelt worden sind, vielleicht um eine begehenswerte Ware zu tauschen zu können. Auf den Burgen gab es nicht nur Fleisch zum essen, Wildvogel (Abb.15) und Fisch waren auch eine wichtige Kost. Es sind eine Menge Fischknochen gefunden worden (Abb.16), meistens vom Barsch und Hecht. Die Burgbewohner hatte auch Kontakt mit der Ostsee, um Dorsch zu kaufen.

Sabine Sten
Osteological unit
Museum of National Antiquities
Box 5405
114 84 Stockholm

Introduction

As most castles and manors were located outside towns, they have not been subject to excavation to the same extent as the towns and cities, where excavations are conducted every time a new house is built. Therefore we do not know so much about everyday life in and around these medieval castles and manors. In the last years, however, some sites have been excavated and the animal bones have been analysed (table 1 and fig.1). I have analysed bones from three administrative castles in the middle part of Sweden- Grådö, Borganäs and Faxeholm (Sten 1989:a, 1988:a, 1992:a) and also the royal manors of Husbybacke (1990) and Gårdstånga (1992:a). In this article I will present the results of the study of assemblages from the two castles of Grådö and Borganäs. The function of Grådö as an administrative centre lasted for 40 years, between 1350/60 and about 1400. When the Swedish government took over the copper mine after the Germans in 1396, Borganäs assumed the function of Grådö. Grådö and Borganäs were built close to the River Dalälven, where it was possible to keep the traffic to Stockholm under better control. Another important function of Borganäs was to collect taxes from the peasants in the area. It has been very interesting to compare the osteological results from these two castles of Grådö and Borganäs. In the future I hope more osteological analyses from castles will be carried out so we can acquire better knowledge of life in the castles and compare it to what we already know about domestic life and husbandry in the medieval town.

Fig. 1. The map shows where in Sweden the osteologically analysed castles and manors are located.

Table 1. Osteological analyses from castles and manors in Sweden.

	Province	Date	Osteologist
Donjons			
Broberg	Bohuslän	1100—1400	Lepiksaar, 1987
Totra	Gästrikland	1100	Sten 1987:b
			Vretemark 1989
Royal castles			
Ragnhildsholmen	Bohuslän	ca 1250—1318	Malm, 1883*
Vadstena	Östergötland	1400—1600	Sten, 1988:b
Bishop castle			
Husaby	Västergötland	1480—1530	Lepiksaar, 1979
Baliff castles			
Ekholm	Västergötland	1360—1500	Lepiksaar, 1991
Piksborg	Småland	1360—1434	Hedell, 1909
Grådö	Dalarna	1350/60—1400	Sten, 1989:a
Borganäs	Dalarna	1390—1434	Sten, 1988:a
Faxeholm	Hälsingland	1395—1434	Sten, 1992:b
Manors			
Kungahälla	Bohuslän	1130—1250	Vretemark, 1992
Gårdstånga	Skåne	1000—1100	Sten, 1992:a
Husbybacke	Södermanland	1000—	Sten, 1990
Fornsigtuna	Uppland	1000—1100	Vretemark, 1991

*Published in Berg 1883

Osteological analysis

In order to acquire a picture of the husbandry, production, consumption and economy of a site it is very important to recover all bones from an excavation. Bones from domestic animals are usually the most common finds in a medieval archaelogical excavation. The identification of the bones shows, for example, which animals were the most common ones, and for what purpose they were held. If it is known which animal bones are most numerous, it is possible to show whether slaughter took place on site, or whether extra meat was brought in to supplement the food produced at the castle itself. The shoulder and the upper part of hind the limb are meaty parts of the animal. The cranium with its mandible and the area around the feet contain hardly any meat at all (fig.2). The mandibles and the feet are often thrown away after slaughter. I compare all the bones from the different parts of the body in order to see how consumption and production at the site were balanced. Age and sex determination shows what kind of production was most important, milk or meat production, for ex-

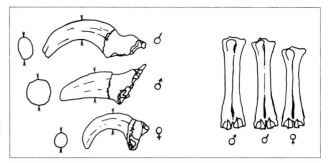

Fig. 3. Metacarpal bones and horn cores from cattle (Bos taurus). These bones are usually used for sex determination. The bull bones are heavy and thick while the ox bones are just as those of the bull but slimmer. The metacarpal cow bones are shorter and slimmer. The ox horn cores are long and relatively thin-walled while those of the bull are short, heavy and conical with a large base circumference. Cow horn cores are smaller and more slender, with a small base circumference. Drawings by Jon Lofthus.

ample (fig.3). Measurements of the bones are very important for information about the physical constitution and size of the medieval animals. To measure shoulder height I often use the metacarpals and metatarsals (fig.3). These bones are usually discarded after slaughter and therefore they are often found whole without marks from cutting. If there are bones from wild animals, wild birds or fish in the assemblages, we can see if hunting or fishing was included the economy at the castle.

Husbandry

The most common bones in the osteological asssemblages from castles and manors comes from domestic animals such as cattle, sheep and pigs. At the castles of Husaby and Ekholm (Lepiksaar 1979, 1991) and the manor of Husbybacke cattle were the most important animals. In the year 1403 a regulation, Gärdesskatten, was imposed on the entire country. This stipulated the nature and quantity of taxes the peasants should deliver to the castle: one

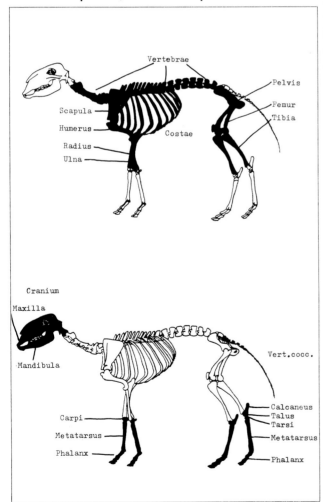

Fig. 2. Sheep (Ovis aries). Upper sheep; bones marked in black counted as refuse. Lower sheep; bones marked in black counted as slaughtering indicators.

Table 2. Gärdesskatten, a regulation from 1403. One gärd, consisted of 4 peasants. The tax was paid twice a year. The winter taxes for one gärd are listed below while the summer taxes were 50% higher. The peasants were required to deliver as taxes a certain number of animals and other products. (After Dovring 1951).

1 cattle	40 eggs
2 sheep	40 loads with firewood
1 pig	2 pund* with butter
2 geese	1 pund with rye
4 hens	1 mark* with reddy hemp

* 1 pund = 6,6 kg, 1 mark = 205—220 g

cow, one pig and two sheep, etc. (table 2). Taxes were usually delivered in the form of sheep and in the osteological material from Borganäs sheep bones from were predominant.

Sheep (Ovis aries)

The radius and shin bone (tibia) were the most common sheep bones found (fig. 4). This shows that the peasants paid taxes in the form of meat from the upper part of the limbs. The distal part of the shin bones of sheep often exhibited small holes (fig.5), which I believe are related to the preservation of the meat. They may, for example for hanging the limb to dry or to be smoked.

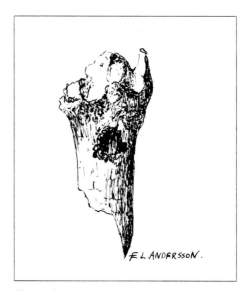

Fig. 5. Hole in the distal part of a sheep (Ovis aries) tibia (shin bone). This hole is related to the preservation of the meat. It was for example, used to hang the limb to dry or to be smoked. Drawing by E. L. Andersson.

Cattle (Bos taurus)

Cattle were the most important producers of meat. All types of cattle bones are represented (fig.6). This shows that the cattle used for the payment of taxes came to the site alive and were slaughtered at the

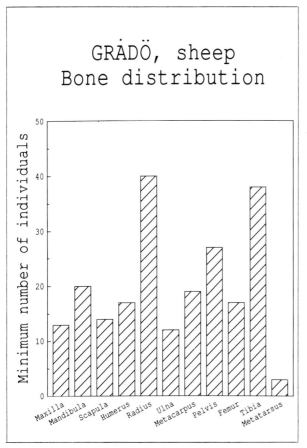

Fig. 4. Bone distribution of sheep (Ovis aries) from Gråðö. Radii and tibiae (shin bones) were most common. This shows that the peasants paid taxes in the form of meat from the upper parts of the limbs.

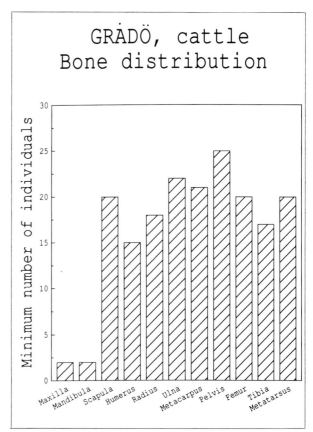

Fig. 6. Cattle (Bos taurus) bone distribution at Gråðö. All types of cattle bones are represented.

castle. It is therefore difficult to know how many cattle were living in the castle and how many came from peasants in the form of taxes. After slaughtering the butcher collected the horn and sold it to craftsman in the town. Skulls often bear traces of the removal of horns. At the site of Grådö cows, oxen and bulls were kept. This is a typical combination when a site has its own cattle and own cattle products. The people who lived at Borganäs were more dependent on meat from the peasants; at this site most bones came from cows; oxen were not kept as working animals and bulls were not kept for breeding. The shoulder height of cattle today is about 120—135 cm. The cattle from Grådö and Borganäs reached a height of 110—112 cm in average. Compared to town-kept cattle from the same period, the Grådö and Borganäs cattle were about 4 6 cm higher. The cattle from the early medieval town of Sigtuna were also about 110 cm in shoulder height (Sten 1987:a). Height is genetically and environmentally conditioned. Body size decreased from the Viking Period to the medieval period as living conditions for cattle changed. Usually cattle had reached the age of 3 years or more when they were slaughtered. Calf bones are scarce.

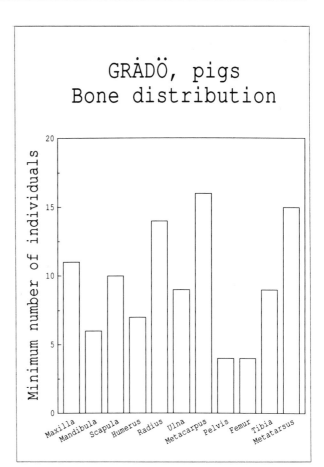

Fig. 7. Pig (Sus domesticus) bone distribution at Grådö. Bones from all parts of the body are represented.

Pig (Sus domesticus)

At Grådö pigs were kept for slaughtering. This is shown by the representation of bones from all parts of the body. A great number of discarded bones, such as cranium and feet, are found (fig.7). In contrast at Borganäs bones from the shoulder and hind limb, that is the meaty parts of the body, are predominant. These parts came from the peasants to Borganäs in the form of taxes. An informative written source from the 14th April 1439 is Birger djäkn's letter (Birger djäkn was the subbaliff of the area at that time) to his superior. He complains about not getting enough food for his people from the peasants. In his letter he mentions milk, eggs, fish and meat. He also wrote that he got a young pig from a peasant. He preserved the meat by salting it (Johansson 1985. The letter is published in Bondeplågarens borg 1988 p.70—73). The age determination of sheep from Grådö and Borganäs shows that sheep reached a high age before being slaughtered: 80% were more than 3 years old. Borganäs gave different results: only 33% were slaughtered after 3 years of age. The same results applies to pigs. At Grådö 70% of the pigs were more than 3 years old, while at Borganäs only 8% reached this age (fig.8 and fig.9). This distribution of age shows that Grådö was self-supporting and kept their animals in production for a long time. At Borganäs the animals were not used in production as the people got young animals from the peasants

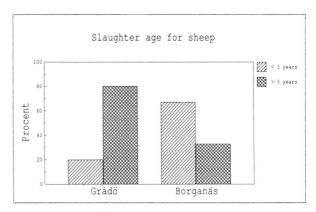

Fig. 8. Slaughter age for sheep (Ovis aries) at Grådö.

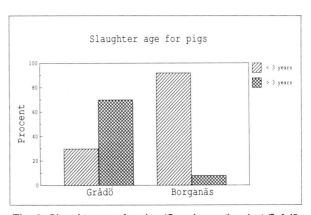

Fig. 9. Slaughter age for pigs (Sus domesticus) at Grådö.

in form of taxes. Piglet bones are common in the osteological material (fig.10).

Horse (Equus caballus)

At castles and in towns horse bones are rarely found.
The catholic church forbade people to eat horse
meat as it was connected with heathen rites (Barclay
1980). At the early manors of Gårdstånga and
Fornsigtuna, however, a great deal of horse meat
was consumed (Sten 1992:a, Vretemark 1991). One
neck vertebra (axis) shows a cut by a knife in connection with slaughter (fig.11).

Dog (Canis familiaris)

Dog bones are not so common at manors and castles as in the osteological assemblages from towns.
At Borganäs two dogs were found one of which must
have been very big. The people at Borganäs did not
have large flocks of cattle or sheep, nor did they hunt
big game. Perhaps the big dog was used by the officials at the castle when they were collecting taxes
from the farmers (fig.12). The dog was of the same
size as a modern Grand Danois and surely possessed great powers of persuasion.

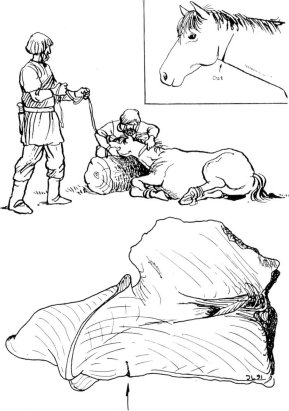

*Fig. 11. A vertebra (axis) from the neck of a horse (Equus
caballus) with a cut mark on the lower surface. When the
horse was slaughtered the slaughterer cut the throat of the
horse. The maximimum length of the vertebra is 111 mm.
Drawerings; Jon Lofthus (vertebra) and Tor Morisse
(horse).*

*Fig. 10. Piglet (Sus domesticus) bones are common in
assemblages from the medieval period. Upper; Humerus
of piglet and adult pig. Lower; Mandible from piglet and
boar. Photo Bengt A. Lundberg.*

*Fig. 12. Perhaps the big dog was used by the officials at the
castle when they were collecting taxes from the peasants
(OM 11:15).*

Wild animals

Generally there are more bones of wild animals at castles than in towns. This is because the people who lived at castles were permitted to hunt big game. Big game such as elk was not hunted to any large extent at Grådö or Borganäs. At Borganäs, bones from hare, fox, squirrel and marten were found (fig.13). These bones were found in a refuse pit, together with a tool for skin preparation. These finds

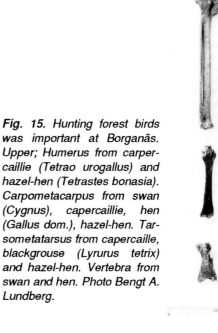

Fig. 15. Hunting forest birds was important at Borganäs. Upper; Humerus from carpercaillie (Tetrao urogallus) and hazel-hen (Tetrastes bonasia). Carpometacarpus from swan (Cygnus), capercaillie, hen (Gallus dom.), hazel-hen. Tarsometatarsus from capercaille, blackgrouse (Lyrurus tetrix) and hazel-hen. Vertebra from swan and hen. Photo Bengt A. Lundberg.

Fig. 13. Bones from wild animals found at Borganäs. Upper left; hare (Lepus timidus). Upper right; fox (Vulpes vulpes). Middle; squirrel (Sciurus vulgaris). Lower; marten (Martes martes). Photo Bengt A. Lundberg.

Fig. 14. The burnishing tool, which was used in the preservation of the skin, was made from a cow phalanx. Photo Jon Lofthus.

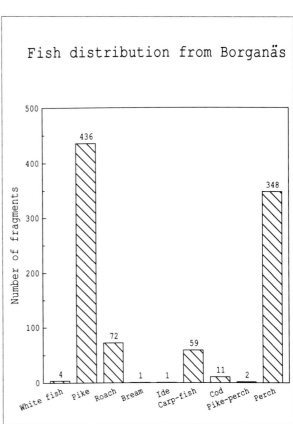

Fig. 16. Fish (Pisces) distribution at Borganäs.

show that the people at Borganäs brought the hunted animals to the castle where they prepared the skins. The burnishing tool which was used in the preservation of the skin was made from a cow phalanx (fig.14). The hunting of forest birds was important (fig.15). Swans were regarded as big game and only people with special permission were allowed to hunt this bird.

Fish (Pisces)

As Borganäs was built directly on the river it is quite natural that fish was an important part of the diet (fig.16). Mainly perch and pike were eaten. Dentales (fig.17) from pikes show that the fish were preserved at the castle. Bones from cod show that trading with the Baltic Sea existed. At castles from Latvia bones from large cods are found (Sloka 1986). Cod was a very important commodity during the Middle Ages. They were transported from the Atlantic (the Norwegian "Bergentorsken").

Lingustic revision
Jacqueline Taffinder

Fig. 17. Dentales from pikes (Esox lucius) show that the fish was preserved at the castle. Photo Bengt A. Lundberg.

Toomas Tamla

DIE BURGBERGE NO-ESTLANDS IN DER ZWEITEN HÄLFTE DES ERSTEN UND AM ANFANG DES ZWEITEN JAHRTAUSENDS

North-East Estonian Forts in the Second Half of the 1st and the Early 2nd Millennia

The North-East Estonian forts (21) can be divided into two groups:

1. The so-called promontory forts (17). Their plateau is separated from the rest of the promontory by a ditch, an earthwork and a mortarless limestone wall. The main characteristic feature of the group is their closeness to the settlement nearby (Pada II) or just in front of the wall (Koila, Kloodi, Toolse, Iila). The settlement and hillfort formed a unit. Most of the hillforts can be dated to the second half of the 1st millennium and ceased to exist in the 11th century.

2. The well-fortified strongholds that were built in the 11th and 12th centuries. Their yard has a powerful surrounding circular wall (Pada I, Purtse, Varangu, Äntu). None of them is very closely connected with the settlement.

Thus it is possible to differentiate two main stages in the development of the North-East Estonian forts of the 1st and the beginning of the 2. millennia. The borderline between the two lies in the 11th -12th centuries. Obviously the reason for those changes lies in some kind of political and social processes. As the relatively weak hillforts of the first group obviously belonged to one or several rural societies, the strongly reinforced strongholds may be taken as centres of territorial units — parishes ("Kihelkond").

Toomas Tamla
Estonian History Museum
Pikk 17
EE-0001 Tallinn

Forschungsgeschichte

Bei den archäologischen Untersuchungen in NO-Estland hat man eine lange Zeit die Aufmerksamkeit hauptsächlich auf die Steingräber gerichtet. Bei der Erforschung der Burgberge und besonders der Siedlungen hat man sich meistens nur auf die äussere Beschreibung und kleinere laienhafte Probeausgrabungen beschränkt (Trudy 1896 19, Howen 1900 303; Laid 1923 107—115). Einigermassen gründlichere Forschungsarbeiten haben erst 1949—1951 auf den Burgbergen in Koila (Abb. 1:11) und Kloodi (Abb. 1:7) stattgefunden (Schmiedehelm 1955 166, 172). Im Jahr 1955 hat man auf zwei Burgbergen in Toolse (Abb. 1:3, 4; Jaanits 1956 315) und 1959—1960 in Rakvere (Tônisson & Selirand 1964 235—236) kleinere Probeausgrabungen durchgeführt. Vom Jahr 1976 an finden in Rakvere (Abb. 1:8) geplante bauarchäologische Untersuchungen statt, die sich wohl meist auf die Aufklärung der Baugeschichte der mittelalterlichen Ordensburg beschränkt haben (Aus 1982 388—391; Aus & Tamm 1985 380—384; Alttoa et al. 1987 391—394; Alttoa et al. 1988 390—393; Aus 1990 456—463).

Eine systematische Untersuchung der vorzeitlichen Burgberge und Siedlungen in NO-Estland hat erst im Jahr 1977 begonnen. Grundobjekte der Forschung sind Bodendenkmäler in den Flusstälern von Pada und Purtse gewesen. So hat man 1977—1985 archäologische Ausgrabungen auf den Burgbergen Pada I und II (Abb. 1:12, 13) und auf dem nebenanliegenden Siedlungsplatz durchgeführt (Tamla 1978 353—357; Tamla 1980 378—382; Tamla 1983 302—306; Tamla 1984 360—363; Tamla 1986 366—370). 1978—1982 wurde der Burgberg in Purtse (Abb. 1:15) erforscht (Mäesalu & Tamla 1983 306—310). Da die Kulturschichten der obengenannten Burgberge dünn und fundarm waren, hat man zu ihrer Altersbestimmung 14C-Datierungen gebraucht. Gleichzeitig sind im erwähnten Gebiet auch alle übrigen Burgberge und ihre näheren Umgebungen inventiert worden.

Heute sind in NO-Estland 21 Burgberge bekannt (Abb. 1). Bei manchen von ihnen fehlen entweder die Wehrbauten völlig (Vihula, Abb.1:1) oder sind so unbestimmt (Tammiku, Abb.1:21), dass man diese nur bedingt als Burgberge betrachten kann. In Rakvere und Lüganuse (Abb. 1:16) sind alte Befestigungen anscheinend durch spätere Bauten (Ordensburg, Kirche) vernichtet worden.

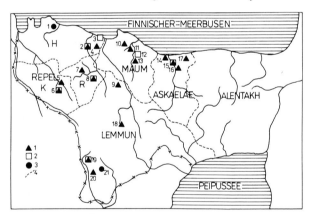

Abb. 1. NO-Estnische Burgberge.
1 — Burgberge der zweiten Hälfte des 1. Jahrtausends
2 — Burgberge des Anfangs des 2. Jahrtausends
3 — unsichere Burgberge:

1 Vihula	*14 Purtse "Taramägi"*
2 Varangu	*15 Purtse "Tarakallas"*
3 Toolse	*16 Lüganuse*
4 Toolse "Ussimägi"	*17 Alulinn*
5 Mäoküla	*18 Roela*
6 Neeruti	*19 Äntu*
7 Kloodi	*20 Rakke*
8 Rakvere	*21 Tammiku*
9 Nurkse	*4 — Grenze der Gaue und*
10 Iila	*Kirchspiele im 13. Jh.:*
11 Koila	*H — Haljala*
' 12 Pada I	*K — Kadrina*
13 Pada II	*R — Rakvere*

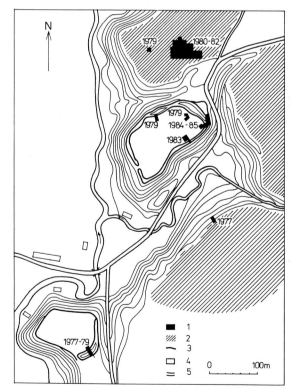

Abb. 2. Bodendenkmäler in Pada.
1 ausgegrabene Flächen
2 Siedlungsplatz
3 Grenze des Burgplateaus
4 heutige Gebäude
5 Wege

Die Burgberge des 1. Jahrtausends

Das Vorhandensein hölzerner Wehrbauten ist schon auf einigen früheisenzeitlichen Siedlungen (Koila, Pada II) zu vermuten (Schmiedehelm 1955 167 u.a.; Tamla 1987 174—175). Genauere Angaben über die Befestigungsanlagen stammen aus dem 1. Jahrtausend nach Christi. Ausführlicher hat man sie auf den Burgbergen Pada II, Koila, Kloodi und Purtse untersucht.

Pada II. Der Bodendenkmälerkomplex in Pada besteht aus zwei Burgbergen und einem Siedlungsplatz (Abb. 2). Das Territorium des grösseren Burgberges umfasst bis zu 11000 m². 300 m südwestlich davon liegt auf der Landzunge des Pada-Flusses der zweite Burgberg, der an drei Seiten von steilen Berghängen geschützt ist. Nur an

Abb. 3. Querscnitt des Stirnwalls auf dem Burgberg Pada II.

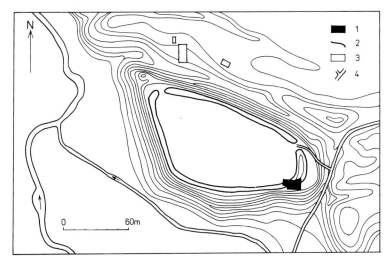

Abb. 4. Burgberg in Purtse.
1 ausgegrabene Flächen
2 Grenze des Burgplateaus
3 heutige Gebäude
4 Wege

der SO-Seite ist der Burghof vom anschliessenden Gelände durch einen 2,5 m hohen Abschnittswall abgegrenzt. Der niedrige, teilweise kaum verfolgbare Wall kommt auch an der Ostseite des Burgberges zum Vorschein, wo der natürliche Abhang niedriger ist.

Wie die Ausgrabungen in den Jahren 1977—1979 bewiesen haben, konnte man im Wall wenigstens zwei Bauabschnitte unterscheiden. In der ersten Etappe wurde der hauptsächlich aus Sand angehäufte Wall mit Steinen gedeckt. An der Aussenseite wurde er von einer aus Kalksteinen gelegten Trockenmauer gestützt, von der 1 m Höhe erhalten war (Abb. 3). Aufgrund der freigelegten herabgerieselten Kalksteinplatten am Wallaussenfuss könnte man schliessen, dass die ursprüngliche Höhe der Mauer 1,5 bis 2 m war. An der Innenseite des Walles ist es nicht gelungen, irgendwelche Spuren der Steinkonstruktionen zu entdecken. Anscheinend waren hier Holzbauten gelegen, von denen nur einige Feuerbrandreste bewahrt sind. Auf dem Wallkamm hat man verkohlte Balkenreste zutage gebracht, die 14C-Datierung ergab ein Alter von 1370±50 Jahren (d.h. die Zeitspanne von 520—820 AD). In der zweiten Etappe war der Wall erhöht worden, darauf weist eine Menge von oben runtergerutschten Steinen hin — alle mit starken Feuerspuren. Gleichzeitig wurde vor dem Wall ein 2 bis 2,5 m breiter und 1 m tiefer Graben gezogen. Für die Datierung dieser Bauperiode fehlen Angaben fast völlig. Auch das auf dem Burghof geborgene Fundgut von Tongefäßscherben (AI = Institut für Geschichtsforschung der Estnischen Akademie der Wissenschaften 4960:1—40) ist spärlich und fragmentarisch. Man kann nur feststellen, dass es die handgeformte Keramik des 1. Jahrtausends repräsentiert. Das Ende der Burgexistenz ist ebenfalls schwer festzustellen. Im begrentzten Masse können hier Ausgrabungsergebnisse der Siedlung zur Verfügung stehen.

Der Siedlungsplatz liegt auf einem hohen sandigen Plateau am Ostufer des Pada-Flusses. In den Jahren 1977 und 1979—82 wurden hier insgesamt 1800 m² untersucht (Tamla 1983 302—306). Den grössten Teil des Fundgutes bilden Tongefäßscherben. Es handelt sich um eine handgeformte Keramik, die typisch für viele nordestnische Bodendenkmäler in der 2. Hälfte des 1. Jahrtausends und Anfang des 2. Jahrtausends ist (Moora 1955 69 Abb. 20:1; Vassar 1939 Abb. 29, 30, 57—58; Schmiedehelm 1939 Abb. 82—84; Schmiedehelm 1973 192, Abb. 4; Lang 1985 Taf. II-III). Zum Vorschein kommt sie auch in der Burgschicht aus der 2. Hälfte des 1. Jahrtausends in Asva auf Saaremaa (Lõugas 1967 87, Abb. 5:1—

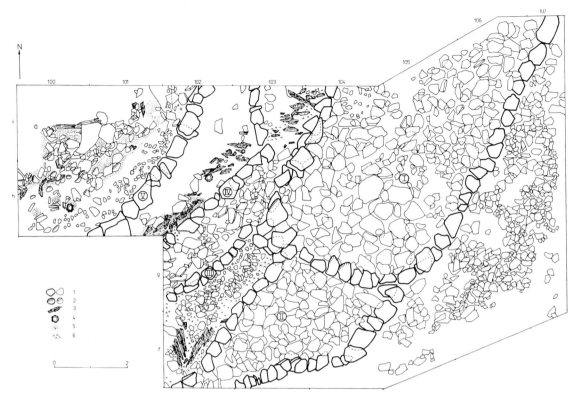

Abb. 5. Die Grabungsfläche in Purtse in den Jahren 1978—1982.
1 Kalksteine
2 Granit
3 Feuerbrände
4 Pfostengruben
5 Kohle
6 gebrannter Sand

3,7) und ebenso in mehreren Bodendenkmälern in Finnland im 7. — 10. Jh. (Kivikoski 1963 125, Taf. 12:8, 22:1, 39: 9—10; Lehtosalo—Hilander 1982 76).

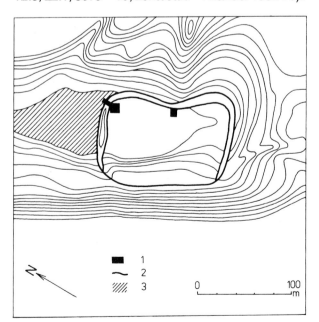

Abb. 6. Burgberg in Kloodi.
1 ausgegrabene Flächen
2 Grenze des Burgplateaus
3 Siedlungsplatz

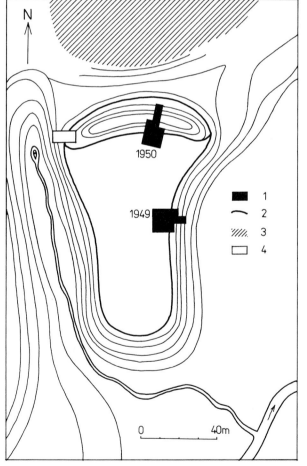

Abb. 7. Burgberg in Koila.
1 ausgegrabene Flächen
2 Grenze des Burgplateaus
3 Siedlungsplatz
4 heutige Gebäude

In Schweden wird so eine Keramik als eine direkte Einfuhrware aus SW-Finnland oder Nordestland betrachtet und in das 9.-10. Jh. datiert (Arbman 1940, Taf. 224:3—4, 6, 225:2, 226:1, 4—6; Selling 1955 148, 153—154). Gleichzeitig fällt auf dem Siedlungsplatz Pada das Fehlen der früheren Gefässtypen aus dem 5.-6. Jh. auf, die z.B. von dem Burgberg Iru bei Tallinn (Lang 1985 196—197) bekannt sind. Völlig fehlt auch Drehscheibenkeramik, deren Erstauftauchen in Ostestland in das 11. Jh. datiert ist. Das übrige Fundmaterial (Hufeisenfibeln, Spiralfingerringe, knöcherne Anhänger, Sicheln, Tonscheiben) fällt in das 7.—10. Jh. (Tamla 1983 Taf. XIV-XV).

Aufgrund des Obengenannten kann man schlussfolgern, dass der Siedlungsplatz Pada mehr oder weniger gleichzeitig mit dem kleineren Burgberg angelegt worden ist (das wird auch vom Alter der frühesten 14C-Datierungen bestätigt — 1330 ± 80 Jahre), ist aber nicht später als Ende des 10. oder Anfang 11. Jh.s verlassen worden. So können die Existenzzeiten sowohl des Burgberges als auch der Siedlung als gleichzeitig geschätzt werden.

Purtse. Der Burgberg liegt am Ostufer des gleichnamigen Flusses (Abb. 4). An der Süd- und Westseite wird er vom Urstromtal, im Norden und Osten von tiefen natürlichen Mulden geschützt. Am gegenüberliegenden Flussufer ist eine weitläufige Siedlungsschicht zu folgen. Das ganze Hofgebiet ist von einem 1,5 bis 2 m hohen Ringwall umrungen. Bei den Ausgrabungen zeigte sich aber die Tatsache, dass in der ersten Etappe (Abb. 5:I; die verschiedenzeitlichen Bauetappen in Purtse sind auf dem Abb. 5 mit römischen Ziffern I-V markiert) der Burghof nur an der Ostseite, wo die natürlichen Berglehnen am niedrigsten waren, vom Wall geschützt war (Mäesalu, Tamla 1983 307).

Der älteste Wallteil war 4—5 m dick. Es wurde sowohl an der Innen- als auch Aussenseite von einer aus Kalksteinplatten gelegten Trockenmauer gestützt. Hinter dem Wall waren zusätzlich noch Holzbauten vorhanden, worauf eine Menge von freigelegten Feuerbrandresten hinweist. Die 14C-Datierung ergab als Alter dieser Holzreste 1220 ±50 Jahre (die Zeitspanne von 780—900 AD). Von Funden kann man mit dieser Etappe vor allem ein Bruchstück einer Schmucknadel mit Dreieckkopf aus dem 7.-8. Jh. und drei Pfeilspitzen mit Angel aus dem 8.-10. Jh. verbinden (Mäesalu & Tamla 1983 Taf. XVII). Die letztgenannten wurden an der Aussenmauer des Walles aufgehoben. Diese Tatsache weist anscheinend auf eine Belagerung der Burg hin.

Damit ist der Burgberg Purtse in diesem Zeitabschnitt mit dem Burgberg Pada II zu vergleichen, wo er nur von einer, von der Natur aus am schwächsten geschützten Seite mit einem Wall verteidigt war. An übrigen Seiten fehlten die Wehranlagen völlig oder waren die aus Holz.

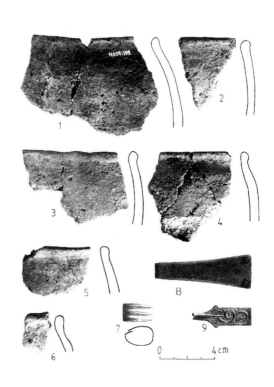

Abb. 8. Funde von Koila.
1—6 Tongefäßscherben
7 Ring eines Messergriffes
8 Riemenzunge
9 Beschlag (AI 4009:109, 22, 88, 82; 4034:87; 4009:64; 4034:38, 3, 63)

Kloodi. Der Burgberg (Abb. 6) liegt 6,5 km nordöstlich von Rakvere an der Südspitze eines 1,5 km langen Bergrückens. An der NW-Seite ist das Burgplateau von einem 1—1,5 m hohen Stirnwall geschützt. Ein niedriger, bis 0,5 m hoher Wall begrenzt auch die O- und SO-Seite des Burgberges. An der SW-Seite fehlt aber der Wall. Hier bildet sich eine 15—18 m breite natürliche Terrasse, die ebenso als Burghof im Gebrauch war. Vor dem NW-Wall liegt eine 50—60 m weite Siedlungsschicht.

In den Jahren 1951—1952 wurde der Wall an der Nordecke des Burgberges quer durchgegraben und das enge Hofgebiet am Innenfusse des Walles erforscht (Schmiedehelm 1955 172, Abb. 50). Im Wall konnte man zwei Bauabschnitte unterscheiden, die in einer Tiefe von 80 cm vom Wallkamm durch eine Kohleschicht voneinander getrennt waren. Dabei wurden auch Reste von zwei verkohlten Balken gefunden, die mit dem Wall in gleicher Richtung lagen. Der Wall selbst war aus Steinen und Kies angehäuft. Klare Spuren von Mauerkonstruktionen konnte man nicht beobachten. Vom Fundgut sind nur 28 kleine Tongefäßscherben und eine in das 3.—4. Jh. datierte goldüberfangene Doppelperle zu nennen (Schmiedehelm 1955 Taf. XVIII:2).

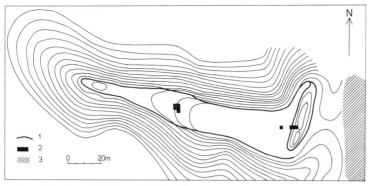

Abb. 9. Burgberg Toolse "Ussimägi".
1 Grenze des Burgplateaus
2 ausgegrabene Flächen
3 Siedlungsplatz

Koila. Der Burgberg liegt etwa 4 km nördlich von Pada auf einer engen Landzunge am Westufer des Pada-Flusses (Abb. 7). An drei Seiten ist er von natürlichen Berglehnen, an der Nordseite aber von einem Graben und einem 1 bis 1,5 m hohen Wall geschützt. Es sind wohl auch an anderen Seiten Spuren von einem niedrigen Wall zu bemerken. Am gegenüberliegenden Ufer ist ein weitläufiger Siedlungsplatz entdeckt worden. Spuren einer Kulturschicht sind ebenso vor dem Stirnwall des Burgberges zu finden. Es sind an zwei Stellen auf dem Burgberg Ausgrabungen durchgeführt worden (Schmiedehelm 1955 166 u.a.). Jedes Mal wurde der Wall quer durchgegraben. So wie auf den Burgbergen Pada II und Kloodi, konnte man auch hier zwei Bauabschnitte unterscheiden. Während der ersten Bauetappe wurde an der Nordende des Burgberges ein aus Steinen und Sand angehäufter Stirnwall angelegt, der zu beiden Seiten von einer Kalksteinmauer eingefasst war. In der zweiten Etappe wurde vor der Mauer ein Graben ausgehoben. Es ist anzunehmen, dass in der gleichen Periode der Wall auch an übrigen Seiten des Burgberges gebaut wurde.

Den grundlegenden Teil des Fundmaterials (AI 4009:1—141; 4034:1—110) bildet handgeformte Keramik. Von übrigen Gegenständen ist vor allem ein bronzener Ring eines Messergriffes (Abb. 8:7) zu erwähnen, der mit erhabenen Parallelrinnen verziert

ist. In Skandinavien kommen solche Ringe schon in ersten Jahrhunderten nach Christi zum Vorschein (Holmqvist 1970 188—189). Die Funde in Finnland und auf Gotland zeigen aber, dass diese auch noch im 5.-8. Jh. im gebrauch waren (Salmo 1952 Abb. 52; Nerman 1935 17, Taf. 18:23). In Estland ist ein fast analoger Ring in einem Steingrab in Verevi aufgefunden worden (AI 2817:266). Das Steingrab ist wohl schon im 3.- 4. Jh. angelegt, die Mehrzahl der Funde sind aber doch erst in die 2. Hälfte des 1. Jahrtausends und in den Anfang des 2. Jahrtausends datiert. Man hat noch zwei, wohl mit gleicher Ornamentik, aber platte Ringe im Hügelgrab Arniko III in SO-Estland, das in das 6.—7. Jh gehört, gefunden (Aun 1980 91—92, Abb. 18:12). Da der Ring von Koila in der dunklen Kulturschicht am Aussenfuss des Nordwalles gefunden wurde, stammt er anscheinend aus der vor dem Burgberg gelegenen Siedlung. Von Interesse ist ebenso eine trapezförmige Riemenzunge (Abb. 8: 8), für die Analogien in Steingräbern auf Åland aus dem 9.-10. Jh. zu finden sind (Kivikoski 1963 101—102, 126, Taf. 46: 7—8). Eine anscheinend noch spätere Abstammung hat ein aus dünnem Bronzeblech angefertigter Beschlag mit Pflanzenornamentik (Abb. 8:9).

Toolse. Im Jahre 1955 ist in NO-Estland ein neuer Burgberg (Abb. 1:4) entdeckt worden, die im Volksmunde den Namen "Ussimägi" (Schlangenberg) zu Toolse trägt (Abb. 9). Der Burgberg liegt auf einer engen Landzunge und ist in östlicher Richtung von einem bis 1,2 m hohen Stirnwall geschützt. Im Jahr 1955 hat man während der Probeausgrabungen an der Innenseite des Walles einen kleinen Teil der stützenden Kalksteinmauer freigelegt. Im Mittelteil des Burgplateaus wurden Reste einer Herdstelle freigelegt. Ringsum lagen haufenweise Kohle und einzelne handgeformte Tongefässscherben.

Die Burgberge vom Anfang des 2. Jahrtausends

Pada I. Der Burgberg ist an drei Seiten von hohen steilen Berglehnen geschützt und ringsum von einem 1,5 bis 3 m hohen Ringwall umgeben (Abb. 10). Die ersten Probeausgrabungen führte man hier schon im Jahr 1979 durch. Im Jahr 1983 wurde der südöstliche Wallteil quer durchgegraben und in den

Abb. 10. Burgberg Pada I.

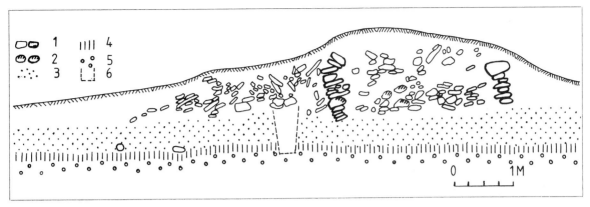

Abb. 11. *Querschnitt des SO-Walls auf dem Burgberg Pada I.*
1 Kalkstein
2 Granit
3 Sand
4 dunkle Kulturschicht
5 natürlicher Sandboden
6 Pfostengrube

Jahren 1984—1985 die ursprüngliche Torstelle an der NO-Ecke der Burg geforscht.

Der Wall (Abb. 11) war angehäuft aus Steinen und Sand und von beiden Seiten durch einer aus Kalksteinen gelegten Trockenmauer gestützt.

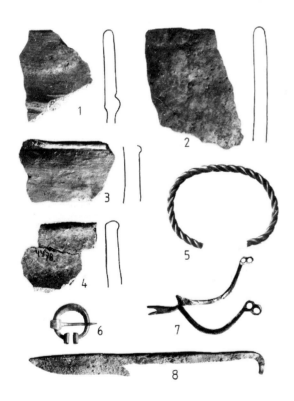

Abb. 12. *Tongefäßscherben von Toolse "Ussimägi" (1, 2) und Varangu (3, 4). Funde aus dem Burgberg Pada I.*
5 Armring
6 Hufeisenfibel
7 Spore
8 Wurfspeerspitze (AI 4132:7, 1; 4478; 5249:2; 4993:6; 5345:4, 18)

Sowohl innerhalb der Wallschüttung als auch hinter der inneren Mauer wurden mit Steinen gekeilten Pfostenlöcher auffindig, die von Holzkonstruktionen zeugen. Das Alter der letzteren wurde nach 14C-Datierungen auf 815±60 Jahre geschätzt (Zeitspanne 1045—1090, 1130—1250 AD). Die Kulturschicht der Burg ist relativ fundarm gewesen. Doch hat man hier 2 Horizonte unterscheiden können. Die untere 20—30 cm starke Schicht hat hauptsächlich handgeformte Keramik geliefert (Tamla 1984, Taf. XIV), die identisch mit der aus der Siedlung Pada ist. Mit dieser Schicht ist ebenfalls ein viereckiger Hausgrundriss zu verbinden, an dessen Ecke ein Hitzsteinofen stand (Tamla 1984 Abb.). Da diese Schicht auch unter dem Burgwall gut zu folgen war, ist es anzunehmen, dass dieses Gebiet vor der Wehrbautenerrichtung als Siedlung gebraucht wurde. Der obere Horizont kann nur am inneren Wallfuss unterscheiden werden, wo er vom unteren durch eine Sandschicht getrennt ist. Von den hier geborgenen Funden ist es nur möglich einen aus drei Bronzedrähten gewundenen Armring (Abb. 12:5), eine Hufeisenfibel mit Rollenden (Abb. 12:6), eine messerförmige Wurfspeerspitze (Abb. 12:8) und

Abb. 13. *Torgang auf dem Burgberg Pada I.*

Abb. 14. Kalksteinmauer mit den Pfostengruben auf der NW-Seite des Torgangs auf dem Burgberg Pada I.

eine eiserne Spore (Abb. 12:7) genauer zu datieren, die alle in das 12.-13. Jh. gehören.

Der 2 m breite und 8,5 m lange Torgang war zu beiden Seiten von einer Kalksteintrockenmauer eingefasst, welche stellenweise bis zu 1,8 m hoch erhalten war. Die letztere wiederum wurde durch vertikal in die Erde gerammten Balken gestützt, worauf die Überreste von 12 Pfostengruben weisen (Abb. 13, 14). Offenbar haben wir hier mit einem von oben mit Holzkonstruktionen bedeckten sog. Tunneltor zu tun (siehe gründlicher Tamla 1986 366—368). Es ist möglich, dass über dem Tor ursprünglich noch ein Verteidigungsturm vorhanden war, worauf eine Menge von Feuerbrandresten auf dem Boden des Torganges hinweisen (über turmähnliche Wehrbauten in estnischen Burgbergen siehe Tõnisson 1981 174—181). Das Tor selbst stand nicht an der Aussenmündung des Ganges, sondern war etwas nach innen gerückt. Es war somit die Absicht, die Konzentrierung der Angreifer unmittelbar vor dem Tor zu verhindern. Eine fast ähnliche Torkonstruktion wurde in den Jahren 1984—1985 auf einem der grössten Burgberge Estlands in Varbola freigelegt (Tamla & Tõnisson 1986 373—377). Solche, mit einer nach innen eingerückten Torstelle versorgten Tunneltore waren ziemlich verbreitet auch an der Südküste der Ostsee bei germanischen und westslawischen Stämmen (Uslar 1979 184).

Unik ist eine ausserhalb des Tors und nordöstlichen Burgwalls errichtete Steinmauer, die als eine eigenartige Vorbefestigung betrachtet sein kann (Abb. 15). Damit entstand vor dem Hauptwall noch eine zusätzliche Verteidigungslinie. Wenn es den Angreifern auch gelang, durch Aussenwehranlagen zu drängen, gelangen sie nun in einen engen Gang zwischen den zwei Wällen. Da war die Bewegungsmöglichkeit begrenzt. Die Verteidiger hatten aber den Vorteil, von oben, vom Hauptwall abzuwehren oder unerwartet durch das Tor vorzudrängen.

Anscheinend hat auch Pfarrer Heinrich in seiner Chronik uns eine annähernd gleiche Verteidigungs-

konstruktion vermittelt. Die Schilderung der Belagerung des Burgberges in Viljandi im Jahr 1211 gibt uns bekannt, dass Deutsche zuerst den hölzernen Wehrzaun zerstört haben, danach aber auf eine nächste Wehranlage gestossen sind (Kroonika 1982, XIV, 11).

Purtse. Wo in Pada die neue Burg an eine andere Stelle gebaut wurde, kann in Purtse die Entwicklung der unterschiedlichen Wehrkonstruktionen am gleichen Bodendenkmal verfolgt werden. Es wurde nämlich auch hier Anfang des 2. Jahrtausends ein das ganze Burggebiet umfassender Ringwall angelegt, an dessen Innenseite eine stehende Kalksteinmauer (Abb. 5:III) mit der Höhe von 1 m erhalten war. Dem im Jahr 1952 an der NW-Ecke des Burgberges fixierten Profil nach, muss eine ähnliche Mauer auch die Aussenseite des Walles gestützt haben. In gleicher Zeit wurde vor dem Ostwall ein 2 m breiter Graben angelegt. Hinter dem Wall standen Holzbauten, deren Alter nach der 14C-Analyse 770±50 Jahre war (Zeitspanne von 1130—1290 AD).

In den zwei letzten Bauperioden wurden die Wälle in der Richtung des Burghofes erweitert: es wurden zwei weitere Mauern 1 bzw. 2,5 m vom Wallfuss entfernt errichtet (Abb. 5:IV, V). Hinter der letztgenannten standen wie früher Holzbauten, worauf Feuerbrände und Reste von 6 Pfostengruben weisen. Das Alter der vierten Bauperiode war nach 14C-Analysen 700±50 Jahre (Zeitspanne von 1220—1330 AD) und 680±50 Jahre (Zeitspanne von 1230—1330 AD). Dieses erlaubt zu glauben, dass die letzten Erneuerungen der Wehrbauten auf dem Burgberg noch nach der dänischen Eroberung in Nordestland (in den Jahren 1219—1220) vorgenommen wurden.

Rakvere. Im Jahre 1226 hat der vom Papst nach Livland gesandte Legat Wilhelm von Modena auch Wierland besucht. In der Chronik von Heinrich steht es geschrieben: "Et inde Tarvanpe procedens similia faciebant...Et post hoc profectus est legatus idem in provinciam Tabellini,...et tunc rediit in Tharwanpe" (Kroonika 1982, XXIX, 7). Über den Standort Tarvanpe sind die Forscher im allgemeinen einig,

Abb. 15. Zur Befestigung des Tores gebaute Steinmauer auf dem Burgberg Pada I.

dass es sich um Rakvere handelt, wo die Dänen später ihre steingebaute Burg Wesenberg angelegt haben. Das Vorhandensein eines estnischen vorzeitlichen Burgberges an diesem Ort ist aber bis heute nicht eindeutig bewiesen worden. Tatsächlich ist Tarvanpe in der Chronik kein einziges Mal als Burgberg genannt worden. Ebenso erwähnt Heinrich Tarvanpe im Kriegszug nach Wierland im Jahre 1219 gar nicht, obwohl Deutsche für ihren Versammlungsort das Dorf Tôrma gewählt haben, das nur 3 km von Rakvere liegt (Kroonika 1982, XXIII, 7; die Anmerkung von E. Tarvel 263). Wesenberg wird als königliche Burg in Wierland zum ersten Male erst 1252 erwähnt (Johansen 1933 138).

Eine lange Zeit fehlten über das Vorhandensein eines estnischen Burgberges hier auch feste archäologische Beweise. Die Forschungsarbeiten der letzten Jahre erlauben wohl an das Vorhandensein eines solchen zu glauben. Darauf weisen vor allem mehrere von Balkenresten erhaltenen 14C-Analysen hin (die älteste gehört schon in das 5.-7. Jh.), ebenso auch einige vorzeitliche Gegenstände (Aus 1990 456—460). Anscheinend wurde Tarvanpe wie auch viele anderen Burgberge in NO-Estland in der 2. Hälfte des 1. Jahrtausends errichtet. Damals hatte

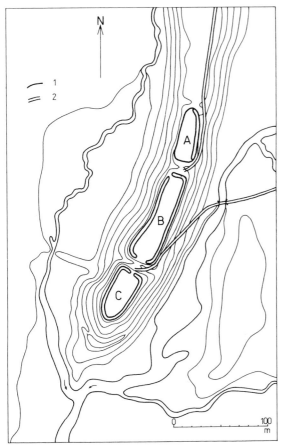

Abb. 16. Burgberg in Äntu.
1 Grenze des Burgplateaus
2 Wege
A — "Vorburg"
B — "Mittelburg"
C — "Hauptburg"

sie die relativ schwachen Befestigungen. Da die meisten 14C-Analysen auf das 11.-12. Jh. weisen (Alttoa et al. 1987 391—393), konnte in dieser Zeit auch hier die weitere Verstärkung der Wehrbauten stattfinden.

Äntu. Einer der eigenartigsten Burgberge liegt im Süden des vorzeitlichen Wierlands. Er befindet sich am Südende eines fast N-S gelegenen Bergrückens und ist von beiden Seiten vom Fluss begrenzt (Abb. 16). Der Burgberg weist drei Teile auf. Der südlichste Teil heisst in der Literatur bedingt "Hauptburg", der mittlere — "Mittelburg" und der nördlichste — "Vorburg". Die letzte ist vom Bergrücken durch einen 1,5 m tiefen Graben getrennt. An der Ostseite ist ein niedriger Wall gebaut worden. Die Mittelburg trennt sich von der Vorburg wieder durch einen Graben und einen 2 m hohen Wall ab. Gleichzeitig ist sie auch an anderen Seiten mit einem niedrigen Wall geschützt. Am mächtigsten ist die Hauptburg befestigt, die von einem 2 m hohen Ringwall ganz umgeben und von der Mittelburg durch einen 3—4 m tiefen Graben getrennt ist.

Im Jahr 1895 hat man in der Hauptburg eine kleine Tongefäßscherbe gefunden (Howen 1900 303 u.a). Es ist möglich, dass der Burgberg in der Chronik von Heinrich erwähnt worden ist ("...primum castrum Vironie, quod Agelinde vocatur"), als der schon oben erwähnte päpstliche Legat hier weilte. Da der Legat Wierland von Süden anreiste, so passt die Erwähnung "...die erste Burg in Wierland" gut zum Standort von Burgberg in Äntu. Falls diese Annahme auch gültig sein könnte, so wurde der Burgberg noch im 13. Jh. benutzt. Anscheinend stammt aus dieser Periode auch der Kalksteinwall rings um die Hauptburg.

Neeruti (Abb. 1:6). Seiner Konstruktion nach ähnelt der Burgberg dem von Äntu. Es handelt sich auch hier um ein dreiteiliges System mit Gräben und Wällen, wobei den Hauptteil eine verhältnismässig kleine, mit einem Ringwall umgebene Burg bildet. Dieser Burgberg ist archäologisch nicht erforscht worden.

Wie der Entwicklungsgang solcher Burgberge und die Benutzungszeit einzelner Teile gewesen ist, ist ohne Ausgrabungen schwer zu entscheiden. Es ist wohl anzunehmen, dass sie nicht in der gleichen Periode gebaut wurden, ebenso brauchen sie kein einheitliches Wehrsystem gebildet haben (Jaanits et al. 1982 264). So sind die beiden Plateaus des zweiteiligen Burgberges von Iru nicht gleichzeitig im Gebrauch gewesen (Lang 1985 11—12). Anscheinend müssen auch mehrteilige Burgberge in Wierland als verschiedene Etappen in der Entwicklung der Wehrbauten betrachtet werden. Sicher ist wohl, dass sie nicht als eine Burg und dazu gehörende Unterstadt behandelt worden dürfen, wie es bei vielen altrussischen Burgbergen für möglich gehalten wird (Rappoport 1956 58).

Die Datierung der Burgberge

Aufgrund der Ausgrabungsergebnisse der Burgberge Koila und Kloodi hat sich der Standpunkt gebildet, dass diese Altertümer auch in der römischen Eisenzeit in Gebrauch gewesen wären (Moora 1955 51, Schmiedehelm 1955 177—178). Man hat sich dabei hauptsächlich auf Keramik gestützt, die mit der Keramik aus Steingräbern der römischen Eisenzeit verglichen wurde. In der Tat sind die Tongefäßscherben von Kloodi durch ihre Kleinheit nicht genauer zu datieren. Eine Perle wurde aber am Aussenfuss des Walles gefunden und kann wohl aus der Siedlung stammen.

Die Keramik von Koila (Abb. 8:1—6) ist von einem relativ feinen Bestand und hat eine geglättete, teilweise glänzende Oberfläche. Einzeln kommen solche Tongefässscherben wirklich schon in Steingräbern der römischen Eisenzeit vor. Leider lässt sich die Keramik aus den Tarandgräbern in NO-Estland zeitlich nicht genau datieren. Meistens kommt sie in diesen nur in kleinen Bruchstücken zum Vorschein. Da hiesige Gräber eine lange Zeit gebraucht worden sind, so ist es völlig möglich, dass diese Scherben auch mit den Nachbestattungen dorthin geraten sind. Zur Keramik von Koila kann man gleichzeitig Analogien von den Siedlungen Pada und Iru finden, die beide in die 2. Hälfte des 1. Jahrtausends datiert werden. Wie es bekannt wurde, gehören in die gleiche Periode auch wenige hier gefundene Metallgegenstände. Die Keramik von Toolse (Abb. 12:1,2) ist ebenso identisch mit der der Siedlung Pada und gehört damit in dieselbe Zeit.

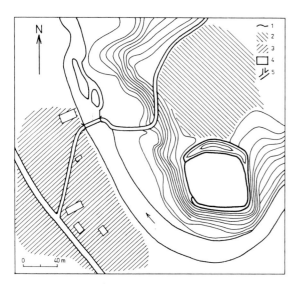

Abb. 17. Burgberg und Siedlungen in Varangu.
1 Grenze des Burgplateaus
2 Siedlungsplatz der 2. Hälfte des 1. Jahrtausends
3 Siedlungsplatz des Anfangs des 2. Jahrtausends
4 heutige Gebäude
5 Wege

Am besten sind verschiedene chronologische Etappen im Bodendenkmälerkomplex in Pada zu unterscheiden. Es sind hier zwei Perioden von einander zu trennen. In die erste (vom 6. — 7. bis zum 11. Jh.) gehören der kleinere Burgberg und der Siedlungsplatz. Das Gelände der grösseren Burg bildete damals noch einen Teil der Siedlung. Die zweite Etappe (Beginn nicht vor dem Ende des 11. Jh.s) wird durch den Bau einer mächtigen Ringwallburg charakterisiert. Der zweite Burgberg ist ausser Gebrauch, jegliche Wohnspuren fehlen auch am Siedlungsplatz.

Der Burgberg Purtse ist in der ersten Etappe, als der Burghof nur an der Ostseite von einem Wall geschützt war, mit dem Burgberg Pada II zu vergleichen. Ende des 11. Jh.s oder im 12. Jh. wurde aber auch hier das ganze Burggebiet mit einem Ringwall umgeben. Später wurden die Wälle noch mehrmals umgebaut und erweitert.

Aufgrund des Aussehens und des Charakters der Befestigungen ist die Mehrzahl der nordostestnischen Burgberge in die 2. Hälfte des 1. und in den Anfang des 2. Jahrtausends zu datieren — 17 in der Gesamtzahl (Abb. 1). In einigen von diesen (Nurkse, Abb. 1:9) hat man bei den Probeschürfungen auch Tongefässscherben vom Ende des 1. Jahrtausends gefunden (Schmiedehelm 1955 178). Meistens handelt es sich um die in einer Flußschlinge oder im Zusammenfluss von zwei Wasserläufen befindlichen Burgberge, bei deren Planung die örtliche landschaftliche Lage maximal ausgenutzt ist. Ihr Plateau ist vom anschliessenden Gelände nur an einer, möglichst schmalen Stelle durch einen Graben und aus Steinen und Sand erbauten Abschnittswall abgegrenzt. An den übrigen Seiten fehlen die Wälle ganz oder sind relativ schwach (Koila, Kloodi).

Das wichtigste Kennzeichen dieser Gruppe ist aber ihre enge Verbundenheit mit einer Siedlung, die in unmittelbarer Nähe des Burgberges liegt. Bei vielen Fällen befindet sie sich direkt vor dem Stirnwall — Koila, Kloodi, Toolse, Iila (Abb. 1:10). Es liegt sogar nahe zu behaupten, dass der Burgberg und der Siedlungsplatz ein einheitliches System gebildet haben (Jaanits et al. 1982 260—261). Besonders gut lässt sich so eine gemeinsame Kombination von Burg und Siedlung eben in SO-Estland (Rôuge, Tôrva, Alt-Laari, Unipiha) verfolgen.

Das Ende des 11. — der Anfang des 12. Jh.s weisen auf ein vollkommen neues Prinzip in der Entwicklung der Wehrbauten hin — das ganze Burggelände wird von mächtigen Ringwällen umrungen. So wie es vom obenerwähnten zu entnehmen ist, hat man die Ringwälle in Purtse an die Stelle des vorherigen Burgberges gebaut. Das gleiche ist auch für Varangu (Abb. 1:2), Äntu, Rakvere und Neeruti vorauszusetzen. Nur in Pada hat man die spätere Burg an einer neuen Stelle errichtet, doch in die unmittelbare Nähe ihres Vorgängers. Charakteristisch dabei ist, dass keine von ihnen mehr eine so direkte Verbindung zu einer Siedlung hat, wie es noch in der vorigen Periode der Fall war. So ist das Leben in der Siedlung Pada im 11. Jh. zu Ende gegangen und sie ist nicht mehr mit einem in schriftlichen Quellen aus dem Anfang des 13. Jh.s angegeben Dorf zu verbinden (Johansen 1933 525—526). Das letzte hat sich wahrscheinlich einige Kilometer östlich befunden, wo eine weitläufige Siedlungsschicht zu verfolgen ist. So wie die Probeausgrabungen vom Jahr 1985 gezeigt haben, stammen die ältesten Lebensspuren hier schon aus der Periode der Zeitrechnungswende. Die Mehrzahl der Funde gehören aber in die erste Hälfte des 2. Jahrtausends (Tamla 1986 369). Der grösste Teil der Keramik, die man in Varangu gerade vor dem Burgwall aufgehoben hat (Abb. 12:3, 4), gehört in die 2. Hälfte des 1. Jahrtausends. Die spätere, Keramik vom Ende der Vorzeit und des Mittelalters beinhaltende Siedlungsschicht liegt aber jenseits des Flusses (Abb. 17). In der unmittelbaren Nähe der anderen späteren Burgen hat man ebenso keine Spuren von gleichzeitigen Siedlungen entdeckt.

So können in der Entwicklung der Burgen in NO-Estland in der 2. Hälfte des 1. Jahrtausends und am Anfang des 2. Jahrtausends zwei Hauptperioden unterschieden werden. Die Grenze zwischen denen liegt beim 11.—12. Jh. Eine gleichartige Entwicklung ist auch allgemeiner zu verfolgen. So zerfällt in derselben Zeit das einheitliche, aus einem Burgberg und der Siedlung bestehende System in SO-Estland. In die gleiche Periode sind auch die spätesten Siedlungsspuren des Burgberges Iru bei Reval (Tallinn) datiert.

Schlussfolgerungen

Die Ursachen solcher Veränderungen sind schwer festzulegen. Es ist ganz klar, dass die Bautätigkeit der Burgen von einer zunehmenden Kriegsgefahr zeugt. Offensichtlich dürften die schon am Ende des 4. Jh.s in Europa beginnenden grossen Völkerwanderungen eine Auswirkung auch auf die Ostseeländer ausgeübt haben. In der 2. Hälfte des 1. Jahrtausends wird das zunehmende Interesse der Skandinavier an den Ländern der Ostküste der Ostsee bemerkbar (Nylen 1985 84—86). An der Südseite wird die Aktivität der baltischen Völker bemerkbar, wobei ihr Verbreitungsareal sich nach Norden ausgedehnt hat. Überhaupt scheint diese Periode besonders unruhig gewesen zu sein, wovon auch das Erscheinen der Waffen in Gräbern am Anfang der mittleren Eisenzeit zeugt.

Es wurde die Meinung geäussert, dass das Anlegen der Burgberge in der 2. Hälfte des 1. Jahrtausends mit der Entstehung der bestimmten territorialen Einheiten — frühesten Gauen — zu verbinden ist. Anhand dieses Standpunktes hätte sich die Bevölkerung der ganzen Umgebung an der Errichtung der Wehrbauten beteiligt müssen (Jaanits et al. 1982 301—302). Es liegt nahe zu glauben, dass die Entstehung der von alten Sippenterritorien ausgehenden bestimmten Verbindungen in dieser Zeit, oder sogar etwas früher, völlig denkbar ist (Schmiedehelm 1955 231—233, Mandel & Tamla 1977 162—163). Doch war dieser Prozess, wie wir anschliessend sehen werden, im 13. Jh. noch nicht zu Ende.

Auffallend ist bei den Burgbergen des 1. Jahrtausends die Tatsache, dass sie so nahe beieinander liegen (öfters nur einige Kilometer von einander entfernt). Das Vorhandensein so vieler kleinen Gauen auf einem so begrenzten Gebiet wäre kaum vorstellbar. Wenn wir sogar von einer bestimmten Verschiebung ihrer Existenz ausgehen, ist es unmöglich die Frage zu beantworten, weshalb man einen neuen Burgberg an eine andere Stelle verlegt hat? Verschiedenzeitige Bauetappen in den Burgwällen Pada II, Koila und Kloodi deuten auf das Gegenteil hin — nach einer Zerstörung wurden die schon vorhandenen Wehrbauten wieder aufgebaut. Eher hat sich bei der Benutzung unserer frühen Burgberge die Bevölkerung eines relativ begrenzten Gebietes beteiligt.

Wenn wir der Verbreitung der Burgberge des 1. Jahrtausends folgen, können wir feststellen, dass sie sich vorwiegend in drei Regionen — in Tälern der Pada-, Purtse- und Selja-Flüsse — konzentrieren (Abb. 1). Diese Gebiete waren schon von vorrömischen und römischen Eisenzeit an dichter besiedelt. Eben hier haben sich die ältesten Zentren des ansässigen Bodenbaus ausgebildet, die den späteren bekannten grossen Dörfern zugrunde lagen. Es ist völlig denkbar, dass das Entstehen eines Burg-Siedlung-Systems ein Teil dieser wirtschaftlichen und sozialen Prozesse sein kann, die zur Konzentrierung der charakteristischen Einzelhöfe der vorigen Perioden und zur Herausbildung der Dörfer geführt haben (Lang 1987 13, 17). Man möchte doch nicht glauben, dass diese Veränderungen in der Siedlungsform die Konzentrierung der ganzen Bevölkerung der Umgebung nur an Burgbergen bedeuten sollte, wie man es anhand der Bodendenkmäler im Gebiet des Piritaflusses zu beweisen versuchte (Lang 1987 14). Die Mehrzahl des Fundgutes der mittleren Eisenzeit in Nordestland entstammt tatsächlich den Burgbergen und an ihnen gelegenen Siedlungen. Doch ist uns in NO-Estland das Vorhandensein einzelner Siedlungsschichten aus dieser Periode in solchen Gegenden, wo es keine Burgberge gibt, bekannt (Jaanits 1979 380—381). Die geringe Anzahl solcher widerspiegelt eher eine Lücke in der Forschungsarbeit.

Warum wurde dann aber bei einigen Siedlungen der Burgberg gebaut und bei anderen wiederum nicht? Einerseits müsste man natürlich von einer direkten Kriegsgefahr ausgehen, die zu derjenigen Zeit am grössten eben in den Küstengebieten war. Andererseits möchten wir hierbei gerne die Verbreitung dieser Burgberge mit Angaben des "Liber Census Daniae" vergleichen. Nach dieser, wohl erst aus dem Anfang des 13. Jahrhunderts stammenden Geschichtsquelle war die durchschnittliche Grösse eines Dorfes in Wierland 14 Haken. Die Grösse dieser Dörfer, wo ein Burgberg des 1. Jahrtauseds bekannt ist, übersteigt aber diese Zahl beträchtlich (Tamla 1987 187). Es handelt sich anscheinend um grössere und wirtschaftlich reichere Dörfer. Davon könnte man ausgehen, dass es sich um lokale Burgberge handelt, die einer oder im äussersten Fall einigen grösseren und mächtigeren Dorfgemeinschaften gehört haben. Diesen Standpunkt bekräftigt letztendlich auch die unmittelbar beim Burgberg angelegte Siedlung — das Dorf.

Die Wehrbauten der Burgberge aus dem Anfang des 2. Jahrtausends vertreten eine völlig neue Qualität. Neben einem bedeutend grösseren Arbeitsumfang, kommt bei diesen ein ganzes Wehrsystem zum Vorschein. Ein gutes Beispiel für das letzterwähnte ist der Torgang des grösseren Burgberges in Pada. Gleichzeitig kann keine Rede mehr von einer Verbindung eines Burgberges zu einem konkreten Dorf sein. Wie gesagt, lässt sich so ein Zerfall des Burg-Siedlung-Systems ca im 11. Jh. in ganz Estland folgen. Offensichtlich entsprachen die kleinen, schwachbefestigten Burgberge nicht mehr den Forderungen, die die neuartigen politischen Verhältnisse im Ostseeraum und das Niveau der damaligen Kriegskunst gestellt haben. Um die Mitte des 11. Jh.s, verbunden mit der Verstärkung der zentralen Staatsmacht in Skandinavien, treten an die Stelle der bisherigen Wikingerzüge organisierte Eroberungsbestrebungen, die sich teilweise in dem Kreuzzug nach Finnland in der Mitte des 12. Jh.s realisiert haben. Im Osten nehmen eroberische Ambitionen der russischen Fürsten zu. Veränderte Verhältnisse haben auch die Umgestaltung der Landesverteidigungslage erfordert, denn da ist die Kraft eines oder auch einiger Dörfer nicht mehr ausreichend gewesen.

In dieser Beziehung ist es interessant, die Verbreitung der starkbefestigten Ringwallburgen mit Angaben der schriftlichen Quellen zu vergleichen. Nach dem "Liber Census Daniae" war NO-Estland am Anfang des 13. Jhs in fünf territoriale Einheiten — Gauen (estn. "kihelkond") — eingeteilt: Repel, Lemmun (oder Laemund), Maum, Askaelae und Alentakh (Abb. 1). Auch Pfarrer Heinrich nennt in seiner Chronik fünf Gaue, von diesen zwei — provincia Revelensis und provincia Pudiviru — mit Namen (Kroonika 1982, XXIII, 7). Provincia Revelensis bei Heinrich und Repel in "Liber Census

Daniae" stimmen offensichtlich überein, aber Puduviru (d.h. Klein-Viru) scheint nur der südliche Teil des Gaues Lemmun gewesen zu sein (Johansen 1933 182). Dieser Landesteil zerfiel offenbar in zwei Hälften — die späteren Kirchspiele Viru-Jaagupi und Väike-Maarja einerseits und Simuna andererseits. Darauf weist auch der Bau zweier Kirchen schon in der 20er Jahren des 13. Jh.s (Johansen 1933 51, 193, 211).

Eine ähnliche Einteilung lässt sich auch bei dem westlichsten Gau Wierlands, bei Repel anzunehmen. Nach der Verbreitung der archäologischen Bodendenkmäler sind hier sogar drei Gebiete zu unterscheiden: die Umgebung des späteren Rakvere, Kadrina — Neeruti und Haljala — Varangu. So bestand der Gau aus mehreren Siedlungsgruppen. Auch das Repel-Gebiet war schon in der ersten Hälfte des 13. Jh.s in zwei Kirchspiele — Kadrina, Haljala — eingeteilt (Johansen 1933 187, 193), zu denen später noch Rakvere hinzukam, ein Umstand, der ebenfalls auf die altestnische Zwei- oder sogar Dreiteilung hinweisen kann. Anscheinend hatte die Bildung der Gauen in NO-Estland am Ende der Vorzeit noch nicht entgültig ihren Abschluss gefunden. Grosse Gauen konnten im Laufe der Zeit in kleinere Einheiten zersplittern. Es treten auch in anderen Gebieten solche Beispiele auf (Moora & Ligi 1970 65).

Wenn wir der Verbreitung der Burgen am Anfang des 2. Jahrtausends in verschiedenen Gauen folgen, so bemerken wir, dass in dreien späte Burgen vorhanden sind: in Askaelae — Purtse, in Maum — Pada I und in Lemmun — Äntu. Einigermassen anders ist die Situation im Gau Repel, wo es drei Burgberge aus dem Anfang des 2. Jahrtausends gibt — Varangu, Rakvere (Tarvanpe) und aller Wahrscheinlichkeit nach auch Neeruti. Wenn wir aber davon ausgehen, dass das ganze Gebiet Repel möglicherweise aus drei Teilen bestand, so finden wir in jedem Teil eine späte Burg: in Kadrina — Neeruti, in Haljala — Varangu und in Rakvere — Tarvanpe. In die in Betracht gezogene Periode kann möglicherweise auch der durch einen mächtigen Stimwall befestigte Burgberg in Toolse (Abb. 1:3) gehören, dessen Errichtung man mit der Ausbildung einer der bekanntesten Hafenstätten in NO-Estland an der Mündung des gleichnahmigen Flusses in Verbindung setzt (Moora 1967 96). Die gleiche Funktion hat später die hier gebaute Ordensburg ausgeübt.

An dieser Stelle ist es angebracht, eine mögliche Interpretation zum Wort "kihelkond" (Gau) zu bringen, das von H. Moora und H. Ligi in der Bedeutung "Vereinbarung", "Gemeinschaft" hervorgehoben wird. Die Herausbildung der Gaue verbinden sie mit der Notwendigkeit, Beziehungen unter den Bevölkerungsgruppen, die das gleiche Territorium bewohnen, besonders dabei die Verbesserung der Landesverteidigung zu regeln (Moora

& Ligi 1970 54 u.w.). Nordostestnische stark befestigte Ringwallburgen, deren Errichtung eine Zusammenarbeit vieler Dörfer in der Umgebung benötigte, könnten eben als Zentren solcher Gauen betrachtet werden.

Natürlich darf diese Schlussfolgerung nicht als eine einzigmögliche, um so weniger für das ganze Estland absolutisiert, betrachtet werden. Was die Einzelheiten der gesellschaftlichen und Landesverteidigungs-Organisation anbetrifft, so war diese bei den verschiedenen Gauen wohl kaum gleichartig. So hat man für möglich erhalten, einige südestnische Burgberge vom Ende der Vorzeit als Zentren der bedeutend grösseren Gebietseinheiten — Landschaften (estn. "maakond"), zu behandeln (siehe den Artikel von A. Mäesalu in diesem Band). Dabei fehlen in manchen Gauen ihre Wehrbauten völlig. Auch im östlichen Gau Wierlands, Alentakh, ist bisher noch keine Burg bekannt. Es ist aber zu berücksichtigen, dass dieses Gebiet auch keine Burgberge der vorigen Periode aufweist. Alentakh und besonders sein östlicher Teil war in der Vorzeit sowieso relativ dünn besiedelt. Möglich ist, dass seine Verbindungen zu anderen territorialen Einheiten am Anfang des 13. Jh.s noch relativ locker waren (Johansen 1933 168—169).

Sogar in solchen Gauen, wo es eine Burg gab, könnte diese nicht immer von der Einwohnerschaft des ganzen Gaues gebaut sein. Besonders in solchen Fällen, in denen sich die Burgen im Randgebiet eines Gaues befinden, ist es wahrscheinlich, dass an ihrer Errichtung nur die näher gelegenen Bezirke beteiligt waren. So ist es möglich, dass Äntu nur zum südlichen Teil des Lemmun-Gaues gehörte. Auch die Zugehörigkeit von Tarvanpe ist nicht eindeutig zu entscheiden. Das relativ kleine Kirchspiel Rakvere wurde im Vergleich zu Kadrina und Haljala später gegründet. In Urkunden taucht es erstmalig im Jahr 1419 auf (Tarvel 1983 36). Da dieses Kirchspiel teilweise Randgebiete der Gauen Repel, Maum und Lemmun mit einbezogen hat, ist durchaus möglich, dass Tarvanpe zum Südteil von Repel oder zum Nordteil von Lemmun gehörte. Man kann aber wohl nicht in die Meinung einwilligen, dass Tarvanpe eine Zentralburg in ganz Wierland gewesen wäre (Johansen 1933 139; Jaanits et al.1982 402). Die Fundarmut und das Fehlen der auf eine ständige Bewohnung aufweisenden Kulturschicht zeigen deutlich, dass die Burg Tarvanpe, wie auch viele anderen Burgberge in NO-Estland, eher als eine lokale Wehranlage errichtet wurde. Anhand der bisherigen Forschungsergebnisse ist in Nordestland keine einzige Burg zu nennen, die das Zentrum einer jeweiligen grösseren territorialen Einheit, z.B. einer ganzen Landschaft gebildet hätte.

Jaan Tamm

OF THE OLDER SETTLEMENT OF TALLINN

Über die ältere Siedlungsgeschichte Revals (estn. Tallinn).

Der Beitrag gibt eine Kurzübersicht über die Erforschung der älteren Geschichte Tallinns. Zwei Grundrichtungen können dabei unterschieden werden: 1. vertreten von Forschern, deren Ansicht nach eine städtische Siedlung am Standort Revals vor der Eroberung durch die Dänen 1219 vorhanden war, 2. vertreten von Forschern, die im frühen Reval vor der Eroberung lediglich einen Ort sehen, wo in Verbindung mit dem Hafenplatz saisongebunder Handel getrieben wurde.

Entsprechend den geschichtlichen und archäologischen Untersuchungen stellt der Verfasser fest, dass zu Beginn des 13. Jhs. im West- oder Südteil der Tallinner Bucht ein recht günstiger Hafenplatz lag und dass sich auf dem Toompea ein nicht ständig bewohnter, befestigter Ort befand.

Von diesen Umständen war es noch ein weiter Weg bis zur echten Stadt, bestehend aus der Burg, der Unterstadt, dem Markt und dem Hafen, gekennzeichnet durch folgende Eigenschaften:

1. spezifische Stadtwirtschaft,
2. städtische Vorschriften und Gesetze,
3. reguläre Wehranlagen,
4. einen Marktplatz für das örtliche Handwerk und den Überseehandel. Reale Bedingungen für all diese Neuanführungen entstanden erst nach 1219, als Reval in den Bereich der politischen und wirtschaftlichen Beziehungen zwischen Westeuropa und Altrussland einbezogen wurde.

Jaan Tamm
AGU
Sakala 11 C
EE-0001 Tallinn

Estonian people have always been interested in how old Tallinn (germ. Reval) is, but there is also another question closely connected with the first one: whether Tallinn came into being as a result of the socio-economical development of Estonian tribes, or it was founded by somebody from outside.

The oldest information about the predecessor of Tallinn which has reached us through centuries dates back to the year 1154 when an Arabian geographer Abu-Abd Allah Mohammed Idrisi (1039—1166), in the service of a Sicilian King mentions Qlwn on his map of the world in the part depicting the Baltic Sea (Moora 1953 168) Actually Tallinn appears on the arena of history in 1219 when, according to the chronicle of the Livonian priest Henricus, an enormous army led by the Danish King Valdemar landed in Rävala and settled in the former Rävala fortress Lindanise and started building a new stronghold (Kroonika 1982 193).

In 1910, an architect and art historian Wilhelm Neumann for the first time presented a theory of the formation of the city based on the city plan (Neumann 1911 84). Since then more than 10 authors have presented theoretically more or less sound conceptions about the origin of Tallinn (Kenkmaa 1940 9; Moora 1955 83; Tarakanova & Saadre 1955 11—30; Tiik 1958; Meri 1984; Moora & Ligi 1970 22—23; Härmson 1972 76—85; Johansen & v. zur Mühlen 1973 30; Zobel 1980 9—20; Jaanits et al. 1982 327; v. zur Mühlen 1984 508—533). Without going into details we can differentiate two directions.

The first direction is represented by authors who consider that a centre resembling city had developed in Tallinn before the arrival of foreign conquerors in 1219. They represent a rather idealistic attitude regarding the ancient Estonian society and describe Tallinn already near the end of remote antiquity as an urban centre with well-developed institutions and structure.

The second direction includes historians who view pre-1219 Tallinn as a mere seasonal settlement connected with the harbour.

At the first fleeting glance the conceptions of the latter authors seem to be well substantiated. But a more serious approach reveals that "firm basis for the integral concept of history is in integral study of the sources only" (Janin 1977 21). That is why we must take into account all the material obtained as a result of the archaeological studies of Tallinn.

Small-scale constructional-archaeological studies were carried out in the old city of Tallinn already in the 1930-ies. Nevertheless the ne-

cessity for archaeological studies of Latvian and Estonian cities (especially Tallinn) was placed on the agenda of the full assembly of the Institute of History of Material Culture of the USSR in 1951 (Tezisy 1951 49). This was caused by a number of works published in the West (Ligers 1946), especially Paul Johansen's monography (Johansen 1951 12) pub-

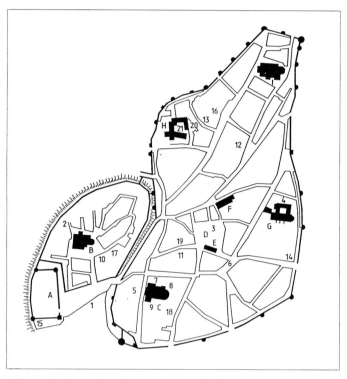

Fig. 1. Archaeological excavations in the territory of medieval Tallinn.
A — castle
B — Cathedral
C — St. Nicholas Church
D — market place (Town Hall Square)
E — Town Hall
F — Holy Spirit Church
G — Dominican Monastery
H — Cistercian Convent
I — St. Olai's Church
1. Toompea, 1952
2. Toompea, 21 Toomkooli Str., 1952
3. Raekoja Square, 1953
4. Dominican Monastery, Vene Str., 1954
5. 8/10 Rüütli Str., 1973—74
6. Vana Turg, 1977
7.-9. Stretches to the North and South of St. Nicholas' Church, 1978, 1979, 1981
10. 2 Kohtu Str., 1981, 1982
11. Dunkri Str., 1982
12. 35/37 Pikk Str., 1983
13. 2/4 Aida Str., 1983, 1986
14. 11 Viru Str., 1984
15. Toompea, Governor's Garden, 1984
16. 21 Lai Str., 1986, 1988
17. Toompea, 2/4 Kohtu Str., 1987
18. Harju Str., 1987—90
19. 4 Dunkri Str., 1987
20. 3 Aida Str., 1989
21. 14 Suur-Kloostri Str., 1990.

lished in the same year, advocating the Normannistic theory which had to be fought back

In autumn 1952 the City Museum of Tallinn organized archaeological excavations on Toompea (the Dome Hill) (Fig. 1:1, 2) and in 1953 works were continued down-town in the City-Hall Square with the territory of 510 m² (Fig. 1:3).

In spite of the above-mentioned facts the supervisors of the excavations of that time claim the following in the conclusion of their article (Tarakanova & Saadre 1952—1953 29).

1. A settlement in Toompea came into being in the 10th century. This is mainly proved by local ceramics which by its primitive technique and form resembles that found in the 9th — 10th century layers in Pskov and Staraya-Ladoga.

4. An urban settlement of Estonian artisans and merchants began to form in the vicinity of the City-Hall Square no later than in the 10th — 111th century.

Proceeding from the anti-Normannistic viewpoint which prevailed in Soviet history it was stated that "Characteristically, among the findings of the 10th — 13th centuries there are no objects of Scandinavian origin". Still more peculiar seems another statement: "This settlement, as convincingly proved by the findings of the excavations, had close cultural and commercial connections with Russian lands and western neighbours." (Tarankanova & Saadre 1955 30)

As in most Estonian urban antiquities, the most wide-spread and numerous findings (together with leather and wood) are ceramics. The excavation leaders of that time based their datings mostly on these.

The author of the present report had a chance to studey scientifically the findings of Toompea and the City-Hall Square once again. The Toompea finds are kept in the Tallinn City Museum (Tallinna Linnamuuseum), archaeological collection TlLm 5737 (A 2:1—1738). The finds from Town Hall Square have been stored in the Estonian Academy of Sciences Archaeology Centre collection A 4061:1—5132. This was considerably complicated by the fact that the 1952—53 finds were insufficiently studied by the supervisors of the excavations, without an appropriate final written report (there were no diaries of the excavations, and maps of the pits and profiles were missing). This way it was only possible to rely on the finds stored in the collections, as well as on the article by S. Tarakanova and O. Saadre quoted above. Also some of the finds (particularly pottery) could not be found in the collection for unknown reasons. Without dwelling on detailed analyses of thousands of ceramic fragments we would like to stress the following (Tamm 1978 41—48).

The older, i.e. hand-made ceramics were represented by 9 fragments only (Fig. 2:1, 2), on the whole these resembled hand-made ceramics from the beginning of the second millenium found elsewhere in

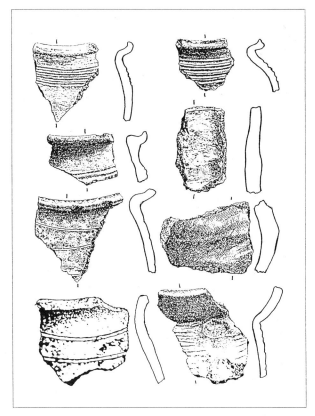

Fig. 2. Archaeological ceramic finds from Tallinn.

Estonian settlements and burial mounds. Only a few Tallinn fragments were decorated with a little ornament (Fig. 2:10), low, hardly noticeable linear girdles, which are also characteristic of the later potter's-wheel ceramics. The latter, with its subdivisions, is most widely represented among the findings. It is still characterized by its total individuality and the lack of similar parallels elsewhere concerning the profile, i.e. outer appearance. Rather problematical is also the time factor when potter's-wheel ceramics became widely used. Though it is generally presumed to be in the 11th century, this is true primarily of eastern Estonia. An opinion has been expressed, that in the northwestern part of Estonia, which includes Tallinn inside its borders as well, the potter's wheel came into usage somewhat later (in the 12th century) (Moora 1955 86) and for a considerable period of time handmade and potter's-wheel ceramics existed side by side. So called earlier forms of slavic ceramics (10th — 11th century), which are typical of centres like Novgorod, Pskov, Old-Ladoga and others are also missing in Tallinn. A comparison of the pottery profiles in Tallinn and Pskov was made by I. K. Labutina, the best specialist of Pskov pottery to whom the author of these lines feels greatly indebted even years later. We can notice parallels, though indirect, with slavic ceramics concerning some fragments of the 12th — 13th century potter's-wheel ceramics. But taking into consideration the spreading of pottery influenced by the ceramics of western-Slavonians in all the Baltic areas (Denmark, the Scandinavian peninsula, Northern Germany, Northern Poland) (Wahlöö 1975), we cannot exclude the western influence.

Time has made its corrections into the comparing datings of ceramics made by Susanna Tarankanova and Osvald Saadre.

Corrections of the datings made by the author and presented for the first time in his diploma paper written in 1972 were not rejected also by Osvald Saadre, the official opponent of the paper.

The Old-Ladoga materials dating from the 6th — 7th centuries by V. Ravodnikae have later been rather critically re-estimated, stating that layers older than the 8th century are lacking altogether (Korzuhina 1971 123). Of course, nobody has made sure if ceramics analogical to those of Tallinn are represented there at all.

The above mentioned excavations in 1952—1953 completed the academic direction of research based on a scientific special program in Tallinn. The following year, i.e. in 1954, restorers joined the studies in the old town of Tallinn and took over the leadership. Their work had a specific constructional-archaeological direction (i.e. trying to ascertain the history of some construction, building or part of the district). For a long period these works were directed by architects or art historians, the help of archaeologists was not used and this is why a lot of priceless information was lost due to minimal attention paid to the findings.

For this reason the year 1972 marks the beginning of a qualitatively new period in the study of the old town. This year professional archaeologists began to take part in the excavations once again and started to deal with problems connected with the study of the older history of Tallinn. Without dwelling on all the results of the archaeological studies which began with the activity of S. Tarakanova and O. Saadre, we could shortly lay down the fact that in 35 years 21 excavations of various size (from 12 m² till 2700m²) have been carried out and studied in the old town of Tallinn (Tamm 1985 80—85; Tamm 1990 96—103).

As we can see, only 9727 m² of the old Tallinn has been studied, which makes up 2,8 % of the total area under archaeological protection (Table 1). Actually the size of the studied area is somewhat bigger as in some cases archaeologists have succeeded to be present at different earthworks carried out in the old city.

If we add the data of over a thousand geological borings. we can say that the thickness of the cultural layer downtown reaches 0,5—3,0 metres, on Toompea 0,5—5,0 metres. Out of this ply the medieval cultural layer takes up only 0,2—0,5 metres. The cultural layer dating directly to the Old Estonian period has not been found in either part of the city. The scanty material findings which can be dated back to the ancient time (the second half of the 12th century — the beginning of the 13th century) — hand-made

Table 1. Archaeological Excavations in the Old Town of Tallinn:

N°	Location	Year	Directors	Size
1.	Toompea	1952	S. Tarakanova O. Saadre	12+32 m²
2.	Toompea, 21 Toomkoli Str.	1952	S. Tarakanova O. Saadre	36 m²
3.	City Hall Square	1953	S. Tarakanova O. Saadre	510 m²
4.	Vene Str. Dominicians' Monastery	1954-1955	E. Tool-Marran	200 m²
5.	8/10 Rüütli Str. Centre of Archaeology	1973 1974	J. Tamm	380 m²
6.	Old Market	1977	K. Deemant	78 m²
7—9.	Northern and southern side of St. Nicholas' Church	1978 1979 1981	J. Tamm	380 +280 + 240 = 900 m²
10.	2 Kohtu Str.	1981 1982	T. Aus, J. Tamm	230 m²
11.	5 Dunkri Str.	1982	K. Lange J. Tamm	2700 m²
12.	35/37 Pikk Str.	1983	K. Lange	24 m²
13.	2/4 Aida Str.	1983 1986	K. Lange	489 m²
14.	11 Viru Str.	1984	K. Lange J. Tamm	800 m²
15.	Toompea, Governor's Garden	1984	K. Lange J. Tamm	200 m²
16.	21 Lai Str.	1986 1988	K. Lange	476 m²
17.	Toompea, 2/4 Kohtu Str.	1987	J. Tamm	300 m²
18.	Harju Str.	1987 1990	J. Tamm T. Aus	1800 m²
19.	4 Dunkri Str.	1987	M. Pever	120 m²
20.	3 Aida Str.	1989	K. Lange	200 m²
21.	14 Suur-Kloostri Str.	1990	J. Tamm	240 m²

9727 m²

ceramics, horse-shoe brooches, breastpins, scissors, etc. (Fig. 3) — come from either mixed layers or straight from/on the natural soil.

The excavations in 1981—1982 and 1987 in Kohtu Street did not yield any definite information about the existence of the reinforcements of the stronghold. However, it has been observed by various earthwork at Toomkooli, in Rutu and Kallaku

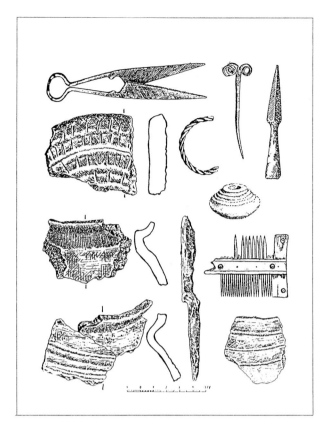

Fig. 3. Archaeological finds from Toompea.

ward over Tonismägi was the primary connecting road with Rävala, the stronghold of which Toompea above all was. The above mentioned route had one more advantage — it ran in the safest direction concerning the external enemy from the land. The Pikk jalg line, despite its seeming ideality (the right-handed attacker was less protected by the castle, etc.) was the fastest accessible artery (only 300—400 m to the sea) the occupation of which would have closed any access of the neighbouring population to the stronghold. The events of 1219 proved that the stronghold had no standing guard even at a time of such anxiety as the second decade of the 13th century had developed for the whole of Estonia.

The fact that along Toomkooli Street all the most important institutions of the community were assembled (Cathedral Church i.e. Toomkirik, the first Dominician Monastery, episcopal estates, the later Cathedral School, etc.) (Fig. 4) at the period following the conquest speaks for itself about the importance of the direction.

Street, also in the upper part of Pikk jalg and in Kiriku plats (Fig. 4) that the presumable line of defence of the ancient Estonians' stronghold could only run on the course — north side of Toomkooli crossroad, north side of Rutu Street, Kallaku Street, south side of the northern wing of 2, Kohtu Street, and south-west corner of 6, Kohtu Street where under the layer of life activities levelling everything in some places half-natural, semi-artificial oskers consisting of pebbles and gravel have been observed.

A stronghold terminated in this way must be considered a small cape stronghold that was separated from the lower stage of Toompea insular mesa (the area of the later Danish-German stronghold and outwork) by an earthwork that had no dry wall — there was no suitable material for that.

No data has been observed in the nature how the territory of the 4,8—5,0 hectare (2,471 acre) size stronghold was protected from the sides running along the steep limestone bank. Taking into consideration the relatively big difference of altitude between Toompea Hill and its foot (20—30 m) (Fig. 5), there could have been no protecting wall at all or it might have been confined to the simplest wooden palisade.

Nothing more particular is known either of the whereabouts of the gate. It seems that Kallaku Street line — where many researchers have placed the entrance into the ancient stronghold is not correct.

Should we not look for the gate of that time in the line of Toomkooli Street? The extension of it south-

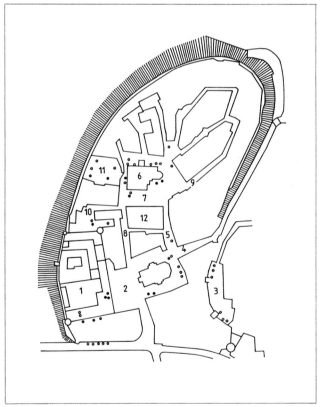

Fig. 4. Tallinn, Toompea.
1 — castle
2 — Lossi Square
3 — Garden of the Danish King
4 — Pikk Jalg
5 — Kallaku Str.
6 — Cathedral Church
7 — Kiriku Square
8 — Toomkooli Str.
9 — Kohtu Str.
10 — Toomkooli crossroad
11 — episcopal estates
12 — Cathedral School

Fig. 5. Toompea 1635. Engraving by Adam Olearius.

As stated before the stronghold offered protection first of all when there was danger of war (which as a rule was confined to looting raids, prolonged sieges began in connection with German-Danish invasions), but most of the strongholds in North Estonia had to effect defence for the harbour and the seasonal market place (Jaanits et al. 1982 399). Attempts have been made to locate the ancient harbour and its seasonal market (Fig. 6) (Johansen, Tiik, Saadre, Härmson, Zobel) but so far it has remained on the level of presumption.

We do not know anything definitive about the market place. It has been supposed to have been at the beginning of Pikk jalg (Tiik 1958 146), in the Town Hall square (Tarakanova, Saadre 1955 29) as well as at the Old Market (Johansen 1951 40). By the results

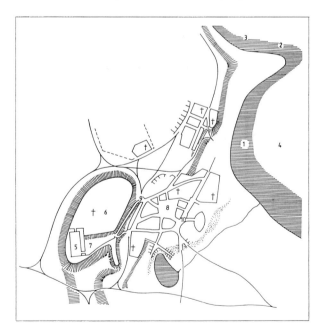

Fig. 6. Ancient harbours and seasonal markets.
1 — harbour by R. Zobel
2 — harbour by P. Johansen
3 — harbour by L. Tiik
4 — harbour by O. Saadre
5 — castrum minus
6 — castrum maius
7 — outer bailey
8 — Town Hall Square
9 — beginning of Pikk Jalg
10 — Old Market

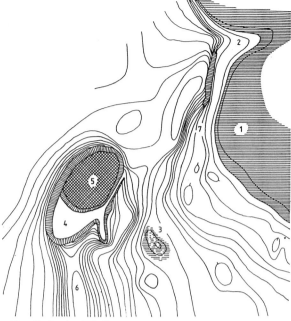

Fig. 7. Ancient Tallinn.
1 — Tallinn Bay
2 — cape of Sadama
3 — bog
4 — lower part of Toompea
5 — stronghold
6 — Tônismägi Hill
7 — coastal lowland

of the archaeological excavations in the Old Market and in Town Hall Square it cannot be claimed that there was a market here (it is possible to say that there have been no buildings — at least in the explored area).

Didn't the trade with merchants of whom there were neither tens nor hundreds take place straight in the harbour? This could be done on board, on a provisional wharf or close to the seashore. The goods that were mainly brought from the West (metals, salt, cloth, articles of luxury) that due to their small quantity did not need special warehouses (stocks) or setting up the counters, but went straight from the seller to the customer. Nor was it necessary to store the main shipping items of the time — wax and fur stocks and grain that was sent to the east.

As there was no rank of a professional merchant that can be decided by the archaeological finds containing valuables — then all the wealthy residents traded — concluding their deals at the appointed time or when the oversea traders came to anchor in Tallinn Bay. Being situated on the main North European trading way running along the Estonian Northern coast — from Scandinavia to the River Neva and to Lake Ladoga and from there further by the waterway (Schaskolskij 1954 146—159) to Novgorod, the profit gained from go-between trade could be quite extensive.

As in many aspects concerning ancient Tallinn, the existence of foreign merchant yards at the end of the Late Iron Age also seems to be overdone.

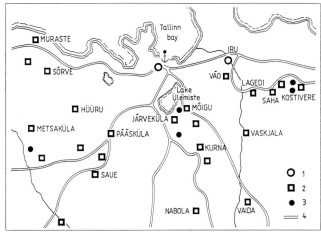

Fig. 8. Ancient Tallinn and environs.
1 — stronghold
2—13th century villages
3—12. — 13th century deposits
4 — main roads.

Being reluctant to declare nonexistent all the theoretical discussions on the history of the origin of Tallinn of earlier researchers (especially by P. Johansen, L. Tiik, R. Zobel, E. Tônisson) we can state only the following at the present stage of research:

1. There was a comparatively favourable harbour place on the western coast of Tallinn Bay (Fig. 7:1).

2. There was an Estonian stronghold without permanent settlement on the insular mesa of Toompea (Fig. 7:5).

Concerning the other institutions we have neither written nor archaeological verification.

Don't our aspirations to make the ancient settlement of Tallinn as old, developed and known as possible have roots originating from the former national romanticism? Why do we time and again try so hard to push the scheme — harbour — urban settlement — stronghold into remote antiquity although we are dealing with a typical mediaeval phenomenon in our circumstances (and also for the whole of Livonia). The same question has earlier been raised by the author in his review of Silvery White by Lennart Meri, under the title Does Thule Need Support (Tamm 1984 432).

We also do not take into consideration at all (except E. Tönisson) the socio-economic level of the local settlement at the end of old times. Since the early metal age cultivation of land and in connection with that cattle breeding began more and more to dominate in the formation of the Estonian settlement. Due to that it is quite natural that our settlement of the late Iron Age was rustic and directly conneced with tillage and animal breeding. In the outskirts of Tallinn fishing (up to a certain extent may be hunting) could serve as an extra means of livelyhood which they dealt with in the time free of other work mainly in autumn and winter. The handicraft of that time (the level of which is usually the indicator of the economic level of the corresponding period) was not on a higher level of development than housekeeping or rural handicraft, and due to that had not detached itself from farming. The institution of service workers who would have needed a local residence on the coast of Tallinn Bay had not yet originated and there were no consumers either for whom to render services steadily.

Pirjo Uino & A. I. Saksa

RESULTS AND PERSPECTIVES OF ARCHAEOLOGICAL INVESTIGATIONS AT THE CASTLE OF KÄKISALMI/KEXHOLM

Resultate und Perspektiven archäologischer Untersuchungen auf der Burg Käkisalmi/Kexholm

Die Burg Käkisalmi, die zentrale Anlage des alten Karelien, liegt im ehemalig finnischen Karelien (1944 von der UdSSR annektiert). In den 1970er Jahren wurden an der Stelle ausgedehnte archäologische Grabungen von A. N. Kirpičnikov durchgeführt. Die ältesten Schichten mit Holzkonstruktionen, die damals angetroffen wurden, sind dendrochronologisch auf A. D. 1310 datiert.

In den Jahren 1989—1990 wurden auf der Burg Käkisalmi archäologische Grabungen als ein finnisch-sowjetisches Gemeinschaftsprojekt durchgeführt (P. Uino & A. I. Saksa). Das Ziel dieser Untersuchungen war die Beantwortung der Frage, ob es dort eine karelische Siedlung und vielleicht eine hölzerne Befestigungsanlage vor 1294—1295 gegeben hat, als die Burg Käkisalmi zum ersten Mal in historischen Quellen erwähnt wird. Zusätzlich zu dem archäologischen Fundmaterial wurden Proben für Radiokarbon- und dendrochronologische Datierung sowie für archäobotanische und paläoökologische Analysen genommen.

Bei den Ausgrabungen wurde ein Horizont mit Holzkonstruktionen freigelegt, der unter der Schicht aus dem frühen 14. Jh. lag, dieser dürfte bereits in das 12. Jh. datiert werden. Eine Reihe von Funden aus dem 8. — 13. Jh. (u.a. eine merowingerzeitliche Fibel und Gegenstände mit für die karelische Kreuzzugszeit typischen Ornamenten) sowie vorläufige 14C-Daten von Holzkonstruktionen unterstützen die Ansicht, dass an der Stelle der heutigen Burg Käkisalmi eine Befestigung — oder zumindest eine Siedlung — lange vor dem Ende des 13. Jhs. bestanden hat.

Pirjo Uino
Helsingin yliopisto, Arkeologian laitos
Meritullinkatu 1 A 4
FIN-00170 Helsinki

Aleksandr Saksa
Institut für Archäologie
Dvorcowaja Nab. 18
191065 St. Petersburg
Russia

In the former Finnish Karelia, in 1944 annected to the Soviet Union, there are many elevated places called linnavuori or linnamäki, i.e. hillforts. At 30 of these sites it is possible to observe remains of man made walls (Appelgren 1891; Rinne 1932). Most of these hillforts are found along the NW and N coast of Lake Ladoga. Only few investigations are made at the hillforts, and it is not certain that all of them were in use as early as the Iron Age, i.e. before A.D. 1300.

Within the Vuoksi water system there are not many hillforts, but it is also true that high rocky hills are rare in the region. It is noticeable that along the waterway between the NE corner of the Gulf of Finland (i.e. Suomenvedenpohja) and Lake Ladoga three islands became strategically important already in the Crusade Period (A.D. 1050—1300), namely the Castles of Viipuri and Käkisalmi (the present Priozersk) at either end of the waterway and the Tiuri Islefort near Räisälä in between (Fig. 1). Later, as the struggle for Karelia between Novgorod and Sweden grew in ferocity, fortified castles were built at Viipuri and Käkisalmi in the 1290s, as is documented in historical sources. However, this fortification was not extended to the Tiuri Islefort.

The Castle Island at Käkisalmi (Fig. 2) is situated some 4 km upstreams of the mouth of Vuoksi. Before the lowering of the water level of this part of the Vuoksi river system, as a consequence of the opening of a new waterway to Lake Ladoga through Lake Suvanto in the 19th century, the island was much smaller. In Russian chronicles of the late 13th and early 14th century Käkisalmi is called Korela, and

Fig. 2. Käkisalmi Castle, view from the river Vuoksi. Photo P. Uino 1989

according to them, the Swedes then built a small castle on the island. From Swedish sources, on the other hand, one may infer that the castle existed already when the Swedes arrived there late in the 13th century. Unfortunately also the sources provide contradictory information about the location of the oldest castle (cf. Kuujo 1984).

The Finnish archaeologist Theodor Schvindt, in 1891, was the first to conduct excavations within the courtyard of Käkisalmi Castle (Schvindt 1898 119). After World War II, in 1948, N. N. Gurina excavated there, but today no information on her investigations is available. More extensive excavations were carried out at the site by A. N. Kirpičnikov in 1972—73 and 1976, and by V. A. Nazarenko in 1975 (Kirpičnikov 1979; 1983; 1984). S. M. Černov, an ar-

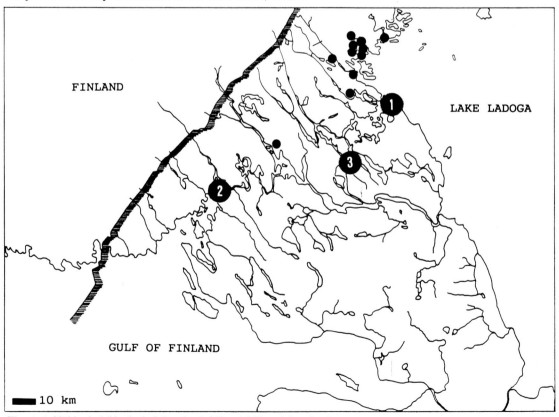

Fig. 1. 1. Käkisalmi (Kexholm) Castle, 2. Viipuri (Viborg) Castle, 3. Tiuri Islefort. Black circles = fortified hills. Drawn by P. Uino.

chitect, conducted a minor excavation in 1986 (Kuzmin & al. 1986).

The excavations of the 1970s produced fresh information concerning the earlier phases of construction on the Castle Island. The oldest layer with wooden structures, then encountered, was dated, with the aid of dendrochronology, to A.D. 1310. This date coincides with the year mentioned by the chronicles as the one the Novgorodians rebuilt Käkisalmi Castle.

In 1989—90 archaeological excavations were carried out at Käkisalmi Castle as a Finnish-Soviet joint project under the auspices of the archaeological section of the Committee for the Treaty of Scientific and Technological Cooperation between Finland and the Soviet Union. The investigations were conducted by Mr. A.I.Saksa of the Leningrad Branch of the Institute of Archaeology of the Academy of Sciences of the USSR and Ms. Pirjo Uino of the Finnish Academy. The aim of these investigations was to throw light on the early history of this monument of central importance for Karelia during the Crusade period and the Middle Ages. The most important task was to try to find an answer to the question if there was Karelian habitation and, perhaps, a wooden fortress on the Castle Island already before 1294—95, when Käkisalmi Castle was first mentioned in historical sources.

The samples taken at the excavations were radiocarbon dated at the Geological Survey of Finland (Ms. Tuovi Kankainen). Samples of timber were delivered to the University of Joensuu Laboratory of Dendrochronology (Mr. Pentti Zetterberg). Archaeobotanical determinations are being made at the University of Turku Department of Biology (Ms. Terttu Lempiäinen). In addition, a separate pollen analytical investigation has been carried out on the cultural layers of Käkisalmi by Prof. Matti Saarnisto and Doc. Irmeli Vuorela. None of these studies have yet been published, with the exception of three radiocarbon dates (Saksa & al. 1990).

When starting in 1989 an area of 66 m² located between the excavation areas of the 1970s and the Castle Wall in the NE corner of the courtyard was chosen for excavation (Fig. 3). In the light of the earlier investigations one could expect to find wooden structures in this area, too.

A building of stone

In 1989 a massive stone foundation of a building was found. A comparison of the situation with old plans as well as the existence of Swedish coins in connection with the foundation led to the conclusion that the building dated from the 17th century. At that time

Fig. 3. The excavations in the courtyard of Käkisalmi Castle. Photo P. Uino 1989.

Käkisalmi with surroundings were part of the Swedish Empire, and the Castle then served mainly as a prison. The foundation probably represents a small stone building indicated on a plan of 1680 but not on any later plan of the Castle (Schvindt 1898 91).

The doorstep of stone on the W wall of the foundation probably indicated the level of the courtyard in the 1650s. This corresponds with a layer containing linses of clay and sand as well as pieces of limestone and bricks. The time in question was a period of various building activities at the Castle, as is described in contemporaneous Swedish documents and plans (Schvindt 1898 89). The finds from the level of the foundation include sherds of glazed and unglazed ceramics, fragments of clay pipes, nails of iron, knives, tinder flints, and two cannonballs.

Wooden structures

Because it would have been difficult to take away the stone foundation, and also because it seemed desirable to preserve it, the excavation was continued both inside and outside the foundation. The lowermost stones of it were just above a horizon of wooden structures. Kirpičnikov reached this horizon in his excavations in the 1970s, and it was dendrochronologically dated to A.D. 1310 (Kolčin & Černyh 1977). The orientation of the wooden structures investigated by us also coincided with that observed by Kirpičnikov.

This horizon, at a depth of around 1,5 m, was mainly investigated in 1990. The logs were at right angles against each other while some of the logs clearly showed longitudinal furrows as needed for building walls and other frameworks of timber. A layer of chips and pieces produced by wood work at the site occurred everywhere between the logs. Immediately beneath the logs there was a layer of simi-

Fig. 4. The lowest horizon of wooden structures. Photo A.I. Saksa 1990.

lar chips and pieces mixed with pieces of logs and planks and other remains of construction work.

The excavations of the1970s did not exceed this horizon of wooden structures. The plans and fieldnotes show that the coarse sandy soil beneath the logs was thought to represent the "bottom" and the excavation was stopped at a depth of 2 m. However, our excavations showed that the layer containing remains of structures as well as finds was much thicker than expected, and that it, in places, reached the depth of almost 3 m.

At the excavations of 1990 we encountered, beneath the horizon of wooden structures, a coarse sandy layer mixed with stones, and under this another horizon of wooden structures (Fig. 4) with chips and pieces in between. The orientation of the logs, part of which rested directly on the blue clay bottom, differed from that of the upper horizon of wooden structures.

In addition to horizontally lying logs, several upright posts penetrating deep into the sand occurred. Some of the posts penetrated the upper horizon of wooden structures, while others were clearly stand-ing on a lower level. In one place the posts formed a line as a limit for a thick layer of manure.

The stone foundation described earlier restricted and fragmented the free excavation floor and consequently reduced the possibilities of identifying the rests of the houses. The wooden structures encountered at the excavations may be rests of loghouses. It is, however, equally possible that they are rests of wooden fortifications surrounding the island, and of buildings, e.g. storehouses, connected with them. Or, may be, the wet shores of the island were fitted with quays in connection with the fortification. Hearths were not found. On the other hand some logs showed strong marks of fire. It is possible that they derive from the fire that, according to the chronicles, destroyed the entire "Town of Karelia" in 1360.

Finds

Eight lead seals found above the upper horizon of wooden structures date from the 1430s, and have belonged to the posadnik of Novgorod according to Prof. V. L. Janin (personal communication). A small cross of amber and a die of bone apparently date from the same century.

From the upper horizon of wooden structures and beneath it artefacts of various kinds were found. Various artefacts of organic materials were well preserved in the damp soil. The finds include net sinkers covered with birch bark, floats of bark and birch bark, and parts of leather shoes. Furthermore spindle whorls and whetstones were found as well as pieces of moulds, lumps of slag and other remains of local metal working. The ceramics, found in abundance, represented wheel made Slavic types.

The metal artefacts include both tools, e.g. axes and knives with handles of bronze, and ornaments. Among the latter three oval tortois brooches, two chainholders, fragments of silver penannular brooches as well as bronze spirals represent types of ornaments typical of Karelian Crusade Period graves. Various glass beads were found, too. The material reflects contacts with communities around the Baltic Sea as well as with communities south of Lake Ladoga.

When Kirpičnikov, excavating at the site in the 1970s, found two Viking Age equal-armed brooches and two oval tortois brooches, he — referring to their stratigraphical context — claimed that these types of brooches had still been in use in the 14th century. This, however, is in conflict with what is known globally about the existence of these types of ornaments. At our 1990 excavations more Merovingian and Viking Age artefacts were found. The most important finds of 1990 include a Merovingian Age equal armed brooch (Uino 1990). A brooch of this kind was found also in the 1970s by Kirpičnikov (1979 fig. 4:5) although it was not identified as such at that occasion. The increasing number of 8th — 13th century artefacts from Käkisalmi Castle sheds new light on the question of the earliest habitation on the Castle Island.

Topographical problems

An examination of the altitudes of the structures and finds will rise the question of the original size and shape of the island. As a consequence of the opening of the Suvanto waterway (a new southern branch of Vuoksi) in 1857 the water level of the original branch of the Vuoksi river system was lowered by 1,5—2 m. At Käkisalmi Castle, however, the surface of the basal clay is only 0,3 m higher than the present water level of Vuoksi, and wooden chips as well as pieces of charcoal were found at the very surface of the clay. The altitude of the horizon of the wooden structures dendrochronologically dated to A.D. 1310 is no more than 1 m above the present water level. This means that at one time the structures would have been up to 1 m below the water level! Lenses of sand and clay noticed on the profiles of our excavation were, according to Saarnisto (personal communication), formed as the low island at times was flooded.

It will not be possible to solve these complicated problems until the geological and hydrological conditions of the Vuoksi river system are studied in detail. We have, however, thought of a tentative model according to which the island was originally higher. In connection with the building of the castle the low shores were raised using earth taken from the central part of the island as it was leveled. This is how the lower horizon just above the basal clay could have originated as a secondary deposit. As described earlier this horizon contained mixed rests of wooden structures as well as various artefacts, but it was not a cultural layer in the proper sense of the word. The lowermost posts could be rests of quays built in an early stage of the fortification.

Dating and interpretation

So far only three radiocarbon dates are published (Su-1858. -1873, -1874). The samples consisted of the 20—30 outermost tree rings of timber collected in 1989 from the upper horizon of wooden structures. The calibrated dates are the following: a plank dates from the end of the 13th century, a log immediately beneath it from the first half of the 13th century and a post from the turn or the second part of the 14th century. If trees standing dead and dry were not used for logs, the first two dates support the view, that there was a fort — or at least habitation — at the site of the present Käkisalmi Castle already before A.D. 1294, the year mentioned by the chronicles (Saksa & al. 1990; Taavitsainen 1990).

Part of the artefacts as well as preliminary radiocarbon dates of the lower horizon of wooden structures also support this view, even if the age of the horizon remains unknown until the whole radiocarbon and dendrochronological dating program is completed. Consequently, the question of the date of the lower horizon of wooden structures remains open for the time being as does the question of the existence of a Merovingian and Viking Age cemetery destroyed by the building of the Castle probably in the 13th century.

It is also difficult to determine the role of the earliest habitation of the Castle Island in relation to the habitation elsewhere along the Vuoksi river system. Only two oval tortois brooches have been found within the town of Käkisalmi. The next object of the same period is 7 km away at Suotniemi where Schvindt found a Crusade Period cemetery (Schvindt 1893). While Schvindt's excavations took place 100 years ago the present authors carried out excavations at Suotniemi (Rus. Jarkoe) in 1991. Systematic archaeological prospecting as well as fresh excavations at settlements and cemeteries are, no doubt, an urgent task along the Vuoksi river system and also elsewhere on the Karelian Isthmus.

Heiki Valk

ABOUT THE ROLE OF THE GERMAN CASTLE AT THE TOWN-GENESIS PROCESS IN ESTONIA: THE EXAMPLE OF VILJANDI

Über die Rolle der deutschen Burg bei dem Prozess der Stadtgenese in Estland: das Beispiel Viljandi (Fellin)

Obgleich die mittelalterlichen Städte Estlands in der unmittelbaren Nähe der ältesten, schon im 13. Jh. gegründeten deutschen Ordens- und Bischofsburgen liegen, enthalten die schriftlichen Quellen keine Angaben über die Rolle der Burg beim Stadtentstehungsprozess in Estland.

Obwohl in Viljandi (Fellin) am Ende der jüngeren Eisenzeit eine wichtige Estenburg gewesen ist, gibt es bis auf den heutigen Tag keine Angaben über die Existenz eines jungeisenzeitlichen Siedlungsplatzes im jetzigen Stadtareal ausserhalb des Ordensburggebiets. Den bisherigen Ausgrabungsresultaten nach ist die Besiedlung im Gebiet der mittelalterlichen Hansestadt erst nach der Eroberung des Gebiets durch deutsche Kreuzfahrer und nach der Gründung der Ordensburg entstanden etwa nach dem Jahre 1215.

Die archäologischen Angaben beweisen die allmähliche Erweiterung des Siedlungsareals im mittelalterlichen Stadtgebiet. Man kann vermuten, das die Entstehung der Stadt wesentlich durch die Existenz der Ordensburg, eines bedeutenden Machtzentrums, vorbedingt ist. Die sich gestaltende Stadt ist in ihren ersten Entwicklungsstadien eng mit der Burg verbunden gewesen: die Siedlung, die als vor der Burg liegender Markt-, Handwerk- und Handelsplatz entstanden ist, hat der Burg die Dienstleistungs- und Marktinfrastruktur geliefert; die Burg hat ihrerseits der jungen Kolonie der Deutschen die notwendige Sicherheitsgarantie geboten. Das vor der Burg liegende Siedlungsgebiet, schon 1283 als civitas erwähnt, ist vermutlich in ersten Hälfte des 14. Jh. mit einer Steinmauer und einem Wallgraben umgegeben und damit als die vierte Vorburg ins Befestigungssystem der Ordensburg eingeschlossen worden.

Heiki Valk
Archaeological Laboratory
Tartu University
Lutsu 16—4
EE-2400 Tartu

The transition from the Late Iron Age to the Middle Ages took place in Estonia in the first quarter of the 13th century. During a long period of wars against German and Danish crusaders in 1208—1227 Estonia gradually lost its independence, was christianized and subdued to foreign supremacy; The medieval stone castles of the conquerers, often built at pre-Christian hill-fort places, became the main centres of foreign military and colonial power for centuries.

According to written sources the genesis of towns has taken place in Estonia after the German-Danish conquest. A look at the map (Fig. 1) evinces the close connection of Estonian medieval towns and the oldest castles, founded in the 13th century. However, written sources offer no material to observe the earliest stages of the town-genesis process and its relationship to the existence of German/Danish castles. Although archaeological works have been rather extensive in Estonian medieval towns during the last decade, also the excavation results have, up to now yielded no solution to the problem of temporal and causal connections between the new colonial castles and town -genesis.

Viljandi (Germ. Fellin) — one of the 9 Estonian medieval towns and one of the 4 towns belonging to the Hansa union — is situated in South Estonia (Fig. 1), in the northern part of the ancient Sakala district, densely populated already in the Late Iron Age. Evi-

dently, the genesis of Viljandi is greatly influenced by the favourable geographical situation, particularly by its position on an important conjunction of the road system. Viljandi is situated on the central of the three major roads, connecting South and North Estonia, separated by forest and bog areas. Good preconditions for its genesis were provided also by the east-west directional water road, joining the Baltic sea with Lake Peipsi. Though existing no more nowadays, this road was, however, used in the Livonic War in 1560.

The history of a fortified stronghold in Viljandi stretches back into the pre-Christian period. The Viljandi hill-fort — one of the most important in South Estonia — is repeatedly mentioned in the Chronicle of Livonia, describing the christianization of Latvia and Estonia in 1184—1227 (HLC). After the christianization of the Sakala district in 1215, the hill-fort was settled both by the Estonians and Germans until 1223. After the oppression of the Estonians' following rebellion the stronghold was taken over by the Germans and on the place of the former hill-fort a mighty castle of the conquerors was built (HLC XXVI:5, 7; XXVIII:9). The Viljandi Order castle (Tuulse 1942 55, 139 ff) — one of the strongest in Old Livonia — became an important centre of German overpower, serving as a centre of a comture-district. The preserved west wall of the convent house and the system of mighty wall ditches give evidence about the former importance of the castle.

The medieval settlement area of Viljandi, consisting of the castle, its outer baileys and the town, covers an oblong, NNO-SSW directional area (Fig. 2, 3). The town is situated at the north end of the complex. Defended by a stone wall and 7—8 metres deep moats it was directly connected with the castle, serving, essentially, as its fourth outer bailey. The lack of the town wall on the castle side also gives evidence about the primarity of the defence interests of the castle over those of the town. The main axis of the town — Lossi (Castle) street actually formed a part of the road, leading to the gates of the castle.

There exist only a few data about medieval Viljandi in the written sources (Amelung 1898). Though German merchants were mentioned in Viljandi already in 1223 (HLC XXVI:5), the place is firstly named as civitas only in 1283. According to the hypothesis of Paul Johansen Viljandi was born as a typical "founded" town of colonial nature already between 1217 and 1221 (Johansen 1955). Another genesis scheme, based on local topography and

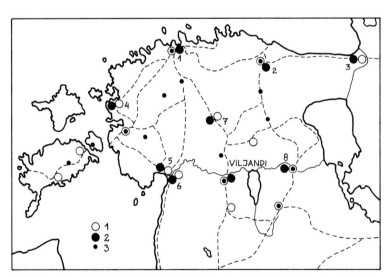

Fig. 1. Estonian castles of the 13th century and medieval owns.
Conventional signs:
1 — German (Danish) castle
2 — medieval town
3 — major pre-conquest Estonian hill-fort
Estonian medieval towns:

1 — Tallinn	6 — New Pärnu
2 — Rakvere	7 — Paide
3 — Narva	8 — Tartu
4 — Haapsalu	9 — Viljandi
5 — Old Pärnu	

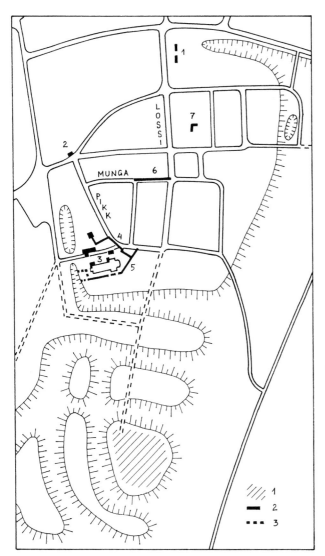

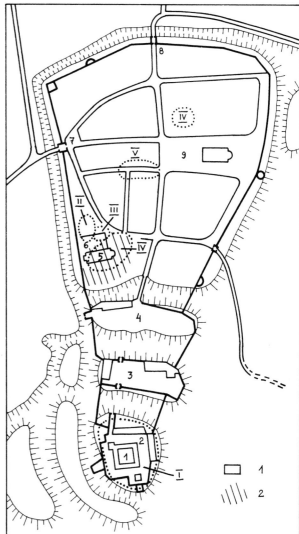

Fig. 2. Archaeological excavations in Viljandi.
1 — plots near the Tartu gates (1979)
2 — plot near the Riga gates (1981)
3 — plots in the Franciscane monastery area (1981- 1982)
4 — track area on the north and east sides of the monastery
(1991)
5 — track area south and east of the Jaani (St. John's)
Church (1990—1991)
6 — plot in Munga street (1989)
7 — plot in the yard of the museum (1991)
Conventional signs:
1 — ruin excavations of the late 19th century
2 — excavations in medieval town area (the situation of
1991)
3 — archaeological observations

presumable road system of the Late Iron Age is presented by Kaur Alttoa. The beginning of the medieval
town is connected with the period of the German castle as well. As a precondition for its birth the existence
of the bridges between the castle, the north-lying
outer baileys and the later town area is treated (Alttoa
1978). However, both theories bear a hypothetical
nature and can be proved or disproved only on the
basis of archaeological data.

Fig. 3. The settlement genesis in Viljandi (Medieval town
plan reconstruction after Alttoa 1978).
I — before 1215
II — the first half of the 13th century (after 1215)
III — middle of the 13th century
IV — the second half of the 13th century
V — the first half of the 14th century
Arabic numbers:
1 — the castle
2—4 — the first, second and third outer bailey
5 — Jaani (St. John's) Church
6 — the Franciscane monastery area;
the Riga gates
8 — the Tartu gates
9 — the market square and the town church
Conventional signs:
1 — medieval town wall and buildings
2 — area covered with a filling layer (probably, in the first
half of the 14th century)

Archaeological works in Viljandi (Fig. 2) started in
the last quarter of the 19th century with ruin excavations of the Order castle. Studies in the medieval
town area began in 1979 near the Tartu gates (H.
Moora, K. Alttoa). In 1981 a part of the Riga gates
was opened (U. Selirand, K. Alttoa). As a matter of
fact, in both cases there exist no data about the na-

ture of the early medieval cultural layers. Greater excavations have taken place in the south-west end of the old town, near the Jaani (St. John's) Church. There a part of the adjoining Franciscane monastery was investigated in 1980—1981 (Selirand 1981, Selirand 1982). In 1989—1991 several excavations in Viljandi were executed, directed mostly by the present author. The works were carried out on the area of communcation tracks east and south of the Jaani Church the latter ones supervised by H.Grosberg), on the north and east sides of the monastery, in Munga (Monk) street and near the Viljandi museum in the centre of the medieval town. Though the work at the material is not finished yet, some preliminary results about the town-genesis process and its relations with the castle can, however, be presented. The chronology is based on the stratigraphy of the oldest culture layers and C14 analyses. Essential base of support is offered by local pottery. Both in its ornamentics and form certain development trends of chronological nature can be observed during the 13th — first half of the 14th centuries (Fig. 4). On the grounds of the archaeological material the gradual staged expansion of the inhabited area can be observed in Viljandi (Fig. 3).

Stage I. On the basis of present research state only the hill-fort territory was inhabited during the Late Iron Age (Fig. 3:I). No data about settlement of the pre-German period have been discovered from the medieval town area. Moreover, the topographical situation of the latter does not correspond with the location of the Estonian Late Iron Age villages. The rural open settlements of this period lie in the indirect vicinity of natural bodies of water, as a rule, but the Old Town of Viljandi is situated on a high plateau.

Stage II. The oldest settlement traces within the Old Town area have been discovered on the northern side of the Fransiscane monastery (Fig. 3:II). There on the intact natural sand a cultural layer containing plenty of pottery was found. The simple profiles and the way of ornamentation — the upper part of the vessels was always decorated with wave- and line ornament. (Fig. 4:1—3) — refer to close connection with the Late Iron Age pottery traditions. However, the better burning degree of the pottery and the existence of brick pieces in the layer refer to the medieval period — before the German conquest no bricks were used in Estonia. Evidently, the cultural layer comes from the first half of the 13th century but cannot be older than 1215. From other places of the Old Town pottery of such nature has been found only in single pieces. The culture layer seems to belong to a household, connected with a potter's workshop. The latter is evinced by a waste-hole filled with the remains of more than 9 overburnt and smelt vessels of the above-described type.

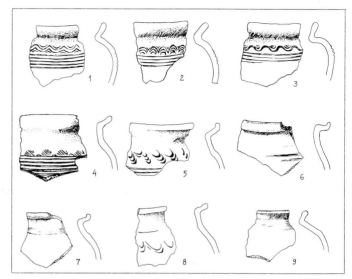

Fig. 4. Pottery characteristic of different stages of settlement expansion from Viljandi.
1—3 — stage II (the first half of the 13th century [after 1215])
4—5 — stage III (middle of the 13th century)
6—9 — stage IV (the second half of the 13th — the first half of 14th century)

Stage III. Differences in the nature of pottery, belonging to the oldest layers in the adjoining areas refer to the extension of settlement (Fig. 3:III). The new development stage of pottery is characterized by a certain degeneration in ornamentation (Fig. 4:4—5). Also a distinct neckpart, characteristic of the medieval period, has appeared.

Stage IV. The cultural layer, covering new, earlier uninhabited areas (Fig. 3:IV) is characterized by well-burnt pottery, mostly lacking any ornamentation. Sometimes also vessels decorated with scanty ornament, mostly line-one, occur (Fig. 4:6—9). A C14 analysis, yielding the result 1270±60 A.D. (TA 2337; Institute of Zoology and Botany, Tartu) makes it possible to date the genesis of the layer to the second half of the 13th -the first half of the 14th centuries. This dating is supported also by the nature of stoneware pottery (a consultation in this question was kindly provided by Aki Pihlman, Turku). The find material refers to very intensive life activities. Along with heaps of pottery a lot of domestic animal bones and various kinds of everyday life utensils were discovered. Plenty of iron slag, spinning whirls and remains of bone and antler working refer to handicraft occupation. However, only a few construction remains, referring to small wooden buildings were found. The nature of the culture layer seems to witness of an area, occupied with market, handicraft and service activities.

The cultural layers of the above-described district near the Jaani Church were covered by a mixed filling layer with the thickness of about 0.5—1 metres, containing various finds of the 13th — first half of the 14th centuries. The thickness of the filling layer and its vast extent (Fig. 3:2) give foundation to the suppo-

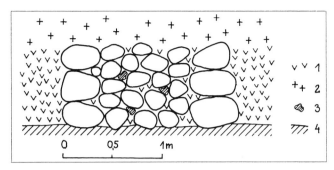

Fig. 5. *The foundation of the Viljandi town wall at the SW corner of the Jaani (St. John's) Church.*
Conventional signs:
1 — mixed earth and clay
2 — mixed soil, covering the remains of the destroyed town wall
3 — iron slag
4 — natural intact sand

sition that the soil comes from the construction of the wall ditches. Obviously, covering the formerly settled area with the filling layer has caused great changes in its functions and the presumable light timber buildings have been removed. Evidently, the Jaani Church has been founded only after the filling works and intensive life activities on its construction site have come to an end. Probably, during this reconstruction period certain changes in the original network of streets and town planning have also taken place.

On the basis of preliminary pottery analysis the earliest settlement in the Museum area also seems to belong to stage IV — to the second half of the 13th century.

Stage V. However, as finds from Munga (Monk) street evince, even during stage IV unsettled districts have existed within the medieval town area (Fig. 3:V). In Munga street at the bottom of the cultural layers a drainage system, running along the streetline was discovered. The construction consisted of an open ditch with walls supported by woven fences, and close side-ditches directed into it. A C14 analysis taken from the fence gave the result 1330±40 A.D. (TA -2216). Thus, in Munga street the culture layers began to form, probably, only in the first half of the 14th century. As both the drainage system and seed finds from soil samples show, the area has been too wet and unsuitable for living in earlier times.

Archaeological finds offer no direct data about the time of building the stone wall and including the town area into the fortification system of the castle. The foundation of the town wall, opened in 3 different places, was of the same construction everywhere and seemed to have been built at one time. It consisted of loose granite stones packed with mixed clay and earth (Fig. 5). Before its building the earlier cultural layers and natural humus soil had been removed. The foundation of loose stones, supported from both sides by a filling layer of mixed soil, was lying on the intact sand surface and no traces of a

foundation trench could be observed around it. Thus, laying foundation to the town wall seems to have taken place simultaneously with bringing the surrounding filling layer. Quite probably, both works have been carried out at the time of digging the moats, beginning 3 metres from the town wall. One can suppose that digging the wall ditches, building the town wall and the genesis of the filling layer both round the wallfoundation stones and on the area of former intensive settlement have taken place simultaneously — during one period of major fortification and reconstruction works. In case of such correspondence, on the grounds of finds from the filling layer and the intensive cultural layers under it, the town area seems to have been included into the castle fortification system in the first half of the 14th century.

Probably, the great reconstruction and fortification works — no matter whether simultaneous or not — were not based on the interests of the town inhabitants only but also on the defence purposes of the castle. As mentioned already, after the construction of the new fortifications the town area began to function as the fourth outer bailey of the castle. Probably, the surveillance of these large fortification works was not done by the town, which was weak and at an early developmental stage but by the castle — one of the most important military and power centres of the Livonic Order. Signs referring to simultaneous reconstructions both in the town and castle area can be found also from later archaeological material. Thus, during the first half of the 16th century extensive works connected with new street-paving can be observed both in the third outer bailey and the main street of the town leading to the castle gates. The works have been executed according to the same planning: the former cultural layers have been removed as a whole up to the natural sand surface and then replaced by a layer of red Devon sand, serving as foundation for the new pavement.

To sum up: on the basis of present excavations results the genesis of Viljandi can indirectly be connected with the existence of the German castle. The excavation results seem to support the genesis scheme presented by K. Alttoa (Alttoa 1978). The castle — the centre of foreign military and colonial power — caused the rise of a new settlement in front of it. The new settlement granted market, trade and service infrastructure, both to the castle and people visiting it or in some ways connected with its construction works. The castle on its side, formed a powerful security background for the young colony of German inhabitants of the developing town. And taking into consideration the historical and political situation in the newly conquered, hostile and semi-pagan land not far from inimical Russia — such protection was extremely important during the whole 13th century and also in later times.

Anders Wallander

STYRESHOLM — A FORTIFICATION AND A RESEARCH PROJECT

Styresholm — eine Befestigung und ein Forschungsprojekt

Styresholm war eine recht einfache Holzbefestigung, errichtet auf einer schmalen länglichen Insel im Fluss Ångermanälven im nördlichen Schweden (Ångermanland).

In schriftlichen Quellen wird die Befestigung erstmalig 1398 und danach 1405 erwähnt.

Zu Styresholm gehörte auch eine auf einer zweiten Insel gelegene Vorburg.

Dank der Schriftquellen ist bekannt, dass Vitalienbrüder und anschliessend königliche Vogte auf Styresholm residiert haben. Nach einer Sage soll die Befestigung im Verbindung mit dem sogenannten Engelbrecht-Aufstand 1434 aufgegeben worden sein. Styresholm ist weiterhin der Name eines querwissenschaftlichen Forschungsprojektes.

Das Hauptanliegen ist die Erfassung der Faktoren, die während der jüngeren Eisenzeit und des Mittelalters zur Errichtung einer Vogt-Burg in diesem Teil der Provinz Ångermanland geführt haben. Weiterhin soll geklärt werden, in welcher Art und Weise diese Einrichtung die gesamte gesellschaftliche Entwicklung der Gegend und der Region beeinflusst hat.

Anders Wallander
Länsmuseet—Murberget
PB 2007
S-871 02 Härnösand

The remains of Sweden's northernmost medieval stronghold is located on the western bank of the River Ångermanälven, in the Parish of Torsåker, which is part of the Province of Ångermanland (Fig. 1). This stronghold is called Styresholm. During the 14th and 15th centuries the site was situated on what was then a narrow island in the middle of the river (Fig. 2). Some 200 meters west of Styresholm there was a small island with an even smaller stronghold, known under the rather recent name of Pukeborg.

Styresholm and Pukeborg share certain architectural features. Styresholm consists of two main parts, the *Castrum* and the *Curia*. The island was divided up into different functional units by moats. The different units were used either as storage or supply areas or as housing areas for the bailiff and his men (Fig. 3). The northern and central areas of Styresholm are enclosed by a rectangular embankment — 16 by 34 meters and 16 by 20 meters respectively. Excavations in the central area revealed the remains of a log house with a fire place. Excavation in the lower part of the island uncovered the remains of another log house with a large hearth. This building might have been used as a cook house, a bakery or as a bath house.

The relationship between Styresholm and Pukeborg is not clear. It may be that the smaller Pukeborg was some sort of outer defence position for the larger Styresholm.

The artefact material that has been recovered is similar to that found on other contemporary medieval fortifications; knives, locks, keys, cross-bow bolts, nails, etc. A few pottery sherds and female related artefacts have also been recovered.

The limited excavation carried out on Pukeborg revealed artefacts related to cooking, bronze casting,

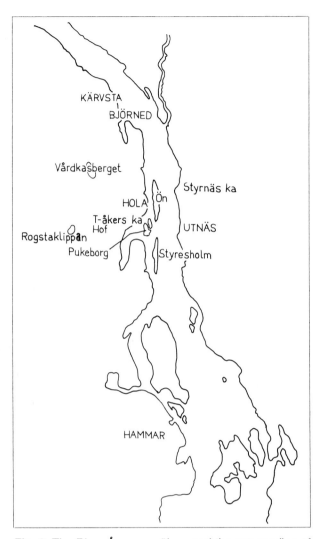

Fig. 2. The River Ångermanälven and the surrounding of Styresholm.

iron working (horse shoes) and animal husbandry (of horses?). Two bracteates were also recovered. They date from the end of the 14th to the beginning of the 15th century.

Styresholm is mentioned twice in written medieval sources. The first time is in a document from 1398, which relates that the Vitalian brothers held both Styresholm and the fortifications at Faxeholm and Korsholm and that they were instructed to surrender their mandate over these forts to the monarchy. The second instance is in a short note from 1405 which relates that the bailiff of Styresholm at that time was Algot Magnusson Sture. There is also a legend which tells how Engelbrekt's siege and capture of Styresholm in 1434 was succourded through the aid of a brave woman.

Styresholm is also the name of the interdisciplinary research project, the main purpose of which is to study the stronghold and its surroundings along the river valley of the Ångermanälven. The different participants of the project are the County Museum Länsmuseet-Murberget, the Folk High School at

Fig. 1. Vitalian fortifications around the Golf of Bothnia.

Hola, the Central Board of National Antiquities and the University of Umeå.

There are two important objectives of the project. One is to try and determine the continuity of the settlements and the other is to explore the reasons behind the establishment of different centres of power during the Late Iron Age and the medieval Period. Our aim is to study the economic and power structures behind the establishment of a stronghold at this particular location. We also want to study other marks of power and authority, such as prehistoric hillforts, large prehistoric grave mounds, and the establishment of Crown estates, as well as the building of a fortified church on the other side of the Ångermanälven River in the Parish of Styrnäs.

The analysis of the prehistoric settlements has called attention to some important circumstances. Near the Parish Church in Torsåker, which dates from the medieval Period, there is a locale with a *Hov* name. This is one of the three prehistoric sites found within the Prov-

Fig. 3. Styresholm. Map and photo from the east.

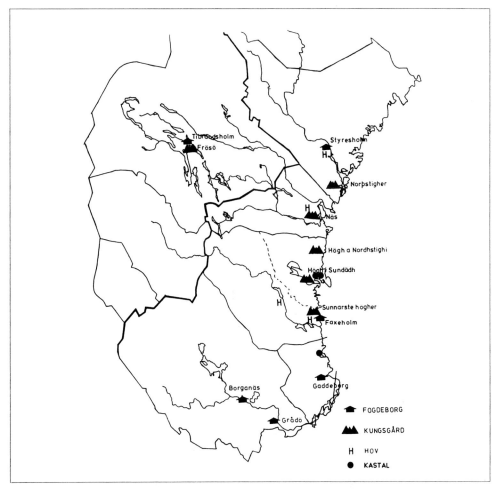

Fig. 4 The northern part of medieval Sweden with its strongholds for the bailiffs, Crown estates, Hov-places and Kastal-towers.

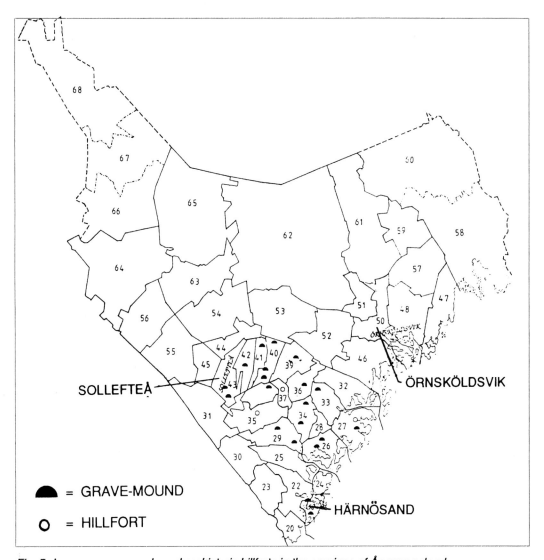

Fig. 5 Large grave-mounds and prehistoric hillforts in the province of Ångermanland.

Nr Parish

20	Häggdånger	32	Vibyggerå	44	Ed	56	Edsele
21	Härnösand	33	Ullånger	45	Långsele	57	Gideå
22	Säbrå	34	Bjärtrå	46	Nätra	58	Nordmaling
23	Stigsjö	35	Ytterlännäs	47	Grundsunda	59	Trehörningsjö
24	Hemsö	36	Styrnäs	48	Arnäs	60	Bjurholm
25	Högsjö	37	Torsåker	49	Örnsköldsvik	61	Björna
26	Nora	38	Dal	50	Själevad	62	Anundsjö
27	Nordingrå	39	Boteå	51	Mo	63	Ådals-Liden
28	Skog	40	Överlännäs	52	Sidensjö	64	Ramsele
29	Gudmundrå	41	Sånga	53	Skorped	65	Junsele
30	Viksjö	42	Multrå	54	Resele	66	Fjällsjö
31	Graninge	43	Sollefteå	55	Helgum	67	Bodum
						68	Tåsjö

inces of Ångermanland and Medelpad that has a *Hov* name. The other two sites are also situated near Crown estates (Fig. 4). It is generally accepted that the *Hov* places were centres for cult and trading as well as the site of the district court and local administration. It has also been noted that one of the three prehistoric hillforts in the Province of Ångermanland is situated near the *Hov* site in the parish of Torsåker (Fig. 2).

Large Iron Age grave mounds with a diameter of more than 20—25 meters are generally accepted as a sign of a wealthy family with great power. Many of these grave mounds have been destroyed by the great agricultural expansion during the 18th and 19th centuries. From early archaeological surveys we know that there was a concentration of large grave mounds in the eastern and southern part of the river valley of the Ångermanälven, with a distinct predominance in the Parish of Torsåker (Fig. 5).

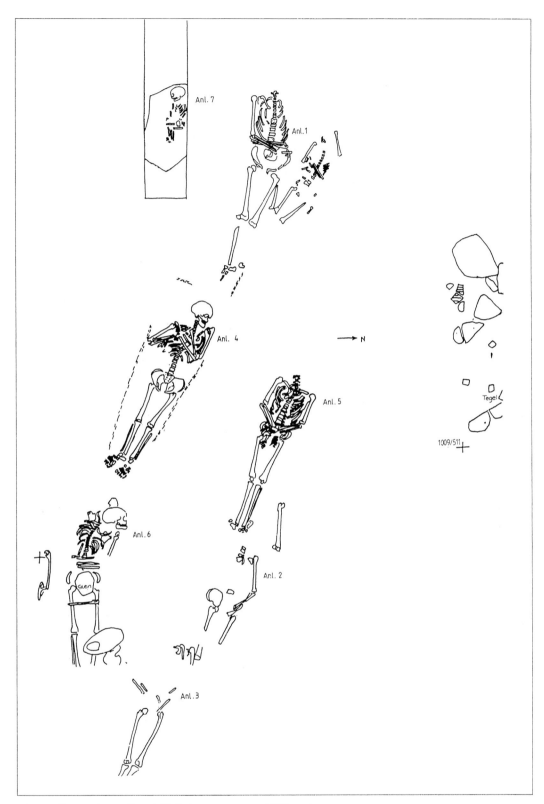

Fig. 6. The early medieval Christian cemetery of Björned.

Within this region there is also concentration of silver hoards which date from the Viking Age. This may indicate that this part of the Province was relatively wealthy, a conclusion which is supported by the many church buildings and the comparatively small size of the parishes in this area. It should be noted that the first missionaries focused their interest on this region.

The archaeological investigations in the village of Björned have uncovered an early medieval Christian cemetery, dated to 1000—1200 A.D. This cemetery is, in its turn, located on the site of an earlier prechristian burial ground. So far the graves of about 30 adults and a great number of children have been discovered. We have not yet unearthed the remains of a church, but the search for this continues (Fig. 6).

We know that in the middle of the 12th century a fortified church was built on the opposite bank of the river from the cemetery. It was probably here that the missionaries made their first converts. The centre of the early Christian church in the Parish of Torsåker was located in the villages of Björned and Kyrkestad. When the activities of the Hov site was brought to an end in the 12th century it became possible to move the Christian centre from Björned-Kyrkestad to the present site of the church. But we still do not know where the centre of the secular power was situated during early medieval times.

An old law from the Province of Hälsingland, which dates from the early 14th century, states that there was one Crown estate situated at Kungsnäs in the Parish of Selånger in the Province of Medelpad and two Crown estates in Ångermanland, one at Norrstig in the Parish of Säbrå and one at a hither undiscovered local, known under the name of Kutuby (Fig. 4).

In the early Province of Hälsingland (which was later broken up in what is today the Province of Hälsingland, Medelpad and Ångermanland) the establishment of Crown estates seems to have been carried out according to a distinct plan, namely this: they were all placed close to a prehistoric Hov site or close to a large prehistoric grave mound.

The Kutuby name can be interpreted as meaning a village situated on or near a hill. There are many villages in Ångermanland that would fit this geographical description. But here are not many villages that fit this description and at the same time are also situated near a Hov site or a large grave mound.

There seem to be many good reasons for searching for lost Kutuby in the region of Torsåker-Styrnäs. If this assumption is correct, then it would seem that we have found the missing link of that administrative chain which streches from the prehistoric Hov up to the stronghold of the 14th century bailiff.

There are different explanations with respect to who built these comparatively simple strongholds in Norrland. Some believe that it was the work of the Vitalians, who were forced to retire northwards into the southern part of the Gulf of Bothnia in 1395 (Fig. 1). Others believe that they were built under the supervision of Bo Jonsson Grip. This interpretation is not supported by his last will and testament, dated to 1384, in which he makes no mention of any such fortifications. In my opinion the reason for the existence of these strongholds is to be found in the need for administrative centers in Norrland prior to 1395.

Indirect support for this interpretation can be found in a letter from 1317, where reference is made of a royal civil servant (a sheriff) in Hälsingland. Furthermore, in two documents, one from 1347 and the other from 1364, reference is made of a bailiff in Hälsingland.

Birgitta Fritz is of the opinion that the above mentioned circumstances are due to some organisational change or modifications. Perhaps the new bailiff in the important and outer most parts of the old medieval state demanded fortified settlements instead of the unprotected estates of the Crown?

Whatever the case may be, we know for sure that Styresholm was in the possession of at least two different proprietors, the Vitalians and later by an unspecified number of bailiffs. With the archaeological excavations we are attempting to document these two different periods of the settlement, and trying to uncover new evidence concerning the development of the site before the arrival of the Vitalians and after the last bailiff in 1434.

Finnische Burgen

Dieser Abschnitt enhält den Vortrag des Generaldirektors des staatlichen Denkmalamtes Carl Jakob Gardberg, der bei der Eröffnung des Symposiums in der Burg Turku am 3. September 1991 gehalten wurde und Präsentationen der Burgen die in Zusammenhang mit der Tagung besucht wurden. Die Burgen Stenberga, Vanhalinna und Kuusisto wurden am 4.9. und Raseborg, Hämeenlinna, Hakoinen und Kastelholm am 7.—8.9 von den Teilnehmern besichtigt.

Photo Heljä Brusila

Photo Martti Puhakka

Carl Jacob Gardberg

Die mittelalterlichen Burgen Finnlands

Die Ursprünge des Burgenbaus im Mittelalterlichen Finnland liegen in der ausgehenden Eisenzeit, im 11. und 12. Jh., als die historische Landschaft als einheitlicher Raum hervorzutreten begann.

Besonders im südwestlichen Finnland bildeten die Flusstäler eigenständige Siedlungszentren mit am Fluss gelegenen Äckern und Weiden, mit Dörfern, die an den Wald stiessen, und mit einem oder zwei Burgbergen, die in unruhigen Zeiten der Bevölkerung als Zuflucht dienten. Eigentliche prähistorische Burgen gab es nur in den Teilen des Landes, die in der Eisenzeit eine feste Besiedlung hatten. Man findet sechs solcher Burgen auf Åland, etwa zwanzig in Südwestfinnland, neun am Kokemäki-Fluss in der Provinz Satakunta, rund zwanzig in der Provinz Häme, sechs in der Provinz Savo und gut zwanzig in Karelien.

Auch an der Südküste, in der Provinz Uusimaa, gibt es mindestens acht Burgberge, von denen aus man im frühen Mittelalter mit Feuern die weiter landeinwärts wohnende Bevölkerung warnte, wenn vom Meer Gefahr drohte.

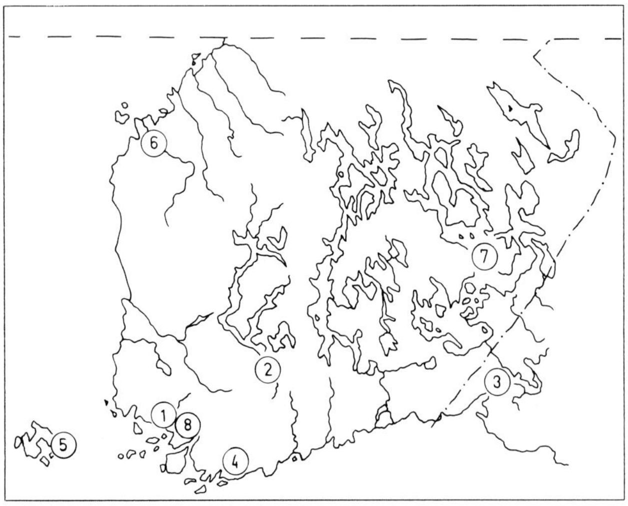

Bekannte Burgberge sind zum Beispiel Rikala in Südwestfinnland, Rapola in Häme und Sulkava in Savo. An der Südküste findet man den Kasberg im Kirchdorf Pohja als gutes Beispiel für einen solchen Berg, auf dem man Warnfeuer abgebrannt hat.

In den prähistorischen Burgen verliess man sich vor allem auf die schwer einnehmbaren Bergflanken. Wo diese nicht ausreichten, ergänzte man die Verteidigung durch Wälle aus Stein oder Erde. Die Wälle waren zumindest in einem Fall mit Palisaden aus Holz gekrönt. Kennzeichnend für die prähistorischen Burgen war, dass mit Mörtel errichtete Mauern unbekannt waren; wo man Mauern vorfindet, sind die Steine nur zu einer sog. Kaltmauer aufeinandergestapelt.

Die Kunst des Mauerns kam vermutlich Anfang des 13. Jhs. von Schweden nach Finnland. Die frühesten Belege hat man in einigen Burgen, die beweisen, wie die prähistorischen Burgberge noch zu Beginn des Mittelalters ihrem Zweck dienen konnten. Die Burg Vanhalinna in Lieto liegt am Aura-Fluss, etwa sieben Kilometer oberhalb von Turku. Ausgrabungsfunde zeigen, dass der Berg schon im 6. und 7. Jh. als prähistorische Burganlage gedient hat. Die Voraussetzungen hierfür lagen nicht nur in seinen steilen Hängen; dank seiner Lage unmittelbar am Fluss bot der Berg dazu einen Schutz gegen die Feinde, die aus dem Landesinneren über den wichtigen Wasserweg die Siedlung an der Flussmündung angreifen wollten. Oben auf der Kuppe hat man Mauerreste gefunden, die bezeugen, dass die Burg warscheinlich sogar bis zur Fertigstellung der Burg von Turku gegen Ende des 13. Jhs. in Gebrauch war. Auch der Name Vanhalinna (=Alte Burg) weist darauf hin.

Ein ähnlicher Fall ist Hakoinen in Häme, eine prähistorische Burg, die offensichtlich nach Birger Jarls Kreuzzug 1239 gleichsam als Vorgängerin der eigentlichen Burg Hämeenlinna mit gemauerten Konstruktionen versehen wurde. Ein Fall für sich ist der Burgberg von Porvoo (schwedisch Borgå), der aus Erdwällen mit zwei konzentrisch angelegten trockenen Gräben besteht. Die Burg wurde an einem der

Abb. 1. Die wichtigsten Burgen in Finnland im Mittelalter.
1. Turku
2. Hämeenlinna
3. Viipuri, seit 1944 in Russland
4. Raseborg
5. Kastelholm
6. Korsholm
7. Olavinlinna
8. Die Bischofsburg Kuusisto

Wasserwege errichtet, die von der Küste zu den Siedlungen im Binnenland in Häme führten. Im Schutze der Burg wuchs ein Handelsplatz empor, der zu Anfang des 14. Jhs. zu einer Stadtgründung führte.

Der eigentliche Burgenbau nahm in Finnland in der zweiten Hälfte des 13. Jhs. seinen Anfang. Drei für ihre Zeit grosse Reichsburgen bilden die Ausgangspunkte: die Burg von Turku (Turun linna, schwedisch Åbo slott), die Burg Hämeenlinna (schwedisch Tavastehus) und die Burg von Viipuri (Viipurin linna, schwedisch Viborgs slott).

Im Jahre 1280 wurde Carolus Gustavi zum ersten Inhaber des Titels "Praefectus Finlandiae" ernannt. Man hat angenommen, dass die Burg von Turku an der Mündung des Aura-Flusses zu seiner Residenz erbaut wurde. Bezeichnend für die Verhältnisse im Lande war, dass es eigentlich keine Burg war, die man baute, sondern ein rechteckiges Kastell mit vier Toren, eins an jeder Seite. Der von der Mauern umgrenzte Hof mass 65 mal 35 Meter und konnte grosse Truppen aufnehmen für den Weitertransport, vielleicht nach Osten, wohin 1293 der dritte Kreuzzug untergenommen wurde. Das Mauerwerk mit seinen Details lässt vermuten, dass die Maurermeister beim Bau der Stadtmauer von Visby mit dabei gewesen waren, welche bekanntlich 1288 fertiggestellt wurde.

Auch die Burg Hämeenlinna wurde als Kastell angelegt, nach Knut Drake vielleicht schon in den 1260er Jahren, wobei das Stockholmer Schloss als Vorbild diente. Das Kastell umfasste die Teile der Burg, die aus Feldstein gemauert sind, und hatte eine quadratische Anlage mit einer Seitenlänge von ungefär 35 Metern. Häme war seinerzeit ein wichtiges Grenzgebiet, das den Einfällen u.a. der Novgoroder ausgesetzt war.

Viipuri wurde nach dem dritten Kreuzzug im Jahre 1293 angelegt. Man errichtete eine Turmburg, d. h. den unteren Teil des viereckigen Turms, der heute immer noch die Burg dominiert. Neuere russische Forschungen belegen, dass auch die Ringmauer der Hauptburg schon zu jener Zeit begonnen wurde. Neben dem Turm wurde ein eingefriedeter Hof angelegt.

Ins 13. Jh. sind auch einige kleinere Anlagen zu datieren. Als die Bischöfe auf der Halbinsel Koroinen im Aura-Fluss residierten, zwei Kilometer oberhalb der späteren Domkirche, wurde dort eine gemauerte Turmburg erbaut. Eine ähnliche Burg befand sich einige Meilen nordwestlich, auf dem Gut Stenberga, das sich wahrscheinlich seit Ende des 13. Jhs. im gemeinsamen Besitz der Kirche und der Krone befand.

Als Burgen sind auch die gemauerten Türme anzusehen, die um 1280—1300 bei vier Kirchen auf Åland errichtet wurden: Saltvik, Sund, Lemland und Hammarland. Dem Turm fehlte ein Eingang auf der Bodenebene, was bei Turmburgen für gewöhnlich

Abb. 2. Die Burg von Turku mit dem Westturm. Die Feldsteinmauern sind von der Zeit 1280—1350, die Ziegelmauern von den 1550er-Jahren. — Photo P.O. Welin 1975.

der Fall war. Der Eingang lag etwas höher und führte in einen über dem gewölbten Erdgeschoss liegenden Raum. Im Schärengürtel vor Turku dürfte der Turm der Kirche von Korppoo als Zufluchtsstätte gedient haben. In einem der Geschosse findet sich immer noch ein offener Kamin. Der Turm dürfte allerdings erst im 14. Jh. erbaut worden sein.

Zu Beginn des 14. Jhs. hatten sich die Verhältnisse im Land stabilisiert, und die Zeit der Kriegszüge war vorbei. Die Burgen von Turku und Hämeenlinna wurden zu geschlossenen Burgen umgebaut.

In der Burg von Turku wurden drei der vier Tore zugemauert. Der rechteckige Hof wurde durch eine Mauer in zwei Teile geteilt, und der westliche Teil diente bis zur Mitte des 16. Jhs. als Hauptteil der Burg. An der Nordseite der Ringmauer, zwischen der Quermauer und dem Westturm, wurde ein dreistöckiger "Palast" erbaut mit Vorratsräumen ganz unten, der Burgstube im mittleren Geschoss und einem Saal ganz oben. Die östliche Hälfte der Burg diente als Vorburg mit Küche, Backstube und Brunnen.

In der Burg Hämeenlinna begann man, längs der Mauern Gebäudefronten hochzuziehen, und hierfür errichtete man einen Torturm, den sog. Kukkotorni ("Hahnenturm"), der in einer Weise, wie es bei Bauten dieser Art üblich ist, als Burg in der Burg erbaut wurde. In der Hämeenlinna waren die vornehmsten Räume im zweiten Geschoss

Abb. 3. Die Burg Hämeenlinna nach der Wiederherstellung. — Photo C.J. Gardberg 1984.

untergebracht, während die Wirtschaftsräume im Erdgeschoss lagen.

In den Beginn des 14. Jhs. ist vermutlich auch der Hauptteil der Bischofsburg Kuusisto zu datieren, etwa 15 Kilometer südwestlich von Turku gelegen. Im Gegensats zu den eingangs genannten Burgen, die an Wasserwegen und strategisch wichtigen Verteidigungspunkten errichtet wurden, war Kuusisto eine Burg, die bewusst inmitten des Schärengürtels versteckt wurde. Der Sinn war, das sich der Bischof von Turku von seinem Haus in der Stadt hierhin zurückziehen konnte. Kuusisto wurde auf einem Plateau erbaut, von dem teilweise recht steile Böschungen abfielen. Von der geraden Hauptfront ging eine hufeisenförmige Ringmauer aus. Der Burgtyp scheint vom Deutschen Orden entlehnt worden zu sein, der in der zweiten Hälfte des 13. und zu Beginn des 14. Jhs. solche Burgen baute, u. a. in Thorn (polnisch Torun).

In der zweiten Hälfte des 14. Jhs., der Zeit vor dem Aufkommen der Feuerwaffen, fand der Burgenbau seinen Höhepunkt. Besonders bemerkenswert war der dritte Bauabschnitt der Burg von Turku. Er erfolgte nach einem schweren Brand, der im Frühjahr 1365 die neun Monate lange Belagerung durch König Albrecht von Mecklenburg beendete. Die Datierung des Baus ist jedoch für einige Teile immer noch offen, denn es gibt Details, die darauf hinweisen, dass der genannte Bauabschnitt erst zu Begin des 15. Jhs. abgeschlossen wurde. Sowohl im Konzept als auch in den Details spürt man den Einfluss der Burgen des Deutschen Ordens, vor allem von Marienburg (polnisch Malbork). Besonders bezeichnend ist ein sog. Dreirippengewölbe in einem Kellerraum. Dergleichen Gewölbe finden sich in der Marienburg und in anderen Burgen des Deutschen Ordens, aber sie fehlen in den übrigen nordischen Burgen völlig.

Der Hauptteil in der westlichen Hälfte der Burg wurde nun mit dem Königssaal und der Kammer des Königs im Hauptgeschoss an der Nordseite erneuert, während die vornehmste Burgstube und die Kammer des Vogts an der Südseite die entsprechenden Räume einnahmen. Dazwischen befand sich der Westturm mit der Stube und dem Schlafgemach der Frauen; trotzdem war der Turm eine Burg in der Burg und war nur von aussen zugänglich. Auch in den übrigen Teilen fehlen innere Verbindungen. Holztreppen und Galerien längs der Mauern des Burghofes waren die einzigen Verbindungen zwischen den einzelnen Teilen der Burg. Im Osten an der Quermauer gab es nur einen vornehmeren Raum: die Kapelle, die allen offen stand und wahrscheinlich deswegen nicht innerhalb der Quermauer placiert werden konnte, welche die Burg in zwei Teile mit unterschiedlichem Status teilte. Nach aussen hin sah die Burg wie ein geschlossener Feldsteinblock mit nur kleinen Schiessscharten in den Mauern aus. Im Innern gab es rund vierzig Räume, die mit ihren Türöffnungen und Fenstern zum innere Burghof hin lagen.

Auch die Burg Hämeenlinna machte eine ähnliche Veränderung durch. Die Fronten des Baus wurden an den vier Seiten hochgezogen, und an allen vier Ecken mauerte man einen kleinen Turm. Da der Ausgangspunkt die früher errichtete quadratische Ringmauer war, die man dazu gebaut hatte, standen die Türme nun inmitten der Mauern und waren also keine flankierenden Ecktürme mehr. Alle Teile, die über der ältesten Ringmauer errichtet wurden, wurden aus Backstein gemauert, was der Hämeenlinna ihren spezifischen Charakter gab, der sie von den übrigen Burgen in Finnland abhebt.

In den zum Burghof hin liegenden Mauern wurde dekorative Ziegelornamentik angebracht, die auf Vorbilder im norddeutschen Backsteinbau zurückgeht. Mit Friesen und Nischen, die aus speziell angefertigten Formziegeln gemauert wurden, kennzeichnete man das Hauptgeschoss, das zweite Geschoss, welches hinter seinen Mauern unter anderem einen gewölbten, zweischiffigen Saal und vermutlich eine Kapelle barg. Die quadratische Burg wurde später von einer äusseren Ringmauer umgeben, einer sog. Parcham, die nach Knut Drake

Abb. 4. Raseborg, wo die ältesten Teile in das Ende des 14. Jhs. zu datieren sind. — Photo C.J. Gardberg 1986.

zwischen 1350 und 1450 in drei Abschnitten errichtet wurde.

In die zweite Hälfte des 14. Jhs. kann man vermutlich auch die Hauptteile der recht grossen Burgen Kastelholm und Raseborg datieren. Kastelholm auf Åland, welche für mehrere hundert Jahre die Burg war, von der aus die Männer des schwedischen Königs über die Åland-Inseln regierten, dürfte bereits gegen Ende des 13. Jhs. errichtet worden sein. Der Hauptturm in der Mitte der Anlage ist in der gleichen Weise gemauert wie die bereits genannten åländischen Kirchtürme. Ende des 14. Jhs. wurden die inneren Teile der Burg um einen kleinen Burghof südlich des Hauptturms gebaut. Hier wurde der sogenannte Palast errichtet, der an seiner zum Burghof liegenden Fassade eine aus Naturstein gemauerte Galerie hatte. Nördlich des Turms wurde eine längliche Vorburg gebaut, deren Fronten später, im 16. und 17. Jh., an den Mauern im Osten und Norden hochgezogen wurden.

Was Raseborg an der Küste im westlichen Uusimaa, ungefähr 90 Kilometer westlich von Helsinki, betrifft, so hatte man lange geglaubt, dass die Burg als rundes Kastell bereits gegen Ende des 13. Jhs. errichtet worden war. Die spätere Forschung ist jedoch zu dem Ergebnis gekommen, dass die ältesten Teile der Raseborg in das Ende des 14. Jhs. zu datieren sind, in die Zeit, wo der schwedische Adelige Bo Jonsson Grip die finnischen Burgen aufrüstete. Raseborg wurde damals als eine Anlage errichtet, die umgeben von einer hufeisenförmigen Ringmauer, in etwa wie die Burg Kuusisto, deutliche Anklänge an die vierseitige Grundform aufweist, wie sie für die Burgen des Deutschen Ordens typisch war.

In sämtlichen im folgenden genannten Fällen war die Entwicklung die, dass früher errichtete Kastelle zu geschlossenen Burgen ausgebaut wurden. Diese Burgen dienten dazu als Sitz der Verwaltung der Krone in der dicht bebauten Umgebung. Das regelmässige Kastell, dass als befestigtes Lager dienen konnte, lebte indes in kleineren Anlagen weiter, insbesondere in denen, die unter König Albrecht von Mecklenburg seit etwa 1360 zur Effektivierung der königlichen Verwaltung errichtet worden waren. Junkarsborg in Karjaa im westlichen Uusimaa, 1395 vermutlich "Varcholm" und "Vartholm" genannt, wurde als rechteckiges Kastell (15 x 21 M) erbaut. Einen ähnlichen Grundriss hat Liinmaa nahe der Stadt Rauma, 1395 als "Vreghdenborch" bezeichnet. Korsholm an der Küste, an der Stelle, wo später die Stadt Vaasa erbaut wurde, wurde 1384 "Crysseborgh" genannt. Das Kastell wurde auf einer viereckigen, teilweise künstlich errichteten Insel erbaut. Oulunlinna hoch im Norden wurde laut russischen Quellen 1375 gegründet.

In der ersten Hälfte des 15. Jhs. wurden die bedeutendsten Bauarbeiten an der Burg von Viipuri

Abb. 5. Kastelholm auf der Insel Åland. Die Hauptburg links, die Vorburg rechts. — Photo Finnisches National- museum / Juhani Rinne 1906.

ausgeführt, als Karl Knutsson Bonde in den Jahren 1442—1443 an der Innenseite der bereits früher errichteten Ringmauer die Fronten der Burg hochziehen liess. Auch die anderen Arbeiten an der Burg im Spätmittelalter weisen darauf hin, dass Viipuri der Vorposten des schwedischen Reichs an der Grenze zu den Russen im Osten war.

Das bedeutendste Bauwerk des Spätmittelalters wurde 1475 begonnen, als Erik Axelsson Tott für die schwedische Krone weit im Landesinneren, an der damaligen Grenze zu Russland, die Burg Olavinlinna baute. Der Anlass war vor allem der, dass die Moskowiter Novgorod erobert und unterworfen hatten. Man hatte sich also darauf vorzubereiten, dass der hundertfünfzigjährige Friede an der Ostgrenze bald gebrochen werden sollte.

Olavinlinna wurde als dreieckige Hauptburg mit flankierenden hohen Rundtürmen erbaut, einem an jeder Ecke. Die Vorburg östlich der Hauptburg wurde nahezu quadratisch erbaut mit je einem Turm an den äusseren Ecken. Die Zahl der Türme betrug somit fünf. Die Verteidigung wurde auf die Türme konzentriert, was eine Folge davon war, dass die Burg gegen Angreifer gebaut wurde, die mit Feuerwaffen bewaffnet waren. In den früheren Burgen hatte man die Verteidigung zu gleichen Teilen auf die Öffnungen längs der gesamten Ringmauer verteilt. In der Olavinlinna wurden indes die Turmräume, einer mittelalterlichen Tradition folgend, weiterhin auch als Wohnräume benutzt.

Aus der gleichen Zeit wie die Burg Olavinlinna stammt die Stadtmauer von Viipuri, die ebenfalls von Erik Axelsson Tott in Auftrag gegeben worden war. Den erhalten gebliebenen Karten zufolge war es eine grosse Anlage östlich der Burg, mit etwa einem Dutzend Türmen, sowohl runden als auch viereckigen. Erik Axelsson Tott erwähnt in einem Brief, dass er beim Bau der Olavinlinna "sechszehn gute Maurermeister aus dem Ausland " mit dabei hatte. Allem Anschein nach haben diese auch die Stadtmauer von Viipuri erbaut. Antero Sinisalo hat angenommen, dass die Maurermeister aus Reval

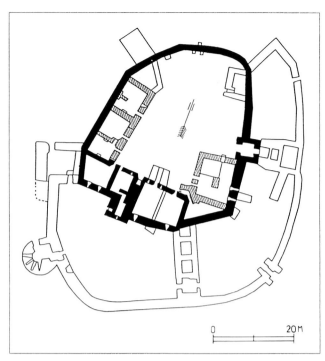

Abb. 6. Die Bischofsburg Kuusisto wurde auf einem Plateau erbaut, mit einer Hauptburg im 14. Jh. und drei Vorburgen im 15. Jh. — Nach C.J. Gardberg.

stammten, wo die Stadtmauer zur gleichen Zeit einen neuen Bauabschnitt erlebte.

An dieser Stelle kann man hinzufügen, dass sich die runden Türme von der Olavinlinna auch in anderen Burgen wiederfinden. Erik Axelsson Totts Bruder Lars sass zur selben Zeit auf Raseborg, die vermutlich gerade dann ihren runden Eckturm erhielt. Es ist noch heute ein massiver, gewaltiger Turm, aber ursprünglich war er vom selben Typ wie die Türme von Olavinlinna und ist möglicherweise auch von Erik Axelssons ausländischen

Abb. 7. Die Burg Olavinlinna, im Jahre 1475 an der damaligen Grenze zu Russland gegründet.

Maurermeistern errichtet worden. Noch ein weiterer Bruder Totts, Ivar, sass auf einer Burg, und zwar auf Stegeborg in Schweden, in der Nähe der Stadt Norrköping. Auch dort findet man einen runden Turm vom selben Typ wie die Türme von Olavinlinna. Schliesslich kann man noch anfügen, dass auch die Bischofsburg Kuusisto in den 1480er Jahren einen runden Kanonenturm vom selben Typ erhielt.

Gegen Ende des 15. Jhs. wurden auch die ersten Herrenhof-Burgen gebaut. Königin Margareta hatte es Ende des 14. Jhs. den mächtigen Männern im Lande untersagt, sich Burgen aus Stein zu errichten, und man nimmt an, dass dieses Verbot in Schweden und Finnland zumeist befolgt wurde. Im Jahre 1483 wurde es jedoch aufgehoben. Hiernach waren es vor allem die Geschlechter Fleming und Horn, die sich Steinhäuser errichteten. Die Flemings liessen bereits Ende des 15. Jhs. auf einer Halbinsel Sundholm bauen, wo man heute noch den Wallgraben sehen kann, der das Gut schützte, und errichteten ausserdem Qvidja westlich von Turku, heute die besterhaltene Herrenhof-Burg Finnlands aus dem späten Mittelalter. Das erste Steinhaus der Horns dürfte Vuorentaka in der Nähe der Stadt Salo gewesen sein. Vom Ende des 15. Jhs. stammen vermutlich auch die ältesten Teile von Grabbacka des Geschlechts Grabbe. Aus dem 16. Jh. wiederum stammen Sjundby, Kankas und Haapaniemi.

In der Mitte des 16. Jhs. war der Burgenbau auch in Finnland an einem Scheideweg angelangt. Behausungen und Verteidigungsanlagen lösten sich voneinander und gingen danach getrennte Wege. Zwei grosse Objekte veranschaulichen das. Das eine ist das sogenannte Hornwerk in Viipuri. Die Stadtmauer vom Ende des 15. Jhs. konnte zur Mitte des 16. Jhs. den schweren Kanonen nicht mehr standhalten, und so baute man in den 1560er Jahren an der Ostseite der Stadt das vorgeschobene Hornwerk mit zwei flankierenden Bastionen nach italienischem Muster. Derartige Bastionen waren erst einmal zuvor im Norden erbaut worden, und zwar in den 1540er Jahren in Uppsala. Seit den 1580er Jahren wurden dann solche Bastionen an allen bedeutsamen Festungsanlagen errichtet.

Das zweite Beispiel ist die Burg von Turku, wo in den Jahren 1556—1561 der Hauptteil mit einem neuen Wohn- und Repräsentationsgeschoss für Herzog Johann und seine polnische Prinzessin Katarina Jagellonica ausgestattet wurde. Die grosse Feldsteinburg hatte ihre Rolle als Wehranlage ausgespielt; die schweren Kanonen jener Zeit konnten hinter den kleinen Schiessscharten oben an der Mauerkrone nicht mehr eingesetzt werden. Die gesamte Verteidigung musste auf das Bodenniveau verlegt werden, wo man nach und nach Wälle errichtete. Die Folge war, dass das vormalige

Schützengeschoss überflüssig wurde und für den Bedarf des Herzogs umgebaut werden konnte. Die geänderten Funktionen verlangten nach neuen Formen; nun durchbrach man die äussere Mauer und baute grosse Fenster auch nach aussen hin. Zugleich begann man die ganze Burg als ein einziges Gebäude mit einheitlichem Grundriss und inneren Verbindungen zwischen den verschiedenen Teilen zu sehen. Die alte mittelalterliche Burg wurde somit in ihren herausragenden Teilen zu eine Palast im Geiste der frühen Renaissance.

Die geographischen Verhältnisse in Finnland hatten jedoch zur Folge, dass man noch zu Beginn des 17. Jhs. im Landesinneren Burgen nach mittelalterlichen Prinzipien baute. In der Vorburg von Olavinlinna wurde im Jahre 1604 ein erhalten gebliebener Eckturm für Kanonen umgebaut, und weiter im Norden, an der Grenze zu den Russen, wurde 1607 die Burg Kajaaninlinna als rechteckige Feldensteinburg mit runden Kanonentürmen an jedem Ende errichtet. In der weglosen Ödmark konnte man nach wie vor eine Bauweise anwenden, die an zentraler gelegenen Orten ihre Bedeutung schon verloren hatte.

Knut Drake

Die Burg Turku

Die Burg liegt heute mitten im Hafen der Stadt Turku (schwed. Åbo), die bis Anfang des 19. Jhs. die grösste Stadt Finnlands war. Seit Anfang des 14. Jhs. war sie Sitz des Bischofs von Finnland und ist immer noch Sitz des evangelischen Erzbischofs des Landes. Die Burg wurde unfern der Stadt, auf einer winzigen Felseninsel in der Mündung des Flusses Aura gegründet. Mit dieser Lage konnte sie den Schiffsverkehr von und zu der Stadt vollkommen kontrollieren.

Die Burg Turku wird 1308 das erste Mal in einer historischen Quelle genannt und spielt bis zu Ende des Mittelalters eine wichtige Rolle als Sitz der Verwaltung SW-Finnlands. In gegensatz zu den übrigen finnischen Burgen steht Turku meistens unter Obhut der Zentralverwaltung des schwedischen Reiches in Stockholm. Im Jahre 1556 wird sie Sitz des Herzogs Johan von Finnland, des zweitältesten Sohns König Gustav Wasas. Johan wird 1563 von seinem älteren Bruder, König Erik abgesetzt und damit verliert die Burg ihre zentrale Stellung. König Gustav II Adolf besuchte die Burg noch 1614. Bei dieser Gelegenheit entsteht in der Hauptburg eine Fauersbrunst und die ganze Einrichtung wird zerstört. Danach dient die Hauptburg nur als Speicher.

Unter Johan III (1567—1592), dem ehemaligen Herzog Finnlands, wird die Vorburg zu ihrem jetzigen Umfang ausgebaut. Im 17. Jh. ist die Vorburg noch Sitz der Regionalverwaltung von Turku, aber in den nächsten zwei Jahrhunderten dient die Burg nur als

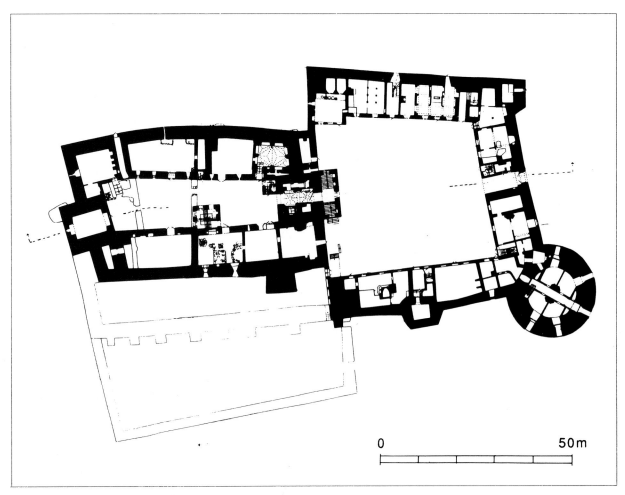

0   50m

Die Burg Turku nach C. J. Gardberg.

Magazin und Gefängnis. Das Wiederbeleben der Burg fängt mit der Gründung eines historischen Museums innerhalb ihrer Mauern 1881 an. Bei einen Bombenangriff 1941 wird die Hauptburg noch ein mal vom Feuer verheert. Von1946 bis 1961 wird sie nach Plänen des Architekten Erik Bryggmann wiederhergestellt.

Die Burg besteht aus einer Hauptburg im W und eine Vorburg im O. Die 65x40 m grosse Hauptburg steht auf Felsgrund. Der Plan ist ein rechtwinkliges Viereck, dessen Nordseite entlang der Bergkante gibt es rundet. Im S und N von dem rechtwinkligen Burghof hohe Wohntrakte und der Hof wird in W und O von Türmen begrenzt. Ein mächtiger Treppenturm aus dem Jahre 1550 teilt dem Hof in zwei Teile. Reste einer Mauer zeigen, dass der Hof auch vorher zweigeteilt war. Die drei untersten Stockwerke der Hauptburg stammen aus dem Mittelalter. Das oberste Stockwerk mit seinen vier grossen Sälen ist in der Zeit Herzog Johans entstanden. Unter dem Dachboden gibt es noch moderne Räume für die Museumstätigkeit. Die Vorburg umfasst drei Wohntrakte, die heute museal verwendet werden.

Die Hauptzüge der Baugeschichte der Hauptburg wurden in den 1930er Jahren von Iikka Kronqvist geklärt (Kronqvist 1946, 1947, Gardberg 1967). Die Um- und Zubauten des 16. Jhs. hat Carl Jacob Gardberg gründlich klargelegt (Gardberg 1959). Der Verfasser hat zur Deutung der mittelalterlichen Baugeschichte beigetragen (Drake 1984).

Nach den Ansichten Kronqvists kann man die mittelalterliche Baugeschichte der Burg in vier Hauptperioden einteilen, angefangen mit einem Lagerkastell un 1280. Etwa 1300—1320 wird das Kastell in Hauptburg und Vorburg eingeteilt und weit ausgebaut. Bei der dritten Periode Kronqvists 1365—1400 werden die N- und S-Trakte der ganzen Burg gleich hoch aufgeführt und mehrere Säle gewölbt. In der vierten Periode um 1480 wird die sog. Sturekirche eingerichtet und die ganze Burg mit einem neuen Verteidigungsstockwerk versehen.

Wie ich in meinem Beitrag in diesem Buch gezeigt habe, muss die mittelalterliche Baugeschichte der Burg neugeschrieben werden. Vor allem muss man die Baugeschichte in viel mehr als vier Perioden enteilen. Seit 1991 ist ein Forschungsprojekt im Gange, um die Stellung der Burg Turku in der Geschichte Finnlands zu klären. Es ist zu hoffen, dass auch die mittelalterliche Baugeschichte der Burg in diesem Zusammenhang geklärt wird.

Knut Drake

Die Burg Stenberga

Die Burgruine Stenberga im Kirchspiel Masku liegt auf einem ca. 10 m hohen Berghügel am Ufer eines Flüsschens nicht weit von der Küste, im Kirchspiel Masku, ca. 20 km NW von Turku.

Der Hof Stenberga erscheint in den Urkunden das erste Mal 1389 und gehört da der schwedischen Krone und ist dem Statthalter auf der Burg Turku, Jakob Abrahamsson Djäkn, verliehen. 1438 wird Stenberga dem in diesem Jahre gegründeten Kloster Naantali verehrt. Der Hof wird dann bis zum Ausgang des Mittelalters von einem Verpachter des Klosters bewirtschaftet.

Von der mittelalterlichen Burg sind spärliche Mauerreste einer schief viereckigen Anlage, 13x13 m, erhalten. Bei einem Umbau hat man einen Eingang auf der O-Seite der Mauer geöffnet und das Rechteck durch neue Mauern in drei Räume geteilt. Unterhalb des Berges gibt es Mauerreste einer zweiten Anlage (9,0x6,5 m) und einen alten Brunnen.

Der erste Mittelalterarchäologe Finnlands, Juhani Rinne (1872—1952), hat Stenberga 1908 untersucht und 1932 die Ergebnisse veröffentlicht (Rinne 1932). Rinne hat bei der Ausgrabung Backsteine, Rippenbacksteine und Fragmente von Kalksteinkonsolen gefunden. Er nimmt an, dass Stenberga früher der Kirche gehört hätte, da es nahe an der Mündung des Flusses Hirvijoki liegt, der an der alten Bischofskirche Nousiainen vorbefliesst. Er meint, dass die Feldsteinmauern von einer Bischofsburg Mitte des 12. Jh. stammen und das der Umbau unter Verwendung von Backsteinen von Jakob Abrahamsson ausgeführt worden ist. Die Mauerreste unterhalb des Berges stammen nach seiner Meinung aus dem Torturm.

Rinnes Ansichten sind reine Spekulationen. Es gibt keine Belege dafür, dass der Hof je der Kirche gehört hat und eine Datierung der Feldsteinmauern ins 12. Jh. is gar nicht glaubwürdig. Eine Möglichkeit ist, dass Jakob Abrahamsson, der 1377—1399 Vogt auf der Turku war, die ältere Anlage in den 1380er Jahren als eine Turmburg gebaut hat und dass der Umbau kurz vor der Übernahme des Klosters 1438 stattgefunden hat.

0   20m

Die Burg Stenberga. P. Lahdenperä nach J. Rinne.

Ulla Lähdesmäki

The Hillfort of Vanhalinna

Vanhalinna hillfort is situated in Lieto parish about 8 kilometers from the mouth of the Aurajoki River Valley towards the upper course between the river and an old land route to Häme (The Ox Road/Härkätie to Tavastland). The fortified hill rises 56 m about the present sea level and because of its steep slopes it has a dominating position in the large open field. The northwestern end of the hill with its ravines rises directly from the river. The hill formed an island in the ancient Baltic Sea in the 7th millennium B.C. At the beginning of the Christian era the sea level was

about 10 meters higher than today and the mouth of the river was situated close to Vanhalinna. The river has been considered to be a navicable channel and an important route almoust until the 9th cantury A.D. but as a result of land uplift it became shallower and lost its importance.

The oldest known document of Vanhalinna has been dated in 1438. It announces that the Swedish privy council will convey an estate to the bishop and the Chatedral congregation of Turku from Lieto next to the old fortification, "widh gambla husith". In 1956

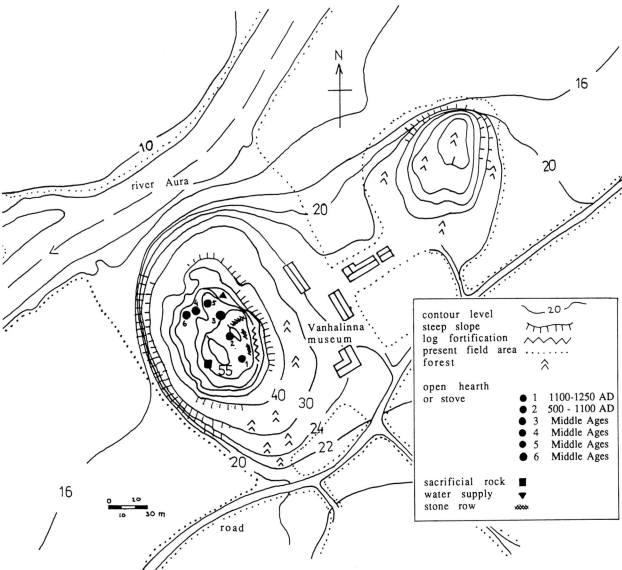

The Hillfort of Vanhalinna, plan by U. Lähdesmäki.

the estate of Vanhalinna was donated to the University of Turku and this resulted in archaeological researches in 1957—1975. At the top of the hill and on the slopes of it an area about 1700 square meters was examined, i.e. about 50 % of the estimated area of cultural layers of the hillfort. Researches on Vanhalinna have been published by Juhani Rinne (Rinne 1914) and Jukka Luoto (Luoto 1984, 1988). The summary in hand is based on Luoto's studies and publications.

The first actual phase of settlement in Vanhalinna dates back to the Bronze Age in about 1000—500 B.C. The dwelling place ceramics of the Bronze Age type have been found (of vessels with scratched surface or of vessels decorated with pits, of the thin cup-shaped vessels of the Lusatian type ceramics and plastered ceramics) and a fragment of a casting mold made of clay (used in casting an annular neck-ring). A scraper of flint and grooved clubs made of stone date back to the Bronze Age or earlier. Some of the lumps of amber found on the hill possibly date back to the Bronze Age. The settlement of Vanhalinna grows weaker and the area becomes deserted in the turn of the Bronze and Iron Ages. In the 6th century A.D. the hill was brought anew into use for about 200 years and this resulted in an important period of fortification. The top of the hill was levelled by filling the hollows in the rock with stones and by covering a part of the top by clay and stones. On the eastern edge of the terrace a wooden fortification was formed.

The equipment of the hill fort was probably taken care of by the people living in the surrounding river valley. The most prosperous phase of the fort started in the 11th century and lasted till the early Middle Ages in the 14th century. It has been interpreted as a manned fortification that had several wooden buildings. In the Middle Ages the southeastern slope of the hill was protected by two defensive lines: the route leading to the top of the hill was first of all protected by a fortification and in addition to this the eastern end of the top was surrounded by a fortification made of pine logs. The foundations of the fortifications were made of natural stones. In the excavations at the beginning of the 20th century there were found on the gentle southern slope large natural stones that were interpreted as parts of the outer defence line of the fortification. The existence of this was however not confirmed in the later researches. At the beginning of this period the fortification was obviously still protecting the local population but presumably in about the middle of the 12th century it became a fortification of the Swedish Crown without traces of change in the archaeological material. The importance of Vanhalinna grew smaller in the 13th century because the river got shallower and because of the marine regression. In the residental center of the mouth of the river people started to build a castle of granit (grey stone) and a church.

There has been a necessary "well" at the hill fort, a natural hollow in the rock where the rainwater was collected. In the excavations at the top of the hill there has been found traces of at lest 11 buildings. The oldest has been made in the wattle and daub technique, the rest have been made of logs. The buildings have been dated to the later Iron Age and to the Middle Ages. The buildings had a ground floor, some of them probably had a roof of birch-bark judging on the charred rolls of bark. At least four of the buildings had as hearths stoves made of natural stones and equipped with long furnaces. These buildings have dated back to early Middle Ages. In the western part of the hillfort there is a sacrificial rock next to the edge of a rocky terrace.

Leena Venhe — Kari Uotila

Die Burg Kuusisto

Die Ruinen der Bischofsburg Kuusisto liegen im Südwesten Finnlands im östlichen Teil der Insel Kuusisto. Die Entfernung zum Åboer Schloss beträgt etwa 20 km. Die Burg liegt zur Zeit in Ruinen. Nur das Kellergeschloss und einige von den Grundmauern sind zu sehen.

In den achtziger Jahren des 19. Jhs. wurden die Ruinen der Bischofsburg Kuusisto unter Reinold Hausens Leitung ausgegraben (Hausen 1883). Danach sind die Ruinen beinahe ein ganzes Jahrhundert restauriert und untersucht worden. Die heutigen, umfassenden Restaurationsarbeiten und Untersuchungen, die seit 1985 im Gang sind, werden bis Ende des 20. Jhs. fortgesetzt werden. Das ganze Jahrhundert hindurch hat man grossen Wert auf die Instandsetzung der Ruinen gelegt. Die archäologischen und baugeschichtlichen Untersuchungen sind gering gewesen, daher kommt es, dass die Geschichte der Burg noch zum grossen Teil unklar ist.

Ausser der Burg, die ursprünglich auf einer kleinen Insel gestanden hat, haben möglicherweise auch eine hölzerne Kapelle und ein Friedhof, die auf einem steil abfallenden Hügel gelegen haben, zu der Burg gehört, wie auch die Reste eines alten Meierhofs im Gebiet des heutigen Gutshofs und die Reste eines ehemaligen Dorfs auf einem nahe liegenden Acker.

Der Bischofshof in Kuusisto wird zum ersten Mal gegen Ende des 13. Jhs. erwähnt, aber die Burg wird erst im 15. Jh. zum ersten Mal genannt. Vor allem

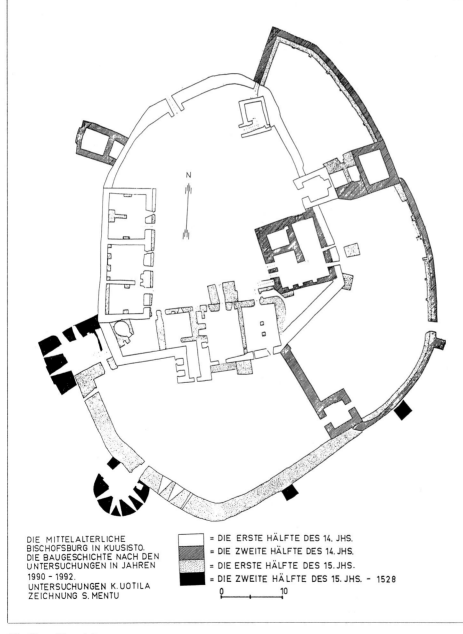

DIE MITTELALTERLICHE
BISCHOFSBURG IN KUUSISTO.
DIE BAUGESCHICHTE NACH DEN
UNTERSUCHUNGEN IN JAHREN
1990 - 1992.
UNTERSUCHUNGEN K.UOTILA
ZEICHNUNG S. MENTU

☐ = DIE ERSTE HÄLFTE DES 14. JHS.
▨ = DIE ZWEITE HÄLFTE DES 14. JHS.
▦ = DIE ERSTE HÄLFTE DES 15. JHS.
■ = DIE ZWEITE HÄLFTE DES 15. JHS. - 1528

0   10

Die Burg Kuusisto

nach J.-P. Taavitsainen würden die Bauarbei-ten der Steinburg erst im 15. Jh. begonnen worden sein (Taavitsainen 1980). Nach der traditionellen Auffassung (Hausen 1883, Rinne 1904, Gardberg 1978) wäre die Steinburg spätestens zu Anfang des 14. Jhs. errichtet worden. Die archäologischen Untersuchungen in den achtziger und neunziger Jahren des 20. Jhs. haben Gegenstände wie Münzen ans Licht gebracht. Diese deuten darauf hin, dass die Burg schon im 14. Jh. im Gebrauch war.

Der Bischofshof (curia) oder die Burg (castrum) wurde zum ersten Mal im Jahre 1318 zerstört. Die Nowgoroder haben ihn oder sie niedergebrannt. Die Burg oder der Bischofshof wurde aber bald wiedergebaut. C.J. Gardberg unterscheidet mit Hilfe der historischen Akten und baugeschichtlichen Beobachtungen fünf Bauperioden in der Geschichte der Burg Kuusisto (Gardberg 1978). Im 13. Jh. war die Burg ziemlich klein und bestand wahrscheinlich ganz aus den Holzgebäuden. Nach der zweiten Bauperiode nach 1317, wurde die Steinburg, d.h. die Ringmauer der inneren Burg und das Hauptgebäude errichtet. Die Burg war jetzt eine typische Burg nach Art des Deutschen Ritterordens. Diese hufeisen-förmige Burg war zum Beispiel der Burg in Thorn (Torun) ähnlich. Im südlichen Teil der halb-bogenförmigen Burg lagen die grossen Wohnräume. Der Burghof umfasste zwei Trakte.

Ursprünglich hatte die Burg nur ein oder zwei Stockwerke aus Stein, aber später wurde sie dreistöckig angelegt. Die Burg bestand aber wahrscheinlich nicht ganz aus Stein. Im Zusammenhang mit den archäologischen Untersuchungen der letzten Jahre sind auch viele Ziegel ans Licht gebracht worden. Die grosse Menge Ziegel deutet darauf hin, dass nicht nur die Fenster, Tore und Gewölbe aus Backstein waren, sondern auch weitere Teile der Burg aus Ziegel waren. Die zahllosen Dachziegel-Stücke sind ein Beweis für Ziegeldächer, die im Mittelalter sehr ungewöhnlich in Finnland waren.

Im 15. Jh. wurden drei Vorburgen südlich und östlich der Hauptburg hinzugebaut. Nach dem grossen Brand im Jahre 1485 wurde die Burg wiederhergestellt, wobei neue Türme, ein vierseitiger Turm und ein Rondell, errichtet wurden.

Die Forscher haben die Burg Kuusisto als ein kleines Adelsschloss zu betrachten gepflegt, wo der Bischof nur im Sommer gewohnt hat. Diese Auffassung ist jedoch irreführend. Nach den erhaltenen Akten hat der Bischof in Kuusisto beinahe das ganze Jahr hindurch gewohnt. Der Umfang der Burg ist ebenso relativ, weil zum Beispiel die Bodenfläche der Burg Kuusisto beinahe dieselbe wie die des Åboer Schlosses ist.

Die Burg Kuusisto war die finnische Bischofsburg bis zu den zwanziger Jahren des 16. Jhs. Im Jahre 1528 gab Gustav Wasa, König von Schweden, den Befehl, die Burg niederzureissen. Auf diese Weise wollte er die Macht der katholischen Kirche in seinem Reich brechen.

Knut Drake

Die Burg Raseborg

Die Burgruine Raseborg (finn. Raasepori) befindet sich an der finnischen Südkuste, ca. 80 km W von Helsinki, in der Stadt Ekenäs (finn. Tammisaari), ca.15 km O von der Stadtmitte. Raseborg liegt heute in einer ganz ländlichen Umgebung mit kleinen Bauernhöfe als nächsten Nachbarn.

Die Burg Raseborg ist urkundlich seit 1378 als Königsburg belegt. Damals war sie dem mächtigen Drosten Schwedens Bo Jonsson (Grip) verliehen. Im 15. Jh. war sie in der Hand des schwedischen Königs oder war an ihm nachstehenden Vasallen verlehnt. Die Burg hat vor allem eine grosse Rolle für den Handel mit Reval gespielt. Ab 1467 gehörte sie der mächtigen Familie Tott. König Gustav Wasa hat die Burg noch in den 1540er Jahren unterhalten lassen, aber hat sie kurz nach 1550 niedergelegt, weil der Hafen durch die Landhebung unbrauchbar wurde. Die Regionalverwaltung ist dann nach der neugegründeten Stadt Helsinki verlegt worden. Raseborg ist danach schnell eine Ruine geworden, die in den 1890er Jahren als Sehenswürdigkeit instandgesetzt wurde.

Auf einem Berghügel stehen die bis zu 15 m hohen Aussenmauern der ca. 40x40 m grossen Hauptburg und drei Stockwerke eines runden Turmes an deren S-Ecke. Innerhalb der Mantelmauer stehen Mauerreste von vier Wohntrakten um einen rechteckigen Hof. Im O und S von der Hauptburg sind Mauern dreier Zwingervorburgen und in der O-Vorburg Resten einer Barbakane. Östlich der Ruine gibt es ein Hügel mit reichlichen Resten alter Gebäude und noch weiter nach O ein zweiter Hügel mit Bebauungsresten.

Bei der Wiederherstellung in den 1890er Jahren wurde die Ruine ohne wissenschaftliche Grundlagen ausgegraben und restauriert. In den 1930er Jahren und dann wieder in den 1960er Jahren wurden punktuelle baugeschichtliche und archäologische Untersuchungen durchgeführt. Auf Grund der Ergebnisse dieser Arbeiten wurde ein Versuch gemacht, die Baugeschichte der Burg zu skizzieren. (Drake 1991).

Allem Anschein nach wurde die Burg in den 1370er Jahren von Bo Jonsson gegründet und hat ihrem Namen nach der norddeutschen Burg

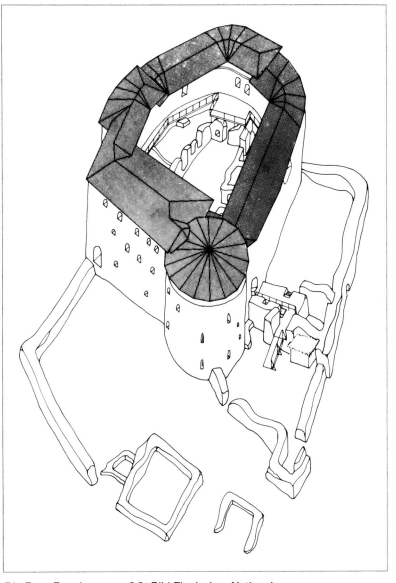

Die Burg Raseborg von SO. Bild Finnisches Nationalmuseum.

Ratzeburg bekommen. Die erste gemauerte Anlage bestand wahrscheinlich aus einer dem Felsrande angepassten Ringmauer mit drei Türmen. In der ersten Hälfte des 15. Jhs. wurden innerhalb der Mauer vier Wohntrakte um einen rechteckigen Hof aufgeführt. In der Zeit Laurens Axelssons von der Tott-Familie (1467—1483) hat man den mächtigen runden Turm zugefügt. Ähnliche Türme haben seine Brüder Ivar und Erik in den Burgen Stegeborg und Olavinlinna (schwed. Olofsborg) bauen lassen.

Knut Drake

Die Burg Hämeenlinna

Die Burg Hämeenlinna (schwed. Tavastehus) liegt bei der Wasserweg Vanaja in der Stadt Hämeenlinna ca. 100 km NNW von Helsinki. Sie umfasst die mittelalterliche Hauptburg, die mittelalterliche Vorburg mit militärischen Gebäude hauptsächlich vom Ende des 18. Jhs., und ein Wallgürtelgebiet des 18. Jhs. mit Gefängnisgebäuden des 19. Jhs. Die Burg steht am S-Ende eines ca. 700x200 m grossen Höherückens N von der heutigen Stadtmitte. Dieser Höhenrücken war im Mittelalter wasserumflossen. Die Burg wurde auf einem Moränenhügel gebaut, der ca. 15 m über dem Wasserspiegel des Vanajasees aufragte. Der alte Weg von Turku lief dicht an der Burg vorbei.

Die Burg Hämeenlinna wird, gleich der Burg Turku, das erste Mal 1308 urkundlich genannt. Im Mittelalter ist sie Sitz der Verwaltung des Burglehens Häme und ist meistens an Angehörige des Hochadels verliehen. Unter Gustaf Wasa kommt die Burg direkte im Hand des Königs und wird von einem Vogte verwaltet. Im 17. Jh. verfällt die Burg, bekommt aber im 18. Jh. von neuem militärische Bedeutung und wird am Ende des Jahrhunderts aufgerüstet. Nach 1836 wird die Burg in ein Gefängnis umgewandelt; Teile der Gebäude sind immer noch diesem Zwecke gewidmet. Die Hauptburg ist seit 1983 für das Publikum offen, die Vorburg dient Museumszwecken und in den nächsten Jahren werden auch die Gefängnisgebäude für neue Benutzung freigestellt.

Die Hauptburg ist die einzige erhaltene Backsteinburg Finnlands. Sie misst ca. 34x33 m im Plan und die gut erhaltenen mittelalterlichen Aussenmauern steigen über 15 m in die Höhe, die Türme in den W- und N-Ecken noch höher. Das heutige Dach stammt aus den 1720er Jahren, wo die Burg als Getreidespeicher der schwedischen Armee diente. Das regelmässige Quadrat der Hauptburg wird in SW von einem flankierenden Feldsteinbau, dem sog. Hahnenturm, gebrochen. Der Hahnenturm hat

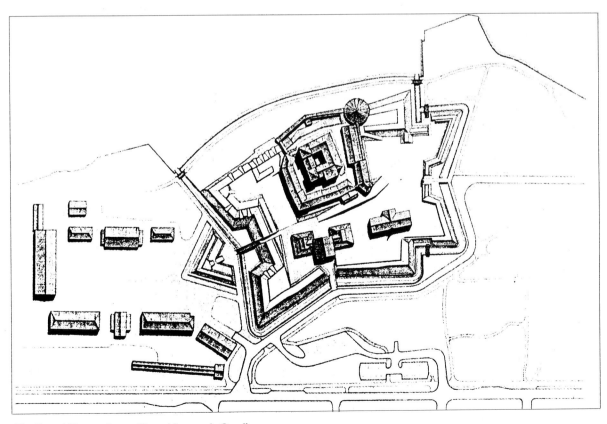

Die Burg Hämeenlinna. Grundriss nach Gardberg.

keinen markiertern Sockel. Sonst hat die Hauptburg ein stark geböschter Feldsteinsockel, der ein Stockwerk hoch ist.

Der Innenhof der Burg ist ca. 13x11 m gross und die umgebende Trakte drei Stockwerke hoch. Die zwei unteren Stockwerke sind mittelalterlich, das dritte stammt aus der Speicherperiode. Die Wände sind aus Backstein mit Feldsteinsockel, ausser der SW-Wand, wo die Feldsteinfassade des Hahnenturms zum Vorschein kommt. Um den Eingang zur Burgkapelle in der SO-Wand gibt es Ziernischen mit Fialenschmuck und in den NW- und NO-Wänden des ersten Oberstockes reiche Ziegelornamentik und reich profilierte Portale. Die Räume des Erdgeschosses sind mit Tonnengewölben versehen. Mehrere Zimmer in den oberen Stockwerken sind auch tonnengewölbt gewesen. Die grossen Sääle in der Mitte der SO- und NW-Trakte sind mit Kreuzrippengewölben versehen gewesen. Der Saal im SO war zweischiffig.

Im SO-Trakt ist neben dem spätmittelalterlichen Haupteingang ein 12 m tiefer Brunnen erhalten. Früher war der Eingang oben im ersten Obergeschoss des Hahnenturms. Bis zu den 1720er Jahren hatte die Hauptburg fünf Türme, vier Ecktürme und der Hahnenturm. Die Ecktürme waren durch einen Schützengang entlang der Aussenmauer mit einander verbunden.

Gleich einer Parchamanlage hat die Vorburg die Hauptburg auf allen vier Seiten umgeben. Die Vorburgmauer war hauptsächlich aus Backstein auf einem Feldsteinsockel, 1,5—2,0 m dick. In der S-Ecke der Vorburg war ein viereckiger Torturm und an der NW-Seite ein fünfeckiger Turm. Weitere Türme gab es in den N- und O-Ecken. Nach Mitte des 16. Js. wurde die Vorburg mit zwei mächtigen Kanonentürmen an den S- und O-Ecken versehen und hohe Wälle wurden vor den SO- und SW-Trakten verlegt. Diese Wälle wurden nach 1780 durch den heute zum grössten Teil erhaltenen Bastionsgürtel ersetzt.

Julius Ailio hat die Burg im Anfang dieses Jahrhundert untersucht, ohne Möglichkeiten zu irgendwelchen Eingriffen (Ailio 1917). Ab 1952 wurden bau- und bodenarchäologische Untersuchungen durchgeführt und 1968 ist eine Übersicht der mittelalterlichen Baugeschichte erschienen (Drake 1968).

Die mittelalterliche Baugeschichte der Burg kann nach Drake in fünf Perioden eingeteilt werden. Am Ende des 13. Jhs. wurde das Ringmauerkastell aufgeführt. Dies bestand aus der stark geböschten Sockelmauer der heutigen Hauptburg und war mit drei Ecktürme versehen. Der Burgbrunnen stammt aus dieser Periode. Am Anfang des 14. Jhs. wurde die Feldsteinburg gebaut, d.h. Wohntrakte wurde auf die Innenseite der Ringmauer gelegt. Gegen Mitte des 14. Jhs. wurde der Hahnenturm als Tor- und Wohnturm aufgeführt. Die Backsteinburg ohne Ecktürme wurde Ende 14., Anfang 15. Jh. gebaut. Nach einem Mauereinsturz in der Nordecke der Backsteinburg sind gegen Ende des 15. Jhs. die vier Ecktürme und der Schützengang zugefügt worden. Die Vorburg ist seit Mitte des 14. Jhs. in drei Phasen ausgebaut worden.

Päivi Luppi

Die Burg Hakoinen

Die Burg Hakoinen liegt 15 km südlich der Stadt Hämeenlinna am nordwestlichen Ufer des Sees Kernaala, etwa 62 m über dessen Wasserspiegel. Die Wasserroute Vanajavesi beginnt an diesem See.

Die Umgebung der Burg Hakoinen ist die Ursprungsgebiet der Eisenzeitbevölkerung von Vanaja-Häme. Es gibt dort Anzeichen einer früheisenzeitlichen Bevölkerung, mehrere Gräberfelder und Opfersteine. In der Burg Hakoinen selbst hat man bis jetzt keine prähistorischen Funde gemacht.

Auf der Burg Hakoinen wurden Ende des 19. und Anfang des 20. Jhs. Ausgrabungen durchgeführt. Der dreieckige Gipfel war von einer etwa 2 m dicken Feldsteinringmauer umgeben. Am nordwestlichen Teil der Ringmauer hat es ein Backsteinwohnge-

bäude mit zwei Zimmern gegeben. In einem dieser Zimmer war eine Feuerstelle mit Rauchfang. Im westlichen Teil des Burghofs stand ein getrenntes Backsteingebäude, das möglicherweise ein Turm war. Zur Burg führte ein steiler Pfad von Süden. Südlich der Burg Hakoinen befand sich eine Vorburg, und um diese eine umfangreiche Ringmauer aus Feldstein, ein trockener Graben und ein Erdwall. In der Vorburg gab es ein Holzgebäude sowie einen Brunnen oder Wasserbehälter.

Die Funde der Burg Hakoinen sind gewöhnliche mittelalterliche Gebrauchsgegenstände. Der einzige Münzfund ist eine Silbermünze aus der Zeit von Birger Magnusson, von 1290—1318. Knut Drake hat seine Aufmerksamkeit auf die Feuerstelle mit

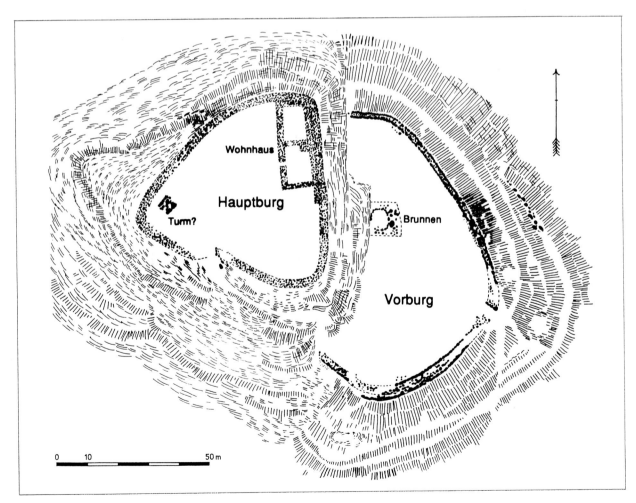

Die Burg Hakoinen. Burgberg nach J. Rinne.

Rauchfang gerichtet, dieser Typ kam sogar in Visby erst um 1300 in Gebrauch. Es ist daher denkbar, dass die Burg noch im 14. und 15. Jh. bewohnt war.

Man hat versucht, die mittelalterliche Burg Hakoinen mit Hilfe der Bauarchäologie, ihrer Funde und anhand historischen Quellen zu datieren. Juhani Rinne hat Hakoinen für die Burg gehalten, die Birger Jarl während des Zugs nach Häme gegründet hatte. Er hält die Burg Hakoinen ihrer Lage wegen für eine Grenzburg. Als Vergleich hat Rinne die Burg Lilleborg von Bornholm herangezogen, deren Zerstörungsjahr 1259 ante quem von Hakoinen wäre. Julius Ailio meint dazu, dass Hakoinen vor der Mitte des 13. Jhs. vom Bischof Thomas von Turku gegründet wurde. Auch Martin Olsson und Armin Tuulse halten die Burg Hakoinen für älter als die Zeit von Birger Jarl. Knut Drake hat anhand eines Vergleichs mit der Burg Lilleborg gemeint, dass die Burg an der Wende des 12. zum 13. Jhs. gebaut wurde. Zu dieser Zeit hatten die Dänen grosses Interesse an der südfinnischen Küste.

Nach Angaben der ältesten Nowgoroder Chronik vom 14. Jh. haben die Nowgoroder im Jahre 1311 einen Kriegszug nach dem Tawastland unternommen und dabei die Burg Vanai zerstört. Weil die Burg Vanai nicht bekannt ist, kann man nicht sicher sagen, ob man die Burg Hakoinen oder die Burg Hämeenlinna meinte. Die erste schriftliche Erwähnung der Burg Hämeenlinna stammt aus dem Jahre 1308. Drake ist der Meinung, dass die Burg in der Chronik die Burg Hämeenlinna sein muss, da die Burg Hakoinen ihre strategische Bedeutung zu diesem Zeitpunkt bereitz verloren hatte.

Elisabeth and Piotr Palamarz

Kastelholm Castle

Kastelholm Castle, the only medieval castle in Åland, is situated in the north-eastern part of the Main Island, far inside a deep, narrow inlet opening into the Bay of Lumparn. The castle stronghold was built as a rectangular edifice on a rocky in a north-south direction. In conjuction with a rocky crest, it forms a defence towards Slottssundet, the inlet to the west.

The date of the castle's foundation is obscure. It is first mentioned in historical sources in 1388, in a list of property left by Bo Jonsson Grip (Hausen 1934). Strangely enough, in Bo Jonsson's will from 1384 Kastelholm is not included with the other castles in Finland, Turku (Åbo), Hämeenlinna (Tavastehus), Viipuri (Viborg), Raasepori (Raseborg) and Korsholma (Korsholm), contained in his region of administration, which also included Åland (Elfwendahl 1985). The expansion of the castle into a complex of mainly administrative function probably took place in about the year 1400, at the time when Åland became an independent administrative region, administered by the bailiff of Kastelholm, who was directly subordinate to the Crown (Fritz 1973). Apart from a fairly brief period in the middle of the 15th century, Kastelholm appears to have been a castle fief up to 1520. Among fiefholders in the Middle Ages were Karl Knutsson, Svante Nilsson, Knut Posse, Erik Johansson and Hemming Gadh. In 1523 Gustavus Wasa took over the castle and

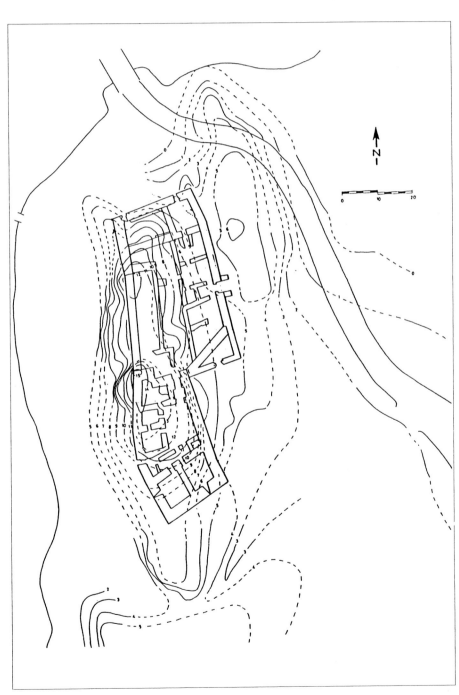

Kastelholm Castle, plan by R. Carlsson and P. Palamarz.

placed it under the Crown. From 1569 to 1603 his widow, Katarina Stenbock, held Åland in fief. Subsequently the castle was held by royal stateholders up to 1634, when Åland ceased to be an independent county, being placed under the County Governor of Turku. After that Kastelholm lost its importance and was left to decay slowly, until a fire in 1745 destroyed large parts of the complex, reducing the castle to a ruin.

The castle stronghold comprises a powerful encircling wall with several buildings adjoining its inner side. The castle complex consists of two parts, usually called the main castle, in the south, and the outer bailey, in the north. The main castle contains the keep tower, the so-called double rooms, the small courtyard and the south wing. The outer bailey, built somewhat later, is concentrated round a larger courtyard and consists of the north wing, the east wing the main entrance in the middle, and the west wing along the western encircling wall. In the south part the original fortress character has been preserved on the whole, in contrast to the northern buildings, which, after reconstruction, reflect thee representational functions of the castle to a greater extent.

The castle walls are built of Åland rapakivi granite, while brick is found mainly renewed in sections, the later parts of the complex and in door and window surround.

Around the castle, mainly in the east and south, remains of more ancient masonry have been encountered. The whole complex was originally surrounded by water and moats with multiple rows of poles and floating booms.

The first work of restoring and repairing the castle commenced in the 1890s. During the 1930s the north wing — in conjunction with its being renovated in order to house the Åland Museum of Cultural History — was the object of an architectural and historical investigation (Kronqvist 1934). Archeological research on Kastelholm Castle began in 1950, while more systematic excavations did not start until 1976. The present archeological and historical investigations are being carried out with the aim of improving our knowledge of the early history of Kastelholm and to provide a basis for the current restoration of the castle. Some of the results of these investigations have already been published in part (Andersson-Palamarz 1988), while other parts will be published successively, parallel with the continuing restoration work (Kastelholm Castle, Archeological investigations 1988—91).

Sources

Ahlefeldt-Laurvig 1959   J. Ahlefeldt-Laurvig, Fogedbygård. *Skalk.*

Ailio 1917   J. Ailio, Hämeen linnan esi- ja rakennushistoria. *Hämeenlinnan kaupungin historia* I.

Albrectsen 1981   E. Albrectsen, *Herredømmet i Sønderjylland 1375—1404.*

Albrectsen 1988   E. Albrectsen, Constitutio Valdemariana 1448. *Kongemagt og Samfund i Middelalderen.*

Alm 1927   J. Alm, *Vapnens historia.*

Alopaeus 1984   H. Alopaeus, Palissad vid Kastelholms slott. *Bottnisk kontakt* II.

Alttoa 1978   K. Alttoa, Vastseliina piiskopilinnus. *Töid kunstiteaduse ja -kriitika alalt* 2.

Alttoa 1978   K. Alttoa, Viljandi linna kujunemisest. *Ehitus ja Arhitektuur.*

Alttoa 1983   K. Alttoa, *Viljandi linnuse ajalooline öiend.* Manuscript.

Alttoa et al. 1987   K. Alttoa, T. Aus, K. Lange & J. Tamm, Neue Angaben zur Baugeschichte der Burgen in Rakvere, Paide und Narva. *Eesti NSV Teaduste Akadeemia toimetised, Ühiskonnateadused.* 4.

Alttoa et al. 1988   K. Alttoa, T. Aus, K. Lange & J. Tamm, Über Untersuchungen der Burgen in Rakvere, Paide und Narva. *Eesti NSV Teaduste Akadeemia toimetised, Ühiskonnateadused.*

Alttoa et al. 1989   K. Alttoa, T. Aus & J. Tamm, Uut Narva linnusest. *Eesti Loodus.*

Aluve & Lange 1980   K. Aluve & K. Lange, *Vahearuanne 1980. aastal Haapsalu piiskopilinnuses tehtud väliuurimiste kohta.* Manuscript.

Aluve 1981   K. Aluve, *Aruanne Haapsalu linnusel teostatud ehitusajalooliste uurimuste kohta 1977—1981.* Manuscript.

Aluve 1982   K. Aluve, *Kuressaare linnus.*

Aluve 1987   K. Aluve, Haapsalu piiskopilinnus. *Eesti Arhitektuur.*

Amelung 1898   F. Amelung, *Geschichte der Stadt und Landschaft Fellin von 1210 bis 1625.*

Andersen 1980   H. H. Andersen, *Die Burg in Itzehoe.*

Andersen 1981   H. H. Andersen, Der älteste Wall von Alt Lübeck. Zur Baugeschichte des Ringwalles. *Lübecker Schriften zur Archäologie und Kulturgeschichte* 5.

Andersen 1983   H. H. Andersen, Das Danewerk als Ausdruck mittelalterlicher Befestigungskunst. *Chateau Gaillard* XI.

Andersen 1984   H.H. Andersen, Ringborgernes alder. *Skalk.*

Andersen 1985   H. H. Andersen, Zum neuen Schnitt am Hauptwall des Danewerks. *Archäologisches Korrespondenzblatt* 15.

Andersen 1990   H. H. Andersen, Die jüngsten Ausgrabungen in Alt Lübeck: Zeugnisse einer Stabkirche wurden entdeckt. *Die Heimat. Zeitschrift für Natur- und Landeskunde von Schleswig-Holstein und Hamburg* 97.

Andersen et al. 1976   H. H. Andersen, H. J. Madsen & O. Voss, *Danevirke.*

Anderson 1972   I. Anderson, *Vadstena gård och kloster* I—II.

Anderson 1971	W. Anderson, *Burgen Europas von der Zeit Karls des Grossen bis zur Renaissance.*
Andersson 1988	H. Andersson, Är det borgar vi skall syssla med nu? *Den medeltida borgen. Aspekter på aktuell borgforskning.* J.Melander (ed.).
Andersson 1974	I. Andersson, *Skånes historia. Senmedeltiden.*
Andersson 1954	I. M. Andersson, *Erik Menved och Venden. Studier i dansk utrikespolitik 1300—1319.*
Andersson 1987	K. Andersson, Några synpunkter på bebyggelse och resursutnyttjande i södra Norrlands inland under järnålder och tidig medeltid. *Bebyggelsehistorisk Tidskrift* 14.
Andersson & Anglert 1989	H. Andersson & M. Anglert (ed.), *By, huvudgård och kyrka. Studier i Ystadsområdets medeltid.*
Andersson & Palamarz 1988	A.-P. Andersson & P. Palamarz, Kastelholms slott. Södra länga och den sk dubbelrumsanläggningen; resultat av de byggnadshistoriska undersökningarna. *Åländsk Odling.*
Annalen 1851	*Полное собрание русских летописей.*
Anting 1967	L. Anting, *Tallinna tulirelvameistrid ja relvad XIV—XVI sajandil.*
Appelgren 1891	Hj. Appelgren, Suomen muinaislinnat. *SMYA XII.*
Arbman 1940	H. Arbman, Birka I. *Die Gräber. Tafeln.*
Arman 1965	H. Arman, Linnaehitus. *Eesti Arhitektuuri Ajalugu.*
Arszynski 1961	M. Arszynski, Z badan nad zamkiem pokrzyzackim w Radzyniu. *Rocznik Grudziadzki.*
Artéus 1986	G. Artéus, Den svenska garnisonsstaden i romarnas spegel. *Meddelanden Armémuseum.*
Aun 1974	*М. Аун, Об исследовании поселения городища "Ложе Калевипоэга" в Алатскиви.* *Eesti NSV TA Toimetised. Ühiskonnateadused* 1.
Aun 1976	*М. Аун, Лепная керамика городищ и селищ юго-восточной Эстонии во второй половине I тыс. н.э.* *Eesti NSV TA Toimetised. Ühiskonnateadused* 4.
Aun 1979	*М. Аун, Археологические памятники втопой половины I тысячелетия н.э. на Юго- востоке Эстонии. Автореферат диссетации на соискание учетной степени кандидата исторических наук.*
Aun 1980	*М. Аун, Курганные могильники восточной Эстонии во второй половине I тыс. н.э.*
Aus 1982	T. Aus, Über die Forschung der Ordensburg von Rakvere in den Jahren 1976—1981. *Eesti NSV TA Toimetised. Ühiskonnateadused* 4.
Aus 1988	T. Aus, *Rakvere Ordulinuse 1987. aasta arheoloogilise järelvalve aruanne. Manuscript.*
Aus 1990	T. Aus, Neue Angaben zur älteren Besiedlung von Rakvere. *Eesti NSV TA Toimetised. Ühiskonnateadused* 4.
Aus & Tamm 1985	T. Aus & J. Tamm, Archäologische Forschung der Ordensburg von Rakvere in den Jahren 1982—1983. *Eesti NSV TA Toimetised. Ühiskonnateadused* 4.
Bååth 1933	L. M. Bååth, Den senare medeltiden. *Hälsingborgs historia* II:1.

Bååth 1974

D. Bååth, *Der Römische Limes.* Archäologische Ausflüge zwischen
Rhein und Donau.

Bachmann 1969

E. Bachmann, Architektur bis zu den Hussiterkriegen. *Gotik in
Böhmen.* K. M. Swoboda (ed.).

Barclay 1980

H. B. Barclay, The Role of the Horse in Man´s Culture.

Barkman et al. 1966

B. Barkman, S. Lundkvist & L. Tersmeden, *Kungl. Svea livgardes
historia* III:2 1632 (1611) — 1660.

Bastian 1961

W. Bastian, Zur Kemladenforschung. Die Kemladen von Lassan bei
Klocksdorf, Kreis Gadebusch, und ihre Funde. *Jahrbuch
Bodendenkmalpflege in Mecklenburg..*

Baujahr 1916

"Marienburger Baujahr 1916",Foto-Album mit Dokumentation der
Bauarbeiten an der Marienburg, Muzeum Zamkowe w Malborku.

Benninghoven 1976

F. Benninghoven, Die Burgen als -Grundpfeiler der
Spätmittelalterlichen Wehrwesens im preussisch-livländischen
Deutschordenstaat.*Vorträge und Forschungen XIX.*

Berg 1883

W. Berg, Slottsruinen på Ragnildsholmen. *Bidrag till kännedom om
Göteborgs och Bohusläns fornminnen och historia* II:4.

Bergmark 1983

M. Bergmark, *Från pest till polio.*

Bergold 1984

H. Bergold, Hallen. *Kastelholms slott, arkeologiska undersökningar
1982 och 1983.*

Biller 1986

T. Biller, Rechteckburgen im nordöstlichen Harzvorland. Zur
Entwicklung der norddeutschen Burgen im 14. Jahrhundert. *Burgen
und Schlösser.*

Birrell 1987

J. Birrell, Common Rights in the Medieval Forest: Disputes and
Conflicts in the Thirteenth Century. *Past & Present.*

Blank 1927

A. Blank, Folkungastudier. *Samlaren.*

Bloch 1989

M. Bloch, *Feudal Society.* 1—2.

Blomkvist 1986

N. Blomkvist, Bondelunk och utmarksdynamik. Samhällsutveckling i
Medelpad och och Ångermanland före 1600. *Ångermanland-
Medelpad.*

Boethius & Romdahl 1935

G. Boethius & A. Romdahl, *Uppsala domkyrka 1258—1435.*

Bohm 1980

E. Bohm, Slawische Burgbezirke und deutsche Vogteien. Zur
Kontinuität der Landesgliederung in Ostholstein und Lauenburg im
Hohen Mittelalter. *Germania Slavica.* W. H. Fritze (ed.).

Bonde 1979

N. Bonde, Eriksvolde. *Nationalmuseets Arbejdsmark.*

Bonde 1979

N. Bonde, Eriksvolde — en dendrokronologisk datering.
Nationalmuseets Arbejdsmark.

Boockmann 1989

H. Boockmann, *Der Deutsche Orden. Zwölf Kapitel aus seiner
Geschichte.*

Boserup 1975

I. Boserup, Identifikationen af Eskilds borg med Søborg.
Saxostudier.

Broberg 1987

A. Broberg, Vall i Valbo — en medeltida prästgård i Gästrikland.
Från Gästrikland.

Broberg 1988

A. Broberg, Totra, Välsta och Fröland — en grupp tidigmedeltida
befästningsanläggningar. *Den medeltida borgen. Aspekter på
aktuell borgforskning.* J. Melander (ed.).

Bruns & Weczerka 1967

F. Bruns & H. Weczerka, *Hansische Handelsstrassen.*

Bunge 1853   F. G. Bunge, *Livländisches — Estländisches und Kurländisches Urkundenbuch.*

Carlsson 1915   G. Carlsson, *Hemming Gadh. En statsman och prelat från sturetiden.*

Carlsson 1988   R. Carlsson, Osteologisk analys.*Kastelholms slott, arkeologiska undersökningar 1982 och 1983.*

Carlsson 1991   R. Carlsson, Arkeologisk undersökning utanför slottets nordöstra del. *Kastelholms slott, arkeologiska undersökningar 1985—1989.*

Caune 1982a   A. Caune, Izrakumi Bauskas pili 1980. un 1981. gada. *Atskaites sesijas materiali.*

Caune 1982b   A. Caune, Jumta seguma materiali Bauskas pili (15.—17. gs). *Atskaites sesijas materiali.*

Caune & Grube 1984   A. Caune & J. Grube, Izrakumi Bauskas pilsdrupas. *Atskaites sesijas materiali.*

Caune 1986   A. Caune, *Bauskas pils 1976—1986 gadu arheologisko izrakumu resultatu skate.*

Cederlöf 1965   O. Cederlöf, *Vapnens historia.*

Cerbulénas 1987   K. Cerbulénas, Medinés pilys ir ju gynybiniai irenginiai. *Lietuvos arcihtektúros istorija.*

Chatelain 1983   A. Chatelain, *Chateaux Forts, images de pierre des guerres medievales.*

Chodynski 1988   A. R. Chodyński, *Zamek Malborski w obrazach i kartografii.*

Christensen   A. E. Christensen, *Gyldendals Danmarks Historie 1250—1400.*

Christensen 1983   H. Christensen, *Len og Magt i Danmark 1439—1481.*

Christensen 1987   T. Christensen, Lejrehallen. *Skalk.*

Cinthio 1966   E. Cinthio, Kungapalatset i Dalby. *Ale.*

Cinthio 1968   E. Cinthio, The churches of St. Clemens in Scandinavia. *Res Medievales, Archaeologica Lundenses* 3.

Clasen 1927   K. H. Clasen, *Die mittelalterliche Kunst im Gebiete des Deutschordensstaates Preussen. Bd. I. Die Burgbauten.*

Clasen 1939   K. H. Clasen, Grundlagen baltendeutscher Kunstgeschichte. *Baltische Lande* I.

Clasen 1961   K. H. Clasen, *Deutsche Gewölbe der Spätgotik.*

la Cour 1953   V. la Cour, Bastrup stenhus. *Fra Fredriksborg amt.*

la Cour 1961   V. la Cour, *Næsholm.*

la Cour 1968   V. la Cour, Om studiet af vore danske voldsteder. *Historisk Tidsskrift.*

la Cour 1972   V. la Cour, *Danske Borganlæg. Til midten af det trettende århundrede* I—II.

la Cour & Stiesdal 1957 V. la Cour & H. Stiesdal, *Danske Voldsteder I, Thisted Amt.*

Crumlin-Pedersen 1975 O. Crumlin-Pedersen, "Æ Lei" og "Margrethes Bro". *Nordslesvigske Museer.*

Crumlin-Pedersen 1985 O. Crumlin-Pedersen, Ship Finds and Ship Blockages AD 800—1200. *Archaeological Formation Processes.* K. Kristiansen (ed.).

Crumlin-Pedersen 1990   O. Crumlin-Pedersen, Sejle op ad åen — Skibsfund og
                         sejlspærringer i danske indvande. *Vandløb og kulturhistorie.*

Dahlbäck 1977   G. Dahlbäck, *Uppsala domkyrkas godsinnehav med särskild hänsyn
                         till perioden 1344—1527*

Davies 1989   R. Davies, *Service in the Roman Army.*

DD   *Diplomatarium Danicum.*

Dehn 1987   T. Dehn, Folkevolde. *Bevar din arv* . I. Nielsen (ed.).

Denkstein 1948   V. Denkstein, Zvikov. *Poklady národního umeni L.*

DMS 1984   *Det Medeltida Sverige*: Uppland, Tiundaland: Ulleråker, Vaksala,
                         Uppsala stad.

DO 800   *800 Jahre Deutscher Orden.*

Dovring 1951   F. Dovring, *De stående skatterna på jord 1400—1600.*

Drake 1967   K. Drake, Mikä oli Vanain linna? *Arx tavastica* 1.

Drake 1968   *Die Burg Hämeenlinna im Mittelalter.*

Drake 1984   K. Drake, Herrekällaren i Åbo slott. *ABOA* 48.

Drake 1985   K. Drake, Medeltidskyrkor i sydvästra Finland. *ABOA* 49.

Drake 1989   K. Drake, Borgar, kyrkor och ekonomi i Finland 1220—1520. *META.*

Drake 1991   K. Drake, Raseborg — gråstensmurarna berättar sin historia.
                         Snappertuna, en kustbygds hävder I.

Dreijer 1983   M. Dreijer, *Det åländska folkets historia I:1, Från stenåldern till
                         Gustav Vasa.*

Durdík 1978   T. Durdík, Nástin vyvoje ceskych hradú 12. — 13. století —
                         Entwicklungsskizze böhmischer Burgen aus dem 12. — 13.
                         Jahrhundert. *Archaeologia historica* 3.

Durdík 1984   T. Durdík, *Ceské hrady.*

Durdík 1986   T. Durdík, Castel-type castles in Bohemia. *Archaeology in Bohemia
                         1981—1985.*

Durdík 1988   T. Durdík, Die Entwicklung der bömischen Burgen im 13.
                         Jahrhundert. *Steine sprechen* 86 (XXVII/2).

Durdík 1989   T. Durdík, K otázce púvodu kastelú stredoevropského typu — Zur
                         Herrkunft der Kastelle des mittelauropäischen Typs. *Archaeologia
                         historica* 14.

Durdík 1993   T. Durdík, Die königliche Burg in Písek.

Durdík (im Druck)   T. Durdík, *Kastellburgen des 13. Jahrhunderts in Mitteleuropa.*

Durdík & Krusinová 1986 T. Durdík & L. Krusinová, K pocátkúm a stredovéké stavební
                         podobé hradu v Horsovském Tyné — Zu den Anfängen und der
                         mittelalterlichen Baugestalt der Burg in Horsovsky Tyn.
                         Archaeologica historica 11.

EAA 1965   *Eesti arhitektuuri ajalugu.*

Ebhardt 1939   B. Ebhardt, *Der Wehrbau Europas im Mittelalter* I.

Ederberg 1924   E. Ederberg, Neue Ausgrabungen im Revaler Schloss. *Beiträge zur
                         Kunde Estlands.*

Egevang & Frandsen 1985 R. Egevang & S. Frandsen, Det ottekantede tårn. *Nationalmuseets
                         Arbejdsmark.*

EKA 1975   *Eesti kunsti ajalugu.*

Ekdahl 1991   S. Ekdahl, Das Pferd und seine Rolle im Kriegswesen des
                                         Deutschen Ordens. *Das Kriegswesen der Ritterorden im Mittelalter.*
                                         Z.H.Nowak (ed.).

Elfwendahl 1985   M. Elfwendahl, The Castle of Kastelholm — medieval archeology
                                         and natural sciences in a joint project. *Iskos* 5.

Elfwendahl & Åqvist 1991   M. Elfwendahl & C. Åqvist, Arkeologisk undersökning, Stora
                                         borggården. *Kastelholms slott. Arkeologiska undersökningar 1985—
                                         1989.*

ENC 1971   *Die Erste Novgoroder Chronik nach ihrer ältesten Redaktion
                                         (Synodalhandschrift) 1016—1333/1352.*

Engelhardt 1863   C. Engelhardt, *Thorsbjerg mosefund.*

Engelmark & Wallin 1985   R. Engelmark & J-E Wallin, Pollen Analytical Evidence for Iron Age
                                         Agriculture in Hälsingland, Central Sweden. *In Honorem Evert
                                         Baudou.*

Ericsson 1976   I. Ericsson, Kleiner Schlichtenberg — eine Motte in Ostholstein.
                                         Archäologisches Korrespondenzblatt.

Ericsson 1983   I. Ericsson, *Futterkamp. Untersuchungen mittelalterlicher befestigter
                                         Siedlungen im Kreis Plön, Holstein. II Befunde und
                                         Siedlungsentwicklung.*

Ericsson 1984   I. Ericsson, *Vom slawischen Burgwall zum deutschen Gut. Studien
                                         zur mittelalterlichen Siedlungsgenese im Raum Futterkamp,
                                         Holstein.*

Ericsson 1992   I. Eriksson, Träbyggnader på motte-anläggningar i Danmark och
                                         Schleswig-Holstein. *Medeltida husbyggande.* J.-E. Augustsson
                                         (ed.).

Ericson & Sandstedt 1982   L. Ericson & F. Sandstedt, *Fanornas folk.*

Eriksson & Bartholin 1992   T. Eriksson & Th. Bartholin, Takbjälkar och golvbjälklag. Dendro-
                                         kronologisk datering av Kärnan. *Festskrift till Hans Stiesdal.*

Ewe 1979   H. Ewe, *Stralsunder Bilderhandschrift: Historische Ansichten
                                         vorpommerscher Städte.*

Fabech 1991   C. Fabech, Samfundsorganisation, religiøse ceremonier og regional
                                         variation. *Samfundsorganisation og regional variation.*

Fangel & Madsen 1988   H. Fangel & L. S. Madsen, Voldsteder og herremænd i Nordslesvig.
                                         Kongemagt og Samfund i Middelalderen.

Fehring 1982a   G. P. Fehring, Grabungsbefunde zum slawischen Burgwall Bucu
                                         und zur landesherrlichen Burg mit zugehörigem Brunnen im
                                         Burgkloster zu Lübeck. — Ein Zwischenbericht. *Lübecker Schriften
                                         zur Archäologie und Kulturgeschichte* 6.

Fehring 1982b   G. P. Fehring, Slawische und frühdeutsche Wehranlagen im Bereich
                                         des Lübecker Beckens. *Chateau Gaillard* IX—X.

Fehring 1990a   G. P. Fehring, Burgenarchäologie im Bereich des Lübecker
                                         Burgklosters. *Die Heimat. Zeitschrift für Natur- und Landeskunde
                                         von Schleswig-Holstein und Hamburg* 97.

Fehring 1990b   G. P. Fehring, Mittelalterliche Burgen in der Umgebung Lübecks.
                                         *Die Heimat. Zeitschrift für Natur- und Landeskunde von Schleswig-
                                         Holstein und Hamburg* 97.

Fischer 1951/1980   G. Fischer, *De norske kongeborge* I—II.

Flavius 1957   J. Flavius, Bellum Judaicum. *The Jewish War.*

FMU   R. Hausen, *Finlands medeltidsurkunder* I—VIII.

Folin 1984   C. Folin, *Grådö skans, en fyndstudie.* Seminar paper University of
                                      Stockholm. Manuscript.

Frazik 1985   J. T. Frazik, Sklepienia gotyckie w Prusach, na Pomorzu Gdańskim i
                                      w Ziemi Chetminskiej. *Kwartalnik Architektury i Urbanistyki.*

Fritz 1972/1973   B. Fritz, *Hus, land och län. Förvaltningen i Sverige 1250—1434* 1—
                                      2.

Fritze & Krause 1989   K. Fritze & G. Krause, *Seekriege der Hanse.*

Frycz 1968   J. Frycz. Architektura zamków Pomorza W Wschodniego. *Biuletin
                                      Informacyjny PKZ.*

Frycz 1978   J. Frycz, Architektura zamków krzyzackich. *Sztuka pobrzeza
                                      Baltyku.*

Gabriel 1985   I. Gabriel, *Starigard/Oldenburg. Hauptburg der Slawen in Wagrien. I
                                      Stratigraphie und Chronologie (Archäologische Ausgrabungen
                                      1973—1982).*

Gabriel 1988   I. Gabriel, Zur Innenbebauung von Starigard/Oldenburg. *Bericht der
                                      Römisch-Germanischen Kommission* 69.

GÄDO 1921   W. Ziesemer (ed.), *Das Grosse Ämterbuch des Deutschen Ordens.*

Ganshof 1980   F.-L. Ganshof, *Qu'est-ce que la féodalité?*

Gardberg 1952a   C. J. Gardberg, *Kuusiston linna.*

Gardberg 1952b   C. J. Gardberg, *Kustö ruiner.*

Gardberg 1959   C. J. Gardberg, *Åbo slott under den äldre Vasatiden.*

Gardberg 1967   C. J. Gardberg, Åbo slotts äldsta byggnadsskede i sitt
                                      kulturhistoriska sammanhang. *Åbo stads historiska museum.
                                      Årsskrift* 30—31.

Gardberg 1978   C. J. Gardberg, Kustö biskopsborgs första byggnadsskede.
                                      Konsthistoriska studier 4.

Gebers 1981   W. Gebers, Bosan. *Der slawische Burgwall auf dem
                                      Bischofswarder, Teil 1: Katalog und Beilagen.*

Gebers 1986   W. Gebers, Bosan. *Der slawische Burgwall auf dem
                                      Bischofswarder, Teil 2: Auswertung der Funde und Befunde.*

Generalstaben 1936—1939   *Sveriges krig 1611—1632.* Bd. I—VI.

Gerquin 1962   B. Gerquin, *Zamek w Malborku.*

Gidlöf 1976   L. Gidlöf, Hantverksutövning. *Kungl. Svea livgardes historia 1719—
                                      1976.* B. Selander (ed.).

Gläser 1983   M. Gläser, *Die Slawen in Ostholstein. Studien zu Siedlung,
                                      Wirtschaft und Gesellschaft der Wagrier.*

Gläser 1990a   M. Gläser, Die Lübecker Burg- und Stadtbefestigungen des 12. und
                                      13. Jahrhunderts. *Archäologisches Korrespondenzblatt.*

Gläser 1990b   M. Gläser, Die hochmittelalterlichen Stadtbefestigungen Lübecks.
                                      *Die Heimat. Zeitschrift für Natur- und Landeskunde von Schleswig-
                                      Holstein und Hamburg* 97.

Górski 1973   K. Górski, *Dzieje Malborka.*

Górski 1977   K. Górski, *Zakon Krzyzacki a powstanie panstwa pruskiego.*

Grassmann 1987 A. Grassmann, Lübeck und der Deutsche Orden. Möglichkeiten zu neuen Forschungen. *Werkstatt des Historikers. Z. W. Nowak (ed.).*

Guerquin 1974 Bohdan Guerquin, *Zamki w Polsce.*

Gurevich 1978 A. I. Gurevich, The Early State in Norway. *The Early State.* H. J. M. Claessen & P. Skalník (ed.).

Hahr 1929 A. Hahr, *Uppsala forna ärkebiskopsborg.*

von Hansen 1891 G. von Hansen, *Ordens- und bischöfliche Schlösser Estlands.*

Hansen 1990 H. J. Hansen, Dankirke. Jernalderboplads og rigdomscenter. Oversigt over udgravningerne 1965—1970. *Kuml.*

Hansen 1982 J. Schou Hansen, Fortidsminder på havbunden. *Antikvariske Studier* 5.

Harck 1985 O. Harck, Submarine Archäologie in Schleswig-Holstein. *Offa* 42.

Harck 1989 O. Harck, Voldstederne på de nordfrisiske øer. *Sønderjyske Årbøger.*

Harfield 1988 C. G. Harfield, Control of resources in the medieval period. *State and Society. The emergence and development of social hierarchy and political centralization.* J. Gledhill, B. Bender & M. T. Larsen (ed.).

Härmson 1972 P. Härmson, Feodaalsete linnade tekkimisest Balti mere ümber, eriti Tallinna lahe ääres. *Linnaehituse küsimusi Eesti NSV-s.*

Hausen 1881/1883 R. Hausen, *Kustö slott* I—II.

Hausen 1934 R. Hausen, *Kastelholms slott och dess borgherrar.*

Hedberg 1975 J. Hedberg, *Kungl. artilleriet. Medeltid och äldre vasatid.*

Hedell 1909 L. Hedell, *Ben fynd från Piksborg, Småland, Kronobergs län.* Manuscript.

Heinrich 1985 D. Heinrich, *Scharstorf - Eine slawische Burg in Ostholstein. Haustierhaltung und Jagd.*

Henrikson & Ohlsson 1977 G. Henrikson & N. Ohlsson (ed.), *Kungl. Södermanlands regemente under 350 år.*

Herrmann 1986 J. Herrmann (ed.), *Die Slawen in Deutschland. Geschichte und Kultur der slawischen Stämme westlich von Oder und Neisse vom 6. bis 12. Jahrhundert.*

Hertz 1962 J. Hertz, Tre borge på Egholm. *Nationalmuseets Arbejdsmark.*

Hertz 1973 J. Hertz, The Excavations of Solvig. *Château Gaillard* VI.

Hertz 1973a J. Hertz, The Excavation of Solvig, a Danish Crannog in Southern Jutland. A preliminary report on the years 1965, 1966 and 1969. *Chateau Gaillard* VI.

Hertz 1973b J. Hertz, Further Excavations at Solvig. A preliminary report on the years 1970, 1971 and 1972. *Chateau Gaillard* VI.

Hertz 1975 J. Hertz, Some examples of Medieval hypocausts in Denmark. *Château Gaillard* VII.

Hertz 1980 J. Hertz, Vindebroer. *Antikvariske studier* 4.

Hertz 1985 J. Hertz, Some Early 16th Century Fortifications in Denmark. *Chateau Gaillard* XII.

Hertz 1986	J. Hertz, Nogle danske borge og fæstninger fra begyndelsen af det 16. århundrede. *Nordslesvigske Museer. Årbog for museerne i Sønderjyllands amt* 13.
Hertz 1990	J. Hertz, Kalundborg, "Danmarks Carcassone". *Nationalmuseets Arbejdsmark.*
Higham 1989	M. Higham, Some Evidence for 12th and 13th Century Linen and Woolen Textile Processing. *Medieval Archaeology* XXXI.
Hilton 1990	R. Hilton, Feudalism in Europe: Problems for Historical Materialists. *Class Conflict and the Crisis of Feudalism. Essays in Medieval Social History.*
Hingst 1971	H. Hingst, Eine mittelalterliche Burganlage in Ramsdorf, Kr. Rendsburg-Eckernförde. *Offa 28.*
Hinz 1985	H. Hinz, Wehrkirchen im östlichen Skandinavien. *Zeitschrift für Archäologie des Mittelalters* 11.
HME	*Historisches Museum Estlands.* Archiv.
Hofmeister 1917/1927	H. Hofmeister, *Die Wehranlagen Nordalbingiens. Zusammenstellung und Untersuchung der urgeschichtlichen und geschichtlichen Burgen und Befestigungen* 1— 2.
Holmqvist 1970	W. Holmqvist, Nyförvärv, forskning m.m. *Kungl. Vitterhets-, Historie- och Antikvitets Akademiens Årsbok.*
von Holst 1980	N. von Holst, Zum frühen Burgenbau des deutschen Ritterordens in Spanien und in Preussen. *Burgen und Schlösser.*
von Holst 1981	N. von Holst, *Der Deutsche Ritterorden und seine Bauten: von Jerusalem bis Sevilla, von Thorn bis Narva.*
Holzmayer 1891	J. B. Holzmayer, *Die Ordensvogtei Poida.*
Horák & Trávnicek 1956	B. Horák & D. Trávnicek, Descriptio civitatum ad septentrionalem plagam Danubii. *Rozpravy Ceskoslovenské Akademi* 66:2.
Hørby 1977	K. Hørby. *Status regni dacie. Studier i Christofferlinjens ægteskabs- og alliancepolitik 1252—1319.*
Hørby 1980	K. Hørby, *Dansk Socialhistorie.*
Howen 1900	A. Howen, Die Bauernburg auf dem Punnamäggi bei Engdes. *Beiträge zur Kunde Ehst-, Liv- und Kurlands, herausgegeben von der Ehstlädischen Literärischen Gesellschaft* V.
Hvass 1980	S. Hvass, Vorbasse. The Viking-Age Settlement at Vorbasse, Central Jutland. *Acta Archaeologica.*
Ilkjaer & Lønstrup 1982	J. Ilkjaer & J. Lønstrup, *Runefundene fra Illerup Ådal. En arkæologisk vurdering af vore ældste indskrifter.*
Ilkjaer & Lønstrup 1983	J. Ilkjaer & J. Lønstrup, Der Moorfund im Tal der Illerup-Å bei Skanderborg in Ostjutland (Dänemark). *Germania* 61:1.
Jaago 1989	K. Jaago, *Haapsalu arhitektuuri ajalugu XIII—XIX sajandil.* Manuscript.
Jaago 1988	K. Jaago, *1794.—1797. a. Haapsalu krundinimekiri.* Manuscript.
Jaakkola 1938	J. Jaakkola, Suomen varhaiskeskiaika. *Suomen historia* III.
Jaakkola 1958	J. Jaakkola, Suomen varhaiskeskiaika. *Suomen historia* III, 2. ed.
Jaanits 1979	К. Яанитс, Об исследовании поселения эпохи железа у дер. Линнусе вблизи Кунда. *Eesti NSV TA Toimetised. Ühiskonnateadused.*

Jaanits 1956 — L. Jaanits, Archeoloogilistest välitöödest Eesti NSV-s 1955. aastal. *Eesti NSV Teaduste Akadeemia Toimetised. Ühiskonnateaduste seeria.*

Jaanits 1956 — L. Jaanits , Arheoloogilistest välitöödest Eesti NSV-s 1955. aastal. *Eesti NSV TA Toimetised. Ühiskonnateadused* 4.

Jaanits et al. 1982 — L. Jaanits, S. Laul, V. Lôugas & E. Tônisson, *Eesti esiajalugu.*

Jacobsson 1990 — A. Jacobsson, Visst har det funnits en borg i Trelleborg. *Populär Arkeologi.*

Jaffé 1869 — Ph. Jaffé, *Monumenta Bambergensia, Bibliotheca Rerum Germinacorum* V.

Jähning 1987 — B. Jähning, Über Quellen zur Sachkultur des Deutschen Ordens in Preussen. *Werkstatt des Historikers.*

Janin 1977 — В.Л. Янин, Очерки комплексного источниковедения.

Jankuhn 1936a — H. Jankuhn, Zur Deutung des Moorfundes von Thorsbjerg. *Forschung und Fortschritte* 12:16.

Jankuhn 1936b — H. Jankuhn, Die Religionsgeschichtliche Bedeutung des Thorsberger Fundes. *Forschung und Fortschritte* 12:29.

Jankuhn 1937 — H. Jankuhn, *Die Wehranlagen der Wikingerzeit zwischen Schlei und Treene.*

Jankuhn 1976 — H. Jankuhn, Die sächsischen Burgen der karolingischen Zeit. *Die Burgen im deutschen Sprachraum. Ihre rechts- und verfassungsgeschichtliche Bedeutung* I.

Jankuhn 1986 — H. Jankuhn, *Haithabu. Ein Handelsplatz der Wikinger.*

Jantzen & Kock 1988 — C. Jantzen & J. Kock, Mosens fæstningsværker. *Skalk.*

Jaubert 1987 — A. N. Jaubert, The royal castles during the Reign of Erik Menved (1286—1319). *Journal of danish Archaeology* 7.

Jaubert 1989 (1985) — A. N. Jaubert, *Erik Menveds borge i Danmark. Udbredelse, udformning og funktion samt en vurdering af de metodiske problemer forbundet med en sådan undersøgelse.*

Jensen 1987 — S. Jensen, Hvidings vikinger. *Skalk.*

Jensen et al. 1982 — S. Jensen & P. K. Madsen & O. Schiørring, Udgravninger i Ribe 1979—1981. *Mark og montre.*

Jeppesen & Madsen 1990 — J. Jeppesen & H. J. Madsen, Stormandsgård og kirke i Lisbjerg. *Kuml.*

Johansen 1988 — O. S. Johansen, Vikingerne lengst i nord. Håløygske høvdingecenter i Nord-Norge. *Syvende tværfaglige vikingesymposium.*

Johansen 1933 — P. Johansen, *Die Estlandiste des Liber Census Daniae.*

Johansen 1938 — P. Johansen, Paide linna asutamisest. *Verhandlungen der Gelehrten Estnischen Gesellschaft* XXX.

Johansen 1951 — P. Johansen, *Nordische Mission, Revals Gründung und die Schwedensiedlung in Estland.*

Johansen 1955 — P. Johansen, Lippstadt, Freckenhorst und Fellin in Livland. Werk und Wirkung Bernhards II zur Lippe im Ostseeraum. *Westfalen, Hanse, Ostseeraum.*

Johansen & von zur Mühlen 1973   P. Johansen & H. von zur Mühlen, Deutsch und Undeutsch in mittelalterlichen und frühneuzeitlichen Reval. *Ostmitteleuropa in Vergangenheit und Gegenwart.*

Johansson 1985   M. Johansson, *Förvaltningsrapporter från Bergslagen och Dalarna; två pappersbrev från 1430-talets Sverige.* Manuscript.

Jørgensen 1988   M. Schou Jørgensen, Vej, vejstrøg og vejspærring. *Jernalderens Stammesamfund. Fra Stamme til Stat i Danmark* 1. P. Mortensen & B. M. Rasmussen (ed.).

Junkelmann 1986   M. Junkelmann, Die Legionen des Augustus. Der Römische Soldat im archäologischen Experiment. *Kulturgeschichte der Antiken Welt* 33.

Kaack 1983   H.-G. Kaack, Burg Müggenburg. *Kreis Herzogtum Lauenburg I. Führer zu archäologischen Denkmälern in Deutschland* 1.

Kaljundi 1984   J. Kaljundi, *Paide ordulinnuse ajalooline öiend.* Manuscript.

Karling 1932   S. Karling, *Matthias Holl från Augsburg och hans verksamhet som arkitekt i Magnus de la Gardies tjänst i Sverige och Balticum.*

Karling 1934   S. Karling, Tartu universitets byggnadshistoria under den svenska tiden. *Svio-Estonica.*

Karling 1936   S. Karling, *Narva, eine baugeschichtliche Untersuchung.*

Karling 1938   S. Karling, Jakob och Magnus de la Gardie som byggherrar i Estland. *Svio - Estonica*

Karling 1939   S. Karling, Gotland och Estlands medeltida byggnadskonst. *Rig.*

Kempke 1984   T. Kempke, *Starigard/Oldenburg. Hauptburg der Slawen in Wagrien II: Die Keramik des 8—12. Jahrhunderts.*

Kenkmaa 1940   R. Kenkmaa, Keskaegse Tallinna tekkimine ja laienemine. *IV Eesti loodusteadlaste päeva ettekannete kokkuvótted.*

Kenyon 1990   J. R. Kenyon, *Medieval fortifications.*

Kirpičnikov 1979   А. Н. Кирпичников, Крепости бастионного типа в средневековой Росии. *Памятники культуры. Новые открытия. Ежегодник 1978.*

Kirpičnikov 1979   А. Н. Кирпичиков, Историко-археологические исследования древней Корелы /"Корельский город" XIV в./. *финно-угры и славяне.*

Kirpičnikov 1983   A. N. Kirpicnikov, Steinfestungen Nordrusslands aus der Sicht der neueren bautechnisch-archäologischen Forschungen. *Burgen und Schlösser.*

Kirpičnikov 1984   А. Н. Кирпичников, *Каменные крепости Новгородской земли.*

Kirpičnikov 1990   A. N. Kirpicnikov, Neue bauarchäologische Forschungen zu den Stadtfestungen Nordwestrusslands. *Stadtbaukunst im Mittelalter.*

Kitkauskas 1989a   N. Kitkauskas, Architektúriniai tyrimai. *Vilniaus Zemutinés pilies rúmai.*

Kitkauskas 1989b   N. Kitkauskas, *Vilniaus pilys.*

Kivikoski 1963   E. Kivikoski, *Kvarnbacken, ein Gräberfeld der jüngeren Eisenzeit auf Åland.*

KLNM   *Kulturhistorisk leksikon for nordisk middelalder.*

Knapp 1984   H. Knapp, Baugeschichtliche Überlegungen zum Gewölbe der Briefkapelle an St. Marien zu Lübeck. *Lübecker Schriften zur Archäologie und Kulturgeschichte.*

Knapp 1990   H. Knapp, *Das Schloss Marienburg in Preussen, Quellen und Materialien zur Baugeschichte nach 1456.*

Kobishchanow 1987   Y. M. Kobishchanow, The Phenomenon of Gafol and its transformation. Early *State Dynamics.* H.J.M. Claessen & P.van de Velde (ed.).

Kolčin & Černyh 1977   Б.А. Колчин, Н.Б. Чернцх, *Дендрохронология Восточной Европы.*

Korzuhina 1971   Т.Ф. Корзухина, О Некоторих ошибочных положениях в интерпретации материалов Старой Ладоги. *Skandinaavia kogumik XIV.*

Kosegarten 1834   J. G. L. Kosegarten, *Pommersche und Rügische Geschichtsdenkmäler.*

Kramer 1984   W. Kramer, Die Datierung der Feldsteinmauer des Danewerks. Vorbericht einer neuen Ausgrabung am Hauptwall. *Archäologisches Korrespondenzblatt 14.*

Kroman 1980   E. Kroman, *Danmarks middelalderlige annaler.*

Kronqvist 1934   I. Kronqvist, Nordflygeln på Kastelholms slott. En byggnadshistorisk redogörelse. *Finskt museum.*

Kronqvist 1946   I. Kronqvist, *Turun linna keskiaikana.*

Kronqvist 1947   I. Kronqvist, *Åbo slott under medeltiden.*

Kroonika 1982   *Heinrici Chronicon Livoniae. Henriku Liivimaa kroonika.* Richard Kleis & Enn Tarvel (ed.).

KSR 1935   *Kungl. Södermanlands regemente.* Översikt utgiven av Generalstabens krigshistoriska avdelning.

Kühnert 1927   E. Kühnert, Riigikogu hoone uusehis Tallinna Toompää Lossis. *Eesti Kunsti Aastaraamat.*

Kuthan 1979   J. Kuthan, *Hrad v Písku. Dejiny a stavební vyvoj.*

Kuujo 1984   E. Kuujo, Käkisalmen vanhan linnan sijainnista. *Piirtoja itäsuomalaiseen menneisyyteen.*

Kuzmin et al. 1986   С.Л. Кузьмин, В.А. Лапшин, А.И. Сакса, С.М. Уернов, Исследований Ленинградской областной экспедиции. *Археологические открытия.*

Laid 1923   E. Laid, *Eesti muinaslinnad.*

Lampinen 1984   M. S. Lampinen (ed.), *Venäläisyys Helsingissä 1809—1917.*

Lang 1985   V. Lang, Iru linnuse peenkeraamika V — X sajandil. *Eesti NSV TA Toimetised. Ühiskonnateadused 2.*

Lang 1987   В. Ланг, Археологиуеские памятники железного века в низовъях р. Пирита / Северная Эстония / Автореферат на соискание ученой степени кандидата исторических наук.

Lehtosalo-Hilander 1982   P.-L. Lehtosalo-Hilander, *Luistari II. The Artefacts.*

Leister 1952   I. Leister, *Rittersitz und adliges Gut in Holstein und Schleswig.*

Lepiksaar 1973   J. Lepiksaar, *Borgen Ekholm. Djurrester från senmedeltida borgen Ekholm på Slottsön vid Trollhättan i Västergötland.* Manuscript.

Lepiksaar 1975   J. Lepiksaar, Djurrester från det medeltida Skara. *Västergötlands Fornminnesförenings Tidskrift.*

Lepiksaar1979   J. Lepiksaar, Djurrester från den senmedeltida biskopsborgen i
                                   Husaby. *Västergötlands fornminnesförenings tidskrift* 1979—1980.
                                   SKARA.

Lepiksaar 1987   J. Lepiksaar, Osteologiska bestämningar. *Johan Petersson,
                                   Medeltidsborgen på Broberg.*

Lepiksaar 1991   J. Lepiksaar, Fynd av djurrester från senmedeltida borgen
                                   Ekholmen vid Trollhättan. *Västgöta-Dal 1989—1990.*

LG 1908   *Livländische Güterurkunden (1207—1545)* I. H. v. Bruiningk & N.
                                   Busch (ed.).

Líbal 1948   D. Líbal, *Gotická architektura v Cechach a na Moravé.*

Liebgott 1982   N-K. Liebgott, The interpretation of a Danish fortified site from the
                                   12th century. *Cháteau Gaillard* IX—X.

Liebgott 1982   N.-K. Liebgott, Pedersborg. *Cháteau Gaillard* IX—X.

Liebgott 1989   N-K. Liebgott, *Dansk middelalderarkæologi.*

Ligers 1946   Z. Ligers, *Histoire des villes de Lettonie et d'Estonia.*

Liljequist 1976   M. Liljequist, Garnisonstjänstens organisation. *Kungl. Svea livgardes
                                   historia 1719—1976.*

Loewe 1983   G. Loewe, Landwehr Ratzeburg-Mölln. Kreis Herzogtum Lauenburg
                                   II. *Führer zu archäologischen Denkmälern in Deutschland* 2.

Løkkegaard Poulsen 1979   K. Løkkegaard Poulsen, Udgravningen ved Eriksvolde 1977.
                                   Lolland-Falsters Stiftsmuseums Årsskrift.

Lönnroth 1942   E. Lönnroth, *Statsmakt och statsfinans i det medeltida Sverige.*

Lønstrup 1988   J. Lønstrup, Mosefund af haerutstyr fra jernalderen. *Fra stamme til
                                   stat 1. Jernalderens stammesamfund.*

Lorenzen 1912   V. Lorenzen, Rantzauske Borge og Herresæder i 16. Aarhundrede
                                   efter Den Rantzauske Tavle. *Bidrag til Nordisk Arkitekturs Historie.*

Lorenzen 1921   V. Lorenzen, *Studier i dansk Herregaardsarkitektur i 16. og 17.
                                   aarhundrede.*

Lôugas 1967   V. Lôugas, Asva linnuse dateerimisest. *Eesti NSV TA Toimetised.
                                   Ühiskonnateadused* 1.

Loven & Palamarz 1986   Ch. Loven & P. Palamarz, Norra längan i Kastelholms slott — en
                                   prelimiär rapport, *Åländsk Odling.*

Löwis of Menar 1922   K. Löwis of Menar, *Burgenlexikon für Alt-Livland.*

LUB   *Liv-, Est- und Kurländisches Urkundenbuch nebst regesten.* Bd. I—
                                   XV, 1853—1914.

Lund & Hørby 1980   N. Lund & K. Hørby, *Samfundet i Vikingetid og Middelalder 800—
                                   1500.*

Luoto 1984   J. Luoto, *Liedon Vanhanlinnan mäkilinna.*

Luoto 1988   J. Luoto, *Liedon historia* 1.

MÄ 1916   W. Ziesemer (ed.), *Das Marienburger Ämterbuch.*

Macek 1989   P. Macek, Mestsky hrad v Litomericích — Stadtburg in Litomerice.
                                   Castellologica bohemica 1.

MÄ 1916   W. Ziesemer (ed.), *Das Marienburger Ämterbuch.*

Mäesalu 1983   Мяэсалу, А. К вопросу истории поселений в Отепя.
                                   Eesti NSV Teaduste Akadeemia Toimetised. Ühiskonnateadused.

Mäesalu 1984   Форбург городи Отапя.
                                     Eesti NSV Teaduste Akadeemia Toimetised. Ühiskonnateadused.

Mäesalu 1990   A. Mäesalu, Bössan från Otepää, ett av världens äldsta
                                     handeldsvapen. *Populär arkeologi.*

Mäesalu & Tamla 1983   А. Мязсалу, Т. Тамла, *Об оборонительных сооружениях
                                     городища Пуртсе.*
                                     Eesti NSV TA Toimetised. Ühiskonnateadused 4.

Magnusson 1986   G. Magnusson, *Lågteknisk järnhantering i Jämtlands län.*

Malm 1987   G. Malm, Recent excavations at Uppsala Cathedral, Sweden. *World
                                     Archaeology.* Vol. 18, No.3.

Mandel & Tamla 1977   M. Mandel, & T. Tamla, Rikassaare relvaleid. *Eesti NSV TA
                                     Toimetised. Ühiskonnateadused* 2.

Mårtensson 1934   T. Mårtensson, Hälsingborgs slott under medeltiden. *Hälsingborgs
                                     historia* II:2.

Meier 1990   D. Meier, *Scharstorf. Eine slawische Burg in Ostholstein und ihr
                                     Umland. Archäologische Funde.*

Menclová 1976   D. Menclová, *Ceské hrady* 1.

Meri 1984   L. Meri, *Hóbevalgem.*

Meyer 1969   W. Meyer, *Deutsche Burgen.*

Mikulionis 1987   S. Mikulionis, Traku pusiasalio ir Traku salos pilys. *Lietuvos
                                     architektúros istorija.*

Miltschik & Koljada 1990   M. Miltschik & M. Koljada, Die Ladoga -Festung.
                                     Forschungsergebnisse der letzten Jahre. *Burgen und Schlösser.*

Mogren 1989   M. Mogren, De bottniska borgarnas tillkomst — ett tolkningsförsök.
                                     Den medeltida borgen. Aspekter på aktuell borgforskning. J.
                                     Melander (ed.).

                                     Also published as : Die Vitalienbrüder und der Burgenbau im
                                     nördlichen Ostseeraum. *Die Hanse. Lebenswirklichkeit und Mythos*
                                     1. Christian Hirte (ed).

Mogren 1990a   M. Mogren, Swidden cultivation: a safety valve in a feudal society?
                                     Ancient Ceylon 9.

Mogren 1990b   M. Mogren, Gammal är inte äldst. Storjungfruns äldsta hamn
                                     upptäckt. *Läddikan 4.*

Mogren 1991   M. Mogren, Ängersjö — Faxeholms antipod. *Oknytt 3—4.*

Mogren & Svensson 1988   M. Mogren & K. Svensson, *Bondeplågarens borg. Om och kring
                                     undersökningen av Borganäs.*

Mogren & Syse 1986   M. Mogren & B. Syse, Faxeholm. Hälsinglands medeltida
                                     fogdeborg. En arkeologisk provundersökning 1986. *RAÄ Rapport.*

Mogren & Syse 1988   M. Mogren & B. Syse, Faxeholm. Hälsinglands medeltida
                                     fogdeborg. En antikvarisk kartering 1987. *RAÄ Rapport.*

Møller 1944   E. Møller, Hindsgavl Borgbanke. *Fra Nationalmuseets arbejdsmark.*

Möller 1991   G. Möller, Ein Turmhügel mit steinernem Turmfundament von
                                     Schmoldow, Kr. Greifswald, *Ausgrabungen und Funde* 36(3).

Moora 1953   H. Moora, Tallinna tekkimisest ja vanusest. *ENSV TA Toimetised.*

Moora 1955a   H. Moora, *Eesti NSV ajalugu 1.*

Moora 1955b   H. Moora, Muistsete linnuste uurimise tulemustest Eesti NSV-s. *Muistsed asulad ja linnused. Arheoloogiline kogumik* I.

Moora 1967   H. Moora, Einige Ergebnisse der Burgbergforschung im Ostbaltikum. *Suomen Museo.*

Moora & Ligi 1970   H. Moora & H. Ligi, *Wirtschaft und Gesellschaftsordnung der Völker des Baltikums zu Anfang des 13. Jahrhunderts.*

Mortensen 1991   M. H. Mortensen, *Kanoner i Danmark i Senmiddelalder og tidlig Renaissance.*

Examensarbeit in Mittelalter-Archäologie an der Universität Aarhus.

MUB 1863   *Mecklenburgisches Urkundenbuch.*

Mugurevitj 1965   Э. Мугуревич, Восточная Латвия и соседие земли в X—XIII вв.

Mugurevics 1986   E. Mugurevics, Zur Archäologie mittelalterlicher Burgen in Lettland. *Lübecker Schriften zur Archäologie und Kulturgeschichte.*

Mühle 1991   E. Mühle, *Die städtischen Handelszentren der nordwestlichen Rus.*

von zur Mühlen 1984   H. von zur Mühlen, Zur wissenschaftlichen Diskussion über den Ursprung Revals. *Zeitschrift für Ostforschung.*

Müller 1985   H. E. Müller, Die Morphologie des Turmhügels im Stolper See. *Offa* 42.

Myrdal 1986   J. Myrdal, På höga hästar. Hästen som maktmedel och statussymbol. *Fataburen.*

Nerman 1935   B. Nerman, *Die Völkerwanderungszeit Gotlands.*

Neugebauer 1972a   W. Neugebauer, Der Hirtenberg am Stülper Huk, Gemeinde Dummersdorf, Hansestadt Lübeck. *Führer zu vor- und frühgeschichtlichen Denkmälern* 10.

Neugebauer 1972b   W. Neugebauer, Die mittelalterliche Landwehr um Lübeck. *Führer zu vor- und frühgeschichtlichen Denkmälern* 10.

Neugebauer 1975   W. Neugebauer, Burgwallsiedlung Alt-Lübeck — Hansestadt Lübeck. Grundlinien der Frügeschichte des Travemündungsgebietes. *Ausgrabungen in Deutschland gefördert von der Deutschen Forschungsgemeinschaft 1950—1975* III.

Neumann 1982   H. Neumann, *Olderdiget — et bidrag til Danmarks tidligste historie.*

Neumann 1892   W. Neumann, *Das mittelalterliche Riga.*

Neumann 1911   W. Neumann, Der Stadtplan als Geschichtliche Urkunde. *Mitteilungen aus der Livländischen Geschichte.*

Nielsen 1980   I. Nielsen, Roskilde. *Projekt middelalderbyen — ti byer.*

Nikula 1987   J. Nikula, "Wartholm dat nye slot yn Nylande lycht". *Muséerna och forskningen. Festskrift tillägnad Knut Drake på 60-årsdagen 6.3.1987.*

Nikula 1990   J. Nikula, Högholmen i Hitis — en sjörövarborg? *Skärgård* 3.

Nordén 1929—1938   A. Nordén, *Östergötlands järnålder.*

Nørlund 1948   P. Nørlund, *Trelleborg.*

Norn 1949   O. Norn, *Christian III's Borge.*

Norn et al. 1963   O. Norn, J. Paulsen & J. Slettebo, *Sønderborg Slot. Historie og Bygning.*

Nyborg 1986   E. Nyborg, Kirke — sognedannelse — bebyggelse. *Hikuin* 12.

Nyborg 1989   E. Nyborg, Om romanske kirketårne i Danmark. *Kongens makt og ære.*

Nylen 1985   E. Nylen, Handel und Seefahrt zwischen Skandinavien und Ostbaltikum um 1000. *Die Verbindungen zwischen Skandinavien und Ostbaltikum aufgrund der archäologischen Quellenmaterialien.*

Nystrøm 1938   E. Nystrøm, *Fra Nordsjællands Øresundskyst.*

Ödman 1988   A. Ödman, Tre borgar i norra Skåne. *Den medeltida borgen. Aspekter på aktuell borgforskning.* J. Melander (ed.).

Ohle & Baier 1963   W. Ohle & G. Baier, *Die Kunstdenkmale des Kreises Rügen.*

Olsen 1980   R. A. Olsen, Borgen bygges. *Skalk.*

Olsen 1986   R. A. Olsen, *Borge i Danmark.*

Olsen 1990   R. A. Olsen, Kings, Nobles and Buildings of the later Middle Ages. *Scotland and Scandinavia 800—1800.*

Olsen & Schmidt 1977   O. Olsen & H. Schmidt, *Fyrkat.*

Olsson 1944   M. Olsson, *Kalmar slotts historia* I.

OM   Olaus Magnus, *Historia om de nordiska folken* 1—5 (1555), 1976.

Ørsnes 1969   M. Ørsnes, Om mosefundenes tolkning. Faks. utg. av: C. Engelhardt. *Sønderjyske og fynske mosefund 1—3.*

Ose 1986   I. Ose, Dazas raksturigakas iezimes Latvijas 16.—17. gs krasns podinu rotajuma attistiba (pec Bauskas pils archeologisko izrakumu materialiem). *Materiali feodalisma posma Latvijas makslas vesturei 1.*

Ose 1991   I. Ose, Par dazam Latvijas 15.—17. gs. krasns keramikas tipologiskas klasifikacijas un hronologijas problemam. *Latvijas Zinatnu Akademijas Vestis* 4.

Påhlsson 1988   I. Påhlsson, Bilaga 9: Frö- och fruktanalys. *Bondeplågarens borg. Om och kring undersökningen av Borganäs.* M. Mogren & K. Svensson (ed.).

Palamarz & Palamarz 1984   E. Palamarz & P. Palamarz, Kastelholms slotts östra länga: Byggnadshistoriska rön, *Åländsk Odling.*

Pärn 1990   A. Pärn, Forschungsarbeiten in der Altstadt und der Bischofsburg zu Haapsalu. *Eesti TA Toimetised.*

Pärn 1992   A. Pärn, *Aruanne Haapsalu piiskopilinnuses ajavahemikus 1989—1990 uurimistöödest.* Manuscript.

Petri 1917   O. Petri. En Swensk Cröneka (utg. av J. Sahlgren). *Samlade skrifter av Olaus Petri* 4. Bengt Hesselman (ed.).

Polska 1915   *Polska XVI wieku. T. XIII: Inflanty. Cz 1.* Wyd. J. Jakubowski i J. Kordzikowski.

Pospieszny 1987   K. Pospieszny, Gotyckie krużganki Zamku Wysokiego w Malborku. *Biblioteka Muzealnictwa i Ochrony Zabytków.*

PUB 1877   *Pommersches Urkundenbuch.*

PVL 1950   Повесъ временныхъ Лет. Часъ первая. Текстъ и переводъ.

Raadik 1962   E. Raadik, *Viljandi linnus..* Manuscript.

Raam 1965   V. Raam, Haapsalus leiti keskaegne linnamüür. *Sirp ja Vasar.*

Raam 1969a   V. Raam, *Haapsalu piiskopilinnus. Bd. 1. Ajalooline ôiend.* Manuscript.

Raam 1969b   V. Raam, Kiiu vasallilinnus. *Töid kunstiajaloo alalt* I.

Raam 1972   V. Raam, *Haapsalu piiskopilinnuse.*

väliuurimuslike tööde II vahearuanne (1972.a.). Manuscript.

Raam 1974   V. Raam, *Arhitekturnye pamjatniki Estonii.*

Raam 1975   V. Raam, Aechitektuur 13. sajandi teisest veerandist kuni 14. sajandi keskpaigani. *Eesti kunsti ajalugu.*

Raam 1978a   V. Raam, Toompea linnuse ja lossi ehitusloolisest minevikust. *Tallinn, Toompea linnus ja loss.*

Raam 1978b   V. Raam, Valjala kiriku koorilópmiku ajalisest määräangust ja Kuressaare piiskopilinnuse meisterkonnast. *Töid kunstiteaduse ja - kriitika alalt* 2.

Raam 1982   V. Raam, *Haapsalu piiskopilinnuse väliuurimuslike tööde I vahearuanne (1969.a.).* Manuscript.

Raam 1985   V. Raam, Keskaegsete linnuste ja kirikute arengujooni Eestis. *Ehitus ja Arhitektuur.*

Radtke 1982   Ch. Radtke, Die Oldenburg an der Schleimündung. *Offa* 38.

Rappoport 1956   *П.А. Раппопорт, Очерки по истории русского военного зодчества X–XIII вв.* Материалы и исследования по археологии СССР 52.

Rasmussen 1982   U. Fraes Rasmussen, Gård til borg. *Skalk.*

Reichstein 1981   J. Reichstein, Leckhus — Zur Lage der mittelalterlichen Turmhügelburg in Leck. *Die Heimat. Zeitschrift für Natur- und Landeskunde von Schleswig-Holstein und Hamburg* 88.

Reichstein 1983   J. Reichstein, Erthenaburg. *Kreis Herzogtum Lauenburg II. Führer zu archäologischen Denkmälern in Deutschland* 2.

Rieck 1991   F. Rieck, Aspects of coastal defence in Denmark. *Aspects of Maritime Scandinavia* . O. Crumlin-Pedersen (ed.).

Riis 1981   T. Riis, Det middelalderlige danske rejsekongedømme indtil 1332. *Middelalder, metode og studier.*

Rinne 1904   J. Rinne, Kuusiston linnanrauniot. *Suomen nähtävyyksiä* 1.

Rinne 1914   J. Rinne, *Suomen keskiaikaiset mäkilinnat* I.

Rinne 1932   J. Rinne, Suomen Karjalan vanhat linnat. *Karjalan Kirja.*

Roesdahl 1977   E. Roesdahl, *Fyrkat.*

Rosén 1939   J. Rosén, *Striden mellan Birger Magnusson och hans bröder. Studier i nordisk politisk historia 1302—1319.*

Rud 1978   M. Rud (ed.), *Arkeologisk handbog* .

Russow 1845   B. Russow, *Livländische Chronik.*

Russwurm 1877   C. Russwurm, *Das Schloss zu Hapsal in der Vergangenheit und Gegenwart.*

Saadre 1954   O. Saadre, Archeoloogilised väliuurimised Eesti NSV-s 1953. aastal. *Eesti NSV Teaduste Akadeemia Toimetised.*

Saadre 1955   O. Saadre, Archeoloogilised väliuurimised Eesti NSV-s 1954. aastal. *Eesti NSV Teaduste Akadeemia Toimetised.*

Saadre 1958   O. Saadre, Archeoloogilised välitööd EEsti NSV-s 1956. ja 1957. aastal. *Eesti NSV Teaduste Akademia Toimetised. Ühiskonnateadused.*

Saadre 1966   O. Saadre, Otepää varasemast ajaloost. *Otepää. Kodu-uurijate seminar-kokkutulek 26.—30. juunini 1966.*

Saksa et al. 1990   A. Saksa, T. Kankainen, M. Saarnisto & J-P. Taavitsainen, Käkisalmen linna 1200-luvulta. *Geologi.*

Salmo 1952   H. Salmo, *Satakunnan historia* II.

Schaskolskij 1954   И. П. Шаскольский, Маршрут торгового пути из Невы в Балтийское море в IX—XIII вв. *Географический сборник* III.

Schepers 1978   J. Schepers, *Das Bauernhaus in Nordwestdeutschland.*

Schmid 1921   B. Schmid, Die Burgen des deutschen Ritterordens in Kurland. *Zeitschrift für Bauwesen* 71.

Schmid 1936   B. Schmid, Der Ordenshof Kalthof. *Mitteilungen des Westpreussischen Geschichtsvereins.*

Schmid 1955   B. Schmid, *Die Marienburg.*

Schmiedehelm 1939   M. Schmiedehelm, *Kuusalu Pajulinn. Muistse Eesti Linnused. 1936— 938. a. uurimiste tulemused.*

Schmiedehelm 1955   *М.Х. Шмидехелм,* Археологические памятники периода ражложения роднового строя на северо-востоке Эстонии.

Schmiedehelm 1973   M. Schmiedehelm, Mitteleisenzeitliche Funde aus dem Steingrab von Toila in Nordestland. Honos Ella Kivikoski. *SMYA 75.*

Schultz 1945   C. G. Schultz, Malling. En befæstet kirkegaard fra den ældre Middelalder. *Fra Nationalmuseets Arbejdsmark.*

Schvindt 1893   Th. Schvindt, Tietoja Karjalan rautakaudesta ja sitä seuraavilta ajoilta. *SMYA* XIII.

Schvindt 1898   Th. Schvindt, Käkisalmen pesälinnan ja entisen linnoitetun kaupungin rakennushistorian aineksia. *Analecta Archeologica Fennica.* II, 2.

Sedman 1974   E-J. Sedman, *Haapsalu vanalinna kaitse- ja ehitustegevuse reguleerimistsoonide detailplaneerimine. Uurimistööd. Bd.* Manuscript.

Selinge 1977   K. G. Selinge, Järnålderns bondekultur i Västernorrland. *Västernorrlands förhistoria.*

Selirand 1981   U. Selirand, Ausgrabungen auf dem Territorium des Franziskanerklosters in Viljandi. *Eesti NSV Teaduste Akadeemia Toimetised. Ühiskonnateadused.*

Selirand 1982   U. Selirand, Über die Untersuchungen des Franziskanerklosters in Viljandi. *Eesti NSV Teaduste Akadeemia Toimetised. Ühiskonnateadused.*

Selling 1955   D. Selling, *Wikingerzeitliche und frühmittelalterliche Keramik in Schweden.*

Semrau 1937   A. Semrau, Der Wirtschaftsplan des Ordenshauses Elbing aus dem Jahre 1386. *Mitteilungen des Coppernicus-Vereins für Wissenschaft und Kunst zu Thorn.*

Sjögren 1950   P. Sjögren, *Ätten Posses historia intill år 1500.*

Skaarup 1982   J. Skaarup, Borrebjerg — et 1100-tals borganlæg på Langeland. *Hikuin 8.*

Skaarup 1986   J. Skaarup, Øhavrts borge. *Skalk.*

Sloka 1986	J. Sloka, Zivis tervetes Pilskalna (X—XIII GS.) un Mezotnes Pilskalna (XI—XII GS). *Latvijas psr Zinatnu akademijas vestis* 9.
Smedstad 1988	I. Smedstad, Etableringen av et organisert veihold i Midt-Norge i tidlig historisk tid. *Varia 16. Universitetets Oldsakssamling.*
Smidt 1930	C. M. Smidt, Søborg. *Nationalmuseets Arbejdsmark.*
Smidt 1934	C. M. Smidt, Ærkebiskop Eskils Borganlæg på Søborg, dets palatium og Rundkirke. *Aarbøger for Nordisk Oldkyndighed og Historie.*
Smidt 1940	C. M. Smidt, Dronningholm. Borgen ved Arresø. *Fra Nationalmuseets Arbejdsmark.*
SMYA	*Suomen muinaismuistoyhdistyksen aikakauskirja*
Snore & Zarina 1980	E. Snore & A. Zarina, *Sená Sélpils.*
Staf 1965	N. Staf (ed.), *Från Tre Kronor till Rissne.*
Stamsø Munk 1987	G. Stamsø Munk, Borg in Lofoten. A chieftain's farm in artic Norway. *Proceeding of the Tenth Viking Congress.*
Steffen 1963	W. Steffen, *Kulturgeschichte von Rügen bis 1815.*
Steinbrecht 1920	C. Steinbrecht, *Die Ordensburgen der Hochmeisterzeit in Preussen.*
Sten 1987a	S. Sten, Osteologisk analys. *Guldet, ett kvarter med medeltida kulturlager i Sigtuna.*
Sten 1987b	S. Sten, *Osteologisk analys, Totra. Hamrånge sn, Gästrikland. Fornlämning 105.* Manuscript.
Sten 1988	S. Sten, Två dalaborgars ekonomiska och sociala struktur belyst av det osteologiska materialet. *Den medeltida borgen. Aspekter på aktuell borgforskning.* J. Melander (ed.)
Sten 1988a	S. Sten, Kosthållning och pälsjakt — osteologins vittnesbörd. *Bondeplågarens borg* ed. M. Mogren & K. Svensson.
Sten 1988b	S. Sten, *Osteologisk analys av djurben från Vadstena slott.* Manuscript.
Sten 1989	S. Sten, *Husdjurshållning, jakt och fiske på Grådö. —En studie av livsmedelsförsörjningen på en medeltida befäst gårdsanläggning.* Manuscript.
Sten 1990	S. Sten, *Djur och djurhållning på kungsgården Husbybacke. En osteologisk analys av de påträffande djurbenen.* Manuscript.
Sten 1992a	S. Sten, Gårdstånga. Osteologisk analys av djurben från kungsgården Gårdstånga i Gårdstånga socken, Skåne. *Osteologisk rapportserie 1992:6. Statens historiska museum.*
Sten 1992b	S. Sten, Hushållssopor. Djurbenen på Faxeholm. —Osteologisk undersökning av en medeltida borg i Söderhamn, Hälsingland. *Osteologisk rapportserie 1992:9. Statens historiska museum.*
Stenberger 1931	M. Stenberger, Välstaruinen — ett medeltida försvarstorn i Hälsingland. *Gammal Hälsingekultur.*
Stiesdal 1958	H. Stiesdal, En gruppe voldsteder i Sønderborg amt. *Fra Als og Sundeved* 37.
Stiesdal 1967	H. Stiesdal, Die Motten in Dänemark. Eine kurze Übersicht. *Chateau Gaillard* II.
Stiesdal 1969	H. Stiesdal, Late Earthworks of Motte and Bailey Type. A Summary. *Chateau Gaillard* IV.

Stiesdal 1975   H. Stiesdal, The medieval palatium in Denmark. Some recent
                       discoveries at Tranekær castle. *Château Gaillard* VII.

Stiesdal 1976   H. Stiesdal, Voldsted. *KNLM* XX.

Stiesdal 1980   H. Stiesdal, Gård og kirke. *Aarbøger for Nordisk Oldkyndighed og
                       Historie.*

Stiesdal 1981   H. Stiesdal, Types of public and private fortifications in Denmark.
                       Danish Medieval History. New Currents.

Stiesdal 1982   H. Stiesdal, Eriksvolde. *Château Gaillard* IX—X.

Struve 1965a   K. W. Struve, Die Holzkastenkonstruktion in der slawischen
                       Burganlage von Scharstorf, Kreis Plön. *Studien aus Alteuropa* 2.

Struve 1965b   K. W. Struve, Mittelalterliche Pfahlbauten in Seen und ihre Deutung
                       als Wehranlagen. *Die Heimat. Monatsschrift des Vereins zur Pflege
                       der Natur- und Landeskunde von Schleswig-Holstein und Hamburg*
                       72.

Struve 1968   K. W. Struve, Die Bischofsburg Alt-Gottorf bei Schleswig. *Führer zu
                       vor- und frühgeschichtlichen Denkmälern* 9.

Struve 1972   K. W. Struve, Sächsische und slawische Burgen in Holstein. *Führer
                       zu vor- und frühgeschichtlichen Denkmälern* 10.

Struve 1973   K. W. Struve, Grundzüge der schleswig-holsteinischen
                       Burgenentwicklung im Mittelalter. *Die Heimat. Monatsschrift des
                       Vereins zur Pflege der Natur- und Landeskunde von Schleswig-
                       Holstein und Hamburg* 80.

Struve 1975   K. W. Struve, Ziel und Ergebnisse von Untersuchungen auf drei
                       slawischen Burgwällen Ostholsteins. *Ausgrabungen in Deutschland
                       gefördert von der Deutschen Forschungsgemeinschaft 1950—1975*
                       III.

Struve 1977   K. W. Struve, Die Ausgrabungen eines spätmittelalterlichen
                       Herrenhauses auf der "Schierau" bei Garbek, Kreis Segeberg. *Die
                       Heimat. Zeitschrift für Natur- und Landeskunde von Schleswig-
                       Holstein und Hamburg* 84.

Struve 1979   K. W. Struve, Die Burgen der Slawen in ihrem nordwestlichsten
                       Siedlungsraum. *Schweizer Beiträge zur Kulturgeschichte und
                       Archäologie des Mittelalters* 5.

Struve 1981   K. W. Struve, *Die Burgen in Schleswig-Holstein. I Die slawischen
                       Burgen.*

Struve 1983a   K. W. Struve, Der Raum zwischen Elbe und Trave in slawischer
                       Zeit. *Kreis Herzogtum Lauenburg I. Führer zu archäologischen
                       Denkmälern in Deutschland* 1.

Struve 1983b   K. W. Struve, "Kemlade" von Segrahn. Sonderform eines
                       mittelalterlichen Rittersitzes. *Kreis Herzogtum Lauenburg II. Führer
                       zu archäologischen Denkmälern in Deutschland* 2.

Struve 1983c   K. W. Struve, Burghügel beim Forsthaus Schevenböken. *Kreis
                       Herzogtum Lauenburg II. Führer zu archäologischen Denkmälern in
                       Deutschland* 2.

Struwe 1984   K. W. Struwe, *Burgwallcorpus Schleswig-Holstein.*

Struve 1985   K. W. Struve, Starigard-Oldenburg. Geschichte und archäologische
                       Erforschung der slawischen Fürstenburg in Wagrien. *750 Jahre
                       Stadtrecht Oldenburg in Holstein.*

Struve 1988	K. W. Struve, Starigard-Oldenburg. Der historische Rahmen. *Bericht der Römisch-Germanischen Kommission* 69.
Sundquist 1953	N. Sundquist, Östra Aros. Stadens uppkomst och dess utveckling intill år 1300. *Uppsala stads historia.*
Sundquist 1969	N. Sundquist, Biskopsgården och "Styrbiskops"-gården i Uppsala. *Kyrkohistorisk årsskrift.*
Taavitsainen 1980	J.-P. Taavitsainen, Kuusiston linnan kaivauslöydöt. *Turun kaupungin historiallinen museo. Raportteja 3./* Utgrävningsfynd från Kustö slott. *Åbo stads historiska museum. Rapporter* 3.
Taavitsainen 1990	J.-P. Taavitsainen, *Ancient Hillforts of Finland.*
Tamla 1978	Т. Тамла, Исследование городища и поселения в Пада. *Eesti NSV TA Toimetised. Ühiskonnateadused* 4.
Tamla 1980	Т. Тамла, *Предварительные результаты Падаской экспедиции в 1978—1979 гг.* *Eesti NSV TA Toimetised. Ühiskonnateadused* 4.
Tamla 1983	Т. Тамла, Селище в Пада. *Eesti NSV TA Toimetised. Ühiskonnateadused* 4.
Tamla 1984	Т. Тамла, Первое городище и хронология комплекса археологических памятников в Пада. *Eesti NSV TA Toimetised. Ühiskonnateadused* 4.
Tamla 1986	Т. Тамла, Уникалная оборительная конструкция на первом городище Пада. *Eesti NSV TA Toimetised. Ühiskonnateadused* 4.
Tamla 1987	Т. Тамла, Оворонителные сооружения городищ Северо-Востоуной Эстонии. *Eesti NSV TA Toimetised. Ühiskonnateadused* 2.
Tamla & Tônisson 1986	Ю. Тамла, Э. Тыниссон, Исследования на городище Варбола. *Eesti NSV TA Toimetised. Ühiskonnateadused* 4.
Tamm 1978	J. Tamm, Tallinna vanemast keraamikast. *Ehitus ja architektuur.*
Tamm 1984	J. Tamm, Kas Thule vajab toetust. *Keel ja Kirjandus.*
Tamm 1985	J. Tamm, Archaeological research work in the Estonian SSR. *Ehitus ja architektuur.*
Tamm 1990	J. Tamm, Ehitusarheoloogiline uurimistöö Tallinnas. *Eesti Ehitusmälestised, Aastaraamat.*
Tarakanova & Saadre 1955	S. Tarakanova & O. Saadre, Tallinnas 1952.—1953. aastal teostatud archeoloogiliste kaevamiste tulemusi. *Muistsed asulad ja linnused. Arheoloogiline kogumik.*
Tarvel 1968	E. Tarvel, Sakala ja Ugandi kihelkonnad. *Keel ja Kirjandus.*
Tarvel 1983	E. Tarvel, *Lahemaa ajalugu.*
Tezisy 1951	Тезисы докладов на пленуме ИИМК АН СССР, посвященным вопросам археологии Прибалтики, 1951 г.
Thordeman 1920	B. Thordeman, *Alsnö hus.*
Tiik 1958	L. Tiik, *Vana Tallinn. Ajaloolis-geograafiline käsitelu linna tekkimisest ja kujunemisest.*

Tônisson 1981   E. Tônisson, *Summitas castri tähendusest Henriku Liivimaa kroonikas. Eesti ajaloo probleeme.*

Tônisson 1985   Э. Тыниссон, Некоторые вопросы хронологии эстонских городищ. Новое в апеологии Прибалтики и соседних территории.

Tônisson & Selirand 1964   E. Tônisson & J. Selirand, Nôukogude Eesti archeoloogide välitööd aastail 1958—1962. *Eesti NSV Teaduste Akadeemia Toimetised. Ühikonnateadused 3.*

Törnblom 1980   L. Törnblom, *Kastelholms slott, utgrävningen av Östra flygelns norra del, södra rum.* Manuscript.

Törnblom 1987   L. Törnblom, Striderna om Kastelholm 1521—1523. *Historisk Tidskrift för Finland.*

Törnros 1984   H. Törnros, *En bok om Bollnäs Finnskog. Bollnäs historia* IV.

Toy 1955   S. Toy, *A History of Fortification. From 3000 BC to A. D. 1700.*

Trap 1958   J. P. Trap, *Danmark.*

Trudy 1896   Труды Московского предварительного комитета X Археологического съезда в г. Риге II.

Tuulse 1937   A. Tuulse, Zur Baugeschichte der Tallinner Burg. *Üpetatud Eesti Seltsi Aastaraamat 1935.*

Tuulse 1938   A. Tuulse, Viljandi ordulossi kapiteelid. *Verhandlungen GEG XXX. Liber saecularis.*

Tuulse 1939   A. Tuulse, Das Schloss zu Riga. *Sitzungsberichte GEG 1937* II.

Tuulse 1940   A. Tuulse, *Die Kirche zu Karja und die Wehrkirchen Saaremaas.*

Tuulse 1942   A. Tuulse, *Die Burgen in Estland und Lettland.*

Tuulse 1952   A. Tuulse, *Borgar i västerlandet.*

Tuulse 1958   A. Tuulse, *Burgen des Abendlandes.*

Uino 1990   P. Uino, Luovutetun Karjalan arkeologisesta tutkimuksesta. *Kotiseutu.*

Uotila 1991   K. Uotila, *Turun raatihuoneen rakennushistoria keskiajalta vuoteen 1734.* Manuscript.

von Uslar 1964   R. von Uslar, *Studien zu frühgeschichtlichen Befestigungen zwischen Nordsee und Alpen.*

von Uslar 1979   R. von Uslar, *Reallexikon der Germanischen Altertumskunde* 4: 1/2.

Vahtre 1960   S. Vahtre (ed.), *Bartholomäus Hoeneke Liivimaa noorem riimkroonika (1315—1348).*

Vassar 1939   A. Vassar, Iru Linnapära. *Muistse Eesti linnused. 1936—1938. a. uurimiste tulemused.*

Wahlöö 1976   C. Wahlöö, Keramik 1000—1600 i Svenska fynd. *Archaeologica Lundensia. Investigationes et antiquitatibus urbis Lundae* VI.

Viklund 1989   K. Viklund, Jordbrukskris i Norrland i slutet av den äldre järnåldern? *Arkeologi i norr* 2.

Villner 1986   K. Villner, *Blod kryddor och sot.*

Voionmaa 1913   V. Voionmaa, *Studier i Ålands medeltidshistoria.*

Vretemark 1989   M. Vretemark, *Osteologisk analys av obrända djurben från Totra fornlämning 105, Hamrånge sn i Gästrikland.* Manuscript.

Vretemark 1991 — M. Vretemark, Djurbenen från Fornsigtuna. *Fornsigtuna. En kungsgårds historia,* ed. B. Andersson et al.

Vretemark 1992 — M. Vretemark, Djurbenen från Fornsigtuna. *Fornsigtuna. En kungsgårds historia,* ed. B. Andersson et al.

Vretemark 1992 — M. Vretemark, Djurbenen från Kungahälla. Kungahälla arkeologi 1990, *Kulturhistorisk rapport,* (ed.) K. Carlsson.

Wallander 1986 — A. Wallander, Styresholm. *Ångermanland-Medelpad 1986.*

Wallander 1988 — A. Wallander, Den medeltida fogdeborgen Styresholm. En analys av den bebyggelsehistorisk bakgrunden. *Bebyggelsehistorisk tidskrift.*

Wallander 1989 — A. Wallander, Styresholmsprojektet. *Arkeologi i norr 2.*

Wennerström 1946 — T. Wennerström, *Stockholms garnison genom tiderna.*

Westrén-Doll 1929 — A. Westrén-Doll, Burg und Stadt Fellin zu polnischer Zeit. *Sitzungsberichte GEG.*

White 1962 — L. White Jr., *Medieval Technology and Social Change.*

Wienberg 1986 — J. Wienberg, Gotiske kirkehvælvinger — et økonomisk perspektiv. *Medeltiden och arkeologin. Festskrift till Erik Cinthio.*

Wihlborg 1981 — A. Wihlborg, Helsingborg. *Medeltidsstaden 32.*

Winnig 1961 — A. Winnig, *Der deutsche Ritterorden und seine Burgen.*

Wäscher 1962 — H. Wäscher, *Feudalburgen in den Bezirken Halle und Magdeburg.*

ZDEM 1960 — W. Hejnosz & J. Gronowski (ed.), *Źróda do dziejów ekonomii malborskiej.*

Ziesemer 1923 — W. Ziesemer, Zum Wortschatz der Amtssprache des Deutschen Ordens. *Beiträge zur Geschichte der deutschen Sprache und Literatur.*

Zobel 1980 — R. Zobel, *Tallinna keskaegsed kindlustused.*

Zulkus & Klimka 1989 — V. Zulkus & L. Klimka, *Lietuvos pajúrio zemés viduramziais.*